6년간 아무도 깨지 못한 기록

합격자 수 1위
에듀윌

KRI 한국기록원 2016, 2017, 2019년 공인중개사 최다 합격자 배출 공식 인증 (2022년 현재까지 업계 최고 기록)

에듀윌을 선택한 이유는 분명합니다

합격자 수 수직 상승
1,800%

명품 강의 만족도
99%

베스트셀러 1위
42 개월 (3년 6개월)

4년 연속 경찰공무원 교육
1위

에듀윌 경찰공무원을 선택하면
합격은 현실이 됩니다.

합격자 수 1,800%* 수직 상승!
매년 놀라운 성장

에듀윌 공무원은 '합격자 수'라는 확실한 결과로 증명하며
지금도 기록을 만들어 가고 있습니다.

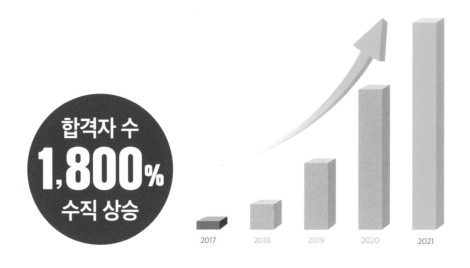

합격자 수 1,800% 수직 상승

2017 2018 2019 2020 2021

합격자 수를 폭발적으로 증가시킨 독한 경찰 평생패스

합격 시 0원 최대 100% 환급	+	합격할 때까지 전 강좌 무제한 수강	+	전문 학습매니저의 1:1 코칭 시스템

※ 환급내용은 상품페이지 참고. 상품은 변경될 수 있음.

상품
페이지

누적 판매량 220만 부* 돌파!
42개월* 베스트셀러 1위 교재

합격비법이 담겨있는 교재!
합격의 차이를 직접 경험해 보세요

베스트셀러 1위 에듀윌 공무원 교재 라인업

| 9급공무원 | 7급공무원 | 경찰공무원 | 소방공무원 | 계리직공무원 | 군무원 |

강의 만족도 99%[*] 명품 강의

에듀윌 공무원 전문 교수진!
합격의 차이를 직접 경험해 보세요

합격자 수 1,800%[*] 수직 상승으로 증명된 합격 커리큘럼

독한 시작		독한 회독		독한 기출요약		독한 문풀		독한 파이널
기초 + 기본이론	▶	심화이론 완성	▶	핵심요약 + 기출문제 파악	▶	단원별 문제풀이	▶	동형모의고사 + 파이널

* 2017/2021 에듀윌 공무원 과정 최종 환급자 수 비교
* 7·9급공무원 대표 교수진 2021년 7월 강의 만족도 평균 (배영표/성정혜/신형철/윤세훈/강성민)
* 경찰공무원 대표 교수진 2020년 11월 강의 만족도 평균
* 소방공무원 대표 교수진 2020년 12월 강의 만족도 평균
* 계리직공무원 대표 교수진 2021년 9월~11월 강의 만족도 평균

에듀윌 직영학원에서
합격을 수강하세요!

우수한 시설과 최강 전문 교수진
독한 에듀윌 합격시스템 '아케르[ācer][*]'

서울 노량진	02)6332-0600	[에듀윌 1관] 노량진역 4번 출구	
서울 노량진 (면접 전문학원)	02)6275-0600	[에듀윌 4관] 노량진역 6번 출구	
서울 노 원	02)6737-0600	노원역 9번 출구	

인천 부평	032)264-0600	부평역 지하상가 31번 출구
대 전	042)331-0800	서대전네거리역 4번 출구
부산 서면	051)923-0700	전포역 7번 출구

에듀윌의 상징 노란색의 환한 학원 입구

언제나 전문 학습 매니저와 상담이 가능한 안내데스크

고품질 영상 및 음향 장비를 갖춘 최고의 강의실

재충전을 위한 카페 분위기의 아늑한 휴게실

넉넉한 수납 공간의 개인사물함

* ācer: '독한, 강한, 예리한'의 뜻을 가진 라틴어

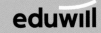

2022 과목개편 완벽대비
경찰 합격 명품 교수진

경찰학원 1위* 에듀윌 경찰
강의 만족도 99%*

9급·7급 수석 합격자* 배출!
합격생들의 진짜 합격스토리

 에듀윌 강의·교재·학습시스템의 우수성을
2021년도에도 입증하였습니다!

주변 추천으로 선택한 에듀윌, 합격까지 걸린 시간 9개월

김○준 지방직 9급 일반행정직(수원시) 수석 합격

에듀윌이 합격 커리큘럼으로 유명하다는 것을 알고 있었고 또 주변 친구들에게 "에듀윌 다니고 보통 다 합격했다"라는 말을 듣고 에듀윌을 선택하게 되었습니다. 특히, 기본서의 경우 교재 흐름이 잘 짜여 있고, 기출문제나 모의고사가 실려 있어 실전감각을 키우는 데 큰 도움이 되었습니다. 면접을 준비할 때도 학원 매니저님들이 틈틈이 도와주셨고 스스로 실전처럼 말하는 연습을 하기도 했습니다. 그 결과 면접관님께 제 생각이나 의견을 소신 있게 전달할 수 있었습니다.

고민없이 에듀윌을 선택, 온라인 강의 반복 수강으로 합격 완성

박○은 국가직 9급 일반농업직 최종 합격

공무원 시험은 빨리 준비할수록 더 좋다고 생각해서 상담 후 바로 고민 없이 에듀윌을 선택했습니다. 과목별 교재가 동일하기 때문에 한 과목당 세 교수님의 강의를 모두 들었습니다. 심지어 전년도 강의까지 포함하여 강의를 무제한으로 들었습니다. 덕분에 중요한 부분을 알게 되었고 그 부분을 집중적으로 먼저 외우며 공부할 수 있었습니다. 우울할 때에는 내용을 아는 활기찬 드라마를 틀어놓고 공부하며 위로를 받았는데 집중도 잘되어 좋았습니다.

체계가 잘 짜여진 에듀윌은 합격으로 가는 최고의 동반자

김○욱 국가직 9급 출입국관리직 최종 합격

에듀윌은 체계가 굉장히 잘 짜여져 있습니다. 만약, 공무원이 되고 싶은데 아무것도 모르는 초시생이라면 묻지 말고 에듀윌을 선택하시면 됩니다. 에듀윌은 기초·기본이론부터 심화이론, 기출문제, 단원별 문제, 모의고사, 그리고 면접까지 다 챙겨주는, 시작부터 필기합격 후 끝까지 전부 관리해 주는 최고의 동반자입니다. 저는 체계적인 에듀윌의 커리큘럼과 하루에 한 페이지라도 집중해서 디테일을 외우려고 노력하는 습관 덕분에 합격할 수 있었습니다.

다음 합격의 주인공은 당신입니다!

더 많은
합격스토리

eduwill

회원 가입하고
100% 무료 혜택 받기

가입 즉시, 공무원 공부에 필요한 모든 걸 드립니다!

혜택 1 초시생을 위한 3법교과서 제공

※ 에듀윌 홈페이지 ⋯ 직렬 사이트 선택
⋯ 3법교과서 무료배포 선택 ⋯ 신청하기

혜택 2 초보 수험생 필수 기초강의 제공

※ 에듀윌 홈페이지 ⋯ 직렬 사이트 선택 ⋯ '처음오셨나요' 메뉴 선택
⋯ 기초이론패스 신청 후 '나의 강의실'에서 확인 (7일 수강 가능)

혜택 3 전 과목 기출문제 해설강의 제공

※ 에듀윌 홈페이지 ⋯ 직렬 사이트 선택
⋯ 상단 '학습자료' 메뉴를 통해 수강
(최신 3개년 주요 직렬 기출문제 해설강의 제공)

합격의 시작은 잘 만든 입문서로부터

에듀윌 경찰 3법교과서
무료배포
선착순 100명

• 배송비 별도 / 비매품

무료배포
이벤트

1초 합격예측
모바일 성적분석표

1초 안에 '클릭' 한 번으로 성적을 확인하실 수 있습니다!

활용 GUIDE

실시간 성적분석 방법!

STEP 1
QR 코드 스캔
▶
STEP 2
모바일 OMR 입력
▶
STEP 3
자동채점 & 성적분석표 확인

STEP 1

QR 코드 스캔

- 교재의 QR 코드를 모바일로 스캔 후 에듀윌 회원 로그인
- QR 코드 하단의 바로가기 주소로도 접속 가능

STEP 2

모바일 OMR 입력

- 회차 확인 후 '응시하기' 클릭
- 모바일 OMR에 답안 입력
- 문제풀이 시간까지 측정 가능

STEP 3

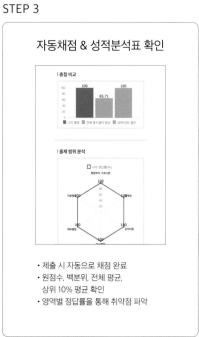

자동채점 & 성적분석표 확인

- 제출 시 자동으로 채점 완료
- 원점수, 백분위, 전체 평균, 상위 10% 평균 확인
- 영역별 정답률을 통해 취약점 파악

※ 본 서비스는 에듀윌 공무원 교재(연도별, 회차별 문항이 수록된 교재)를 구입하는 분에게 제공됨.

경찰공무원 실전동형 모의고사 형사법

회차	일자	문항번호	오답노트
1회		△ : × :	
2회		△ : × :	
3회		△ : × :	
4회		△ : × :	
5회		△ : × :	

⊘ 오답문항 회독 플래너 활용 TIP

1. 문제풀이 후 애매하게 맞힌 문항은 △에, 틀린 문항은 ×에 문항번호를 기록해보세요.
2. 숙지가 필요한 오답 개념은 오답노트란에 기록한 후, 반복학습을 통해 그 수를 줄여 보세요.

| 예시 | 22/6/15 | △ : 3번, 19번
× : 16번, 27번, 40번 | 3 단순 도덕상 종교상의 의무 → 작위의무 ×
16 업무의 적정성 내지 공정성 방해 → 업무방해죄 ○
27 형의 집행정지 중 → 도주죄 주체 × |

경찰공무원 실전동형 모의고사 형사법

제1회

01	①	02	②	03	④	04	③	05	④
06	③	07	③	08	④	09	③	10	②
11	②	12	②	13	④	14	①	15	④
16	②	17	③	18	④	19	④	20	①
21	②	22	②	23	③	24	②	25	①
26	④	27	②	28	④	29	④	30	③
31	③	32	②	33	①	34	①	35	①
36	②	37	①	38	④	39	②	40	④

제2회

01	③	02	②	03	③	04	②	05	②
06	②	07	①	08	①	09	④	10	③
11	④	12	④	13	①	14	①	15	①
16	①	17	②	18	①	19	②	20	④
21	①	22	②	23	④	24	②	25	②
26	③	27	①	28	①	29	④	30	④
31	③	32	④	33	③	34	④	35	①
36	②	37	②	38	④	39	③	40	④

제3회

01	③	02	③	03	④	04	②	05	③
06	④	07	③	08	②	09	②	10	④
11	②	12	③	13	④	14	②	15	④
16	③	17	①	18	④	19	②	20	②
21	④	22	④	23	②	24	①	25	④
26	④	27	②	28	④	29	②	30	④
31	④	32	③	33	①	34	④	35	④
36	②	37	④	38	④	39	④	40	①

제4회

01	④	02	④	03	③	04	①	05	①
06	③	07	③	08	①	09	④	10	②
11	①	12	①	13	④	14	③	15	③
16	②	17	④	18	①	19	④	20	②
21	④	22	③	23	②	24	②	25	③
26	①	27	④	28	④	29	④	30	④
31	④	32	④	33	③	34	③	35	③
36	④	37	①	38	④	39	③	40	②

제5회

01	③	02	③	03	④	04	③	05	③
06	③	07	②	08	④	09	④	10	④
11	①	12	②	13	②	14	③	15	①
16	②	17	④	18	①	19	③	20	②
21	④	22	②	23	②	24	③	25	③
26	①	27	④	28	①	29	②	30	②
31	③	32	④	33	④	34	②	35	③
36	③	37	④	38	④	39	②	40	③

세상을 움직이려면
먼저 나 자신을 움직여야 한다.

– 소크라테스(Socrates)

2022
에듀윌 경찰공무원
실전동형 모의고사 2차 시험 대비

형사법

3 STEP 시스템 적용

에듀윌 경찰공무원 실전동형 모의고사

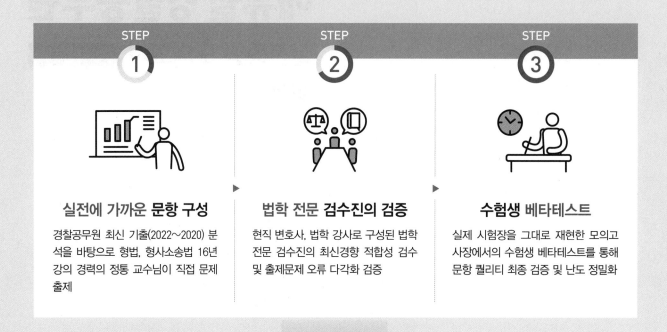

STEP 1	STEP 2	STEP 3
실전에 가까운 문항 구성	**법학 전문 검수진의 검증**	**수험생 베타테스트**
경찰공무원 최신 기출(2022~2020) 분석을 바탕으로 형법, 형사소송법 16년 강의 경력의 정통 교수님이 직접 문제 출제	현직 변호사, 법학 강사로 구성된 법학 전문 검수진의 최신경향 적합성 검수 및 출제문제 오류 다각화 검증	실제 시험장을 그대로 재현한 모의고사장에서의 수험생 베타테스트를 통해 문항 퀄리티 최종 검증 및 난도 정밀화

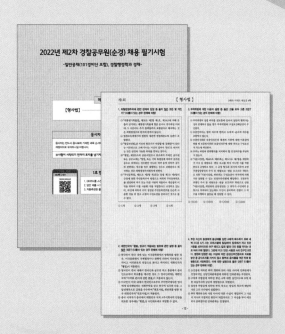

✔ 실전 대비 고퀄리티 문항 수록

내·외부 전문 검수진의 단계적 문항 정제화로 실전에 적합한 문항 퀄리티를 구현하였습니다. 실전보다 더 실전 같은 모의고사를 통해 문제풀이 감각을 키워보세요!

✔ 취약 부분 파악 및 최종실력 점검

최신경향을 반영한 실전동형 모의고사를 통해 시험 전 문제해결 능력을 최종점검하고, 취약 부분 파악 및 자신의 위치를 냉정하게 평가해보세요!

통합 형사법
합격을 위해서는 더 강한 모의고사가 필요합니다

2022년 개편된 경찰공무원 시험, 강한 모의고사가 합격을 만듭니다

100cm 허들을 연습한 사람은 90cm 허들을 넘을 수 있으나 90cm 허들을 연습한 사람은 100cm 허들을 넘을 수 없습니다. 수험생들이 흔히 겪는 오류 중 하나가 본인이 원하는 시험 형태가 나오기를 원한다는 것입니다. 시험은 흐름에 따라 변해가는 것이지 수험생의 필요에 따라 변화되는 것이 아닙니다. 경찰 형사법 문제는 해가 갈수록 난이도가 상향되고 있고, 2022년 1차 통합 형사법 시험에서도 변별력 높은 문항이 출제되었으므로 2022년 2차 시험은 역대급 난이도가 예상됩니다. 따라서 고난도 시험을 대비해야 합니다.

'시험 직전 정리'와 '고난이도 영역 대비'가 합격의 당락을 좌우합니다

'어떤 사람이 합격할 것인가'라는 우문에 대한 현답은 '시험 직전에 본 사람'이라는 수험 격언이 있습니다. 방대한 양의 법 과목을 시험 직전에 효과적으로 정리하지 못한다면, 단순한 자구(字句)로만 암기하던 내용들을 실제 시험장에서 떠올리지 못할 가능성이 높습니다. 따라서 우리는 그동안 이해를 높여가며 쌓아온 법 지식을 최종적으로 집중 점검해야 합니다.

이러한 필요성에 의해 이번 모의고사 교재는 2022년 1차 시험의 경향을 바탕으로 출제가 예측되는 부분을 적극적으로 검토하고 반영하여 시험 직전의 하드트레이닝을 목표로 하였습니다. 또한 최근 시험에 집중 출제되었던 형사소송법 개정법 준칙과 형법 이론문제, 최신판례 등을 반영하였으니, 본 모의고사를 통해 실력을 점검하고 부족한 부분을 보완하시기 바랍니다.

모든 책의 방향이 수험생을 향해야 한다는 책의 취지에 공감하면서도 기존과 다른 3 STEP 시스템에 어려움을 느꼈으나, 많은 스태프들의 도움과 검수로 새로운 경험을 하게 되었습니다. 부족한 편저자를 끊임없이 도와주시고 조언해 주셔서 감사합니다. 새로운 출판 방향이 수험서 세계의 새로운 패러다임이 될 수 있도록 노력하시는 에듀윌 임직원 모두에게 감사의 마음을 전합니다.

수험생 여러분에게도 감사의 말씀드립니다. 합격을 기원하겠습니다.

저자 정통

1 실제 시험지와 같은 문항 구성

최근 변화된 출제경향에 따라, 단순 암기의 문제보다는 이해의 정도를 측정할 수 있는 문제를 엄선하여 수록하였습니다.

특히, 2022년 2차 시험 출제예측에 맞추어 전체적으로 中上 수준의 난도로 문항 수준을 조절하였습니다.

1

제1회　　　　　　　　　【 형사법 】　　　　　　2매속 키워드 해설집 4쪽

1. 죄형법정주의에 관한 판례의 입장 중 옳지 않은 것은 몇 개인가? (다툼이 있는 경우 판례에 의함)

㉠ 「대통령기록물법」 제30조 제2항 제1호, 제14조에 의해 유출이 금지되는 대통령기록물에 원본 문서나 전자파일 이외에 그 사본이나 추가 출력물까지 포함된다고 해석하는 것은 죄형법정주의 원칙에 반하지 않는다.
㉡ 법정모독죄에서의 법원의 재판에 헌법재판소의 심판이 포함된다.
㉢ 「항공보안법」상 지상의 항공기가 이동할 때 '운항중'이 된다는 이유만으로 그대 다니는 지상의 길까지 '항로'로 해석하는 것은 문언의 가능한 의미를 벗어난 것이다.
㉣ 「형법」 제225조의 공문서변조나 위조죄의 주체인 공무원 또는 공무소에는 「형법」 또는 기타 특별법에 의하여 공무원 등으로 의제되는 경우뿐만 아니라 계약 등에 의하여 공무와 관련되는 업무를 일부 대행하는 경우도 포함된다고 해석하는 것은 죄형법정주의원칙에 반한다.
㉤ 「주민등록법」 제21조 제2항 제3호는 동법 제7조 제4항의 규정에 의한 주민등록부여 방법으로 허위의 주민등록번호를 생성하여 자기 또는 다른 사람의 재물이나 재산상의 이익을 위하여 이를 사용한 자를 처벌한다고 규정하고 있는바, 타인에 의하여 이미 생성된 주민등록번호를 단순히 사용한 것을 위 법조 소정의 구성요건을 충족시킨 것으로 볼 수 없다.

① 1개　　② 2개　　③ 3개　　④ 4개

3. 부작위범에 대한 다음의 설명 중 옳은 것을 모두 고른 것은? (다툼이 있는 경우 판례에 의함)

㉠ 부작위범의 성립 여부를 검토함에 있어서 일반적 행위가능성이 존재하지 않을 경우 부작위범의 구성요건해당성이 부인된다.
㉡ 보증의무는 법적 의무에 한하고 도덕적·윤리적 의무를 포함하지 않는다.
㉢ 보증인지위와 보증인의무의 체계적 지위에 대한 이분설에 따를 때 보증인지위와 보증인의무에 대한 착오는 구성요건적 착오에 해당한다.
㉣ 부부는 타방의 범죄행위를 저지해야 할 안전의무를 부담하지 아니한다.
㉤ 「자본시장법」 제445조 제20호는 제147조 제1항을 위반하여 주식 등 대량보유·변동 보고를 하지 아니한 자를 처벌한다고 규정하는데, 그 규정 형식과 취지에 비추어 보면 주권상장법인의 주식 등 대량보유·변동 보고의무 위반으로 인한 「자본시장법」 위반죄는 구성요건이 부작위에 의해서만 실현될 수 있는 진정부작위범에 해당한다. 진정부작위범인 주식 등 대량보유·변동 보고의무 위반으로 인한 「자본시장법」 위반죄의 공동정범은 그 의무가 수인에게 공통으로 부여되어 있는데도 수인이 공모하여 전원이 그 의무를 이행하지 않았을 때 성립할 수 있다.

① ㉠㉢㉣　② ㉠㉣㉤　③ ㉡㉢㉤　④ ㉡㉣㉤

4. 甲은 자신의 동생에게 중상해를 입힌 A에게 복수하기 위해 새벽 2시경 A가 사는 오피스텔에 침입하여 침대에서 자고 있던 사람을 쇠파이프로 마구 때리고 칼로 팔과 다리 등을 닥치는 대로 여러 차례 찔렀다. 그런데 자고 있던 사람은 A의 친구인 B였다. 병원에 입원한 B는 자상에 의한 급성신부전증으로 치료를 받던 중 금식조치를 지키지 않고 함부로 음식물을 먹은 탓에 합병증으로 사망하였다. 이에 대한 설명으로 옳은 것은? (다툼이 있는 경우 판례에 의함)

① 조건설에 의하면 甲의 행위와 B의 사망 사이에 인과관계가 인정되지만, 상당인과관계설에 의하면 인과관계는 부정된다.
② 구체적 부합설에 의하면 甲은 A에 대한 살인미수와 B에 대한 과실치사의 상상적 경합범으로 처벌된다.
③ 법정적 부합설에 의하면 甲의 착오는 방법의 착오에 해당하지만 고의 기수범이 성립한다.
④ 甲의 행위와 B의 사망 사이에 다른 사실이 개입되어 그 사실이 치사의 직접적인 원인이 되었더라도 그 사실을 甲이 예견하지 못하였다면 인과관계는 인정된다.

- 12 -

2022년 제2차 경찰공무원(순경) 채용 필기시험

-일반공채(101경비단 포함), 경찰행정학과 경채-

┌─────────────────────┐
│　　　제1회　　　　　│
│【형사법】──────── 12 │
└─────────────────────┘

응시자 유의사항

응시자는 반드시 응시표에 기재된 과목 순서에 맞춰 답안을 표기하여야 하며, 과목 순서대로 채점되므로 유의하시길 바랍니다.

※시험이 시작되기 전까지 표지를 넘기지 마십시오.

2
┌─────────────────────────────────┐
│　　　1초 합격예측! 모바일 성적분석표　　│
│ 1. QR코드를 스캔하여 모바일 OMR 답안지에 정답을 입력합니다. │
│ 2. 답안 제출 시 자동으로 채점이 완료됩니다. │
│ 3. 자동측정된 풀이시간과 채점결과 및 성적분석표를 확인하세요. │
└─────────────────────────────────┘

eduwill

---

2 1초 합격예측! 모바일 성적분석표

QR코드 스캔 후 모바일 OMR에 답안을 입력하면, 자동측정된 문제풀이 시간과 채점 결과, 성적분석표를 편리하게 확인할 수 있습니다.

3 x2 2배속 키워드 해설 활용법

키워드 중심의 실전용 속독 해설로 2배속 문제 풀이 훈련이 가능하며, 아는 문제는 빠르게 SKIP 할 수 있습니다.

01 ③

| 형법총론 | 형법의 기본원리 | 죄형법정주의 | **4** 오답률 13.5% |

㉠ (○) 대판 2020.5.14. 2018도3690

㉡ (×) 농업용 동력운반차는 「농업기계화 촉진법」 제2조 제1호에서 정한 농업기계로서 구 「자동차관리법」 제3조에서 정한 자동차나 이를 전제로 하는 구 「자동차관리법」 제3조에서 정한 각종 자동차에 해당하지 않으므로 무면허운전 처벌규정의 적용대상인 구 「도로교통법」 제2조 제18호에 정한 자동차에도 해당하지 않는다(대판 2021.9.30. 2017도13182).

㉢ (○) 「아동·청소년의 성보호에 관한 법률」에 정한 공개명령 제도는, 성인 인증 및 본인 확인을 거친 사람은 누구든지 인터넷을 통해 공개명령 대상자의 공개정보를 열람할 수 있도록 함으로써 아동·청소년 대상 성범죄를 효과적으로 예방하고 성범죄로부터 아동·청소년을 보호함을 목적으로 하는 일종의 보안처분으로, 이러한 공개명령 제도는 범죄행위를 한 자에 대한 응보 등을 목적으로 그 책임을 추궁하는 사후적 처벌인 형벌과 구별되어 그 본질을 달리하는 것으로서 형벌에 관한 소급입법금지의 원칙이 그대로 적용되지 않으므로, 공개명령 제도가 시행된 2010.1.1. 이전에 범한 범죄에도 공개명령을 적용하도록 「아동·청소년의 성보호에 관한 법률」이 2010.7.23. 법률 제10391호로 개정되었다고 하더라도 그것이 소급입법금지의 원칙에 위반되지 않는다고 볼 수 없다(대판 2011.3.24. 2010도14393).

㉣ (×) 연습운전면허를 받은 사람이 운전을 함에 있어 주행연습 외의 목적으로 운전하여서는 아니된다는 준수사항을 지키지 않았다 하더라도 준수사항을 지키지 않은 것에 대하여 연습운전면허의 취소 등 제재를 가할 수 있음은 별론으로 하고 그 운전을 무면허운전이라고 보아 처벌할 수는 없다(대판 2015.6.24. 2013도15031).

㉤ (○) 「국가공무원법」 제66조에서의 '공무 이외의 일을 위한 집단적 행위'는 공무가 아닌 어떤 일을 위하여 공무원들이 하는 모든 집단적 행위를 의미하는 것이 아니고 언론, 출판, 집회, 결사의 자유를 보장하고 있는 「헌법」, 제1조 제1항 「헌법」상의 원리, 「국가공무원법」의 취지 「국가공무원법」상의 성실의무 및 직무전념의무 등을 종합적으로 고려하여 '공익에 반하는 목적을 위하여 직무전념의무를 해태하는 등의 영향을 가져오는 집단적 행위'라고 축소 해석하여야 한다(대판 2005.4.15. 2003도2960).

02 ② [최신판례]

| 형법총론 | 형법의 기본원리 | 인적 적용범위 | 오답률 28% |

㉠ (○) 대판 2021.10.28. 2020도1942

㉡ (×) 양벌규정에 의한 영업주의 처벌은 금지위반행위자인 종업원의 처벌에 종속하는 것이 아니라 독립하여 그 자신의 종업원에 대한 선임감독상의 과실로 인하여 처벌되는 것이므로 종업원의 범죄성립이나 처벌이 영업주 처벌의 전제조건이 될 필요는 없다(대판 2006.2.24. 2005도7673).

㉢ (○) 대판 2018.8.1. 2015도10388

㉣ (×) 회사 대표자의 위반행위에 대하여 징역형의 형량을 작량감경하고 병과하는 벌금형에 대하여 선고유예를 할 이상 양벌규정에 따라 그 회사를 처단함에 있어서도 같은 조치를 취하여야 한다는 논지는 독자적인 견해에 지나지 아니하여 받아들일 수 없다(대판 1995.12.12. 95도1893).

㉤ (○) 대판 1984.10.10. 82도2595 전원합의체

5 3 ③ [함정문제] [최신판례]

| 형법총론 | 구성요건론 | 부작위범 | 오답률 65% |

6 출제자의 함정의도:
부작위에 의한 사기죄에서 작위의무의 발생근거와 유기죄에서 보호의무의 발생근거의 범위를 비교하도록 하여 오답을 유도하였다.

㉠ (○) 대판 2021.5.7. 2018도12973

㉡ (○) 아래의 관련판례에 의하면 부작위에 의한 사기죄에서 작위의무의 발생근거가 유기죄에서 보호의무의 발생근거보다 그 범위가 넓다(대판 1996.9.6. 95도2551, 대판 1977.1.11. 76도3419).

㉢ (×) 인터넷 포털 사이트를 운영하는 회사 또는 대표이사가 정보제공업체들의 음란정보 반포·판매 행위를 방지할 것이라는 구 「전기통신기본법」, 제48조의2 위반죄의 정범에 해당하지 않는다고 본 사례(대판 2006.4.28. 2003도80)

㉣ (○) 대판 2008.2.14. 2005도4202

04 ②

| 형법총론 | 구성요건론 | 고의 | 오답률 28% |

㉠ (○) 신뢰의 원칙은 허용된 위험이 판례를 통하여 구체화된 원칙으로서 과실범의 객관적 주의의무예견의무와 회피의무를 제한하여 과실범의 성립범위를 축소시키는 이론이다. 따라서 신뢰원칙은 과실범의 구성요건해당성을 배제하는 기능을 한다.

㉡ (×) 판례는 "미필적 고의가 있었다고 하려면 결과발생의 가능성에 대한 인식이 있음은 물론 나아가 결과발생을 용인하는 내심의 의사가 있음을 요한다"고 하여(대판 2004.2.27. 2003도7507 등) 용인설을 취하는 것으로 평가된다. 이에 의하면 본 지문은 틀린 것으로 볼 수 있다. 그러나 판례는 '살인죄에서 살인의 범의는 반드시 살해의 목적이나 계획적인 살해의 의도가 있어야 하는 것은 아니고 자기의 행위로 인하여 타인의 사망이라는 결과를 발생시킬 만한 가능성 또는 위험이 있음을 인식하거나 예견하면 족한 것이며 그 인식이나 예견은 확정적인 것은 물론 불확정적인 것이라도 이른바 미필적 고의로 인정되며'(대판 2006.4.14. 2006도734; 대판 2000.8.18. 2000도2231; 대판 1994.12.22. 94도2511), '강도살인죄에 있어서의 고의는 반드시 살해의 목적이나 계획적인 살해의 의도가 있어야 하는 것은 아니고 자기의 행위로 인하여 타인의 사망의 결과를 발생시킬 만한 가능 또는 위험이 있음을 인식하거나 예견하면 족한 것이고 그 인식 또는 예견은 확정적인 것은 물론 불확정적인 것이라도 소위 미필적 고의로서 살인의 범의가 인정된다'(대판 2002.2.28. 2001도6425)고 판시하기도 한다.

㉢ (○) 피해자가 피고인들의 살해의 의도로 행한 구타행위로 인하여 직접 사망한 것이 아니라 죄적을 인멸 목적으로 행한 매장행위로 인하여 사망하게 되었다 하더라도 전과정을 개괄적으로 보면 피해자의 살해라는 처음에 예견된 사실이 결국은 실현된 것으로서 살인죄의 죄책을 면할 수 없다(대판 1988.6.28. 88도650).

㉣ (○) 내란죄에 있어서의 국헌문란의 목적은 엄격한 증명사항에 속하고 직접적임을 요하며 외국 죄적과발생의 희망, 의욕만을 필요로 한다고 할 수는 없고, 또 확정적 인식임을 요하지 아니하며. 다만 미필적 인식이 있으면 족하다 할 것이다(대판 1980.5.20. 80도306 전원합의체). 무고죄에 있어

---

3 2배속 키워드 해설로 문제풀이 훈련

키워드 중심의 실전용 속독 해설로, 아는 문제는 빠르게 SKIP하며 회독할 수 있습니다.

4 수험생 문제풀이 데이터를 활용한 오답률 수록

전 문항 오답률을 수록하고, 가장 오답률이 높은 TOP3 문항을 표시하여 체감난도가 높은 문항이 무엇인지, 함정에 빠지기 쉬운 문항이 무엇인지를 확인할 수 있습니다.

5 개정법령/최신판례를 반영한 최신 문항

시험 직전 반드시 확인해야 할 개정법령, 최신 판례를 반영한 문제로, 마지막 실력 보완이 가능합니다.

6 함정 유형과 함정 선지의 특징을 재현

출제진이 변별력을 조정하기 위해 사용하는 출제 스킬과 출제 포인트를 분석하여 함정문제를 재현하였습니다.

7 회독용 정답체크표

회독용 정답체크표를 활용하여 문제를 충분히 반복학습하고 실수를 줄이는 쪽으로 연습해보세요.

※에듀윌 [도서몰 ▶ 도서자료실]에서 다운로드 가능

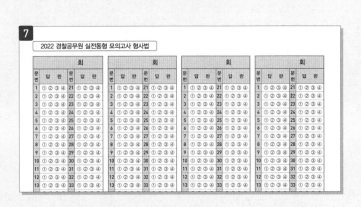

📊 점수 추이 분석

회차	1회	2회	3회	4회	5회
점수	점	점	점	점	점
풀이시간	분 초	분 초	분 초	분 초	분 초

전 과목 전 회차 무료 해설강의

경찰학

형사법

헌법

수강방법

1. 에듀윌 도서몰(book.eduwill.net) ▶ 동영상 강의실 ▶ 공무원 ▶ '경찰공무원 실전동형 모의고사 해설' 검색
   ※에듀윌 회원가입 후 이용 가능

2. 유튜브(www.youtube.com) ▶ 에듀윌 공무원 ▶ '경찰공무원 실전동형 모의고사 해설' 검색
   ※순차적 업로드 예정

합격예측 온라인 모의고사 무료 응시쿠폰

〈2022 경찰공무원 실전동형 모의고사〉 설문조사에 참여하고 온라인 모의고사 무료 응시쿠폰을 받아가세요!

COUPON

합격예측 온라인 모의고사

1회 응시쿠폰

설문
바로가기

이용방법

QR코드 모바일로 스캔 ▶ 설문조사 참여 ▶ 설문 완료 시 응시쿠폰 전원 제공 ▶ 제출 시 온라인 모의고사 페이지 링크 클릭하여 이동
▶ 경찰 합격예측 모의고사 신청하기(장바구니 담기) ▶ 우측 상단 my ▶ 할인권(응시쿠폰 번호) 등록
▶ 우측 상단 my ▶ 장바구니 ▶ 쿠폰 사용하여 경찰 합격예측 모의고사 결제 ▶ 모의고사 응시

※에듀윌 회원 가입 후 이용 가능

사용기한

2022년 12월 31일까지 시행하는 합격예측 모의고사 중 1회 응시 가능

※ID 하나당 1회 응시 가능(중복 응시 불가)

2022년 제2차 경찰공무원(순경) 채용 필기시험

-일반공채(101경비단 포함), 경찰행정학과 경채-

제1회

【형사법】 12

응시자 유의사항

응시자는 반드시 응시표에 기재된 과목 순서에 맞춰 답안을 표기하여야 하며, 과목 순서대로 채점되므로 유의하시길 바랍니다.

※시험이 시작되기 전까지 표지를 넘기지 마십시오.

1초 합격예측! 모바일 성적분석표

1. QR코드를 스캔하여 모바일 OMR 답안지에 정답을 입력합니다.
2. 답안 제출 시 자동으로 채점이 완료됩니다.
3. 자동측정된 풀이시간과 채점결과 및 성적분석표를 확인하세요.

1. 죄형법정주의에 관한 판례의 입장 중 옳지 않은 것은 몇 개인가? (다툼이 있는 경우 판례에 의함)

> ㉠ 「대통령기록물법」 제30조 제2항 제1호, 제14조에 의해 유출이 금지되는 대통령기록물에 원본 문서나 전자파일 이외에 그 사본이나 추가 출력물까지 포함된다고 해석하는 것은 죄형법정주의 원칙에 반하지 않는다.
>
> ㉡ 법정모독죄에서의 법원의 재판에 헌법재판소의 심판이 포함된다.
>
> ㉢ 「항공보안법」상 지상의 항공기가 이동할 때 '운항중'이 된다는 이유만으로 그때 다니는 지상의 길까지 '항로'로 해석하는 것은 문언의 가능한 의미를 벗어난 것이다.
>
> ㉣ 「형법」 제225조의 공문서변조나 위조죄의 주체인 공무원 또는 공무소에는 「형법」 또는 기타 특별법에 의하여 공무원 등으로 의제되는 경우뿐만 아니라 계약 등에 의하여 공무와 관련되는 업무를 일부 대행하는 경우도 포함된다고 해석하는 것은 죄형법정주의원칙에 반한다.
>
> ㉤ 「주민등록법」 제21조 제2항 제3호는 동법 제7조 제4항의 규정에 의한 주민등록부여 방법으로 허위의 주민등록번호를 생성하여 자기 또는 다른 사람의 재물이나 재산상의 이익을 위하여 이를 사용한 자를 처벌한다고 규정하고 있는바, 타인에 의하여 이미 생성된 주민등록번호를 단순히 사용한 것을 위 법조 소정의 구성요건을 충족시킨 것으로 볼 수 없다.

① 1개   ② 2개   ③ 3개   ④ 4개

2. 대한민국의 「형벌」 법규가 적용되는 범위에 관한 설명 중 옳지 않은 것은? (다툼이 있는 경우 판례에 의함)

① 한국인이 한국 내에 있는 미국문화원에서 방화죄를 범한 경우, 미국문화원이 국제협정이나 관행에 의하여 치외법권 지역이고 미국본토의 연장으로 본다고 하더라도 대한민국의 「형법」이 적용된다.

② 영국인이 한국 내에서 한국인과 공모만 하고 홍콩에서 중국인으로부터 히로뽕을 매수한 경우 그 영국인에게는 대한민국의 「마약류 관리에 관한 법률」이 적용되지 않는다.

③ 미국인이 미국 내에서 한국인으로부터 주미한국대사관 영사에게 알선해달라는 전화부탁을 받고 한국에 입국한 다음 그 알선명목으로 금원을 수수하여 「변호사법」 위반죄를 범한 경우 대한민국의 「변호사법」이 적용된다.

④ 중국 국적자가 중국에서 대한민국 국적 A주식회사의 인장을 위조한 경우에는 「형법」상 사인위조죄로 처벌할 수 없다.

3. 부작위범에 대한 다음의 설명 중 옳은 것을 모두 고른 것은? (다툼이 있는 경우 판례에 의함)

> ㉠ 부작위범의 성립 여부를 검토함에 있어서 일반적 행위가능성이 존재하지 않을 경우 부작위범의 구성요건해당성이 부인된다.
>
> ㉡ 보증인의무는 법적 의무에 한하고 도덕적·윤리적 의무를 포함하지 않는다.
>
> ㉢ 보증인지위와 보증인의무의 체계적 지위에 대한 이분설에 따를 때 보증인지위와 보증인의무에 대한 착오는 구성요건적 착오에 해당한다.
>
> ㉣ 부부는 타방의 범죄행위를 저지해야 할 안전의무를 부담하지 않는다.
>
> ㉤ 「자본시장법」 제445조 제20호는 제147조 제1항을 위반하여 주식 등 대량보유·변동 보고를 하지 아니한 자를 처벌한다고 규정하고 있다. 그 규정 형식과 취지에 비추어 보면 주권상장법인의 주식 등 대량보유·변동 보고의무 위반으로 인한 「자본시장법」 위반죄는 구성요건이 부작위에 의해서만 실현될 수 있는 진정부작위범에 해당한다. 진정부작위범인 주식 등 대량보유·변동 보고의무 위반으로 인한 「자본시장법」 위반죄의 공동정범은 그 의무가 수인에게 공통으로 부여되어 있는데도 수인이 공모하여 전원이 그 의무를 이행하지 않았을 때 성립할 수 있다.

① ㉠㉢㉤   ② ㉠㉣㉤   ③ ㉡㉢㉣   ④ ㉡㉣㉤

4. 甲은 자신의 동생에게 중상해를 입힌 A에게 복수하기 위해 새벽 2시경 A가 사는 오피스텔에 침입하여 침대에서 자고 있던 사람을 쇠파이프로 마구 때리고 칼로 팔과 다리 등을 닥치는 대로 여러 차례 찔렀다. 그런데 자고 있던 사람은 A의 친구인 B였다. 병원에 입원한 B는 자상에 의한 급성신부전증으로 치료를 받던 중 금식조치를 지키지 않고 함부로 음식물을 먹은 탓에 합병증으로 사망하였다. 이에 대한 설명으로 옳은 것은? (다툼이 있는 경우 판례에 의함)

① 조건설에 의하면 甲의 행위와 B의 사망 사이에 인과관계가 인정되지만, 상당인과관계설에 의하면 인과관계는 부정된다.

② 구체적 부합설에 의하면 甲은 A에 대한 살인미수와 B에 대한 과실치사의 상상적 경합범으로 처벌된다.

③ 법정적 부합설에 의하면 甲의 착오는 방법의 착오에 해당하지만 고의 기수범이 성립한다.

④ 甲의 행위와 B의 사망 사이에 다른 사실이 개입되어 그 사실이 치사의 직접적인 원인이 되었더라도 그 사실을 甲이 예견하지 못하였다면 인과관계는 인정된다.

5. 다음 설명 중 옳은 것(○)과 옳지 않은 것(×)을 바르게 조합한 것은? (다툼이 있는 경우 판례에 의함)

> ㉠ 甲이 乙 경영의 식당 앞에서 乙의 소유인 고양이 1마리를, 甲 자신이 丙으로부터 빌려 갖고 있다가 잃어버린 고양이로 잘못 알고 丙에게 되돌려 주기 위해 임의로 러닝셔츠 안에 넣어 가져간 경우, 甲에게 절도의 고의를 인정할 수 있다.
>
> ㉡ 고속국도를 주행하는 차량의 운전자는 도로양측에 휴게소가 있는 경우라면 동 도로상에 보행자가 있음을 예상하여 감속 등 조치를 할 주의의무가 있다.
>
> ㉢ 업무자의 중과실로 인한 행위는 업무상과실로 인한 죄와 중과실로 인한 죄의 상상적 경합범이 성립한다.
>
> ㉣ 마취회복 담당의사 甲이 회복실에 마취환자 A를 두고 떠나면서, 회복실에서 자기 환자 B의 회복처치에 전념하고 있던 간호사 乙에게 아무런 지시를 하지 않았고 乙이 A의 이상증세를 인식할 수 있던 상황도 아니었다면, 회복실에 다른 간호사가 남아있지 않았더라도 乙에게 다른 환자 A를 주시·점검할 의무는 없다.
>
> ㉤ 종합병원 마취담당의사 甲이 난소종양절제를 위해 전신마취에 의한 개복수술을 함에 있어서 개복 전 종합적인 간기능검사가 필수적임에도 소변에 의한 간검사 결과만을 믿고 수술한 결과 수술 후 22일만에 환자가 급성 간염으로 사망한 경우, 甲에게 업무상과실이 인정되나, 종합적인 간기능검사를 하였더라면 간기능에 이상이 있었다는 검사결과가 나왔으리라는 점이 증명되지 않는 한 甲의 과실과 환자의 사망 사이에 인과관계가 있다고 볼 수 없다.

① ㉠(○) ㉡(×) ㉢(○) ㉣(×) ㉤(×)
② ㉠(×) ㉡(○) ㉢(×) ㉣(○) ㉤(×)
③ ㉠(○) ㉡(○) ㉢(○) ㉣(×) ㉤(×)
④ ㉠(×) ㉡(×) ㉢(×) ㉣(○) ㉤(○)

6. 위법성조각사유에 관한 다음 설명 중 옳은 것을 모두 고른 것은? (다툼이 있는 경우 판례에 의함)

> ㉠ 정당화적 긴급피난의 피난행위에 대하여 정당방위와 긴급피난이 허용되지 않는다.
>
> ㉡ 객관적인 정당화상황이 존재함에도 불구하고 주관적인 정당화요소가 없는 경우의 법적 효과에 대하여 위법성이 조각되기 위해서는 주관적인 정당화요소가 필요하다는 입장 내에서도 불능미수범으로 보는 견해와 기수범으로 보는 견해로 나누어진다.
>
> ㉢ 법익에 대한 침해가 계속적으로 있어 왔고 그러한 침해행위가 그 후에도 반복하여 계속될 염려가 있었다면 현재의 부당한 침해상태가 있었다고 볼 여지가 있다.
>
> ㉣ 사전에 법익침해를 승낙하였다가 행위시에 철회한 경우에도 위법성이 조각될 수 있다.
>
> ㉤ 입주자대표회의 회장인 피고인이 정당한 소집권자인 회장의 동의나 승인 없이 위법하게 게시된 공고문을 발견하고 이를 제거하는 방법으로 손괴한 조치는, 그에 선행하는 위법한 공고문 작성 및 게시에 따른 위법상태의 구체적 실현이 임박한 상황 하에 그 행위의 효과가 귀속되는 주체의 적법한 대표자 자격에서 그 위법성을 바로잡기 위한 조치의 일환으로 사회통념상 허용되는 범위를 크게 넘어서지 않는 행위라고 볼 수 있다.

① ㉠㉡㉣ ② ㉡㉢㉣ ③ ㉡㉢㉤ ④ ㉢㉣㉤

7. 피해자의 승낙 또는 추정적 승낙에 관한 설명 중 옳지 않은 것은? (다툼이 있는 경우 판례에 의함)

① 「형법」 제24조의 규정에 의하여 위법성이 조각되는 피해자의 승낙은 개인적 법익을 훼손하는 경우에 법률상 이를 처분할 수 있는 사람의 승낙을 말할 뿐만 아니라 그 승낙이 윤리적, 도덕적으로 사회상규에 반하는 것이 아니어야 한다.

② 사문서변조죄와 관련하여 사문서를 수정할 때 명의자가 현실적으로 승낙하지는 않았지만 명의자가 그 사실을 알았다면 당연히 승낙했을 것이라고 추정되는 경우에는 본 죄가 성립하지 않는다.

③ 甲이 자신의 아버지 乙로부터 乙이 소유하는 부동산 매매에 관한 권한 일체를 위임받아 그 부동산을 매도하였는데, 그 후 乙이 갑자기 사망하자 부동산 소유권 이전에 사용할 목적으로 乙이 자신(甲)에게 인감증명서 발급을 위임한다는 취지의 인감증명 위임장을 작성하여 주민센터 담당직원에게 이를 제출한 경우, 특별한 사정이 없는 한 乙의 승낙이 추정된다는 점에서 甲에게 사문서위조죄가 성립하지 않는다.

④ 무고죄 규정에 의해 개인이 부당하게 처벌 또는 징계 받지 않을 이익이 보호되더라도, 피무고자의 승낙은 무고죄의 위법성조각사유가 될 수 없다.

8. 다음 설명 중 옳지 않은 것은? (다툼이 있는 경우 판례에 의함)

① 정범으로부터 대가를 받고 판매할 마약을 공급하는 방법으로 위 범행을 용이하게 한 방조범은 정범의 위 범죄행위로 인한 수익을 정범과 공동으로 취득하였다고 평가할 수 없다면, 방조행위로 얻은 재산 등에 한하여 몰수, 추징할 수 있다고 보아야 한다.

② 甲이 자동차운전면허가 없는 乙에게 자신의 승용차를 제공하여 乙로 하여금 무면허운전을 하게 한 경우, 甲에게는 「도로교통법」 위반(무면허운전)죄의 방조범이 성립한다.

③ 의사 甲이 간호사 乙과 공모하여 공동의사에 의한 기능적 행위지배를 통하여 乙로 하여금 무면허 의료행위를 하게 한 경우, 甲에게도 「의료법」 위반(무면허의료행위)죄의 공동정범이 성립한다.

④ 일반인 甲이 건축물조사 및 가옥대장 정리업무를 담당하는 공무원 乙을 기망하여 乙로 하여금 허위공문서를 작성하게 한 경우, 甲에게는 허위공문서작성죄의 간접정범이 성립한다.

9. 괄호 안의 범죄에 대하여 실행의 착수가 인정되는 것은? (다툼이 있는 경우 판례에 의함)

① 건축자재 등을 훔칠 생각으로 공범과 함께 마스크를 착용하고 위 공사현장 안으로 들어간 후 창문을 통하여 건축 중인 아파트의 지하실 안쪽을 살핀 경우 (절도죄)

② 필로폰에 대한 수익계약을 체결하고 매수대금을 송급하고 필로폰을 받을 국내 주소를 알려준 경우 (향정신성 의약품 수입죄)

③ 범인이 카메라 기능이 설치된 휴대전화를 피해자의 치마 밑으로 들이밀거나, 피해자가 용변을 보고 있는 화장실 칸 밑 공간 사이로 집어넣은 경우 (카메라등 이용촬영죄)

④ 야간에 담장이 없는 빌라 건물의 외벽에 설치된 가스배관을 타고 이동하면서 침입할 집을 물색한 경우 (야간주거침입절도죄)

10. 다음 중 甲의 행위가 위법성이 조각되는 경우는? (다툼이 있는 경우 판례에 의함)

① 사용자 甲이 퇴직금 지급을 위하여 최선의 노력을 다하였으나 경영부진으로 인한 자금사정 등으로 도저히 지급기일 내에 퇴직금을 지급할 수 없었다는 등의 불가피한 사정이 인정되었다.

② 방송통신심의위원회 심의위원인 피고인이 자신의 인터넷 블로그에 위원회에서 음란정보로 의결한 '남성의 발기된 성기 사진'을 게시함으로써 정보통신망을 통하여 음란한 화상 또는 영상인 사진을 공공연하게 전시하였다.

③ 甲은 심야에 그의 가족과 함께 극장구경을 마치고 귀가하는 도중 乙이 甲의 질녀 A에게 키스를 하자고 달려들고 또한 甲의 처 B를 땅에 넘어뜨리고 구타하고 돌로 B를 내리치려는 순간, 그 침해를 방위하기 위하여 농구화를 신은 발로 乙의 복부를 한 차례 차서 사망에 이르게 하였다.

④ 甲이 A에게 밍크 45마리에 대한 권리가 자신에게 있다고 주장하면서 가져가자 A가 이를 묵시적으로 동의하였으나, 나중에 甲이 밍크에 대한 권리가 있다는 주장이 허위로 밝혀졌다.

11. 책임능력과 관련한 다음 설명 중 옳은 것을 모두 고른 것은? (다툼이 있는 경우에는 판례에 의함)

㉠ 심신상실자란 심신장애로 인하여 사물을 변별할 능력 뿐 아니라 의사결정의 능력까지도 결여된 자를 말한다.

㉡ 사물변별능력이나 의사결정능력은 판단능력 또는 의지능력과 관련된 것으로서 사실의 인식능력이나 기억능력과 반드시 일치하는 것은 아니다.

㉢ 법원은 정신감정결과를 참조하여 범행의 경위, 수단, 범행 전후의 행동 등 제반 사정을 종합하여 경험칙에 비추어 규범적으로 심신장애의 여부를 판단한다.

㉣ 평소 간질병 증세가 있었더라도 범행 당시에 간질병이 발작하지 아니하였다면 심신장애에 해당하지 아니한다.

㉤ 14세 미만자의 행위를 벌하지 않기 위해서는 사물을 변별할 능력이 없거나 의사를 결정할 능력이 없는 자와 동일한 상태가 인정되어야 한다.

① ㉠㉡㉢   ② ㉡㉢㉣   ③ ㉡㉣㉤   ④ ㉢㉣㉤

12. 다음 기술 중 판례의 태도와 일치하는 것은?

① 자기 자신을 무고하기로 제3자와 공모하고 무고행위에 가담한 경우에는, 무고죄의 공동정범으로 처벌할 수 있다.

② 링크 행위자가 정범이 공중송신권을 침해한다는 사실을 충분히 인식하면서 그러한 침해 게시물 등에 연결되는 링크를 인터넷 사이트에 영리적·계속적으로 게시하는 등으로 공중의 구성원이 개별적으로 선택한 시간과 장소에서 침해 게시물에 쉽게 접근할 수 있도록 하는 정도의 링크 행위를 한 경우에는 침해 게시물을 공중의 이용에 제공하는 정범의 범죄를 용이하게 하므로 공중송신권 침해의 방조범이 성립한다.

③ 변호사 사무실 직원 甲이 법원공무원 乙에게 부탁하여 수사 중인 사건의 체포영장 발부자 명단을 제공받았다면 甲의 행위는 공무상비밀누설교사죄에 해당한다.

④ 甲이 乙을 교사하여 乙의 아버지의 물건을 훔쳐오게 한 경우에 극단적 종속형식에 따르면 甲에게 절도교사죄가 성립되지 않는다.

13. 다음 중 형의 필요적 감면사유가 존재하는 경우는? (다툼이 있는 경우 판례에 의함)

① 甲이 장롱 안에 있는 옷가지에 불을 놓아 건물을 소훼하려 하였으나 불길이 치솟는 것을 보고 겁이 나서 물을 부어 불을 껐다.

② 甲과 乙은 밀수입하기로 공모하고 일본에서 고가의 손목시계를 사서 자신들이 승선 중이던 선박에 숨기고 있다가 적발되어 일본법원으로부터 유죄판결이 확정되어 벌금을 납부하고 한국으로 돌아와 다시 관세법 위반혐의로 체포되어 기소되었다.

③ 甲은 친구 A가 훔쳐온 물건이 자신(甲)의 아버지의 것이라는 것을 알면서 보관해주었다.

④ 甲이 乙로 하여금 형사처분 또는 징계처분을 받게 할 목적으로 공무소 또는 공무원에 대하여 허위의 사실을 신고한 후, 이를 수사기관에 자백하였다.

14. 다음 설명 중 옳은 것은? (다툼이 있는 경우 판례에 의함)

① 「민사집행법」에 의한 집행이나 국세체납처분을 할 때에 '채무자가 사실상 소유하는 재산'이라는 이유로 제3자 명의로 등기되어 있는 부동산에 관하여 곧바로 집행이나 체납처분을 하는 것은 허용되지 않는다.

② 소송비용을 편취할 의사로 소송비용의 지급을 구하는 손해배상청구의 소를 제기한 경우, 사기죄의 불능미수로 처벌한다.

③ 야간에 자기 집 앞에서 악수를 청하는 사람을 강도로 오인하여 방위의사로 밀어뜨려 4주간의 치료를 요하는 상해를 입힌 경우, 그 오인에 정당한 이유가 없는 때에는 제한적 책임(유추적용)설에 의하면 상해죄가 성립한다.

④ 업무상 과실로 장물을 보관하다가 그 장물을 횡령한 경우, 업무상 과실장물보관죄와 별도로 횡령죄가 성립한다.

15. 성폭력범죄에 관한 설명 중 옳지 않은 것은? (다툼이 있는 경우 판례에 의하며, 성폭력범죄 이외의 범죄 성립 여부는 논외로 함)

① 강간죄에서의 폭행·협박과 간음 사이에는 인과관계가 있어야 하나, 폭행·협박이 반드시 간음행위보다 선행되어야 하는 것은 아니다.

② 미성년자의 위계에 대한 간음죄에 위계에는 성행위자체에 대한 위계만 포함하지 아니하고 성행위의 동기에 대하여도 위계에 대한 간음죄가 성립한다.

③ 피해사실 전후의 객관적 정황상 피해자가 심신상실 등이 의심될 정도로 비정상적인 상태에 있었음이 밝혀진 경우 혹은 피해자와 피고인의 관계 등에 비추어 피해자가 정상적인 상태하에서라면 피고인과 성적 관계를 맺거나 이에 수동적으로나마 동의하리라고 도저히 기대하기 어려운 사정이 인정되는데도, 피해자의 단편적인 모습만으로 피해자가 단순히 '알코올 블랙아웃'에 해당하여 심신상실 상태에 있지 않았다고 단정하여서는 안 된다.

④ 아동·청소년이용음란물을 제작한 자가 그 음란물을 소지하게 되는 경우 「청소년성보호법」 위반(음란물소지)죄는 「청소년성보호법」 위반(음란물제작·배포등)죄에 흡수되지 않고 별개의 범죄가 됨이 원칙이다.

16. 신용·업무·경매에 관한 죄에 대한 설명으로 옳지 <u>않은</u> 것은? (다툼이 있는 경우 판례에 의함)

① 쟁의행위로서 파업이 언제나 업무방해죄에 해당하는 것으로 볼 것은 아니고, 전후 사정과 경위 등에 비추어 사용자가 예측할 수 없는 시기에 전격적으로 이루어져 사용자의 사업 운영에 심대한 혼란 내지 막대한 손해를 초래하는 등으로 사용자의 사업계속에 관한 자유의사가 제압·혼란될 수 있다고 평가할 수 있는 경우, 집단적 노무제공의 거부는 위력에 해당하여 업무방해죄가 성립한다.

② 장애인복지협회의 지부장으로서 협회에 대한 회계자료열람권을 가진 피고인이 협회사무실에서 회계서류 등의 열람을 요구하는 과정에서 협회 직원들을 불러 모아 상당한 시간 동안 이야기를 하거나 피고인의 요구를 거부하는 직원에게 다소 언성을 높여 책임을 지게 될 수 있다고 이야기한 경우 업무방해죄에 해당한다.

③ 위계에 의한 업무방해죄에서 '위계'란 상대방에게 오인, 착각 또는 부지를 일으키게 하여 업무수행 자체를 방해하는 것을 말하며, 그로써 업무의 적정성 내지 공정성이 방해된 정도에 그친 데 불과하더라도 업무방해죄가 성립한다고 보아야 한다.

④ 컴퓨터 등 장애 업무방해죄가 성립하기 위해서는 가해행위의 결과 정보처리장치가 그 사용목적에 부합하는 기능을 하지 못하거나 사용목적과 다른 기능을 하는 등 정보처리의 장애가 현실적으로 발생하였을 것을 요한다.

17. 주거침입죄에 대한 다음의 기술 중 옳지 <u>않은</u> 것을 모두 고른 것은? (다툼이 있는 경우 판례에 의함)

㉠ 외부인이 공동거주자의 일부가 부재중에 주거 내에 현재하는 거주자의 승낙을 받아 공동주거에 들어간 경우라고 하더라도 그것이 부재중인 다른 거주자의 추정적 의사에 반하는 경우에는 주거침입죄가 성립한다.

㉡ 공동거주자 중 한 사람이 법률적인 근거 기타 정당한 이유 없이 다른 공동거주자가 공동생활의 장소에 출입하는 것을 금지하고, 이에 대항하여 다른 공동거주자가 공동생활의 장소에 들어가는 과정에서 그의 출입을 금지한 공동거주자의 사실상 평온상태를 해쳤더라도, 주거침입죄가 성립하지 않는다.

㉢ 피고인들과 기자가 대화하는 장면을 기자와 음식점 영업주 몰래 촬영하기 위해 카메라를 설치하려고 음식점에 들어갔다면 주거침입죄가 성립한다.

㉣ 실행의 착수는 주거자, 관리자, 점유자 등의 의사에 반하여 주거나 관리하는 건조물 등에 들어가는 행위 즉, 구성요건의 일부를 실현하는 행위까지 요구하는 것은 아니고, 범죄 구성요건의 실현에 이르는 현실적 위험성을 포함하는 행위를 개시하는 것으로 족하다.

㉤ 건물 신축공사 현장의 타워크레인에 올라가 이를 점거한 경우 주거침입죄의 건조물에 침입한 것에 해당한다.

① ㉠㉡㉢   ② ㉠㉢㉣   ③ ㉠㉢㉤   ④ ㉡㉣㉤

18. 다음 사례에 대한 설명으로 옳은 것은? (다툼이 있는 경우 판례에 의함)

─〈 사례 1 〉─
甲, 乙, 丙은 야간에 A의 집 담을 넘어 들어가 부엌에 있던 식칼 세 개를 한 개씩 들고 안방에 들어가서 A를 칼로 협박하고 손을 묶은 뒤 장롱 서랍을 뒤져 귀금속과 현금 등을 강취하여 나오다가 순찰 중이던 경찰에게 발각되어 함께 경찰을 폭행하고 도주하였다.

─〈 사례 2 〉─
야간에 B의 집에 이르러 재물을 강취할 의도로 甲이 출입문 옆 창살을 통하여 침입하고 乙과 丙은 부엌 방충망을 뜯고 들어가다가 B의 헛기침에 발각된 것으로 알고 도주함으로써 뜻을 이루지 못했다.

─〈 사례 3 〉─
야간에 甲이 C의 집의 담을 넘어 들어가 대문을 열고 乙, 丙과 함께 집안으로 들어가 甲이 부엌에서 식칼을 들고 방안에 들어가는 순간 비상벨이 울려 도주함으로써 뜻을 이루지 못했다.

─〈 사례 4 〉─
야간에 甲, 乙, 丙이 D의 집에 들어가 D를 포박한 후 乙과 丙이 거실에서 재물을 강취하고 있는 사이 D를 감시하고 있던 甲이 D를 강간하려고 하였으나 D가 수술한지 얼마 안 되어 배가 아프다면서 애원하는 바람에 미수에 그치고 乙, 丙과 함께 도주하였다.

① 〈사례 1〉에서 甲, 乙, 丙은 특수강도죄와 공무집행방해죄의 상상적 경합의 죄책을 진다.

② 〈사례 2〉에서 甲, 乙, 丙은 특수강도죄의 미수의 죄책을 지고, 〈사례 3〉에서 甲, 乙, 丙은 특수강도죄 예비의 죄책을 진다.

③ 〈사례 4〉에서 甲은 강도강간죄의 중지미수의 죄책을 진다.

④ 〈사례 4〉에서 乙과 丙이 강간을 모의하지 않았다면 이를 예견할 수 있었다 하더라도 乙과 丙도 강도강간죄의 공동정범의 죄책을 지지 않는다.

19. 권리행사를 방해하는 죄에 대한 설명으로 옳지 <u>않은</u> 것은? (다툼이 있는 경우 판례에 의함)

① 甲이 차량을 구입하면서 피해자로부터 차량 매수대금을 차용하고 담보로 차량에 피해자 명의의 저당권을 설정해 주었는데, 그 후 대부업자로부터 돈을 차용하면서 차량을 대부업자에게 담보로 제공하여 이른바 '대포차'로 유통되게 한 경우, 甲이 피해자의 권리의 목적이 된 자기의 물건을 은닉하여 권리행사를 방해한 것이다.

② 甲 등이 공모하여 렌트카 회사인 A 주식회사를 설립한 다음 B 주식회사 등의 명의로 저당권등록이 되어 있는 다수의 차량들을 사들여 A 회사 소유의 영업용 차량으로 등록한 후 자동차대여사업자등록취소처분을 받아 차량등록을 직권말소시켜 저당권 등이 소멸되게 한 경우, B 회사 등의 저당권의 목적인 차량들을 은닉하는 방법으로 권리행사를 방해한 것이다.

③ 甲이 A 회사의 대표이사의 지위에 기하여 그 직무집행 행위로서 타인이 점유하는 A 회사의 물건을 취거한 경우에는, 甲의 행위는 A 회사의 대표기관으로서의 행위라고 평가되므로, A 회사의 물건도 권리행사방해죄에 있어서의 '자기의 물건'이라고 보아야 할 것이다.

④ 甲이 사업장의 유체동산에 대한 강제집행을 면탈할 목적으로 사업자등록의 사업자 명의를 변경하지 않고, 단순히 사업장에서 사용하는 금전등록기의 사업자 이름만을 변경한 경우, 강제집행면탈죄에 있어서 재산의 '은닉'에 해당하지 않는다.

20. 다음 사례에 제시된 甲의 행위에 대한 평가가 올바른 것은 모두 몇 개인가? (다툼이 있는 경우 판례에 의함)

> ㉠ 「부동산실명법」을 위반한 양자간 명의신탁에서 명의수탁자인 甲이 신탁받은 부동산을 임의로 처분하여도 명의신탁자에 대한 관계에서 횡령죄가 성립하지 아니한다. 하지만 이러한 법리는 부동산 명의신탁이 「부동산실명법」 시행 전에 이루어졌고 같은 법이 정한 유예기간 이내에 실명등기를 하지 아니함으로써 그 명의신탁약정 및 이에 따라 행하여진 등기에 의한 물권변동이 무효로 된 후에 처분행위가 이루어진 경우에는 적용되지 않는다.
>
> ㉡ 甲이 법원을 기망하여 부재자재산관리인으로 선임되었다면 사기죄에 해당한다.
>
> ㉢ 甲은 乙등과 공모하여 A에게 금융감독원 직원 등을 사칭하면서 B의 계좌에 1,400만 원을 입금하라고 하고, B에게도 같은 취지로 거짓말하여 입금된 돈을 찾아서 자신들에게 전달하도록 하였다. 이 경우 甲은 A에 대한 사기죄 외에 B에 대한 사기죄가 별도로 성립한다.
>
> ㉣ 甲이 보험금을 지급받을 수 있는 사유가 있었다면 이를 기화로 실제 지급받을 수 있는 보험금보다 다액의 보험금을 편취할 의사로 장기간의 입원 등을 통하여 과다한 보험금을 지급받는 경우에는 지급받은 보험금 전체에 대하여 사기죄가 성립한다.
>
> ㉤ 근저당권자의 대리인인 甲이 채무자 겸 소유자 명의의 위임장을 위조하여 법원에 제출하는 방법으로 경매개시결정 정본을 교부받았으나 그 근저당권이 유효했던 경우에는 사기죄의 기망행위에 해당하지 아니한다.

① 1개   ② 2개   ③ 3개   ④ 4개

21. 다음 사례 중 甲과 丙의 죄책에 관한 설명으로 옳지 <u>않은</u> 것을 모두 고른 것은? (사례의 기재 내용 중 '배임죄'는 '업무상배임죄'로 대신할 수 있고, 다툼이 있는 경우 판례에 의함)

> ㉠ 甲이 A에게 차용금 3억 원을 변제하지 못할 경우 甲의 어머니 소유인 부동산에 대한 유증상속분을 대물변제하기로 약정한 후, 甲이 유증을 원인으로 부동산에 관한 소유권이전등기를 마쳤음에도 이를 누나와 자형에게 매도하였다면 배임죄가 성립한다.
>
> ㉡ 甲은 부동산을 임차하면서 A회사에 전세자금 대출신청을 하여 전세보증금 대출을 받되 그 담보로 임대인 B에 대한 전세보증금반환채권에 관하여 근질권을 설정하여 주었고, 임대인 B는 이에 관한 질권설정승낙서를 작성하여 A회사에 교부하였다. 그 후 甲은 임대차기간 만료 직후 A회사의 동의 없이 임대인 B로부터 전세보증금을 직접 반환받았다. 이 경우 甲에게 배임죄가 성립하지 아니한다.
>
> ㉢ 부동산 소유인인 甲이 乙과 부동산 매매계약을 체결하고 계약금과 중도금을 모두 수령하였는데, 이러한 사실을 모두 알고 있는 丙이 甲에게 부동산의 가격을 더 높게 지불할 테니 자신에게 위 부동산을 매각해 달라는 요청을 하자 위 부동산을 丙에게 이중으로 매도하고 소유권이전등기를 경료해 준 경우, 甲에게는 배임죄가 성립하고, 丙에게는 장물취득죄가 성립한다.
>
> ㉣ 아파트 입주자대표회의 회장인 甲이 공공요금의 납부를 위한 지출결의서에 날인을 거부함으로써 아파트 입주자들에게 그에 대한 통상의 연체료를 부담시켰다면, 위 행위로 인하여 아파트 입주민에게 연체료 금액만큼 손해를 가하고 연체료를 받은 공공기관은 그 금액만큼 이익을 취득한 것이므로 배임죄가 성립한다.
>
> ㉤ 甲 주식회사 직원인 피고인이 대표이사 乙 등이 직무에 관하여 발명한 '재활용 통합 분리수거 시스템'의 특허출원을 하면서 임의로 특허출원서 발명자란에 乙 외에 피고인의 성명을 추가로 기재하여 공동발명자로 등재되게 하였다고 하더라도 업무상배임죄가 성립하지 않는다.

① ㉠㉡㉤　　② ㉠㉢㉣　　③ ㉡㉢㉣　　④ ㉢㉣㉤

22. 다음 재산죄에 대한 설명 중 옳은 것은? (다툼이 있는 경우 판례에 의함)

① 자기 앞으로 원인무효의 소유권이전등기가 되어 있음을 이용하여 토지소유자에게 지급될 보상금을 수령하였다면 횡령죄가 성립한다.

② 비트코인은 경제적인 가치를 디지털로 표상하여 전자적으로 이전, 저장과 거래가 가능하도록 한 가상자산의 일종으로 사기죄의 객체인 재산상 이익에 해당한다.

③ 「형법」 제357조의 배임수재죄의 보호법익 및 체계적 위치, 개정 경위, 법문의 문언 등을 종합하여 볼 때, 개정 「형법」이 적용되는 경우에도 '제3자'에는 다른 특별한 사정이 없는 한 사무처리를 위임한 자도 포함한다고 보는 것이 타당하다.

④ 손자가 할아버지 명의의 농업협동조합 예금통장을 절취하여 이를 현금자동지급기에 넣고 조작하는 방법으로 예금 잔고를 자신의 거래 은행 계좌로 이체한 경우 손자에게 「형법」상 친족상도례를 적용할 수 있다.

23. 다음 설명 중 옳지 <u>않은</u> 것은? (다툼이 있는 경우 판례에 의함)

① 회사의 대표이사가 대표권을 남용하여 자기 또는 제3자의 이익을 도모할 목적으로 대표이사 명의의 주권의 기재사항에 변경을 가한 경우 유가증권변조죄를 구성하지 아니한다.

② 수표에 기재되어야 할 수표행위자의 명칭은 비록 그 칭호가 본명이 아니라 하더라도 통상 그 명칭을 자기를 표시하는 것으로 거래상 사용하여 그것이 그 행위자를 지칭하는 것으로 인식되어 온 경우에는 그것을 수표상으로도 자기를 표시하는 칭호로 사용할 수 있으므로 본명이 아닌 통상의 명칭으로 수표에 배서한 경우 유가증권위조 및 위조유가증권행사죄가 성립하지 않는다.

③ 자기앞수표의 발행인이 수표의뢰인으로부터 수표자금을 입금받지 아니한 채 자기앞수표를 발행하였다면 허위유가증권작성죄가 성립한다.

④ 위조유가증권의 교부자와 피교부자가 서로 유가증권위조를 공모하였거나 위조유가증권을 타인에게 행사하여 그 이익을 나누어 가질 것을 공모한 공범의 관계에 있다면, 그들 사이의 위조유가증권교부행위에 대하여는 위조유가증권행사죄가 성립하지 않는다.

24. 방화에 관한 죄에 관한 다음의 설명 중 **틀린** 것은? (다툼이 있는 경우 판례에 의함)

① 현주건조물방화의 목적으로 물건에 점화한 이상 비록 외부적 사정으로 불이 방화목적물인 주택에 옮겨 붙지는 아니하였다 하더라도 현주건조물방화죄의 실행의 착수가 있다.

② 살인의 고의로 사람이 현존하는 건조물에 방화하여 사람을 살해한 경우 살인죄와 현주건조물방화죄의 상상적 경합이 성립한다.

③ 타인 소유의 일반물건에 방화하여 소훼하였으나 공공의 위험이 발생하지 않은 경우에는 재물손괴죄만 성립한다.

④ 재물을 강취한 후 피해자를 살해할 목적으로 현주건조물에 방화하여 사망에 이르게 한 경우 강도살인죄와 현주건조물방화치사죄의 상상적 경합범이 성립한다.

25. 다음 설명 중 옳은 것은? (다툼이 있는 경우 판례에 의함)

① 주식의 소유가 실질적으로 분산되어 있는 주식회사에서 총주식의 대다수를 소유한 지배주주 1인이 실제의 소집절차와 결의절차를 거치지 아니한 채 주주총회의 결의가 있었던 것처럼 의사록을 허위로 작성하고 이에 기초하여 회사의 법인등기부 변경신청을 하여 변경등기가 이루어진 경우 공정증서원본부실기재죄가 성립한다.

② 자동차운전면허증 재교부신청서의 사진란에 본인의 사진이 아닌 다른 사람의 사진을 붙여 제출함으로써 담당공무원으로 하여금 자동차운전면허대장에 불실의 사실을 기재하여 이를 비치하게 한 경우 공정증서원본불실기재 및 불실기재공정증서원본행사죄가 성립한다.

③ 피고인들이 공모하여, A법원 형사수석부장판사인 피고인이 같은 법원 영장전담판사등으로부터 보고받은 정보를 법원행정처 차장에게 보고한 경우 공무상 비밀누설죄가 성립한다.

④ 실제로는 채권·채무관계가 존재하지 않는데도 허위의 채무를 가장하고 이를 담보한다는 명목으로 허위의 근저당권설정등기를 마친 경우 공정증서원본 등의 불실기재죄 및 불실기재공정증서원본 등의 행사죄가 성립하지 않는다.

26. 공무집행방해죄(위계에 의한 공무집행방해죄 포함)가 성립하지 **않는** 것을 모두 고른 것은? (다툼이 있는 경우 판례에 의함)

ㄱ 불법주차 차량에 불법주차 스티커를 붙였다가 이를 다시 떼어 낸 직후에 있는 주차단속 공무원을 폭행한 경우

ㄴ 음주운전을 하다가 교통사고를 야기한 후 그 형사처벌을 면하기 위하여 타인의 혈액을 자신의 혈액인 것처럼 교통사고 조사 경찰관에게 제출하여 감정하도록 한 경우

ㄷ 자가용 차를 운전하다가 교통사고를 낸 사람이 경찰서에 신고함에 있어 가해차량이 자가용일 경우 피해자와 합의하는데 불리하다고 생각하여 영업용 택시를 운전하다가 사고를 내었다고 허위신고를 한 경우

ㄹ 교도관과 재소자가 상호 공모하여 재소자가 교도관으로부터 소지가 금지된 담배를 교부받아 이를 흡연하고 허가 없이 휴대폰을 교부받아 외부와 통화한 경우

ㅁ 민사소송을 제기함에 있어 피고의 주소를 허위로 기재하여 법원공무원으로 하여금 변론기일소환장 등을 허위주소로 송달하게 한 경우

① ㄱㄴㄷ   ② ㄴㄷㄹ   ③ ㄴㄷㅁ   ④ ㄷㄹㅁ

27. 다음 설명 중 **틀린** 것으로 묶인 것은? (다툼이 있는 경우 판례에 의함)

ㄱ 형의 집행정지 중인 자도 도주죄의 주체가 될 수 있다.

ㄴ 경찰관이 경범죄처벌법을 위반한 자를 즉결심판에 넘기기 위해 경찰서까지 동행할 것을 요구했으나 이를 거절하자 강제로 경찰서에 연행하여 즉결심판이 열릴 때까지 즉결심판 피의자대기실에 10여분 동안 있게 한 경우 불법감금죄가 성립한다.

ㄷ 객관적으로 고소사실에 대한 공소시효가 완성되었더라도 고소를 제기하면서 마치 공소시효가 완성되지 아니한 것처럼 고소한 경우 무고죄가 성립한다.

ㄹ 참고인이 수사기관에서 허위의 진술을 하면 증거위조죄가 성립한다.

ㅁ 가처분 신청사건이 변론절차로 진행되든 심문절차로 진행되든 증인으로 출석하여 선서를 하고 진술함에 있어서 허위의 진술을 한 경우에도 위증죄가 성립하지 아니한다.

① ㄱㄴㄷ   ② ㄱㄹㅁ   ③ ㄴㄷㄹ   ④ ㄴㄹㅁ

28. 다음 범죄에 관한 설명 중 옳지 않은 것은?

① 유한회사의 사원 등 회사설립에 관여하는 사람이 회사를 설립할 당시 회사를 실제로 운영할 의사 없이 회사를 이용한 범죄 의도나 목적이 있었고, 회사로서의 인적·물적 조직 등 영업의 실질을 갖추지 않았다면 그 이유만으로는 불실의 사실을 법인등기부에 기록하게 한 것으로 볼 수 없다.

② 공정증서원본에 기재된 사항이나 그 원인된 법률행위가 객관적으로 존재하고 다만 거기에 취소사유인 하자가 있을 뿐인 경우 취소되기 전에 공정증서원본에 기재된 이상 그 기재는 공정증서원본불실기재죄의 불실기재에 해당하지 않는다.

③ 위조된 외국의 화폐, 지폐 또는 은행권이 외국에서 강제통용력이 없고 국내에서 사실상 거래 대가의 지급수단이 되고 있지 않은 경우 위조통화행사죄가 성립하지 않는다.

④ 고속도로에서 승용차를 손괴하거나 타인에게 상해를 가하는 등의 행패를 부리던 자가 이를 제지하려는 경찰관에 대항하여 공중 앞에서 알몸이 되어 성기를 노출한 행위는 다른 사람에게 불쾌감을 주는 정도에 불과하므로 공연음란죄가 성립하지 아니한다.

29. 다음 설명 중 옳지 않은 것은? (다툼이 있는 경우 판례에 의함)

① 사법경찰관은 범죄의 혐의가 있다고 인정되는 경우에는 지체 없이 검사에게 사건을 송치하고, 관계 서류와 증거물을 검사에게 송부하여야 한다.

② 검사의 불기소처분은 법원의 재판이 아니므로 법원의 종국재판과 달리 일사부재리의 효과가 인정되지 아니한다.

③ 검사는 사법경찰관과 동일한 범죄사실을 수사하게 된 때에는 사법경찰관에게 사건을 송치할 것을 요구할 수 있으며, 요구를 받은 사법경찰관은 지체 없이 사건을 송치하여야 한다. 다만, 검사가 영장을 청구하기 전에 동일한 범죄사실에 관하여 사법경찰관이 영장을 신청한 경우에는 해당 영장에 기재된 범죄사실을 계속 수사할 수 있다.

④ 검사는 사법경찰관에게 재수사를 요청하려는 경우에는 불송치결정을 한날로부터 90일 이내에 해야 한다.

30. 함정수사에 관한 다음 설명 중 옳지 않은 것은? (다툼이 있는 경우 판례에 의함)

① 함정수사에는 기회제공형 함정수사와 범의유발형의 함정수사가 있지만, 범의유발형의 함정수사만 위법성이 문제된다.

② 수사기관과 직접 관련이 있는 유인자가 피유인자와의 개인적인 친밀관계를 이용하여 피유인자의 동정심이나 감정에 호소하거나, 금전적·심리적 압박이나 위협 등을 가하거나, 거절하기 힘든 유혹을 하거나, 또는 범행방법을 구체적으로 제시하고 범행에 사용될 금전까지 제공하는 등으로 과도하게 개입함으로써 피유인자로 하여금 범의를 일으키게 하는 것은 위법한 함정수사에 해당하여 허용되지 않는다.

③ 수사기관과 직접적인 관련을 맺지 않은 상태의 유인자가 피유인자를 상대로 단순히 수차례 반복적으로 범행을 부탁하였을 뿐 수사기관이 사술이나 계략 등을 사용하였다고 볼 수 없는 경우라도, 그로 인하여 피유인자의 범의가 유발되었다면 위법한 함정수사에 해당한다.

④ 경찰관이 취객을 상대로 한 이른바 부축빼기 절도범을 단속하기 위하여, 공원 인도에 쓰러져 있는 취객 근처에서 감시하고 있다가, 마침 피고인이 나타나 취객을 부축하여 10m 정도를 끌고 가 지갑을 뒤지자 현장에서 체포하여 기소한 경우, 위법한 함정수사에 기한 공소제기가 아니다.

31. 피의자신문의 설명 중 가장 적절하지 않은 것은? (다툼이 있는 경우 판례에 의함)

① 검사 또는 사법경찰관은 피의자에게 출석요구를 하려는 경우 피의사실의 요지 등 출석요구의 취지를 구체적으로 적은 출석요구서를 발송해야 한다.

② 검사 또는 사법경찰관은 신속한 출석요구가 필요한 경우 등 부득이한 사정이 있는 경우에는 전화, 문자메시지, 그 밖의 상당한 방법으로 출석요구를 할 수 있으나 이 경우에도 취지의 수사보고서를 사건기록에 편철하여야 한다.

③ 이미 작성된 조서의 열람을 위한 절차에 해당하는 경우에는 심야조사를 할 수 있다

④ 검사 또는 사법경찰관은 조사를 종결하기 전에 피의자, 사건관계인 또는 그 변호인에게 자료 또는 의견을 제출할 의사가 있는지를 확인하고, 자료 또는 의견을 제출받은 경우에는 해당 자료 및 의견을 수사기록에 편철한다.

32. 강제처분에 관한 설명 중 옳지 <u>않은</u> 것은? (다툼이 있는 경우 판례에 의함)

① 공중밀집장소인 지하철 내에서 여성을 촬영한 행위와 다세대 주택에서 몰래 당시 교제 중이던 여성의 나체와 음부를 촬영한 행위는 범행 시간과 장소뿐만 아니라 범행 동기와 경위, 범행 수단과 방법 등을 달리하므로, 간접증거와 정황증거를 포함하는 구체적·개별적 연관관계 있는 관련 증거의 법리에 의하더라도, 여성의 나체와 음부가 촬영된 사진은 임의제출에 따른 압수의 동기가 된 범죄혐의사실과 구체적·개별적 연관관계 있는 전자정보로 보기 어렵다.

② 각 위장형 카메라에 저장된 모텔 내 3개 호실에서 촬영된 영상은 임의제출에 따른 압수의 동기가 된 다른 호실에서 촬영한 영상과 별도로 피고인 내지 변호인에게 참여의 기회를 보장하지 않고 전자정보 압수목록을 작성·교부하지 않았다는 점만으로 곧바로 증거능력을 부정할 수 있다.

③ 수사기관이 제출자의 의사를 쉽게 확인할 수 있음에도 이를 확인하지 않은 채 특정 범죄혐의사실과 관련된 전자정보와 그렇지 않은 전자정보가 혼재된 정보저장매체를 임의제출받은 경우, 그 정보저장매체에 저장된 전자정보 전부가 임의제출되어 압수된 것으로 취급할 수는 없다.

④ 피고인은 평소 집에서 심한 고성과 욕설, 시끄러운 음악 소리 등으로 이웃 주민들로부터 수회에 걸쳐 112신고가 있어 왔던 사람인데, 피고인의 집이 소란스럽다는 112신고를 받고 출동한 경찰관 甲, 乙이 인터폰으로 문을 열어달라고 하였으나 욕설을 하였고, 甲, 乙이 피고인을 만나려고 하였으나 피고인이 문조차 열어주지 않고 소란행위를 멈추지 않자, 甲, 乙이 피고인을 집 밖으로 나오도록 유도하기 위하여 피고인의 집으로 통하는 전기차단기를 내렸다면 이는 「경찰관 직무집행법」이 정한 즉시강제의 요건을 충족한 적법한 직무집행으로 볼 여지가 있다.

33. 압수와 가환부에 관한 다음 설명 중 옳지 <u>않은</u> 것은? (다툼이 있는 경우 판례에 의함)

① 압수·수색영장은 처분을 받는 자에게 반드시 제시하여야 하고, 처분을 받는 자가 영장의 제시나 사본의 교부를 거부한 때에도 처분을 받는 자에게 각각 그 사본을 교부하여야 한다.

② 경찰관들이 저녁 8시경 도로에서 위장거래자와 만나서 마약류 거래를 하고 있는 피고인을 긴급체포하면서 현장에서 메트암페타민을 압수하고, 저녁 8시 24분경 체포 현장에서 약 2km 떨어진 피고인의 주거지에서 메트암페타민 약 4.82g을 추가로 찾아내어 이를 압수한 다음 법원으로부터 사후 압수·수색영장을 발부받은 경우, 메트암페타민 4.82g은 적법하게 압수되었다고 할 것이다.

③ 범행 중 또는 범행 직후의 범죄 장소에서 영장 없이 압수·수색 또는 검증을 할 수 있도록 규정한 「형사소송법」 제216조 제3항의 요건 중 어느 하나라도 갖추지 못한 경우, 압수·수색 또는 검증은 위법하며, 이에 대하여 사후에 법원으로부터 영장을 발부받았다고 하여 그 위법성이 치유되지 아니한다.

④ 인천세관 특별사법경찰관이 甲 등이 밀수출하기 위해 부산항에서 선적하려다 미수에 그친 자동차를 압수하였는데, 자동차가 乙의 소유로서 렌트차량으로 이용되고 있었고 乙과 밀수출범죄 사이에 아무런 관련성도 없다면 乙의 가환부 청구를 거부할 수 있는 특별한 사정이 있는 경우라고 보기 어려워 검사는 이를 乙에게 가환부해 주어야 한다.

34. 위법수집증거배제법칙에 대한 설명으로 옳지 <u>않은</u> 것은? (다툼이 있는 경우 판례에 의함)

① 영장담당판사가 발부한 압수수색영장에 법관의 서명만 있고 날인이 없을 경우 그 압수수색영장은 「형사소송법」이 정한 요건을 갖추지 못하여 적법하게 발부되었다고 볼 수 없으므로 이러한 압수수색영장에 따라 압수한 파일 출력물과 이에 기초하여 획득한 2차적 증거인 피의자신문조서, 법정진술 등은 위법수집증거에 해당한다.

② 수사기관이 영장을 발부받지 아니한 채 교통사고로 의식불명인 피의자의 동의없이 그의 아버지의 동의를 받아 피의자의 혈액을 채취하고 사후에도 지체없이 영장을 발부받지 않았다면 그 혈액에 대한 혈중알코올농도에 관한 감정의뢰회보는 위법수집증거이다.

③ 甲이 휴대전화기로 乙과 통화한 후 예우차원에서 바로 전화를 끊지 않고 기다리는 중 그 휴대전화기로부터 乙과 丙이 대화하는 내용이 들리자 이를 그 휴대전화기로 녹음한 경우, 이 녹음은 위법하다.

④ 수사기관이 압수·수색영장에 기하여 피의자의 주거지에서 증거물 A를 압수하고 며칠 후 영장 유효기간이 도과하기 전에 위 영장으로 다시 같은 장소에서 증거물 B를 압수한 경우, 증거물 B는 위법수집증거이다.

35. 다음 설명 중 옳지 <u>않은</u> 것을 모두 고른 것은? (다툼이 있는 경우 판례에 의함)

> ⊙ 임의성이 인정되지 아니하여 증거능력이 없는 진술증거라도 피고인이 증거로 함에 동의하면 증거로 쓸 수 있다.
>
> ⓛ 피고인이 수사기관에서 가혹행위 등으로 인하여 임의성 없는 자백을 하고, 그 후 법정에서도 임의성 없는 심리상태가 계속되어 동일한 내용의 자백을 하였다면 법정에서의 자백도 임의성 없는 자백이라고 보아야 한다.
>
> ⓒ 피고인의 자백이, 신문에 참여한 검찰수사관이 절도 피의사실을 모두 자백하면 피의사실 부분은 가볍게 처리하고 「특정범죄 가중처벌 등에 관한 법률」위반(절도)죄 대신 「형법」상 절도죄를 적용하겠다는 각서를 작성하여 주면서 자백을 유도한 것에 기인한 것이라 하여 위 자백이 기망에 의하여 임의로 진술한 것이 아니라고 의심할 만한 이유가 있는 때에 해당한다고 볼 수 없다.
>
> ⓔ 일정한 증거가 발견되면 피의자가 자백하겠다고 한 약속이 검사의 강요나 위계에 의하여 이루어졌다든가 또는 불기소나 경한 죄의 소추 등 이익과 교환조건으로 된 것으로 인정되지 않는다면 이러한 약속 하에 한 자백이라 하여 곧 임의성 없는 자백이라 단정할 수 없다.
>
> ⓜ 검사가 피의자에 대한 변호인의 접견을 부당하게 제한하고 있는 동안에 검사가 작성한 피의자신문조서는 증거능력이 없다.

① ⊙ⓒ   ② ⊙ⓔ   ③ ⓛⓔ   ④ ⓛⓜ

36. 전문진술의 증거능력에 관한 다음 설명 중 옳지 <u>않은</u> 것은? (다툼이 있는 경우 판례에 의함)

① 전문의 진술을 증거로 함에 있어서는 전문진술자가 원진술자로부터 진술을 들을 당시 원진술자가 증언능력에 준하는 능력을 갖춘 상태에 있어야 할 것이다.

② 피고인 아닌 자의 공판준비 또는 공판기일에서의 진술이 '피고인 아닌 타인의 진술'을 그 내용으로 하는 것인 때에는 원진술자가 사망, 질병, 외국거주, 소재불명 그 밖에 이에 준하는 사유로 인하여 진술할 수 없고 그 진술이 특히 신빙할 수 있는 상태하에서 행하여진 때에 한하여 이를 증거로 할 수 있는데, 여기서 말하는 '피고인 아닌 자'에는 공동피고인이나 공범자는 포함되지 아니한다.

③ 증인 등의 진술내용이 주한미국대사관 경비근무 중이었던 미군인의 진술을 전문한 것이라고 하더라도 동인이 한국근무를 마치고 귀국하여 진술할 수가 없고 또 그 진술이 동인 작성의 근무일지 사본의 기재 등에 비추어 특히 신빙할 수 있는 상태하에서 행하여진 것이라면 이를 증거로 채택하였다 하더라도 잘못이 없다.

④ 「형사소송법」제316조에 규정된 '그 진술이 특히 신빙할 수 있는 상태하에서 행하여진 때'라 함은 그 진술을 하였다는 것에 허위개입의 여지가 거의 없고, 그 진술내용의 신빙성이나 임의성을 담보할 구체적이고 외부적인 정황이 있는 경우를 가리킨다.

37. 증거에 관한 설명 중 옳지 <u>않은</u> 것은? (다툼이 있는 경우 판례에 의함)

① 불법감청에 의하여 녹음된 전화통화의 내용은 원칙적으로 증거능력이 없으나, 피고인이나 변호인이 이를 증거로 함에 동의하였다면 예외적으로 증거능력이 인정된다.

② 수표를 발행하였으나 지급되지 아니하게 하였다는 부정수표단속법위반의 공소사실을 증명하기 위하여 제출되는 수표는 증거물인 서면에 해당하여 전문법칙이 적용되지 않는다.

③ 필요한 기재 사항이 모두 기재되어 있고 간인 등도 적법하게 이루어졌으나 판사의 서명날인란에는 서명만 있고 그 옆에 날인이 없는 압수수색영장에 의하여 압수한 파일 출력물과 이를 제시하고 획득한 2차적 증거인 수사기관 작성의 피의자신문조서 및 증인의 법정진술은 위법수집증거에 해당하지 않는다.

④ 피고인의 자백이 임의성이 없다고 의심할 만한 사유가 있는 때에 해당한다 할지라도 그 임의성이 없다고 의심하게 된 사유들과 피고인의 자백과의 사이에 인과관계가 존재하지 않은 것이 명백한 때에는 그 자백은 임의성이 있는 것으로 인정된다.

38. 자유심증주의에 대한 설명으로 가장 적절하지 <u>않은</u> 것은? (다툼이 있는 경우 판례에 의함)

① 성폭행 등의 피해를 입었다는 신고사실에 관하여 불기소처분 내지 무죄판결이 내려졌다면, 그 자체를 무고를 하였다는 적극적인 근거로 삼아 신고내용을 허위라고 보아서는 안 된다.

② 검찰에서의 피고인의 자백이 법정진술과 다르다거나 피고인에게 지나치게 불리한 내용이라는 사유만으로는 그 자백의 신빙성이 의심스럽다고 할 수는 없다.

③ 유전자검사 결과 주사기에서 마약성분과 함께 피고인의 혈흔이 확인됨으로써 피고인이 필로폰을 투약한 사정이 적극적으로 증명되는 경우, 반증의 여지가 있는 소변 및 모발검사에서 마약성분이 검출되지 않았다는 소극적 사정에 관한 증거만으로 이를 쉽사리 뒤집을 수 없다.

④ 피해자가 피고인으로부터 강간을 당한 후 다음날 혼자서 다시 피고인의 집을 찾아간 것이 일반적인 평균인의 경험칙이나 통념에 비추어 범죄 피해자로서는 취하지 않았을 특이하고 이례적인 행태로 보이므로, 이를 토대로 피해자의 진술에 신빙성이 없다고 볼 수 있다.

39. 甲은 X운수회사의 노동조합장에 취임하여 전임 노동조합장 乙의 재임 중의 업무처리내용을 확인하는 과정에서 근거자료가 불명확한 부분을 발견하고, 이후 조합 운영의 투명성을 확보함과 동시에 향후 조합장 선거시 경쟁자로 예상되는 乙을 견제하기 위하여 회사 내 배차실 벽에 "체육복에 관하여, 1벌당 10,000원 이면 구입할 수 있는 것을 터무니없이 비싼 가격인 18,000원에 구입하였다"는 등의 내용으로 대자보를 작성하여 붙였다. 이 사안에 관한 설명 중 옳지 <u>않은</u> 것은? (다툼이 있는 경우 판례에 의함)

① 甲은 乙의 사회적 평판을 저하시킬 만한 사실을 내용으로 하는 대자보를 부착하여 불특정 또는 다수인이 인식할 수 있는 상태로 적시하였으므로 甲의 행위는 명예훼손죄의 구성요건 해당성이 인정된다.

② 甲에게는 차기 조합장 선거에서 경쟁자로 예상되는 乙을 견제하기 위한 동기가 있었으므로 甲의 행위는 위법성이 조각될 수 없다.

③ 甲이 적시한 사실이 진실이 아님에도 이를 진실이라고 믿었던 경우, 이러한 상황을 위법성 조각사유의 전제사실에 대한 착오로 보는 법효과제한설에 의하면 甲은 무죄가 된다.

④ 甲이 적시한 사실이 진실한 사실로서 오로지 공공의 이익에 관한 때에 해당된다는 점은 甲이 입증하여야 한다.

40. 충남지방경찰청 광역수사대 팀장 경감 P는 2015.11.경 발생한 중고자동차매매 관련 사건을 조사하고 있었는 바, 피의자 甲으로부터 "12월 12일에 경찰에 직접 출석하겠다"는 약속을 받았고 또한 甲이 당일 자진출석했음에도 곧바로 甲을 상습사기죄로 긴급체포하였다. 그 다음날 P로부터 긴급체포 승인건의서와 구속영장신청서를 접수받은 담당 검사는 이 과정에 대해 의문을 품었고, 피의자로부터 수사경위에 관한 진술을 듣기 위해 검사실로 데려올 것을 P에게 요청했으나 P는 "검사가 구속영장 청구 전에 피의자를 직접면담하는 것은 부적법하다"는 이유로 이를 거부하였다. 이에 검사는 서면으로 피의자에 대한 인치명령을 했으나 P가 이를 다시 거부하자, 긴급체포를 불승인하고 구속영장신청을 기각하는 한편 P를 인권옹호직무명령불준수죄와 직무유기죄로 대전지방법원에 기소하였다. 이에 관한 다음 설명 중 옳지 <u>않은</u> 것을 모두 고른 것은? (다툼이 있는 경우 판례에 의함)

> ㉠ 검사는 긴급체포의 승인 및 구속영장의 청구가 피의자의 인권에 대한 부당한 침해를 초래하지 않도록 긴급체포의 적법성 여부를 심사하면서 수사서류 뿐만 아니라 피의자를 검찰청으로 출석시켜 직접 대면 조사할 수 있는 권한을 가진다.
>
> ㉡ 검사가 구속영장 청구 전에 피의자를 대면조사하기 위하여 사법경찰관리에게 피의자를 검찰청으로 인치할 것을 명하는 것은 적법하고 타당한 수사지휘 활동에 해당하고, 수사지휘를 전달받은 사법경찰관리는 이를 준수할 의무를 부담한다.
>
> ㉢ 검사의 구속영장 청구 전 피의자 대면조사는 긴급체포의 적법성을 의심할 만한 사유가 기록 기타 객관적 자료에 나타나고 피의자의 대면조사를 통해 그 여부의 판단이 가능할 것으로 보이는 경우는 물론, 긴급체포의 합당성이나 구속영장 청구에 필요한 사유를 보강하기 위한 목적으로도 실시될 수 있다.
>
> ㉣ 검사의 구속영장 청구 전 피의자 대면조사는 긴급체포에 수반된 강제수사이므로 피의자는 검사의 출석 요구에 응할 의무가 있고, 검사의 출석 요구가 있으면 사법경찰관리는 피의자를 검찰청으로 호송하여야 한다.
>
> ㉤ 「형법」 제139조에 규정된 인권옹호직무명령불준수죄는 「형법」 제122조에 규정된 직무유기죄에 대하여 법조경합 중 특별관계에 있으므로 위 사례의 경우 인권옹호직무명령불준수의 일죄만 성립한다.

① ㉠㉣㉤   ② ㉠㉢㉣   ③ ㉡㉣㉤   ④ ㉢㉣㉤

2022년 제2차 경찰공무원(순경) 채용 필기시험

-일반공채(101경비단 포함), 경찰행정학과 경채-

제2회

【형사법】 ·· 26

응시자 유의사항

응시자는 반드시 응시표에 기재된 과목 순서에 맞춰 답안을 표기하여야 하며, 과목 순서대로
채점되므로 유의하시길 바랍니다.

※시험이 시작되기 전까지 표지를 넘기지 마십시오.

1초 합격예측! 모바일 성적분석표

1. QR코드를 스캔하여 모바일 OMR 답안지에 정답을 입력합니다.
2. 답안 제출 시 자동으로 채점이 완료됩니다.
3. 자동측정된 풀이시간과 채점결과 및 성적분석표를 확인하세요.

1. 죄형법정주의에 관한 설명 중 옳고 그름의 표시(○, ×)가 모두 바르게 된 것은? (다툼이 있는 경우 판례에 의함)

㉠ 사용사업주가 근로자파견계약 또는 이에 준하는 계약을 체결하고 파견사업주로부터 그에게 고용된 외국인을 파견받아 자신을 위한 근로에 종사하게 하였더라도 이를 「출입국관리법」 제94조 제9호, 제18조 제3항이 금지하는 고용이라고 볼 수 없다.

㉡ 농업용 동력운반차는 구 「자동차관리법」 제2조 제1호에서 정한 자동차나 이를 전제로 하는 구 「자동차관리법」 제3조에서 정한 각종 자동차에 해당하므로 무면허운전 처벌규정의 적용대상인 구 「도로교통법」 제2조 제18호에 정한 자동차에도 해당한다.

㉢ 「아동·청소년의 성보호에 관한 법률」에 정한 공개명령제도는 아동·청소년 대상 성범죄를 효과적으로 예방하고 성범죄로부터 아동·청소년을 보호함을 목적으로 하는 일종의 보안처분이므로 공개명령제도가 시행된 2010.1.1. 이전에 범한 범죄에도 공개명령제도를 적용하도록 법률을 개정한 것이 소급입법금지의 원칙에 반하지는 않는다.

㉣ 연습운전면허를 받은 사람이 '주행연습 외의 목적으로 운전하여서는 아니된다'는 준수사항을 위반하여 운전한 경우, 「도로교통법」상 무면허운전에 해당된다.

㉤ 「국가공무원법」 제66조의 "공무원은 노동운동 기타 공무 이외의 일을 위한 집단적 노동행위를 하여서는 아니된다"는 규정에서 '공무 이외의 일을 위한 집단적 노동행위'를 '공익에 반하는 목적을 위하여 직무전념의무를 해태하는 등의 영향을 가져오는 집단적 행위'로 해석하는 것은 죄형법정주의에 위배되지 않는다.

① ㉠(○) ㉡(○) ㉢(○) ㉣(×) ㉤(○)
② ㉠(×) ㉡(○) ㉢(×) ㉣(×) ㉤(○)
③ ㉠(○) ㉡(×) ㉢(○) ㉣(×) ㉤(○)
④ ㉠(×) ㉡(×) ㉢(○) ㉣(○) ㉤(×)

2. 양벌규정 또는 법인의 범죄능력에 대한 설명 중 옳은 것을 모두 고른 것은? (다툼이 있는 경우 판례에 의함)

㉠ 구 「개인정보 보호법」은 제2조 제5호, 제6호에서 공공기관 중 법인격이 없는 '중앙행정기관 및 그 소속 기관' 등을 개인정보처리자 중 하나로 규정하고 있으면서도, 양벌규정에 의하여 처벌되는 개인정보처리자로는 같은 법 제74조 제2항에서 '법인 또는 개인'만을 규정하고 있을 뿐이고, 법인격 없는 공공기관에 대하여도 위 양벌규정을 적용할 것인지 여부에 대하여는 명문의 규정을 두고 있지 않으므로, 죄형법정주의의 원칙상 '법인격 없는 공공기관'을 위 양벌규정에 의하여 처벌할 수 없고, 그 경우 행위자 역시 위 양벌규정으로 처벌할 수 없다

㉡ 양벌규정에 의해서 법인 또는 개인을 처벌하는 경우 그 처벌은 직접 법률을 위반한 행위자에 대한 처벌에 종속하며, 행위자에 대한 선임감독상의 과실로 인하여 처벌되는 것이므로, 행위자에 대한 처벌이 법인 또는 개인에 대한 처벌의 전제조건이 된다.

㉢ 특별한 근거규정이 없는 한 법인이 설립되기 이전에 자연인이 한 행위에 대하여 양벌규정을 적용하여 법인을 처벌할 수는 없다.

㉣ 회사 대표자의 위반행위에 대하여 징역형의 형량을 작량감경하고 병과하는 벌금형에 대하여 선고유예를 한 이상 양벌규정에 따라 그 회사를 처단함에 있어서도 같은 조치를 취하여야 한다.

㉤ 배임죄에서 타인의 사무를 처리할 의무의 주체가 법인이 되는 경우 그 타인의 사무는 법인을 대표하는 자연인인 대표기관에 의하여 처리될 수밖에 없어 자연인인 대표기관이 배임죄의 주체가 된다.

① ㉠㉡㉣　　② ㉠㉢㉤　　③ ㉡㉢㉣　　④ ㉢㉣㉤

3. 부작위범에 관한 설명 중 옳지 <u>않은</u> 것은? (다툼이 있는 경우 판례에 의함)

① 정신건강의학과 전문의로서 정신병원 소속 봉직의인 피고인들이 병원장과 공모하여 구 「정신보건법」 제24조에서 정한 보호의무자에 의한 입원 시 보호의무자 확인 서류를 수수하지 않았다고 하여 구 「정신보건법」 제57조 제2호, 제24조 제1항 위반죄로 기소된 경우 정신건강의학과 전문의는 위 규정에서 정하는 보호의무자 확인 서류 등의 수수 의무를 부담하지 않는다고 보아야 한다.

② 부작위에 의한 사기죄에서 작위의무의 발생근거는 유기죄에서 보호의무의 발생근거보다 그 범위가 넓다.

③ 인터넷 포털 사이트를 운영하는 회사의 대표이사가 정보제공업체들이 음란한 정보를 반포·판매하는 것을 알면서도 방치하였다면 「전기통신 기본법」 위반죄의 정범에 해당한다.

④ 하나의 행위가 부작위범인 직무유기죄와 작위범인 허위공문서작성·행사죄의 구성요건을 동시에 충족하는 경우, 공소제기권자는 재량에 의하여 작위범인 허위공문서작성·행사죄로 공소를 제기하지 않고 부작위범인 직무유기죄로만 공소를 제기할 수 있다.

4. 판례의 태도에 대한 설명 중 옳지 <u>않은</u> 것을 모두 고른 것은?

> ㉠ 신뢰의 원칙이 인정되면 과실이 부정된다.
> ㉡ 고의는 결과발생에 대한 의욕이 없어도 결과발생의 가능성을 인식하면 족하다.
> ㉢ 사건의 전과정을 개괄적으로 보아 처음에 예견된 사실이 결국 실현된 경우에는 발생결과에 대한 행위자의 고의가 인정된다.
> ㉣ 목적범의 목적의 인식 정도는 미필적 인식으로 족하다.
> ㉤ 피해자가 직계존속임을 알지 못하고 살해한 경우는 형법 제15조 제1항의 특별히 중한 죄가 되는 사실을 인식하지 못한 경우에 해당한다.

① ㉠   ② ㉡   ③ ㉠㉡   ④ ㉢㉣㉤

5. 택시노조의 조합장인 甲은 자신의 공금횡령에 대한 탄핵자료를 수집하기 위해 감사활동을 벌이던 A의 감사활동을 방해하기 위하여 조합 사무실에 있던 컴퓨터에 임의로 비밀번호를 설정하고 하드디스크를 분리·은닉하여 조합의 업무를 방해하고, 자신을 반대하는 택시기사 B를 자신의 지지자 乙, 丙과 함께 폭행함으로써 B의 택시 운행업무를 방해하였다는 이유로 기소되었다. 다음 설명 중 옳지 <u>않은</u> 것은? (다툼이 있는 경우 판례에 의함)

① B에 대한 폭행행위가 그에 대한 업무방해의 수단이 되었다고 하더라도 그러한 폭행행위가 업무방해죄에 대하여 불가벌적 수반행위로서 흡수관계에 있다고 볼 수 없다.

② 甲의 B에 대한 행위의 경우 「폭력행위 등 처벌에 관한 법률」 위반(공동폭행)죄와 업무방해죄의 실체적 경합관계에 해당한다.

③ 甲이 A의 감사활동을 방해하기 위하여 한 행위는 「형법」 제314조 제2항의 컴퓨터등 장애 업무방해죄에 해당한다.

④ 甲의 행위로 인하여 조합의 업무방해의 결과가 실제로 발생하지 않더라도 업무방해의 결과를 초래할 위험이 있으면 업무방해죄가 성립할 수 있다.

6. 다음 결과적 가중범에 관한 기술 중 판례의 태도와 일치하는 것 (○)과 일치하는 않는 것(×)을 바르게 표시한 것은?

> ㉠ 甲이 A의 재물을 강취한 후 그를 살해할 목적으로 현주건조물에 방화하여 사망에 이르게 한 경우 甲의 행위는 강도살인죄와 현주건조물방화치사죄에 모두 해당하고 그 두 죄는 상상적 경합범관계에 있다.
> ㉡ 직무를 집행하는 공무원에 대하여 위험한 물건을 휴대하여 고의로 상해를 가한 경우에는 특수공무집행방해치상죄가 성립할 뿐이다.
> ㉢ 현주건조물 내에 있는 사람을 강타하여 실신케 한 후 건조물에 불을 놓아 그 속에 현존하던 사람을 소사케 한 경우에는 현주건조물방화죄와 살인죄의 상상적 경합범으로 처단하여야 한다.
> ㉣ 甲은 안방에서 잠을 자고 있는 자기의 아버지를 살해하기 위하여 장롱에 불을 질러 집을 불태워 아버지를 질식사하도록 하였다. 이 경우 甲에게는 현주건조물방화치사죄와 존속살해죄의 상상적 경합이 성립한다.
> ㉤ 상해 후 피해자가 졸도하자 죽은 것으로 오인하고 자살로 위장하기 위해 베란다 아래로 떨어뜨림으로써 사망의 결과를 발생하게 한 경우 상해죄와 과실치사죄가 성립한다.

① ㉠(×) ㉡(×) ㉢(×) ㉣(○) ㉤(×)

② ㉠(○) ㉡(○) ㉢(×) ㉣(○) ㉤(×)

③ ㉠(○) ㉡(×) ㉢(×) ㉣(×) ㉤(×)

④ ㉠(×) ㉡(○) ㉢(×) ㉣(○) ㉤(×)

7. 다음 위법성 조각에 대한 설명 중 옳지 <u>않은</u> 것은? (다툼이 있는 경우 판례에 의함)

① 「민사소송법」제335조에 따른 법원의 감정인 지정결정 또는 같은 법 제341조 제1항에 따른 법원의 감정촉탁을 받은 경우라도 감정평가업자가 아닌 사람은 그 감정사항에 포함된 토지 등의 감정평가를 할 수 없고, 이러한 행위는 법령에 근거한 법원의 적법한 결정이나 촉탁에 따른 것으로 「형법」제20조의 정당행위에 해당하여 위법성이 조각된다고 할 수 없다.

② 甲에 대한 채권자단 대표로부터 공사시공권을 인수한 A회사가 甲이 점유하던 공사현장에 실력을 행사하여 들어와 현수막 및 간판을 설치하고 담장에 글씨를 쓰자 甲이 그 현수막을 찢고 간판 및 담장에 씌어진 글씨를 지운 것은 부당한 침해를 방어하기 위한 행위로서 위법성이 조각된다.

③ 甲이 골프클럽 경기보조원들의 구직편의를 위해 제작된 인터넷 사이트 내 회원 게시판에 특정 골프클럽의 운영상 불합리성을 비난하는 글을 게시하면서 위 클럽담당자에 대하여 한심하고 불쌍한 인간이라는 등 경멸적 표현을 한 것은 사회상규에 위배되지 않으므로 위법성이 조각되어 모욕죄가 성립하지 않는다.

④ 甲이 피해자와 공모하여 교통사고를 가장하여 보험금을 편취할 목적으로 피해자에게 상해를 가한 경우 피해자의 승낙이 있었다고 하더라도 위법성이 조각된다고 할 수 없다.

8. 위법성조각사유의 전제사실의 착오에 관한 다음 사례에서 甲에게 폭행죄의 성부가 문제된다고 볼 경우, 이에 관한 설명 중 옳지 <u>않은</u> 것은?

> 김밥집 주인이 앞서 뛰어가는 학생 2명을 쫓아가며 계산을 하고 가야지 라고 말하는 것을 들은 甲은 2미터 가량 뒤쫓아가 부근에 있던 A를 무전취식을 하고 도망가던 학생으로 잘못 알고, A의 멱살을 잡고 약 10~15미터 끌고 왔다. 그런데 그는 무전취식을 하고 도망가던 학생이 아니었고 甲은 약간의 주의를 했더라면 이를 알 수 있었다.

① 엄격책임설에 따르면 폭행죄가 성립하지 않는다.

② 엄격고의설에 따르면 폭행죄가 성립하지 않는다.

③ 구성요건착오유추적용설에 따르면 폭행에 대한 불법고의가 부정되므로 폭행죄가 성립하지 않는다.

④ 법효과제한책임설에 따르면 폭행에 대한 구성요건고의는 인정되지만 책임고의는 부정되므로 폭행죄가 성립하지 않는다.

9. 형사제재에 관한 설명 중 옳은 것은? (다툼이 있는 경우 판례에 의함)

① 피고인이 음란물유포 인터넷사이트를 운영하면서 「정보통신망 이용촉진 및 정보보호 등에 관한 법률」위반(음란물유포)죄와 도박개장방조죄에 의하여 비트코인(Bitcoin)을 취득한 사안에서, 비트코인은 재산적 가치가 있는 무형의 재산이라고 볼 수 없으므로 피고인이 취득한 비트코인을 몰수할 수 없다.

② 선고유예 판결의 경우 그 판결이유에서는 선고할 형의 종류와 양을 정해 놓아야 하지만, 그 선고를 유예하는 형이 벌금형일 경우에는 그 벌금액만 정해 놓으면 되고 환형유치처분까지 정해둘 필요는 없다.

③ 500만 원 이하의 벌금형에 대한 집행유예는 가능하나, 형을 병과할 경우 그 형의 일부에 대한 집행을 유예할 수는 없다.

④ 상습범 중 일부 행위가 누범기간 내에 이루어진 이상 나머지 행위가 누범기간 경과 후에 행하여졌더라도 그 행위 전부가 누범관계에 있다.

10. 다음 설명 중 옳지 <u>않은</u> 것은? (다툼이 있는 경우 판례에 의함)

① 甲이 컴퓨터 감시장치가 되어 있는 A은행의 금고를 강탈하려는 계획을 세우고 준비를 하면서 은행에 용이하게 침입하기 위하여 乙에게 컴퓨터 전문가를 소개하여 줄 것을 부탁하였고, 이에 乙이 컴퓨터 전문가를 甲에게 소개시켜 주었으나 甲이 강도의 실행에 착수하기 이전에 발각된 경우 乙은 처벌되지 않는다.

② 甲이 乙에게 A를 상해하도록 교사하였고 乙은 다시 丙에게 A를 상해하도록 교사하였으나, 丙이 A의 물건을 훔친 경우, 甲은 처벌되지 않는다.

③ 甲은 A를 독살하려고 마음먹고 인터넷을 통하여 독약을 구입한 후 마음의 가책을 느껴 범행을 포기한 경우 형의 필요적 감면사유에 해당한다.

④ 甲은 일본으로 밀항하기 위해 乙에게 도항비로 일화 100만 엔을 주기로 약속하였으나, 그 후 밀항을 포기하였다면 밀항의 예비에 해당하지 않는다.

11. 다음 사례에서 '타인'이 괄호 안에 기재된 범죄의 정범으로 처벌될 때, 甲이 그 범죄의 교사범에 해당하는 경우는 모두 몇 개인가? (다툼이 있는 경우 판례에 의함)

> ㉠ 甲은 타인을 교사하여 자신(甲)에 대한 허위의 범죄사실을 신고하도록 하였다. (무고죄)
> ㉡ 甲은 무면허운전으로 사고를 낸 후 타인(乙의 친동생)을 피의자 신분으로 경찰에 출석시켜 허위자백을 하도록 하였다. (범인도피죄)
> ㉢ 甲은 타인을 교사하여 자신(丙)의 형사사건에 대하여 위증을 하도록 하였다. (위증죄)
> ㉣ 甲은 타인을 교사하여 자신(丁)의 형사사건에 관한 증거를 인멸 하도록 하였다. (증거인멸죄)

① 1개 ② 2개 ③ 3개 ④ 4개

12. 공범과 신분에 관한 다음 설명 중 옳지 <u>않은</u> 것은? (다툼이 있는 경우 판례에 의함)

① 공무원 아닌 甲이 공문서작성을 보좌하는 공무원 乙과 공모하여 허위의 문서초안을 상사에게 제출하여 결재케 함으로써 허위 공문서를 작성케 한 경우, 甲은 허위공문서작성죄의 간접정범의 공동정범으로서의 죄책을 진다.
② 甲이 친구 乙을 교사하여 乙의 아버지를 살해하도록 한 경우 甲은 존속살해죄의 교사범의 죄책을 진다.
③ 모해의 목적을 가진 甲이 모해의 목적이 없는 乙을 교사하여 위증죄를 범하도록 한 경우 甲은 모해위증죄의 교사범의 죄책을 진다.
④ 甲과 그 남자친구인 乙이 공모하여 피해아동 A를 학대하여 사망에 이르게 한 사안에서, 「아동학대처벌법」에 제4조는 부진정신분범으로서, 乙에 대하여 「형법」 제33조 단서를 적용하여 「형법」 제259조 제1항의 상해치사죄에서 정한 형으로 처단하여야 한다.

13. 〈보기1〉의 (   ) 속에 들어갈 죄수관계에 부합하는 사례를 〈보기2〉에서 모두 고른 것은? (다툼이 있는 경우 판례에 의함)

> — 〈 보기1 〉 —
>
> 건물관리인이 건물주로부터 월세임대차계약 체결업무를 위임받고도 임차인을 속여 전세임대차계약을 체결하고 그 보증금을 편취한 경우, 업무상배임죄와 사기죄가 성립하고 두 죄는 (   )의 관계에 있다.

> — 〈 보기2 〉 —
>
> ㉠ 강도가 한 개의 강도범행을 하는 기회에 여러 명의 피해자에게 각 폭행을 가하여 각 상해를 입혔다.
> ㉡ 이미 절취한(이 부분은 논외로 함) 피해자 명의의 신용카드를 부정사용하여 현금자동인출기에서 현금서비스로 현금을 인출하여 취득하였다.
> ㉢ 피해 신고를 받고 출동한 두 명의 경찰관에게 욕설을 하면서 순차로 폭행을 하여 경찰관의 정당한 직무집행을 방해하였다.
> ㉣ 피해자 3명과 함께 같은 자리에서 약 4시간 동안 사기도박을 하여 피해자들로부터 각각 도금을 편취하였다.

① ㉠㉡ ② ㉠㉣ ③ ㉡㉢ ④ ㉢㉣

14. 형벌에 관한 다음 설명 중 옳은 것은? (다툼이 있는 경우 판례에 의함)

① 「보호관찰법」 제32조 제3항 제4호는 보호관찰 대상자에게 과할 수 있는 특별준수사항으로 범죄행위로 인한 손해를 회복하기 위하여 노력할 것을 넘어 일정 기간 내에 원상회복할 것을 명하는 것은 허용될 수 없다.
② 피고인이 甲, 乙과 공모하여 정보통신망을 통하여 음란한 화상 또는 영상을 배포하고, 도박 사이트를 홍보하였다는 공소사실로 기소되었는데, 공소사실이 유죄로 인정된다면 피고인이 범죄행위에 이용한 웹사이트 매각을 통해 취득한 대가를 「형법」 제48조에 따라 추징할 수 있다.
③ 형의 집행을 유예하면서 피고인에게 유죄로 인정된 범죄행위를 뉘우치거나 그 범죄행위를 공개하는 취지의 말이나 글을 발표하도록 하는 내용의 사회봉사명령은 위법하지 아니하다.
④ 「형법」 제37조 후단 경합범(이하 '후단 경합범'이라 한다)은 사후적 경합범의 취지에 의한 따른 별도의 규정일뿐 일반적 법률상 감경이라고 할 수 없어 「형법」 제39조 제1항이 적용되지 않는다.

15. 다음 중 甲에게 (　　) 안의 죄책이 인정되지 <u>않는</u> 것은? (다툼이 있는 경우 판례에 의함)

① 甲은 법원의 직무집행정지 가처분결정에 의하여 그 직무집행이 정지된 자가 법원의 결정에 반하여 업무를 수행하는 것을 실력으로 저지하였다. (업무방해죄)

② 산모의 골반이 태아에 비하여 협소할 뿐 아니라 분만진통의 통증이 극심하고 또 양수가 파수되고 대변이 나오는 등 난산으로 정상분만이 어려운 상태였다. 그럼에도 불구하고 조산원 甲은 정상분만 할 수 있으리라고 경솔하게 판단하여 정상분만을 계속 진행시키기 위하여 산모의 배를 계속하여 아래로 쓸어내리며 자궁수축제를 수차례 사용하였다. 그 결과 태아가 질식사하고 말았다. (업무상과실치사)

③ 甲은 A와 함께 호텔에 투숙한 다음 A의 뺨을 손으로 수차례 때리고 머리를 벽에 부딪치게 하여 넘어지자 다시 복부 등을 발로 차서 A가 빈사상태에 빠지자, A가 사망한 것으로 오인하고 범행을 은폐하기 위해 A를 베란다에서 바닥으로 떨어뜨려 그 결과 현장에서 뇌손상으로 사망케 하였다. (상해치사)

④ 정보보안과 소속 경찰관인 甲은 자신의 지위를 내세우면서 乙(채권자)과 丙(채무자)의 민사분쟁에 개입하여 빨리 채무를 변제하지 않으면 상부에 보고하여 문제를 삼겠다고 丙에게 말하였으나 丙은 현실적으로 공포심을 느끼지는 아니하였다. (협박죄의 기수)

16. 다음 설명 중 옳은 것은? (다툼이 있는 경우 판례에 의함)

① 편의점 업주인 피고인이 아르바이트 구인 광고를 보고 연락한 甲을 채용을 빌미로 불러내어 면접을 한 후 자신의 집으로 유인하여 甲의 성기를 만지고 甲에게 피고인의 성기를 만지게 하였다고 하여 「성폭력범죄의 처벌 등에 관한 특례법」 위반(업무상위력등에의한추행)을 인정하였다.

② 「성폭력범죄의 처벌 등에 관한 특례법」상의 카메라 등 이용촬영죄에서 말하는 '그 촬영물'에는 성적 욕망 또는 수치심을 유발할 수 있는 타인의 신체를 그 타인의 승낙을 받아 촬영한 영상물도 포함된다.

③ 「성폭력범죄의 처벌 등에 관한 특례법」 제14조 제1항 후단의 '타인의 신체를 그 의사에 반하여 촬영한 촬영물'을 반포·판매·임대 또는 공연히 전시·상영한 자는 반드시 촬영물을 직접 촬영한 자와 동일인이어야 한다.

④ 피고인이 같은 의도를 가지고 유사한 옷차림을 한 여성에 대한 촬영을 오랜 기간 지속한 경우에는 피고인의 행위가 카메라등이용촬영죄에 해당하는지 여부는 개개의 촬영행위별로 구체적·개별적으로 결정할 수 없고, 엉덩이를 부각하여 촬영한 경우는 물론 일상복인 청바지를 입은 여성의 뒷모습 전신을 어느 정도 떨어진 거리에서 촬영하였다 하더라도 카메라등이용촬영죄가 성립한다.

17. 명예훼손죄에 대한 죄에 관한 설명 중 옳은 것을 모두 고른 것은? (다툼이 있는 경우 판례에 의함)

> ㉠ 국가나 지방자치단체는 국민에 대한 관계에서 형벌의 수단을 통해 보호되는 외부적 명예의 주체가 될 수는 없고, 따라서 명예훼손죄나 모욕죄의 피해자가 될 수 없다.
>
> ㉡ 「형법」 제307조 제1항, 제2항, 제310조의 체계와 문언 및 내용에 의하면, 제307조 제1항의 '사실'은 제2항의 '허위의 사실'과 반대되는 '진실한 사실'을 말하는 것이다.
>
> ㉢ 제307조 제1항의 명예훼손죄는 적시된 사실이 진실한 사실인 경우이든 허위의 사실인 경우이든 모두 성립될 수 있고, 특히 적시된 사실이 허위의 사실이라고 하더라도 행위자에게 허위성에 대한 인식이 없는 경우에는 제307조 제2항의 명예훼손죄가 아니라 제307조 제1항의 명예훼손죄가 성립될 수 있다.
>
> ㉣ 피고인이 택시 기사와 요금 문제로 시비가 벌어져 112 신고를 한 후, 신고를 받고 출동한 경찰관 甲에게 늦게 도착한 데 대하여 항의하는 과정에서 "아이 씨발!"이라고 말하였다면 이는 모욕에 해당하지 아니한다.
>
> ㉤ 모욕죄가 성립하려면 피해자의 외부적 명예가 현실적으로 침해되거나 구체적·현실적으로 침해될 위험이 발생하여야 한다.

① ㉠㉡㉤　　② ㉠㉢㉣　　③ ㉡㉢㉣　　④ ㉡㉢㉤

18. 업무방해죄에 관한 설명 중 옳지 <u>않은</u> 것은? (다툼이 있는 경우 판례에 의함)

① 신규 직원 채용권한을 가지고 있는 지방공사 사장이 시험업무 담당자에게 지시하여 상호 공모 내지 양해하에 시험성적 조작 등의 부정한 행위를 한 경우 업무방해죄가 성립한다.

② 법원의 직무집행정지 가처분결정에 의하여 그 직무집행이 정지된 甲이 법원의 결정에 반하여 직무를 수행함으로써 업무를 계속 행하는 경우, 그 업무는 업무방해죄의 보호대상이 되는 업무에 해당하지 않는다.

③ 폭력조직 간부가 조직원들과 공모하여 타인이 운영하는 성매매업소 앞에 속칭 '병풍'을 치거나 차량을 주차해 놓는 등 위력으로써 성매매업을 방해한 경우 업무방해죄로 처벌할 수 없다.

④ 주식회사의 대표이사가 회사의 직원들과 공모하여 위 회사의 주주총회에서 위력으로 개인 주주들이 발언권과 의결권을 행사하지 못하도록 한 경우 업무방해죄가 성립하지 아니한다.

19. 다음 중 甲에게 절도죄가 성립되지 <u>않는</u> 경우를 모두 고른 것은? (다툼이 있는 경우 판례에 의함)

> ㉠ 임차인 甲은 임대계약 종료 후 식당건물에서 퇴거하면서 종전부터 사용하던 냉장고의 전원을 켜 둔 채 그대로 두었다가 약 1개월 후 철거해 가는 바람에 그 기간 동안 전기가 소비되게 하였다.
>
> ㉡ 직원 甲은 회사 컴퓨터에 저장되어 있는 신제품시스템의 설계 도면을 자신의 USB에 저장하여 가지고 나왔다.
>
> ㉢ 甲은 피해자 공소외 주식회사의 현장소장으로 근무하던 중 월급 등을 제대로 지급받지 못할 것을 염려하여 사무실에서 피해자 명의의 농협 통장을 몰래 가지고 나와 예금 1,000만 원을 인출한 후 다시 이 사건 통장을 제자리에 갖다 놓았다.
>
> ㉣ 양도담보권자인 채권자 甲이 A에게 동산인 담보목적물을 매각하고, 양도담보의 설정자 乙이 담보목적물을 점유하고 있어서 A로 하여금 그 목적물을 취거하게 하였다.
>
> ㉤ 甲은 결혼예식장에서 신부측 축의금 접수인인 것처럼 행세하여 피해자가 축의금을 내어 놓자 이를 받아갔다.

① ㉠㉡㉢ ② ㉠㉡㉣ ③ ㉡㉢㉣ ④ ㉢㉣㉤

20. 甲은 지적공부와 등기부가 멸실되어 무주 부동산임을 이유로 국유화된 국유지를 찾아 그 매도증서를 위조하고 민사소송을 제기하여 승소판결을 받는 방법으로 소유권을 취득하는 범행을 계획하고, 2010.10.2. 자신이 원고가 되어 대한민국을 상대로 파주시 탄현면 대동리 임야에 관한 소유권보존등기 말소청구 소송을 제기하였다. 甲은 이미 사망한 매도인 A와 甲의 父 B(사망)를 매수인으로 하는 매도증서 1장을 허위로 작성하여 이를 증거로 법원에 제출하였고, 이에 속은 제1심 법원으로부터 2011.6.28. 원고 승소판결을 선고받고 이 판결이 확정되었다. 이 사안과 관련된 다음의 설명 중 옳지 <u>않은</u> 것은? (다툼이 있는 경우 판례에 의함)

① 甲이 허위로 매도증서를 작성하여 법원에 제출한 행위는 사문서 위조 및 동행사죄에 해당한다.

② 소송사기는 법원을 기망하여 제3자의 재물을 편취할 것을 기도하는 것을 내용으로 하는 것으로서, 사기죄를 인정하기 위하여는 제소 당시 그 주장과 같은 권리가 존재하지 않는다는 것만으로 부족하고, 그 주장의 권리가 존재하지 않는 사실을 잘 알고 있으면서도 허위의 주장과 입증으로 법원을 기망한다는 인식을 요한다.

③ 甲은 법원을 기망하여 유리한 판결을 얻음으로써 '대상 토지의 소유권에 대한 방해를 제거하고 그 소유명의를 얻을 수 있는 지위'라는 재산상 이익을 취득한 것에 해당한다.

④ 甲의 행위 중 소송사기로써 사기죄의 기수시기는 위 소유권 보존등기 말소청구소송의 판결이 확정된 때가 아니라 甲명의로의 소유권 보존등기가 경료되는 시점이다.

21. 다음 사례 중 사기죄가 성립하는 경우는 모두 몇 개인가? (다툼이 있는 경우 판례에 의함)

> ㉠ 피고인이 피해자들을 기망하여 부동산을 매도하면서 매매대금 중 일부를 피해자들의 피고인에 대한 기존 채권과 상계하는 방법으로 지급받은 경우
>
> ㉡ 甲이 자동차를 양도한 후 다시 절취할 의사를 가지고 A에게 매매대금 7,500,000원을 받고 승용차를 인도하고 소유권이전등록에 필요한 일체의 서류를 교부한 후 승용차에 미리 부착해 놓은 GPS로 승용차의 위치를 추적하여 A가 주차해 놓은 승용차를 되찾아 온 경우
>
> ㉢ 타인 명의의 등기서류를 위조하여 등기공무원에게 제출함으로써 자기 명의로 소유권이전등기를 마친 경우
>
> ㉣ 위조된 약속어음을 진정한 약속어음인 것처럼 속여 기왕의 물품대금채무의 변제를 위하여 채권자에게 교부한 경우
>
> ㉤ 자동차의 명의수탁자가 명의신탁 사실을 고지하지 않고, 나아가 자신 소유라는 말을 하면서 자동차를 제3자에게 매도하고 이전등록까지 마쳐 준 경우

① 1개 ② 2개 ③ 3개 ④ 4개

22. 횡령죄에 관한 설명 중 옳은 것을 모두 고른 것은? (다툼이 있는 경우 판례에 의함)

> ㉠ 부동산에 대한 원인무효인 소유권이전등기의 명의자는 횡령죄의 주체인 '타인의 재물을 보관하는 자'에 해당한다고 할 수 없다.
>
> ㉡ 피해자가 피고인 측으로부터 이 사건 화물차를 매수하는 내용의 매매계약과 피해자가 매수한 이 사건 화물차를 피고인 측 지입회사로 지입하는 내용의 지입계약이 결합된 약정이 체결된 사안에서, 피고인이 피해자의 승낙 없이 이 사건 화물 차에 관하여 임의로 저당권을 설정해 준 경우 횡령죄가 성립한다.
>
> ㉢ 甲은 乙에게 자기 명의 계좌의 통장 등 접근매체를 양도하였고 보이스피싱 조직원인 乙은 A를 기망하여 甲명의의 계좌에 현금을 입금하게 하였다. 만약 甲이 사기죄의 종범에 해당하지 않는다면 사기이용계좌로 송금된 돈을 임의로 인출한 경우에는 A에 대하여 횡령죄가 성립한다.
>
> ㉣ 위 ㉢의 사례에서 甲이 사기이용계좌로 송금된 돈을 임의로 인출한 경우에는 乙에 대하여 횡령죄가 성립한다.

① ㉠㉡ ② ㉠㉢ ③ ㉡㉢ ④ ㉢㉣

23. 재산범죄에 관한 설명 중 옳은 것은? (다툼이 있는 경우 판례에 의함)

① 수분양권 매도인이 수분양권 매매계약에 따라 매수인에게 수분양권을 이전할 의무를 이행하지 아니하고 수분양권 또는 이에 근거하여 향후 소유권을 취득하게 될 목적물을 미리 제3자에게 처분하였을 경우 「형법」상 배임죄가 성립한다.

② A조합의 대출업무 담당자 甲이 A조합에 처(妻) 소유의 토지를 담보로 제공하여 처 명의로 대출을 받은 다음 위임장 등을 위조하여 위 토지에 설정된 A조합의 근저당권설정등기를 말소한 경우, 위 등기는 원인없이 부적법하게 말소된 것으로서 물권의 효력에는 아무런 영향이 없으므로 업무상배임죄가 성립하지 않는다.

③ 전환사채의 발행업무를 담당하는 사람과 전환사채 인수인이 사전 공모하여 제3자에게서 전환사채 인수대금에 해당하는 금액을 차용하여 전환사채 인수대금을 납입하고 전환사채 발행절차를 마친 직후 인출하여 차용금채무의 변제에 사용하는 등 실질적으로 전환사채 인수대금이 납입되지 않았음에도 전환사채를 발행한 경우 특별한 사정이 없는 한, 업무상배임죄의 죄책을 지지 아니한다.

④ 환지 방식에 의한 도시개발사업의 시행자인 피해자 조합을 위해 환지계획수립 등의 업무를 수행하던 피고인이 사업 실시계획의 변경에 따른 일부 환지예정지의 가치상승을 청산절차에 반영하려는 조치를 취하지 않은 채 대행회사 대표이사직을 사임하였으나 피해자 조합이 환지예정지의 가치상승을 청산절차에 반영하지 못할 위험이 구체화한 상황에서 부작위하였다 할 수 없어 업무상배임죄의 실행에 착수하였다고 볼 수 없다.

24. 재산죄에 대한 다음의 설명 중 옳은 것은? (다툼이 있는 경우 판례에 의함)

① 피고인이 계속적인 재정 악화 등으로 회사 운영에 어려움을 겪었고 그로 인해 피해자 회사들이 금형 이관 절차를 검토하는 등 피고인 운영 회사가 절박한 상황에 있었을 경우, 피고인이 합법적인 방법으로 피해자 회사들과 갈등을 해결하려고 시도하지 않고 곧바로 생산라인을 중단하겠다고 협박한 것은 피고인의 법익을 보호하기 위한 유일한 수단이라거나 적합한 수단이었다고 볼 수 있으므로 위법성이 조각된다.

② 명의신탁자와 명의수탁자가 이른바 계약명의신탁 약정을 맺고 명의수탁자가 당사자가 되어 소유자와 부동산에 관한 매매계약을 체결하고 그 명의로 소유권이전등기를 마친 경우, 그 부동산은 명의신탁자에 대한 강제집행면탈죄의 객체가 될 수 없다.

③ 권리행사방해죄에서의 보호대상인 '타인의 점유'에는 동시이행항변권으로 대항할 수 있는 점유 등과 같이 법적절차를 통한 분쟁 해결시까지 잠정적으로 보호할 가치 있는 점유는 포함되지 않는다.

④ 침해행정 영역에서 일반 국민이 담당 공무원을 기망하여 권력작용에 의한 재산권 제한을 면하는 경우에도 사기죄가 성립할 수 있다.

25. 다음 설명 중 옳지 않은 것을 모두 고른 것은? (다툼이 있는 경우 판례에 의함)

⊙ 「금융위원회법」 제29조, 제69조 제1항에서 정한 금융감독원 집행간부인 금융감독원장 명의의 문서를 위조, 행사한 행위는 사문서위조죄, 위조사문서행사죄에 해당한다.

⊙ 자신의 신용력을 증명하기 위하여 타인에게 보일 목적으로 통화를 위조한 경우에는 행사할 목적이 있다고 할 수 있다.

⊙ 피고인이 인터넷을 통하여 열람·출력한 등기사항전부증명서 하단의 열람 일시 부분을 수정 테이프로 지우고 복사해 두었다가 이를 타인에게 교부하여 공문서변조 및 변조공문서행사로 기소된 사안에서, 피고인이 등기사항전부증명서의 열람 일시를 삭제하여 복사한 행위는 등기사항전부증명서가 나타내는 권리·사실관계와 다른 새로운 증명력을 가진 문서를 만든 것에 해당하고 그로 인하여 공공적 신용을 해할 위험성도 발생하였다.

⊙ 진정한 통화인 미화 1달러 및 2달러 지폐의 발행연도, 발행번호, 미국 재무부를 상징하는 문양, 재무부장관의 사인, 일부 색상을 고친 경우, 통화변조죄가 성립한다.

⊙ 위조통화임을 알고 있는 자에게 그 위조통화를 교부한 경우에 피교부자가 이를 유통시키리라는 것을 예상 내지 인식하면서 교부하였다면 위조통화행사죄가 성립한다.

① ⊙⊙⊙   ② ⊙⊙⊙   ③ ⊙⊙⊙   ④ ⊙⊙⊙

26. 사례의 내용과 그에 대한 죄책의 성립여부가 <u>틀린</u> 것은? (다툼이 있는 경우 판례에 의함)

① 피고인이 甲 주식회사 소유의 오피스텔에 대한 분양대행 권한을 가지게 되었을 뿐 甲 회사의 동의 없이 오피스텔을 임대할 권한이 없는데도 임차인들과 임대차계약을 체결하면서 甲 회사가 분양사업을 위해 만든 乙 회사 명의로 계약서를 작성·교부하였는데, 임대차계약서에는 임대인 성명이 '乙 회사(피고인)'로 기재되어 대표자 또는 대리인의 자격 표시가 없고 또 피고인의 개인 도장이 찍혀있는 경우 (자격모용 사문서작성과 자격모용작성사문서행사)

② 피고인이 평소 자신이 굴삭기를 주차하던 장소에 甲의 차량이 주차되어 있는 것을 발견하고 甲의 차량 앞에 철근콘크리트 구조물을, 뒤에 굴삭기 크러셔를 바짝 붙여 놓아 甲이 17~18시간 동안 차량을 운행할 수 없게 된 사안에서, 차량 앞뒤에 쉽게 제거하기 어려운 구조물 등을 붙여 놓은 행위 (손괴죄)

③ 돌핀부두 파손사고 및 김양식장 파손사고는 X회사의 대표이사인 甲이 X회사의 명의로 매수한 후 사용 중이던 A선박에 의하여 발생한 것임에도, 甲이 한국해운조합에 공제금청구를 위한 사고신고를 하면서, 마치 위 각 사고가 위 회사에 소속된 다른 B선박에 의하여 발생한 것처럼 위장하기 위하여 검정용 자료로서 B선박의 선박국적증서와 선박검사증서를 제출한 경우 (공문서부정행사죄)

④ 甲 학교법인 이사장인 피고인이 甲 법인의 이사회 회의록 중 '이사장의 이사회 내용 사전 유출로 인한 책임을 물어 회의록 서명을 거부합니다.' 乙이라고 기재된 부분 및 그 옆에 있던 이사 乙의 서명 부분을 지워버린 경우 (사문서변조죄)

27. 다음의 설명 중 옳지 <u>않은</u> 것은? (다툼이 있는 경우 판례에 의함)

① 변호인인 피고인이 알선의 대가로 교부받은 금원을 모두 반환한 자료를 법원에 제출 함으로써 양형에서 유리한 판단을 받고자, 의뢰인 측 은행계좌에서 대진○○측 은행계좌에 수차례에 걸쳐 금원을 송금하고 다시 돌려받는 과정을 반복한 후 금융거래 자료 중 대진○○측에 대한 송금자료만을 양형자료로 제출한 일과 관련하여 증거위조 및 위조증거사용죄가 성립한다.

② 등기신청인이 제출한 허위의 소명자료 등을 등기관이 충분히 심사하였음에도 발견하지 못하여 등기가 마쳐지게 되었다면 등기관에게 등기신청이 실체법상 권리관계와 일치하는지 심사할 실질적인 심사권한이 없었다고 하더라도 위계에 의한 공무집행방해죄가 성립한다.

③ 제3자뇌물공여죄에서 청탁과 관련하여 대가관계에 대한 양해가 존재하지 않는다면 단지 나중에 제3자와 금품 수수가 있었다는 사정만으로 소급하여 청탁이 부정한 것으로 평가할 수는 없다.

④ 신원보증서를 작성하여 수사기관에 제출하는 보증인이 피의자의 인적 사항을 허위로 기재하였다고 하더라도, 그로써 적극적으로 수사기관을 기망한 결과 피의자를 석방하게 하였다는 등 특별한 사정이 없는 한 범인도피죄가 성립하지 아니한다.

28. 甲은 A를 살해한 혐의로 경찰에서 피의자 신분으로 불구속 상태에서 조사를 받았다. 귀가하던 甲은 자신이 A를 살해한 사실은 없지만, 객관적인 상황으로 볼 때 자신이 그대로 있으면 구속되어 형사처벌을 받을 것이라고 판단하고, 곧장 자신의 친구 乙에게 가서 자신에게 유리한 증인을 찾을 때까지 자신을 숨겨달라고 부탁하였다. 이에 甲의 친구 乙은 甲의 무고함을 확신하고 甲을 자기 집에 숨겨주었다. 어느 날 경찰 P는 乙의 집에 甲이 있다는 정보를 입수하고 甲을 긴급체포 하기 위하여 乙의 집에 들어갔으나 긴급체포 제도를 모르고 있던 乙은 영장 없는 체포는 위법이라고 판단하고 경찰 P를 잡고 늘어졌고, 그 사이에 甲은 도망하였다. 이에 대한 설명 중 옳은 것은? (다툼이 있는 경우 판례에 의함)

① 甲에 대해 공소가 제기되지 않았더라도 甲은 범인은닉죄의 객체가 된다.

② 甲이 자신의 친구 乙에게 숨겨달라고 부탁한 것은 자기비호의 연장에 불과하므로 甲은 乙의 범인은닉죄의 교사범이 될 수 없다.

③ 乙이 甲의 사촌 형인 경우에도 乙은 범인은닉죄로 처벌된다.

④ 乙이 경찰 P의 영장 없는 체포를 위법하다고 오인한 것은 정당한 이유가 있으므로 공무집행방해죄가 성립하지 않는다.

29. 수사절차에 대한 설명으로 가장 적절하지 않은 것은?

① 사법경찰관은 수사중지 결정을 한 경우 7일 이내에 사건기록을 검사에게 송부해야 한다. 이 경우 검사는 사건기록을 송부받은 날부터 30일 이내에 반환해야 하며, 그 기간 내에 「형사소송법」 제197조의3에 따라 시정조치요구를 할 수 있다.

② 사법경찰관이 범죄를 수사한 후 범죄의 혐의가 있다고 인정되는 경우에는 지체 없이 검사에게 사건을 송치하고, 검사는 송치 사건의 공소제기 여부 결정 또는 공소의 유지에 관하여 필요한 경우 사법경찰관에게 보완수사를 요구할 수 있으며, 특별히 직접 보완수사를 할 필요성이 인정되는 경우에는 예외적으로 직접 보완수사를 할 수 있다.

③ 「형법」 제10조 제1항에 따라 벌할 수 없는 경우나, 기소되어 사실심 계속 중인 사건과 포괄일죄를 구성하는 관계에 있는 경우 검사에 이송하여야 한다.

④ 사법경찰관이 범죄를 수사한 후 범죄의 혐의가 인정되지 않아 불송치 결정을 하는 경우, 사법경찰관은 그 이유를 명시한 서면과 함께 관계서류와 증거물을 지체 없이 검사에게 송부해야 하며, 검사는 송부받은 날로부터 60일 이내에 사법경찰관에게 그 서류 등을 반환하여야 한다.

30. 피의자신문과 참고인 조사에 관한 설명 중 옳지 않은 것은? (다툼이 있는 경우 판례에 의함)

① 참고인이 수사과정에서 진술서를 작성하였지만 수사기관이 그에 대한 조사과정을 기록하지 아니한 경우에는, 특별한 사정이 없는 한 '적법한 절차와 방식'에 따라 수사과정에서 진술서가 작성되었다 할 수 없으므로 증거능력을 인정할 수 없다.

② 진술조서의 형식을 취하더라도 실질이 피의자신문조서의 성격을 가지는 경우에는 수사기관은 진술을 듣기 전에 조사대상자에게 미리 진술거부권을 고지하여야 한다.

③ 검사 또는 사법경찰관은 조사 도중 피의자, 사건관계인 또는 그 변호인으로부터 휴식시간의 부여를 요청받았을 때에는 그때까지 조사에 소요된 시간, 피의자 또는 사건관계인의 건강상태 등을 고려해 적정하다고 판단될 경우 휴식시간을 주어야 한다.

④ 동석할 수 있는 신뢰관계에 있는 사람은 피의자 또는 피해자의 직계친족, 형제자매, 배우자, 가족, 동거인에 한정되며, 보호·교육시설의 보호·교육담당자 등 피의자 또는 피해자의 심리적 안정과 원활한 의사소통에 도움을 줄 수 있는 사람은 포함되지 않는다.

31. 형사절차상 영상녹화에 관한 설명 중 옳지 않은 것은? (다툼이 있는 경우 판례에 의함)

① 피고인 또는 피고인이 아닌 자의 진술을 내용으로 하는 영상녹화물은 공판준비 또는 공판기일에 피고인 또는 피고인이 아닌 자가 진술함에 있어서 기억이 명백하지 아니한 사항에 관하여 기억을 환기시켜야 할 필요가 있다고 인정되는 경우에 피고인 또는 피고인이 아닌 자에게 재생하여 시청하게 할 수 있다.

② 영상녹화물은 조사가 행해지는 동안 조사실 전체를 확인할 수 있도록 녹화된 것으로 진술자의 얼굴을 식별할 수 있는 것이어야 하고, 재생화면에는 녹화 당시의 날짜와 시간이 실시간으로 표시되어야 한다.

③ 아동·청소년 대상 성범죄 피해자의 진술내용과 조사과정에 대한 영상물 녹화는 피해자 또는 법정대리인이 이를 원하지 아니하는 의사를 표시한 때에는 촬영을 하여서는 안 된다. 다만, 가해자가 친족일 경우는 그러하지 아니하다.

④ 19세 미만의 피해자 등에 대하여 「성폭력범죄의 처벌 등에 관한 특례법」에 규정된 절차에 따라 촬영한 영상물에 수록된 피해자의 진술은 공판준비 또는 공판기일에 피해자나 조사과정에 동석하였던 신뢰관계에 있는 사람 또는 진술조력인의 진술에 의하여 그 성립의 진정함이 인정된 경우에도 증거로 할 수 없다.

32. 체포·구속에 관한 설명 중 옳지 않은 것은? (다툼이 있는 경우 판례에 의함)

① 구속영장을 발부한 법관은 구속적부심사에 관여하지 못하지만, 구속영장을 발부한 법관 외에는 구속적부심사를 할 판사가 없는 경우에는 그러하지 아니하다.

② 구속되었다가 석방된 피의자는 다른 중요한 증거가 발견된 경우가 아니면 동일한 범죄사실로 재차 구속하지 못한다.

③ 긴급체포하였다가 석방된 자는 다른 중요한 증거가 발견된 경우라도 체포영장에 의하지 않고는 동일한 범죄사실로 재차 체포할 수 없다.

④ 체포·구속적부심에 의해 석방된 피의자는 다른 중요한 증거가 발견된 경우가 아니면 동일한 범죄사실에 관하여 재차 체포 또는 구속하지 못한다.

33. 전자정보의 압수·수색 및 증거능력에 관한 설명 중 옳지 않은 것은? (다툼이 있는 경우 판례에 의함)

① 정보저장매체를 임의제출한 피압수자에 더하여 임의제출자 아닌 피의자에게도 참여권이 보장되어야 하는 '피의자의 소유·관리에 속하는 정보저장매체'라 함은, 피의자를 그 정보저장매체에 저장된 전자정보에 대하여 실질적인 압수·수색 당사자로 평가할 수 있는 경우를 말하는 것이다.

② 수사기관이 금융기관에 「금융실명거래 및 비밀보장에 관한 법률」 제4조 제2항에 따라서 금융거래정보에 대하여 영장 사본을 첨부하여 그 제공을 요구한 결과 금융기관으로부터 회신받은 금융거래자료가 해당 영장의 집행 대상과 범위에 포함되어 있고, 이러한 모사전송 내지 전자적 송수신 방식의 금융거래정보 제공요구 및 자료 회신의 전 과정이 해당 금융기관의 자발적 협조의사에 따른 것이며, 그 자료 중 범죄혐의사실과 관련된 금융거래를 선별하는 절차를 거친 후 최종적으로 영장 원본을 제시하고 위와 같이 선별된 금융거래자료에 대한 압수절차가 적법하게 집행된 경우라고 할 수 있다.

③ 압수된 정보저장매체로부터 출력한 문건을 비진술증거로 사용하는 경우, 그 기재 내용의 진실성에 관하여는 전문법칙이 적용되므로 「형사소송법」 제313조 제1항에 따라 증거능력이 결정된다.

④ 1영장에 기한 압수수색은 결국 혐의사실과 관련성 있는 부분만을 선별하려는 조치를 취하지도 않았고, 이후 관련 없는 부분에 대해 삭제 등의 조치를 취하지도 않았으며 유관·무관정보를 가리지 않은 채 1개의 파일로 압축하여 이를 보관하여 두고 그 파일 이름을 적은 서면을 상세목록이라고 하여 교부한 이상, 1영장에 기한 압수 전부가 위법하고, 이후 2영장, 3영장이 발부되었다고 하더라도 그 위법성이 치유되지 않는다.

34. 통신제한조치에 관한 설명 중 옳지 않은 것은? (다툼이 있는 경우 판례에 의함)

① 검사, 사법경찰관 또는 정보수사기관의 장은 국가안보를 위협하는 음모행위, 직접적인 사망이나 심각한 상해의 위험을 야기할 수 있는 범죄 또는 조직범죄등 중대한 범죄의 계획이나 실행 등 긴박한 상황에 있고 법원의 허가없이 통신제한조치를 할 수 있다.

② 사법경찰관이 긴급통신제한조치를 할 경우에는 미리 검사의 지휘를 받아야 한다.

③ 검사, 사법경찰관 또는 정보수사기관의 장이 긴급통신제한조치를 하고자 하는 경우에는 반드시 긴급검열서 또는 긴급 감청서(이하 "긴급감청서등"이라 한다)에 의하여야 하며 소속기관에 긴급통신제한조치대장을 비치하여야 한다.

④ 수사기관은 감청의 실시를 종료하면 감청대상이 된 전기통신의 가입자에게 감청사실 등을 통지하여야 하지만, 통지로 인하여 수사에 방해될 우려가 있다고 인정할 때에는 그 사유가 해소될 때까지 통지를 유예할 수 있다.

35. 증거와 증명에 관한 다음 기술 중 옳지 않은 것은? (다툼이 있는 경우 판례에 의함)

① 범죄사실의 인정은 증거능력이 있고 적법한 증거조사를 거친 증거에 의한 증명에 의하여야 하나, 증거능력이 없는 증거일지라도 구성요건 사실을 추인하게 하는 간접사실이나 구성요건 사실을 입증하는 직접증거의 증명력을 보강하는 보조사실의 인정자료로는 사용할 수 있다.

② 검사가 유죄의 자료로 제출한 증거의 경우 진정성립이 인정되지 아니하고 증거로 함에 상대방의 동의가 없었더라도, 공소사실과 양립할 수 없는 사실을 인정하는 자료로 쓸 수 있다.

③ 엄격한 증명과 자유로운 증명은 증거능력 유무와 증거조사 방법의 차이만 있을 뿐 법관의 심증의 정도에는 차이가 없다.

④ 간접증거가 개별적으로는 범죄사실에 대한 완전한 증명력을 가지지 못하더라도 전체 증거를 상호 관련하에 종합적으로 고찰할 경우 그 단독으로는 가지지 못하는 종합적 증명력이 있는 것으로 판단되면 그에 의하여도 범죄사실을 인정할 수 있다.

36. 다음 기술 중 옳지 않은 것은? (다툼이 있는 경우 판례에 의함)

① 압수조서 중 '압수경위'란에 기재된 내용이 피고인이 범행을 저지르는 현장을 직접 목격한 사람의 진술이 담긴 것이라면 이는 「형사소송법」 제312조 제5항에서 정한 '피고인이 아닌 자가 수사과정에서 작성한 진술서'에 준하는 것으로 볼 수 있다.

② 현행범 체포현장이나 범죄 현장에서 소지자 등이 임의로 제출하는 물건은 영장 없이 압수하는 것이 허용되나, 이 경우 검사나 사법경찰관은 별도로 사후에 영장을 받아야 압수를 계속할 수 있다.

③ 증인이 정당하게 증언거부권을 행사하여 증언을 거부하는 경우에는 「형사소송법」 제314조의 '그 밖에 이에 준하는 사유로 인하여 진술할 수 없는 때'에 해당하지 않아 그에 대한 수사기관 작성 참고인 진술조서는 증거능력이 없다.

④ 증인이 정당하게 증언거부권을 행사한 것이 아니라도 증언을 거부하는 경우, 피고인이 증인의 증언거부 상황을 초래하였다는 등의 특별한 사정이 없는 한, 「형사소송법」 제314조의 '그 밖에 이에 준하는 사유로 인하여 진술할 수 없는 때'에 해당하지 않아 그에 대한 수사기관 작성 참고인 진술조서는 증거능력이 없다.

37. 다음 중 「형사소송법」 제315조에 의하여 당연히 증거능력이 인정되는 서류로 볼 수 <u>없는</u> 것은? (다툼이 있는 경우 판례에 의함)

① 국립과학수사연구소장 작성의 감정의뢰회보서
② 유치장 근무자가 작성한 '체포·구속인접견부 사본'
③ 성매매업소에서 영업에 참고하기 위하여 성매매 상대방에 관한 정보를 입력하여 작성한 '메모리카드의 내용'
④ 다른 피고인에 대한 형사사건의 공판조서 및 그 공판조서 중 일부인 증인신문조서

38. 위법수집증거배제법칙에 대한 설명으로 가장 적절하지 <u>않은</u> 것은? (다툼이 있는 경우 판례에 의함)

① 피의자가 변호인의 참여를 원한다는 의사를 명백하게 표시하였음에도 수사기관이 정당한 사유 없이 변호인을 참여하게 하지 아니한 채 피의자를 신문하여 작성한 피의자신문조서는 적법한 절차에 따르지 아니하고 수집한 증거에 해당하므로 이를 증거로 할 수 없다.
② 검사 또는 사법경찰관이 특별한 사정 없이 단지 변호인이 피의자신문 중에 부당한 신문방법에 대한 이의제기를 하였다는 이유만으로 변호인을 조사실에서 퇴거시키는 조치는 정당한 사유 없이 변호인의 피의자신문 참여권을 제한하는 것으로서 허용될 수 없으므로, 피의자의 변호인이 인정신문을 시작하기 전 검사에게 피의자의 수갑을 해제하여 달라고 계속 요구하자 검사가 수사에 현저한 지장을 초래한다는 이유로 변호인을 퇴실시킨 것은 변호인의 피의자신문 참여권을 침해한 것으로 위법하다.
③ 검사가 형사사법공조절차를 거치지 아니한 채 과테말라공화국에 머무르는 우리나라 사람을 직접 만나 그를 참고인으로 조사하여 작성한 진술조서는 국제법상 마땅히 보장되어야 하는 외국의 영토주권을 침해하고 국제형사사법공조절차를 위반한 위법수집 증거로서 그 증거능력이 부정되어야 한다.
④ 피고인들이 피해회사의 영업비밀을 취득·사용 또는 누설하였다는 「부정경쟁방지 및 영업비밀보호에 관한 법률」 위반(영업비밀누설 등) 등의 공소사실로 기소된 사건에서, 영장 담당판사가 발부한 압수수색영장에 법관의 서명만 있고 날인이 없으나 이러한 압수수색영장에 따라 압수한 파일 출력물과 이에 기초하여 획득한 2차적 증거인 피의자신문조서, 법정진술 등은 위법수집증거에 해당하지 않는다.

39. 증거동의에 대한 설명으로 옳지 <u>않은</u> 것은? (다툼이 있는 경우 판례에 의함)

① 「형사소송법」 제318조 제1항은 "검사와 피고인이 증거로 할 수 있음을 동의한 서류 또는 물건은 진정한 것으로 인정한 때에는 증거로 할 수 있다"라고 규정하고 있을 뿐 진정한 것으로 인정하는 방법을 제한하고 있지 아니하므로, 증거동의가 있는 서류 또는 물건은 법원이 제반 사정을 참작하여 진정한 것으로 인정하면 증거로 할 수 있다.
② 변호인의 증거동의에 대하여 피고인이 즉시 이의하지 아니하는 경우에는 변호인의 동의로 증거능력이 인정되어 증거조사 완료 전까지 그 동의가 취소 또는 철회되지 아니한 이상 일단 부여된 증거능력은 그대로 존속한다.
③ 제1회 공판기일에서 피고인과 변호인이 함께 출석하여 검사가 제출한 일부 증거에 대하여 증거로 함에 부동의한다는 의견이 진술된 경우, 그 후 피고인이 출석하지 아니한 제2회 공판기일에 변호인만이 출석하여 종전 의견을 번복하여 이들 증거에 대하여 증거로 함에 동의하였다 하더라도 이는 특별한 사정이 없는 한 효력이 없다.
④ 변호인이 검사가 공판기일에 제출한 증거 중 뇌물공여자가 작성한 고발장에 대하여는 증거 부동의 의견을 밝히고, 같은 고발장을 첨부문서로 포함하고 있는 검찰주사보 작성의 수사보고에 대하여는 증거에 동의하여 증거조사가 행하여진 경우, 수사보고에 대한 증거동의의 효력은 첨부된 고발장에도 당연히 미친다.

40. 甲은 乙로부터 5,000만 원을 차용하면서 그 담보로 甲의 丙에 대한 5,000만 원 임대차보증금 반환채권을 乙에게 양도하기로 하고 乙과 채권양도계약을 체결하였다. 그런데 甲은 丙에게 채권양도통지를 하지 않고 있다가 채권양도 사실을 모르고 있던 丙으로부터 5,000만 원을 지급받아 이를 임의로 소비하였다. 이를 알게 된 乙은 甲이 운영하는 성매매업소에 찾아가 자신이 휴대한 회칼로 甲과 손님들을 위협한 후 야구방망이로 甲을 폭행하였다. 사법경찰관은 "乙의 주거지인 3층 옥탑방에 보관 중인 야구방망이 등 범행도구"가 압수·수색할 장소와 물건으로 기재된 압수·수색영장을 집행하여 1층 주인집 거실에서 발견된 주인 소유의 야구방망이를 압수하였다. 며칠 후 사법경찰관은 乙의 자동차에서 위 회칼을 발견하여 甲으로부터 범행도구임을 확인받고 甲으로부터 임의제출을 받은 것으로 압수조서를 작성하고 이를 압수하였다. 이에 관한 설명 중 옳은 것은? (다툼이 있는 경우 판례에 의함)

① 甲이 차용금에 대한 변제의사 및 능력이 없고, 처음부터 채권양도통지를 할 생각 없이 乙을 속이기 위하여 담보로 채권양도를 하겠다고 한 경우라면 사기죄와 횡령죄의 양 죄가 성립하고, 양 죄는 상상적 경합범의 관계에 있다.

② 회칼은 甲이 임의로 제출한 물건이므로 사법경찰관이 영장 없이 이를 압수한 것은 적법하다.

③ 乙이 甲과 손님을 위협, 폭행한 행위는 甲에 대한 업무방해의 수단이 되었으므로 이 폭행, 협박은 업무방해죄의 불가벌적 수반행위로 업무방해죄에 흡수된다.

④ 사법경찰관이 위 압수·수색영장에 의하여 야구방망이를 압수한 것은 위법하다.

2022년 제2차 경찰공무원(순경) 채용 필기시험

-일반공채(101경비단 포함), 경찰행정학과 경채-

제3회

【형사법】 40

응시자 유의사항

응시자는 반드시 응시표에 기재된 과목 순서에 맞춰 답안을 표기하여야 하며, 과목 순서대로 채점되므로 유의하시길 바랍니다.

※시험이 시작되기 전까지 표지를 넘기지 마십시오.

1초 합격예측! 모바일 성적분석표

1. QR코드를 스캔하여 모바일 OMR 답안지에 정답을 입력합니다.
2. 답안 제출 시 자동으로 채점이 완료됩니다.
3. 자동측정된 풀이시간과 채점결과 및 성적분석표를 확인하세요.

1. 죄형법정주의에 관한 설명 중 옳지 않은 것은? (다툼이 있는 경우 판례에 의함)

① 2회 이상 음주운전 금지규정을 위반한 사람을 2년 이상 5년 이하의 징역이나 1천만 원 이상 2천만 원 이하의 벌금에 처하도록 규정한 구 「도로교통법」 제148조의2 제1항 중 '제44조 제1항을 2회 이상 위반한 사람'에 관한 부분이 「헌법」에 위반된다.

② 「아동·청소년의 성보호에 관한 법률」에 정한 공개명령제도는 아동·청소년 대상 성범죄를 효과적으로 예방하고 성범죄로부터 아동·청소년을 보호함을 목적으로 하는 일종의 보안처분이므로 공개명령제도가 시행된 2010.1.1. 이전에 범한 범죄에도 공개명령제도를 적용하도록 법률을 개정한 것이 소급입법금지의 원칙에 반하지는 않는다.

③ 연습운전면허를 받은 사람이 '주행연습 외의 목적으로 운전하여서는 아니된다'는 준수사항을 위반하여 운전한 경우, 「도로교통법」상 무면허운전에 해당된다.

④ 「국가공무원법」 제66조의 "공무원은 노동운동 기타 공무 이외의 일을 위한 집단적 노동행위를 하여서는 아니된다"는 규정에서 '공무 이외의 일을 위한 집단적 노동행위'를 '공익에 반하는 목적을 위하여 직무전념의무를 해태하는 등의 영향을 가져오는 집단적 행위'로 해석하는 것은 죄형법정주의에 위배되지 않는다.

2. 양벌규정 또는 법인의 범죄능력에 대한 설명 중 옳은 것을 모두 고른 것은? (다툼이 있는 경우 판례에 의함)

㉠ 합병으로 인하여 소멸한 법인이 그 종업원 등의 위법행위에 대해 양벌규정에 따라 부담하던 형사책임은 그 성질상 이전을 허용하지 않는 것으로서 합병으로 인하여 존속하는 법인에 승계되지 않는다.

㉡ 양벌규정에 의해서 법인 또는 개인을 처벌하는 경우 그 처벌은 직접 법률을 위반한 행위자에 대한 처벌에 종속하며, 행위자에 대한 선임감독상의 과실로 인하여 처벌되는 것이므로, 행위자에 대한 처벌이 법인 또는 개인에 대한 처벌의 전제조건이 된다.

㉢ 특별한 근거규정이 없는 한 법인이 설립되기 이전에 자연인이 한 행위에 대하여 양벌규정을 적용하여 법인을 처벌할 수는 없다.

㉣ 회사 대표자의 위반행위에 대하여 징역형의 형량을 작량감경하고 병과하는 벌금형에 대하여 선고유예를 한 이상 양벌규정에 따라 그 회사를 처단함에 있어서도 같은 조치를 취하여야 한다.

㉤ 배임죄에서 타인의 사무를 처리할 의무의 주체가 법인이 되는 경우 그 타인의 사무는 법인을 대표하는 자연인인 대표기관에 의하여 처리될 수밖에 없어 자연인인 대표기관이 배임죄의 주체가 된다.

① ㉠㉢   ② ㉡㉤   ③ ㉠㉢㉤   ④ ㉡㉢㉣

3. 사실의 착오에 대한 설명 중 옳지 않은 것은? (다툼이 있는 경우 판례에 의함)

① 甲이 상해의 고의로 A를 향해 돌을 던졌으나 빗나가서 옆에 있던 B가 맞은 경우, 법정적 부합설에 따르면 B에 대한 상해죄가 성립한다.

② 甲이 상해의 고의로 A를 향해 돌을 던졌으나 빗나가서 옆에 있던 A의 자동차 유리창을 깨뜨린 경우, 구체적 부합설에 따르면 A에 대한 상해미수죄가 성립한다.

③ 甲이 살해의 고의로 A를 향해 총을 쏘았으나 알고 보니 B가 맞아 죽은 경우, 구체적 부합설에 따르면 B에 대한 살인죄가 성립한다.

④ 甲이 살해의 고의로 형 A를 향해 총을 쏘았으나 알고 보니 아버지 B가 맞아 죽은 경우, A에 대한 보통살인 미수와 B에 대한 과실치사죄가 성립한다.

4. 다음 신뢰원칙에 관한 설명 중 옳지 않은 것으로만 짝지어 놓은 것은? (다툼이 있는 경우 판례에 의함)

> ㉠ 우선통행권이 인정되는 트럭은 특별한 사정이 없는 한 통행의 우선순위를 무시하고 과속으로 교차로에 진입하여 오는 차량을 예상하여 사고발생을 미리 막을 주의의무가 없다.
>
> ㉡ 반대편에서 중앙선을 넘어서 오는 승용차가 자기 차선으로 되돌아 갈 것이라고 믿고 경적을 울리거나 스스로 감속함이 없이 그대로 자동차를 운행하다가 거리가 근접할 때까지 위 승용차가 자기 차선으로 되돌아가지 않자 비로소 급정거하였으나 사고가 난 경우에는 과실이 인정되지 않는다.
>
> ㉢ 의사가 간호사를 신뢰하여 간호사에게 당해 의료행위를 일임함으로써 간호사의 과오로 환자에게 위해가 발생하였다면 의사는 그에 대한 과실 책임을 면할 수 없다.
>
> ㉣ 무모하게 트럭과 버스 사이에 끼어들어 이 사이를 빠져 나가려는 오토바이를 선행차량이 속도를 낮추어 오토바이가 사고가 발생하지 않고 선행하도록 하여 줄 업무상 주의의무가 있다.
>
> ㉤ 보행자 또는 자동차 외의 차마는 자동차 전용도로로 통행하거나 횡단할 수 없도록 되어 있으므로 무단 횡단하는 보행자가 나타날 경우를 미리 예상하여 급정차할 수 있도록 운전해야 할 주의의무는 없다.

① ㉠㉡　　　② ㉡㉣　　　③ ㉢㉤　　　④ ㉣㉤

5. 다음 중 위법성이 조각되지 않는 것은 모두 몇 개인가? (다툼이 있는 경우 판례에 의함)

> ㉠ 방송통신심의위원회 심의위원인 피고인이 자신의 인터넷 블로그에 위원회에서 음란정보로 의결한 '남성의 발기된 성기 사진'을 게시함으로써 정보통신망을 통하여 음란한 화상 또는 영상인 사진을 공공연하게 전시한 경우
>
> ㉡ 피해자와 공모하여 교통사고를 가장하여 보험금을 편취할 목적으로 그 피해자의 승낙을 받고 그에 따라 피해자에게 상해를 가한 경우
>
> ㉢ 자신의 진돗개를 보호하기 위하여 몽둥이나 기계톱 등을 휘둘러 피해자의 개들을 쫓아버리는 방법으로 자신의 재물을 보호할 수 있었음에도 피해견을 기계톱으로 내리쳐 등 부분을 절개하여 죽인 경우
>
> ㉣ 노동조합이 노동위원회에 노동쟁의조정신청을 하여 조정절차가 마쳐지지 않은 채 조정기간이 끝나 쟁의행위에 이른 경우
>
> ㉤ 소유권의 귀속에 관한 분쟁이 있어 민사소송이 계속중인 건조물에 관하여 현실적으로 관리인이 있음에도 그 건조물의 자물쇠를 쇠톱으로 절단하고 침입한 경우

① 1개　　　② 2개　　　③ 3개　　　④ 4개

6. 방조범에 관한 설명으로 옳은 것은? (다툼이 있는 경우 판례에 의함)

① 정범에게 범행의 결의를 강화하도록 하는 것과 같은 무형적, 정신적 방조행위는 「형법」상 방조행위에 해당하지 않는다.

② 甲은 乙이 상급자에게 무례한 행동을 하는 A를 교육시킨다는 정도로 가볍게 생각하고 乙에게 각목을 건네주었다가 乙의 폭행이 심해지자 乙을 제지하려고 노력하였으나 결국 乙의 폭행으로 A가 사망한 경우 甲에게는 특수폭행치사의 방조범이 성립한다.

③ 교사범을 방조한 경우에는 방조범이 성립하지만, 종범을 교사한 경우에는 교사범이 성립한다.

④ 甲이 乙에게 A를 강간할 것을 교사하고 乙이 이를 승낙하였으나 실행에 착수하지 않은 경우 甲을 방조한 丙은 처벌되지 않는다.

7. 간접정범에 관한 설명 중 옳은 것은? (다툼이 있는 경우 판례에 의함)

① 회사 경영자가 내막을 알지 못하는 소속 직원들로 하여금 회사 소재지 지역구 국회의원의 담당사무에 대한 청탁과 관련하여 그 국회의원이 사실상 지배·장악하고 있던 후원회에 후원금을 기부하게 하였더라도, 그 경영자에게는 「정치자금법」 위반죄의 간접정범이 성립하지 않는다.

② 공문서의 작성권한이 있는 공무원의 직무를 보좌하는 甲이 행사할 목적으로 그 직위를 이용하여 허위의 내용이 기재된 문서 초안을 그 정을 모르는 상사에게 제출하여 결재하도록 하는 등의 방법으로 작성권한이 있는 공무원으로 하여금 허위의 공문서를 작성하게 한 경우 허위공문서작성죄의 간접정범이 성립하지 않는다.

③ 공무원 甲이 허위의 사실을 기재한 자동차운송사업변경(증차)허가신청 검토조서를 작성한 다음 이를 자동차운송사업변경(증차)허가신청 검토보고에 첨부하여 결재를 상신하였고, 담당계장으로서 그와 같은 사정을 알고 있는 중간 결재자인 乙과 그와 같은 사정을 알지 못하는 최종 결재자인 담당과장이 차례로 위 검토보고에 결재를 하여 자동차운송사업 변경허가가 이루어진 경우, 甲과 乙은 허위공문서작성죄의 공동정범에 해당할 수는 없지만, 허위공문서작성죄 간접정범에 해당한다.

④ 수표의 발행인이 아닌 甲이 허위신고의 고의 없는 발행인 A를 교사하여 허위신고하게 한 경우 「부정수표단속법」상 허위신고죄의 간접정범이 성립한다.

8. 정당행위에 대한 설명 중 틀린 것은? (다툼이 있는 경우 판례에 의함)

① 차임이나 관리비를 단 1회도 연체한 적이 없는 피해자가 임대차계약의 종료 후 임대료와 관리비를 인상하는 내용의 갱신계약 여부에 관한 의사표시나 명도의무를 지체하고 있다는 이유로 그 종료일로부터 16일만에 피해자의 사무실에 대하여 단전조치를 취한 행위는 사회상규에 위배되지 아니하는 정당행위에 해당하지 않는다.

② 근로조건에 관한 노동관계 당사자 간 주장의 불일치로 인하여 근로자들이 조정전치절차 및 찬반투표절차를 거쳐 정당한 쟁의행위를 개시한 후 쟁의사항과 밀접하게 관련된 새로운 쟁의사항이 부가된 경우에는, 근로자들이 새로이 부가된 사항에 대하여 쟁의행위를 위한 별도의 조정절차 및 찬반투표절차를 거쳐야 할 의무가 있다.

③ 수지침의 전문가로서 수지침을 연구하는 사람들의 모임인 수지요법학회 시 지회를 운영하면서 일반인들에게 수지침요법을 보급하고, 수지침을 통한 무료의료 봉사활동을 하여 온 피고인이 스스로 수지침 한 봉지를 사 가지고 피고인을 찾아와서 수지침 시술을 부탁하는 자에게 아무런 대가를 받지 아니하고 수지침 시술행위를 한 것은 「형법」제20조의 사회상규에 위배되지 아니하는 정당행위에 해당한다.

④ 피고인이 ○○자동차지부파업투쟁 현장을 방문하여 조합원들이 불법적으로 체포되는 것을 목격하고 이에 항의하면서 전투경찰대원들의 불법 체포 행위를 제지하였으며, 그 과정에서 전투경찰대원들의 방패를 강하게 밀어내다 그들에게 상해를 입혔다면 정당방위에 해당한다.

9. 「형법」상 예비 · 음모의 처벌규정이 없는 것을 모두 고른 것은?

㉠ 강제추행죄	㉡ 미성년자약취 · 유인죄
㉢ 통화유사물제조죄	㉣ 미성년자의제강간죄
㉤ 허위유가증권작성죄	㉥ 수도불통죄
㉦ 폭발물사용죄	㉧ 일반교통방해죄

① ㉠㉡㉤㉥   ② ㉠㉢㉤㉧   ③ ㉢㉣㉥㉧   ④ ㉣㉤㉥㉦

10. 다음 중 기대가능성에 대한 판례의 태도와 일치하지 않는 것으로 묶인 것은?

㉠ 양심적 병역거부자에게 그의 양심상의 결정에 반한 행위를 기대할 가능성이 있는지 여부를 판단하기 위해서는, 행위 당시의 구체적 상황 하에 행위자를 두고 그 행위자의 관점에서 그 기대가능성 유무를 판단하여야 할 것이다.

㉡ 수사경찰관들 사이에는 상관의 명령은 절대복종하여야 한다는 불문율이 있다. 수사관 甲은 수사반장 乙의 지시에 따라 피의자의 자백을 받아내기 위해 가혹행위를 하다 피의자를 사망케 했다. 甲은 乙의 명령에 복종할 의무가 없고 甲에게 적법행위를 기대할 수 없는 것도 아니므로 甲은 면책되지 않는다.

㉢ 자신의 아내가 직장동료와 내연관계에 있다는 소문을 듣고 아내를 의심하던 끝에 아내를 폭행 협박하여 간통사실을 허위로 시인하게 만들었으나 간통사실을 부인하여 석방되자, 다시 아내를 강요하여 그 직장동료에 대한 허위내용의 고소장을 작성하고 제출케 하여 결국 아내가 무고죄로 기소되었다면 고소장을 작성 제출한 것은 협박에 의해 강요된 행위로 보아야 한다.

㉣ 북한에서 출생하여 사상교육을 받은 후 대남공작원으로 선발되어 특수훈련과정을 이수하고 북한노동당으로부터 여객기 폭파지령을 받아 실행에 옮겼다면 잘못된 이데올로기에 대한 확신이 그의 자유의지에 반하는 성장교육과정에서 형성되었기 때문에 그에 기초한 범행은 강요된 행위라 할 것이다.

㉤ 고의로 북한지역으로 탈출한 자에게 북한집단 구성원과의 회합은 예측된 행위이므로 그 행위는 강요된 행위가 아니다.

㉥ 직장의 상사가 범법행위를 하는 데 가담한 부하가 직무상 지휘 · 복종관계에 있다면 범법행위에 가담하지 않을 기대가능성이 있다고 할 수는 없는 것이다.

① ㉠㉡㉢   ② ㉠㉣㉤   ③ ㉢㉤㉥   ④ ㉠㉣㉥

11. 甲은 하산하다가 야생 멧돼지에게 쫓겨 급히 도망치며 달리던 중 마침 乙의 전원주택을 발견하고 그 집으로 뛰어들어가 몸을 숨겨 위기를 모면하였다. 집주인 乙은 甲을 도둑으로 오인하여, 그를 쫓아내려는 의도로 "도둑이야!"라고 외쳤다. 甲이 자초지종을 설명하려고 다가가자 乙은 자신을 공격하려는 것으로 오인하여 그의 가슴을 힘껏 밀어 넘어뜨렸다. 이 사안에서 乙이 오인한 점에 대하여는 정당한 이유가 인정된다고 볼 때, 甲과 乙의 형사책임에 관한 설명 중 옳은 것은?

① 엄격책임설에 따르면 乙의 행위는 폭행의 구성요건적 고의뿐 아니라 위법성의 인식도 부정되지는 않으므로 폭행죄가 인정된다.
② 제한책임설(유추적용설)에 따르면 乙은 폭행의 구성요건적 고의가 배제되어 무죄이다.
③ 법효과 제한적 책임설에 따르면 乙의 행위는 폭행의 구성요건적 고의가 인정되므로 폭행죄의 죄책을 진다.
④ 甲의 주거침입행위는 자구행위에 해당하여 무죄이다.

12. 다음 중 판례에 의해 포괄일죄가 인정된 경우를 모두 고르면?

㉠ 피고인이 보이스피싱 사기 범죄단체에 가입한 후 사기범죄의 피해자들로부터 돈을 편취하는 등 그 구성원으로서 활동하였다는 내용의 공소사실이 유죄로 인정된 사안에서, 범죄단체 가입행위 또는 범죄단체 구성원으로서 활동하는 행위와 사기행위
㉡ 게임장에서 게임의 결과로 상품권을 지급해서는 아니 됨에도 불구하고 2005.5.4. 게임을 한 손님에게 5,000원권 영화문화상품권을 게임의 결과로 지급한 제1 범죄행위와 같은 게임장에서 2005.10.17. 게임을 한 손님에게 5,000원권 해피머니상품권을 게임의 결과로 지급하였다는 제2 범죄행위
㉢ 행정소송사건의 같은 심급에서 변론기일을 달리하여 수차 증인으로 나가 수 개의 허위진술을 한 행위
㉣ 음주상태로 자동차를 운전하다가 제1차 사고를 내고 그대로 진행한 후 약 20분 후 제2차 사고를 낸 경우의 음주운전 행위

① ㉢   ② ㉠㉡   ③ ㉡㉢㉣   ④ ㉠㉡㉣

13. 누범 또는 집행유예에 관한 다음 설명 중 옳지 않은 것은? (다툼이 있는 경우 판례에 의함)

① 하나의 자유형 중 일부에 대해서는 실형을 선고하고, 나머지에 대해서는 집행유예를 선고하는 것은 허용되지 않는다.
② 포괄일죄의 일부 범행이 누범기간 내에 이루어진 이상 나머지 범행이 누범기간 경과 후에 이루어졌더라도 그 범행 전부가 누범에 해당한다고 보아야 한다.
③ 누범이 성립하려면 금고 이상의 형을 받아 그 집행을 종료하거나 면제를 받은 후 3년 내에 다시 금고 이상에 해당하는 죄를 범하여야 하는바, 3년의 기간 내에 실행의 착수가 있으면 족하고 그 기간 내에 기수에까지 이르러야 되는 것은 아니다.
④ 징역형의 집행유예와 벌금형이 병과된 후 징역형의 집행유예의 효력을 상실케 하는 내용의 특별사면이 있는 경우 그 벌금형의 선고의 효력도 상실된다.

14. 다음의 설명 중 옳지 않은 것은? (다툼이 있는 경우 판례에 의함)

① 「밀항단속법」 제4조 제3항의 몰수와 추징은 징벌적 제재의 성격을 띠고 있으므로, 여러 사람이 공모하여 죄를 범하고도 몰수대상인 수수 또는 약속한 보수를 몰수할 수 없을 때에는 공범자 전원에 대하여 그 보수액 전부의 추징을 명하여야 한다.
② 대학교수가 예정되어 있던 취지에 따라 학위취득자들로부터 송금받은 금원 중 일정 금원을 실험대행자에게 교부하고, 실험대행자가 이를 독자적인 판단에 따라 실험비용 등에 사용한 경우, 실험대행자가 수령한 금원의 가액 전부를 대학교수로부터 추징하여야 한다.
③ 부동산 소유권 이전의 1차 계약을 체결한 자가 전매계약을 체결한 것이 「부동산등기 특별조치법」 제8조 제1호 위반행위에 해당하는 경우, 전매계약에 의하여 제3자로부터 받은 대금은 위 조항의 처벌대상인 '1차 계약에 따른 소유권이전등기를 하지 않은 행위'로 취득한 것이 아니므로 「형법」 제48조에 의한 몰수나 추징의 대상이 될 수 없다.
④ 체포될 당시에 미처 송금하지 못하고 소지하고 있던 자기앞수표나 현금은 장차 실행하려고 한 「외국환거래법」 위반의 범행에 제공하려는 물건일 뿐, 그 이전에 범해진 「외국환거래법」 위반의 '범죄행위에 제공하려고 한 물건'으로는 볼 수 없으므로 몰수할 수 없다.

15. 약취·유인 및 인신매매의 죄에 관한 설명 중 가장 적절한 것은? (다툼이 있는 경우 판례에 의함)

① 베트남 국적 여성인 피고인이 남편의 동의 없이 생후 13개월 된 자녀를 베트남에 있는 친정으로 데려간 행위는 실력을 행사하여 자녀를 평온하던 종전의 보호·양육 상태로부터 이탈시킨 것으로서 국외이송약취죄 및 피약취자국외이송죄에 해당한다.

② 약취의 경우에 폭행·협박의 정도는 상대방의 반항을 억압할 정도의 것임을 요한다.

③「형법」제288조 제1항의 영리목적 약취죄는 상습범에 대한 가중처벌 규정을 두고 있다.

④「형법」제289조 제4항의 국외이송목적 인신매매 및 국외이송의 죄를 범한 사람이 매매 또는 이송된 사람을 안전한 장소로 풀어준 때에는 그 형을 감경할 수 있다.

16. 강도와 절도의 죄에 관한 설명으로 옳은 것은? (다툼이 있는 경우 판례에 의함)

① 甲은 강제경매 절차에서 피고인 소유이던 토지 및 그 지상건물을 매수한 후 법원으로부터 인도명령을 받아 인도집행을 하였는데, 피고인이 인도집행 전에 건물 외벽에 설치된 전기코드에 선을 연결하여 피고인이 점유하며 창고로 사용 중인 컨테이너로 전기를 공급받아 사용하였다고 하여 절도로 기소된 사안에서, 피고인에게 절도의 범의를 인정할 수 있다.

② 甲은 15:40경 A가 운영하는 모텔에 이르러, A가 평소 비어있는 객실의 문을 열어둔다는 사실을 알고 그곳 202호 안까지 들어가 침입한 다음, 같은 날 21:00경 그곳에 설치되어 있던 A 소유의 LCD모니터 1대를 몰래 가져 나왔다. 甲에게는 야간주거침입절도죄가 성립한다.

③ 절도범인이 처음에는 흉기를 휴대하지 아니하였으나 체포를 면탈할 목적으로 폭행 또는 협박을 가할 때에 비로소 흉기를 휴대 사용하게 된 경우에는 특수강도에 해당하는 준강도가 된다.

④ 피고인이 폭행·협박으로 피해자로 하여금 매출전표에 서명을 하게 한 다음 이를 교부받아 소지하였더라도 피해자가 그 매출전표에 허위 서명한 경우에는 신용카드회사들이 신용카드 가맹점 규약 또는 약관의 규정을 들어 그 금액의 지급을 거절할 수 있기 때문에 피고인에게는 재산상 이익을 취득한 강도죄의 기수가 인정될 수 없다.

17. 업무방해죄에 대한 설명 중 가장 적절한 것은? (다툼이 있는 경우 판례에 의함)

① 甲, 乙이 공모하여, 피고인 甲은 丙 고등학교의 학생 丁이 약 10개월 동안 총 84시간의 봉사활동을 한 것처럼 허위로 기재된 봉사활동확인서를 발급받아 피고인 乙에게 교부하고, 피고인 乙은 이를 丁의 담임교사를 통하여 丙 학교에 제출하여 丁으로 하여금 2010년도 학교장 명의의 봉사상을 수상하도록 하였다면, 위계로써 학교장의 봉사상 심사 및 선정 업무를 방해한 것에 해당한다.

② 피고인이 피해자 게임회사들이 제작한 모바일게임의 이용자들의 게임머니나 능력치를 높게 할 수 있는 변조된 게임프로그램을 해외 인터넷 사이트에서 다운로드받은 다음, 위와 같은 게임프로그램을 제공한다는 것을 나타내는 문구가 게임프로그램 실행 시 화면에 나올 수 있도록 게임프로그램을 변조한 후 자신이 직접 개설한 모바일 어플리케이션 공유사이트 게시판에 위와 같이 변조한 게임프로그램들을 게시·유포한 것은 위계에 의한 업무방해죄에 해당한다.

③ 컴퓨터 등 정보처리장치에 정보를 입력하는 등의 행위가 그 입력된 정보 등을 바탕으로 업무를 담당하는 사람의 오인, 착각 또는 부지를 일으킬 목적으로 행해진 경우 그 행위가 업무를 담당하는 사람을 직접적인 대상으로 이루어진 것이 아니라면 위계에 의한 업무방해죄가 성립하지 아니한다.

④ 인터넷 자유게시판 등에 실제의 객관적인 사실을 게시하더라도 그로 인하여 피해자의 업무가 방해된 경우에는「형법」제314조 제1항 소정의 위계에 의한 업무방해죄에 있어서 '위계'에 해당한다.

18. 다음 사기죄에 관한 설명 중 옳지 않은 것은? (다툼이 있는 경우 판례에 의함)

① 피기망자가 행위자의 기망행위로 인하여 착오에 빠진 결과 내심의 의사와 다른 효과를 발생시키는 내용의 처분문서에 서명 또는 날인함으로써 처분문서의 내용에 따른 재산상 손해가 초래된 경우, 피기망자의 행위는 사기죄에서 말하는 처분행위에 해당한다.

② 착오에 빠진 원인 중에 피기망자 측의 과실이 있는 경우에도 사기죄가 성립한다.

③ 외관상 재물의 교부에 해당하는 행위가 있었으나, 재물이 범인의 사실상의 지배 아래에 들어가 그의 자유로운 처분이 가능한 상태에 놓이지 않고 여전히 피해자의 지배 아래에 있는 것으로 평가되는 경우, 그 재물에 대한 처분행위가 있었다고 볼 수 없다.

④ 수익자 甲이 기망을 통하여 급여자로 하여금 불법원인급여에 해당하는 재물을 제공하도록 한 경우 사기죄가 성립하지 아니한다.

19. 권리행사방해죄에 관한 설명 중 옳지 <u>않은</u> 것을 모두 고른 것은? (다툼이 있는 경우 판례에 의함)

> ㉠ 甲이 자동차등록원부상 A 명의로 등록되어 있는 차량을 B에게 담보로 제공하였음에도 불구하고, B의 승낙 없이 미리 소지하고 있던 위 차량의 보조키를 이용하여 이를 운전하여 간 경우 권리행사방해죄가 성립하지 않는다.
> ㉡ 권리행사방해죄가 성립하기 위하여 현실로 권리행사가 방해되었을 것을 필요로 하지 아니한다.
> ㉢ 무효인 경매절차에서 경매목적물을 경락받아 이를 점유하고 있는 낙찰자의 점유는 동시이행항변권이 있더라도 적법한 점유가 아니므로 그 점유자는 권리행사방해죄에 있어서의 타인의 물건을 점유하고 있는 자라고 할 수 없다.
> ㉣ 甲이 이른바 중간생략등기형 명의신탁 또는 계약명의신탁의 방식으로 자신의 처에게 등기명의를 신탁하여 놓은 점포에 자물쇠를 채워 점포의 임차인을 출입하지 못하게 한 경우 권리행사방해죄가 성립한다.
> ㉤ 채무자인 甲이 채무의 담보로 채권자 A에게 제공한 자기소유의 물건을 보관하고 있던 B를 기망하여 물건을 교부받아 간 경우 권리행사방해죄에서 말하는 '취거'로 볼 수 없다.

① ㉡㉤   ② ㉢㉣   ③ ㉠㉡㉣   ④ ㉠㉡㉤

20. 다음 업무방해죄에 대한 설명 중 옳지 <u>않은</u> 것은? (다툼이 있는 경우 판례에 의함)

① 상호저축은행 경영진인 피고인이 甲 저축은행의 영업정지가 임박한 상황에서 甲 저축은행에 파견되어 있던 금융감독원 감독관에게 알리지 아니한 채 영업마감 후에 특정 고액 예금 채권자들에게 영업정지 예정사실을 알려주어 예금을 인출하도록 한 경우는 업무방해의 위계에 해당한다.

② ○○광역시개인택시운송사업조합 새마을금고의 임원이 되기 위하여는 ○○광역시개인택시운송사업조합(이하 '조합'이라 한다)의 조합원 자격을 갖추어야 하기 때문에 새마을금고가 사실상 조합의 영향력 하에 있어 그 권고사항을 따르지 않을 수 없는 지위에 있음을 이용하여, 조합 이사장 지위에 있는 피고인이 조합 이사장 명의로 새마을금고에 공문을 보내 ○○개인택시신문(이하 '택시신문'이라 한다)에 게재하던 광고를 중단하도록 한 행위는 업무방해죄에 해당한다.

③ 임대인이 임차인의 물건을 임의로 철거 폐기할 수 있다는 임대차계약 조항에 따라 임대인이 임차인 점포의 간판을 철거하고 출입문을 봉쇄한 경우는 업무를 방해한 행위에 해당한다.

④ 장애인복지협회의 지부장으로서 협회에 대한 회계자료열람권을 가진 피고인이 협회사무실에서 회계서류 등의 열람을 요구하는 과정에서 협회 직원들을 불러 모아 상당한 시간 동안 이야기를 하거나 피고인의 요구를 거부하는 직원에게 다소 언성을 높여 책임을 지게 될 수 있다고 이야기한 경우는 업무방해죄를 구성하지 아니한다.

21. 성폭력범죄에 관한 설명 중 옳지 <u>않은</u> 것은? (다툼이 있는 경우 판례에 의하고 성폭력범죄 이외의 범죄 성립 여부는 논외로 함)

① 강간죄에서의 폭행·협박과 간음 사이에는 인과관계가 있어야 하나, 폭행·협박이 반드시 간음행위보다 선행되어야 하는 것은 아니다.

② 피고인이 피해자를 폭행하여 비골 골절 등의 상해를 가한 다음 강제추행한 경우, 강제추행치상죄의 상해로 인정할 수 없다.

③ 미성년자의제강제추행죄의 성립에 필요한 주관적 구성요건요소는 고의만으로 충분하고, 그 외에 성욕을 자극·흥분·만족시키려는 주관적 동기나 목적까지 있어야 하는 것은 아니다.

④ 아동·청소년의 성을 사는 행위를 알선하는 행위를 업으로 하여 「아동·청소년의 성보호에 관한 법률」 제15조 제1항 제2호의 위반죄가 성립하기 위해서는 알선행위로 아동·청소년의 성을 사는 행위를 한 사람이 행위의 상대방이 아동·청소년임을 인식하여야 한다.

22. 다음 甲의 죄책에 관한 설명 중 옳지 <u>않은</u> 것은? (다툼이 있는 경우 판례에 의함)

① 피고인 甲이 자신의 모(母) 乙 명의로 구입·등록하여 乙에게 명의신탁한 자동차를 丙에게 담보로 제공한 후, 丙 몰래 가져가 절취하였다는 내용으로 기소된 사안에서, 丙에 대한 관계에서 자동차의 소유자는 乙이고 피고인 甲은 소유자가 아니므로 丙이 점유하고 있는 자동차를 임의로 가져간 이상 절도죄가 성립한다.

② 자신의 명의로 등록된 자동차를 사실혼 관계에 있던 甲에게 증여하여 甲만이 이를 운행·관리하여 오다가 서로 별거하면서 재산분할 내지 위자료 명목으로 甲이 소유하기로 하였는데, 피고인이 이를 임의로 운전해 간 사안에서, 자동차 등록명의와 관계없이 피고인과 甲 사이에서는 甲을 소유자로 보아야 한다.

③ 甲이 피해자의 집에서 절도범행을 마친지 10분가량 지나 피해자의 집에서 200m 가량 떨어진 버스정류장이 있는 곳에서 甲을 절도범인이라고 의심하고 뒤쫓아 온 피해자에게 붙잡혀 피해자의 집으로 돌아왔을 때 비로소 피해자를 폭행하여 상해를 가한 경우에는 강도상해죄가 성립하지 아니한다.

④ 甲이 빌라 내 지하주차장에서 피해자 소유의 승합차의 조수석 문을 열고 안으로 들어가 공구함을 뒤지던 중 도난경보장치의 경보음을 듣고 달려 온 피해자에게 발각되어 절취의 뜻을 이루지 못한 채, 피해자의 신고를 받고 출동한 경찰관 乙과 丙이 자신을 붙잡으려고 하자, 체포를 면탈할 목적으로 팔꿈치로 乙의 얼굴을 쳐서 폭행하고, 발로 丙의 정강이를 걷어 차 丙에게 상해를 가한 경우 乙에 대해서는 준강도죄가, 丙에 대해서는 강도상해죄가 성립하고 양자는 실체적 경합범의 관계에 있다(공무집행방해죄의 성부는 논 외로 함).

23. 문서에 관한 죄에 대한 기술 중 사례와 죄책을 올바르게 연결한 것은 몇 개인가? (다툼이 있는 경우 판례에 의함)

> ⊙ 강제집행을 면탈할 목적으로 허위채권을 만들어 합동법률사무소 명의의 공정증서를 작성한 행위 – 공정증서원본불실기재죄
>
> ⓛ 공무원 아닌 자가 관공서에 허위내용의 증명원을 제출하여 그 정을 모르는 공무원으로부터 그 증명원 내용과 같은 증명서를 발급받은 경우 – 공문서위조죄
>
> ⓒ 주식회사의 지배인이 자신을 그 회사의 대표이사로 표시하여 연대보증채무를 부담하는 취지의 회사 명의의 차용증을 작성·교부하는 경우 – 사문서위조죄
>
> ② 기왕에 습득한 타인의 주민등록증을 내보이고 자신의 어머니의 것인데 어머니의 허락을 받았다고 하면서 그 타인의 이름으로 이동전화가입을 신청한 경우 – 공문서부정행사죄
>
> ⑪ 공무원이 여러 차례의 출장반복의 번거로움을 회피하고 민원사무를 신속히 처리한다는 방침에 따라 사전에 출장 조사한 다음 출장조사 내용이 변동없다는 확신하에 출장복명서를 작성하고 다만 그 출장일자를 작성일자로 기재한 경우 – 허위공문서작성죄
>
> ⑬ 진정한 사문서의 사본을 전자복사기를 이용하여 복사하면서 일부 조작을 가하여 그 사본 내용과 전혀 다르게 만드는 행위 – 사문서위조죄

① 1개 ② 2개 ③ 3개 ④ 4개

24. 다음 중 판례의 태도로서 틀린 것은?

① 다수인이 사기범행을 수행한다는 공동목적 아래 구성원들이 대표, 팀장, 출동조, 전화상담원 등 정해진 역할분담에 따라 행동함으로써 사기범행을 반복적으로 실행하는 체계를 갖춘 결합체는 「형법」제114조의 '범죄를 목적으로 하는 단체'에 해당한다.

② A회사의 대표이사 甲이 B회사의 대표이사 乙로부터 포괄적 위임을 받아 두 회사의 대표이사 업무를 처리하면서 B회사 명의로 허위 내용의 영수증과 세금계산서를 작성한 경우, 사문서위조 및 동행사죄가 성립한다.

③ 어떤 선박이 사고를 낸 것처럼 허위로 사고신고를 하면서 그 선박의 선박국적증서와 선박검사증서를 함께 제출한 경우, 공문서부정행사죄에 해당하지 아니한다.

④ 법무사가 위임인이 문서명의자로부터 문서작성권한을 위임받지 않았음을 알면서도 「법무사법」제25조에 따른 확인절차를 거치지 아니하고 권리의무에 중대한 영향을 미칠 수 있는 문서를 작성한 경우, 사문서위조 및 동행사죄에 해당한다.

25. 甲에게 괄호 안의 범죄가 성립하지 <u>않는</u> 경우는? (다툼이 있는 경우 판례에 의함)

① 丙이 사망한 후 丙의 상속인 甲은 丙이 생전에 乙에게 명의신탁한 W은행이 발행한 채권의 반환을 乙에게 요구하였다. 그러나 乙은 그 채권은 자신이 丙으로부터 증여받은 것이지 명의신탁 받은 것이 아니라고 주장하였다. 이에 甲은 乙의 동의를 받지 아니하고 乙 명의로 채권이전등록청구서를 작성하여 W은행에 제출하였다. (사문서위조죄 및 동행사죄)

② 甲에게 유효기간등을 보충기재하여 반입 실수요자에 교부할 권한이 위임되어 있는 경우 검사원이 적법한 도축신청과 실수요자확인증의 제출이 없음에도 허위의 반출증을 교부하였다. (공문서위조죄)

③ 식당의 주·부식 구입업무를 담당하는 공무원 甲이 주·부식 구입요구서 과장결재란에 권한 없이 자신이 서명을 한 경우 (자격모용공문서 작성죄)

④ 丙은 乙에 대한 채무를 변제하지 않을 경우 나이트클럽의 명의를 乙 앞으로 변경하기로 약정하고 백지의 양도양수서 용지에 그의 도장을 날인하여 乙에게 교부하였는데, 乙의 부탁으로 동 서류를 보관하던 甲은 행사할 목적으로 丙의 의사에 반하여 위 서류에 丙이 위 나이트클럽을 甲에게 양도한다는 내용을 기재하였다. (사문서변조죄)

26. 다음 설명 중 옳은 것은? (다툼이 있는 경우 판례에 의함)

① 경찰관 A, B가 甲에 대하여 접수된 피해 신고를 받고 함께 출동하여 신고 처리 및 수사 업무를 집행 중이었는데, 甲이 같은 장소에서 위 경찰관들에게 욕설을 하면서 먼저 A를 폭행하고 곧이어 이를 제지하는 B를 폭행하였다면, 甲의 A, B에 대한 공무집행방해죄는 실체적 경합의 관계에 있다.

② '태평양전쟁 희생자 유족회' 사무국장인 피고인이 부산지방경찰청장에게 시위(행진)의 상세한 일정과 진로가 기재된 전국도보행진 일정표와 함께 신고를 한 후 부산 등을 거쳐 서울에서 도보행진을 하던 중, 경찰관들에게서 불법집회라는 등의 이유로 제지를 받자 이에 불응하여 승합차를 계속 운전함으로써 일부 경찰관들을 넘어뜨려 상해를 입히는 등 시위진압 업무를 방해한 경우 공무집행방해죄가 성립한다.

③ 집회·시위 과정에서 음향을 이용하여 청각기관을 직접 자극한 경우 그것이 의사전달수단으로서 합리적 범위를 넘어 상대방에게 고통을 줄 의도로 이루어졌더라도 공무집행방해죄의 폭행이 될 수 없다.

④ 피고인이 인신구속에 관한 직무를 집행하는 사법경찰관으로서 체포 당시 상황을 고려하여 경험칙에 비추어 현저하게 합리성을 잃지 않은 채 판단하면 체포 요건이 충족되지 아니함을 충분히 알 수 있었는데도, 자신의 재량 범위를 벗어난다는 사실을 인식하고 그와 같은 결과를 용인한 채 사람을 체포하여 권리행사를 방해하였다면, 직권남용체포죄가 성립하고 직권남용권리행사방해죄도 별도로 성립한다.

27. 위증죄와 무고죄에 관한 다음 설명 중 옳지 <u>않은</u> 것은? (다툼이 있는 경우 판례에 의함)

① 신고자가 그 신고내용을 허위라고 믿었다 하더라도 그것이 객관적으로 진실한 사실에 부합할 때에는 무고죄는 성립하지 않으며, 위 신고한 사실의 허위 여부는 그 범죄의 구성요건과 관련하여 신고사실의 핵심 또는 중요내용이 허위인가에 따라 판단하여야 한다.

② 증인이 법정에서 선서 후 증인진술서에 기재된 내용이 사실대로라는 취지의 진술만을 한 경우, 그 증인진술서에 기재된 구체적인 내용을 기억하여 반복 진술한 것으로 볼 수 있으므로 그 허위 기재 부분에 관하여 위증죄로 처벌할 수 있다.

③ 타인 명의의 고소장을 대리하여 작성하고 제출하는 형식으로 고소가 이루어진 경우 명의자를 대리한 자가 실제 고소의 의사를 가지고 고소행위를 주도한 경우라면 무고죄의 주체는 명의자를 대리한 자로 보아야 한다.

④ 「형법」 제155조 제1항은 '타인의 형사사건 또는 징계사건에 관한 증거를 인멸, 은닉, 위조 또는 변조하거나 위조 또는 변조된 증거를 사용한 자'를 처벌한다고 규정하고 있고 증거인멸죄는 국가의 형사사법작용 내지 징계작용을 그 보호법익으로 하므로, 위 법조문에서 말하는 징계사건은 국가의 징계사건에 한정된다.

28. 다음 사례에 관한 설명 중 옳지 <u>않은</u> 것은? (다툼이 있는 경우 판례에 의함)

> 甲은 자신이 운영하던 콜라텍을 A에게 양도한 다음 인근에서 다른 콜라텍을 개업·운영하던 중 A가 甲을 상대로 콜라텍 영업금지와 처분금지 등을 구하는 소를 제기하자, 위 소송에 따른 판결의 강제집행을 피하기 위하여 乙에게 사정을 얘기하고 동의를 받아 콜라텍의 사업자등록 명의를 乙 앞으로 변경하였다. 甲은 A로부터 강제집행면탈죄로 고소당하자 乙에게 실제로 콜라텍을 매수하여 운영하고 있다고 진술해달라고 부탁하였다. 乙은 甲에 대한 고소사건에서 경찰관에게 자신이 실제로 콜라텍을 매수하여 운영하고 있다고 진술하고 허위의 계좌거래내역을 제출하였고 검사에게도 같은 취지로 진술하였다.

① 범인도피죄는 타인을 도피하게 하는 경우에 성립할 수 있는데, 여기에서 타인에는 공범도 포함된다.

② 범인 자신이 스스로 은닉·도피하는 행위는 처벌되지 않는다.

③ 乙이 경찰관에게 자신이 실제로 콜라텍을 매수하여 운영하고 있다고 진술하고 허위의 계좌거래내역을 제출한 것은 자신의 범행에 대한 방어권 행사의 범위를 벗어난 것으로 볼 수 없다.

④ 甲이 乙에게 허위의 진술을 하도록 교사한 것은 자기비호권의 한계를 넘어선 것으로서 범인도피교사죄를 구성한다.

29. 고소 등에 관한 다음 설명 중 옳은 것을 모두 고른 것은? (다툼이 있는 경우 판례에 의함)

> ㉠ 고소 전에 고소권을 포기할 수 없고, 고소포기의 약정이 있더라도 고소기간 내라면 고소하여 처벌을 구할 수 있다.
> ㉡ 즉시고발의 경우에도 고소의 객관적 불가분 원칙은 적용된다.
> ㉢ 「저작권법」 위반사건에 있어서 행위자의 범죄에 대한 고소가 있더라도, 양벌규정에 의하여 처벌받는 자에 대하여는 별도의 고소가 필요하다.
> ㉣ 조세범에 대한 국세청장 등의 고발에도 고소·고발 불가분의 원칙이 적용되므로 양벌규정에 의하여 처벌받는 법인에 대한 고발은 그 행위자인 자연인에게까지 미친다.
> ㉤ 폭행·협박죄, 명예훼손죄와 같은 반의사불벌죄에는 공범 간에 고소의 효력이 불가분적으로 미친다는 「형사소송법」 제233조의 고소의 주관적 불가분 원칙이 준용되지 아니하므로, 공범 중 1인에 대한 처벌불원의 의사표시는 다른 공범에게는 그 효력이 미치지 아니한다.

① ㉠㉡㉢㉣   ② ㉠㉡㉤   ③ ㉢㉣   ④ ㉣㉤

30. 다음은 체포·구속의 적부심사에 관한 설명이다. 옳지 <u>않은</u> 것은? (다툼이 있는 경우 판례에 의함)

① 체포영장 또는 구속영장을 발부한 법관은 체포·구속적부심사의 심문·조사·결정에 관여할 수 없다.
② 구속적부심문조서는 특히 신용할 만한 정황에 의하여 작성된 문서라고 할 것이므로 특별한 사정이 없는 한, 피고인이 증거로 함에 부동의하더라도 당연히 증거능력이 인정된다.
③ 구속적부심사청구에 대한 결정은 구속된 피의자에 대한 심문이 종료된 때로부터 24시간 이내에 하여야 한다.
④ 체포·구속적부심사에 관한 결정과 보증금납입을 조건으로 하는 피의자석방결정에 대하여는 항고하지 못한다.

31. 다음 중 보석에 대한 설명으로 옳지 <u>않은</u> 것은? (다툼이 있는 경우 판례에 의함)

① 법원은 특별한 사정이 없는 한 보석청구를 받은 날부터 7일 이내에 그에 관한 결정을 하여야 한다.
② 피고인이 보석조건을 위반한 경우 과태료 또는 감치의 제재결정을 내릴 수 있으며, 이 제재결정에 대해서는 즉시항고를 할 수 있다.
③ 「형사소송법」 제415조가 고등법원의 결정에 대한 재항고를 즉시항고로 규정하고 있다고 하여 고등법원의 보석취소결정에 대한 재항고도 당연히 즉시항고가 가지는 집행정지의 효력이 인정된다 볼 수 없다.
④ 보증금 몰수사건은 지방법원 단독판사의 관할이지만 소송절차 계속 중에 보석허가결정이나 그 취소결정을 본안 관할법원인 제1심 합의부가 한 경우 당해 합의부가 사물관할을 갖는다.

32. 구속에 관한 다음 설명 중 옳은 것은? (다툼이 있는 경우 판례에 의함)

① 법원이 사전에 「형사소송법」 제72조에 따른 절차를 거치지 아니한 채 피고인에 대하여 구속영장을 발부한 경우, 그 발부결정은 위법하다.
② 「형사소송법」 제72조에서 정한 절차적 권리가 실질적으로 보장되었다 하더라도, 해당 절차의 전부 또는 일부를 거치지 아니한 채 구속영장을 발부한 경우, 그 발부결정은 위법하다.
③ 피고인을 구속한 때에는 피고인에게 즉시 공소사실의 요지와 변호인을 선임할 수 있음을 알려야 하는바, 이를 위반한 경우 구속영장의 효력은 상실된다.
④ 법원이 구속피고인에 대하여 집행유예의 판결을 선고하는 경우 구속영장의 효력이 지속되므로 판결의 확정 전까지 피고인을 석방할 수 없다.

33. 피내사자와 피의자에 관한 설명 중 옳지 않은 것은? (다툼이 있는 경우 판례에 의함)

① 진정에 기하여 이루어진 내사사건의 종결처분은 수사기관의 내부적 사건처리방식에 지나지 않으므로 진정인 등은 내사사건의 종결처분에 대하여 재정신청과 헌법소원을 제기할 수 있다.

② 검사 또는 사법경찰관이 피혐의자의 수사기관 출석조사에 착수한 때에는 수사를 개시한 것으로 본다. 이 경우 검사 또는 사법경찰관은 해당 사건을 즉시 입건해야 한다.

③ 변호인과의 접견교통권은 피내사자의 인권보장과 방어준비를 위해 필수 불가결한 권리이므로 임의동행의 형식으로 연행된 피내사자에 대해서도 접견교통권은 인정된다.

④ 검사는 통신제한조치의 요건이 구비된 경우에 법원에 대하여 피의자뿐만 아니라 피내사자를 대상으로 한 통신제한조치를 허가하여 줄 것을 청구할 수 있다.

34. 개정된 「통신비밀보호법」에 대한 사안 중 옳지 않은 것은?

① 사법경찰관은 인터넷 회선을 통하여 송신·수신하는 전기통신을 대상으로 제6조 또는 제8조(제5조 제1항의 요건에 해당하는 사람에 대한 긴급통신제한조치에 한정한다)에 따른 통신제한조치를 집행한 경우 그 전기통신의 보관등을 하고자 하는 때에는 집행종료일부터 14일 이내에 보관등이 필요한 전기통신을 선별하여 검사에게 보관등의 승인을 신청하고, 검사는 신청일부터 7일 이내에 통신제한조치를 허가한 법원에 그 승인을 청구할 수 있다.

② 검사 또는 사법경찰관은 보관승인청구나 신청을 하지 아니하는 경우에는 집행종료일부터 14일(검사가 사법경찰관의 신청을 기각한 경우에는 그 날부터 7일) 이내에 통신제한조치로 취득한 전기통신을 폐기하여야 한다.

③ 실시간 추적자료 및 특정기지국에 대한 자료가 필요한 경우에는 통신사실확인자료 열람이나 제출을 요청하거나 통신제한조치를 요청할 수 있다.

④ 검사 또는 사법경찰관은 통신제한조치로 취득한 전기통신을 폐기한 때에는 폐기의 이유와 범위 및 일시 등을 기재한 폐기결과보고서를 작성하여 피의자의 수사기록 또는 피내사자의 내사사건기록에 첨부하고, 폐기일부터 7일 이내에 통신제한조치를 허가한 법원에 송부하여야 한다.

35. 당사자의 증거동의에 관한 다음 설명 중 가장 적절한 것은? (다툼이 있는 경우 판례에 의함)

① 재전문증거와 증언한 증인에 대한 번복 '진술조서', 번복 '진술서', 번복 '피의자신문조서'는 동의의 대상이 될 수 없다.

② 전문서류에 대하여 "공판정 진술과 배치되는 부분 부동의"라는 식의 의사표시는 원칙적으로 특정부분에 대하여 증거로 함에 동의하지 않는다는 취지로 해석하여야 한다.

③ 피고인의 출정 없이 증거조사를 할 수 있는 경우에 피고인이 출정하지 아니한 때에는 동의가 있는 것으로 간주한다. 단, 대리인 또는 변호인이 출정한 때에는 예외로 한다.

④ 간이공판절차의 결정이 있는 사건의 증거에 관하여는 피고인이 이의가 있는 때에도 동의가 있는 것으로 간주한다.

36. 증거능력 또는 증명력 판단에 대한 다음 기술 중 옳지 않은 것은? (다툼이 있는 경우 판례에 의함)

① 보험사기 사건에서 건강보험심사평가원이 수사기관의 의뢰에 따라 그 보내온 자료를 토대로 입원진료의 적정성에 대한 의견을 제시하는 내용의 '건강보험심사평가원의 입원진료 적정성 여부 등 검토의뢰에 대한 회신'은 「형사소송법」 제315조 제3호의 '기타 특히 신용할 만한 정황에 의하여 작성된 문서'에 해당하지 않는다.

② 강간죄에서 공소사실을 인정할 증거로 사실상 피해자의 진술이 유일한 경우에 피고인의 진술이 경험칙상 합리성이 없고 그 자체로 모순되어 믿을 수 없다면 그것이 공소사실을 인정하는 직접증거가 될 수 없으며, 이러한 사정은 피해자 진술의 신빙성을 뒷받침하거나 직접증거인 피해자 진술과 결합하여 공소사실을 뒷받침하는 간접정황이 될 수도 없다.

③ 피고인의 변소가 불합리하여 거짓말 같다고 하여도 그것 때문에 피고인을 불리하게 할 수 없다. 범죄사실의 증명은 법관으로 하여금 합리적인 의심의 여지가 없을 정도로 고도의 개연성을 인정할 수 있는 심증을 갖게 하여야 한다. 이러한 정도의 심증을 형성하는 증거가 없다면 설령 피고인에게 유죄의 의심이 간다 하더라도 피고인의 이익으로 판단하여야 한다.

④ 성폭행 등의 피해를 입었다는 신고사실에 관하여 불기소처분 내지 무죄판결이 내려졌다고 하여, 그 자체를 무고를 하였다는 적극적인 근거로 삼아 신고내용을 허위라고 단정하여서는 아니 된다.

37. 피고인 甲은 피고인 乙로부터 뇌물을 수수하였다는 공소사실로, 피고인 乙은 피고인 甲에게 뇌물을 공여하였다는 공소사실로 기소되어 공동피고인으로 재판을 받고 있다. 법정에서 甲은 공소사실을 부인하였으나 乙은 공소사실을 자백하였다. 이에 관한 설명 중 옳지 않은 것은? (다만, 조서는 모두 적법한 절차와 방식에 따라 작성되었고, 임의성과 특신상태가 인정됨을 전제로 하며, 다툼이 있는 경우 판례에 의함)

① 甲이 사법경찰관 작성의 乙에 대한 피의자신문조서에 대하여 내용을 부인하면, 乙이 법정에서 그 조서에 대하여 진정성립을 인정하고 甲이 乙을 반대신문하였더라도 그 피의자신문조서는 甲의 공소사실에 대한 증거로 사용할 수 없다.

② 乙이 피고인신문에서 甲에게 뇌물공여사실을 자백한 진술은 甲의 乙에 대한 반대신문권이 보장되어 있어 甲의 공소사실에 대한 증거로 쓸 수 있지만 乙이 기억에 반하는 허위의 진술을 하더라도 위증죄가 성립하지 않는다.

③ 乙이 자신의 사업과 관련하여 그때그때의 수입과 지출을 기재해 놓은 금전출납부가 적법하게 압수되어 증거로 제출된 경우, 그 금전출납부에 甲에 대한 뇌물공여로 지출된 금액의 기재가 있는 경우에 이는 乙의 자백에 대한 보강증거가 될 수 있다.

④ 甲이 법정에서 乙로부터 뇌물을 수수한 사실을 부인하면서 공소사실 기재 일시경에 乙을 만났던 사실과 공무에 관한 청탁을 받은 사실만을 시인하였다면 이것만으로는 乙의 자백에 대한 보강증거가 될 수 없다.

38. 다음 중 「형사소송법」 제315조 제1호가 적용되어 당연히 증거능력이 인정되는 서류가 아닌 것은 몇 개인가?

> ㉠ 청와대 경제수석비서관이 사무처리의 편의를 위하여 자신이 경험한 사실 등을 기재한 업무수첩
> ㉡ 신원증명서
> ㉢ 사법경찰관 작성의 현행범인체포보고서
> ㉣ 인감증명
> ㉤ 주민등록등본 또는 초본
> ㉥ 의사가 작성한 진료기록부
> ㉦ 경찰공무원작성 전과조회서
> ㉧ 정기간행물의 시장가격표
> ㉨ 항해일지

① 2개   ② 3개   ③ 4개   ④ 5개

39. 다음 중 「형사소송법」 제314조에서 규정한 '진술을 요하는 자가 사망·질병·외국거주·소재불명, 그 밖에 이에 준하는 사유로 인하여 진술할 수 없는 때'에 해당하는 것은? (다툼이 있으면 판례에 의함)

① 증인에 대한 소재탐지촉탁을 하여 소재수사를 하였으나 그 소재를 확인할 수 없었는데, 진술조서에 기재된 증인의 전화번호로 연락하여 보지 아니하는 등 증인의 법정 출석을 위한 가능하고도 충분한 노력을 다하지 않은 경우

② 증인이 「형사소송법」에서 정한 바에 따라 정당하게 증언거부권을 행사하여 증언을 거부한 경우

③ 피고인이 증거서류의 진정성립을 묻는 검사의 질문에 대하여 진술거부권을 행사하여 진술을 거부한 경우

④ 수사기관에서 진술한 피해자인 유아가 공판정에서 진술을 하였으나 증인신문 당시 대부분의 사항에 관하여 기억이 나지 않는다는 취지로 진술하여 수사기관에서 행한 진술이 재현 불가능하게 된 경우

40. 다음 중 전문법칙에 대한 설명으로 옳은 것은? (다툼이 있는 경우 판례에 의함)

① 「형사소송법」은 전문진술에 대하여 제316조에서 실질상 단순한 전문의 형태를 취하는 경우에 한하여 예외적으로 그 증거능력을 인정하는 규정을 두고 있을 뿐, 재전문진술이나 재전문진술을 기재한 조서에 대하여는 달리 그 증거능력을 인정하는 규정을 두고 있지 아니하고 있으므로, 피고인이 증거로 하는데 동의하지 아니하는 한 「형사소송법」 제310조의2의 규정에 의하여 이를 증거로 할 수 없다.

② 사인(私人)이 피고인 아닌 자의 진술을 녹음한 녹음테이프에 대하여 법원이 실시한 검증의 내용이 녹음테이프에 녹음된 대화내용이 검증조서에 첨부된 녹취서에 기재된 내용과 같다는 것에 불과한 경우, 그 검증조서는 「형사소송법」 제311조의 '법원의 검증의 결과를 기재한 조서'에 해당하여 그 조서 중 위 진술내용은 위 제311조에 의하여 증거능력이 인정된다.

③ "甲이 도둑질 하는 것을 보았다."라는 乙의 발언사실을 A가 법정에서 증언하는 경우, 乙의 명예훼손사건에 대한 전문증거로서 전문법칙이 적용된다.

④ 의사가 작성한 진단서는 업무상 필요에 의하여 순차적, 계속적으로 작성되는 것이고 그 작성이 특히 신빙할 만한 정황에 의하여 작성된 문서이므로 당연히 증거능력이 인정되는 서류라고 할 수 있다.

간절히 원하는 사람은 결코 핑계를 찾지 않고
반드시 방도를 찾습니다.

– 조정민, 『인생은 선물이다』, 두란노

2022년 제2차 경찰공무원(순경) 채용 필기시험

-일반공채(101경비단 포함), 경찰행정학과 경채-

제4회

【형사법】 ———————————— 54

응시자 유의사항

응시자는 반드시 응시표에 기재된 과목 순서에 맞춰 답안을 표기하여야 하며, 과목 순서대로 채점되므로 유의하시길 바랍니다.

※시험이 시작되기 전까지 표지를 넘기지 마십시오.

1초 합격예측! 모바일 성적분석표

1. QR코드를 스캔하여 모바일 OMR 답안지에 정답을 입력합니다.
2. 답안 제출 시 자동으로 채점이 완료됩니다.
3. 자동측정된 풀이시간과 채점결과 및 성적분석표를 확인하세요.

1. 죄형법정주의에 대한 내용으로 옳지 <u>않은</u> 것은? (다툼이 있는 경우 판례에 의함)

① 경찰공무원인 피고인이 사무실에서 형사사법정보시스템(KICS)에 접속하여 자신의 채무자 지명수배 여부 등을 조회하는 등 이용 범위를 초과하여 개인정보를 이용하였다는 공소사실로 기소된 사안에서, 피고인이 이용한 개인정보의 개인정보처리자는 경찰청으로서 법인격 없는 '중앙행정기관 또는 그 소속기관'에 해당한다고 할 것이므로, 피고인이 소속된 위 공공기관은 양벌규정에 의하여 처벌되는 개인정보처리자에 포함된다고 볼 수 없다.

② 노역장유치는 그 실질이 신체의 자유를 박탈하는 것으로서 징역형과 유사한 형벌적 성격을 가지고 있으므로 형벌불소급원칙의 적용대상이 된다.

③ '전파발신기를 부착한 사냥개와 전파수신기, 수렵용 칼'은 야생동물을 포획하는 데 사용된 도구일 뿐이지, 덫, 창애, 올무와 유사한 방법으로 야생동물을 포획할 용도로 만들어진 도구라고 보기 어렵다.

④ 보안감사에 대비하여 자신의 아파트로 반출함으로써 적법한 절차에 의하지 않은 방법으로 군사기밀을 탐지·수집하였다고 하여 「군사기밀 보호법」 위반으로 기소된 사안에서, 피고인이 업무상 필요에 따라 출력물 또는 사본을 계속 보관하거나 반출한 행위는 동법 제11조의 탐지·수집에 해당한다.

2. 인과관계에 관한 설명 중 옳지 <u>않은</u> 것은? (다툼이 있는 경우 판례에 의함)

① 피고인이 자동차를 운전하다 횡단보도를 걷던 보행자 甲을 들이받아 그 충격으로 甲과 함께 가던 乙이 甲에 의해 밀려 넘어져 상해를 입은 경우, 피고인의 행위와 乙의 상해 사이에는 인과관계가 인정된다.

② 탄광덕대인 甲이 화약류취급책임자 면허가 없는 乙에게 화약고 열쇠를 맡기었던 바, 乙이 경찰관의 화약고검열에 대비하여 임의로 화약고에서 폭약 등을 꺼내어 이를 근로자 숙소 아궁이에 감추었고, 이 사실을 모르는 丙이 위 아궁이에 불을 때다가 위 폭발물에 인화되어 폭발위력으로 사람을 사상에 이르게 하였다. 甲이 열쇠를 보관시키고 화약류를 취급하도록 한 행위와 위 사고발생 간에는 인과관계가 있다고 할 수 없다.

③ 의사인 피고인의 수술 후 복막염에 대한 진단과 처치 지연 등의 과실로 피해자가 제때 필요한 조치를 받지 못하였다면 비록 피해자가 피고인의 지시를 일부 따르지 않거나 퇴원한 적이 있더라도, 그러한 사정만으로는 의사인 피고인의 과실과 피해자의 사망 사이에 인과관계가 단절된다고 볼 수 없다.

④ 甲은 乙의 임신 사실을 알고 수회에 걸쳐 낙태를 권유하였다가 거절당하였음에도 계속 乙에게 "출산 여부는 알아서 하되 아이에 대한 친권을 행사할 의사가 없다."라고 하면서 낙태할 병원을 물색해 주기도 하였다. 그 후 乙이 甲에게 알리지 않고 자신이 알아본 병원에서 낙태시술을 받았다면 甲의 낙태교사행위와 乙의 낙태행위 사이에는 인과관계가 인정되지 않는다.

3. 다음 기술 중 옳은 것을 모두 고른 것은? (다툼이 있는 경우 판례에 의함)

㉠ 피고인이 범죄구성요건의 주관적 요소인 고의를 부인하는 경우, 그 범의 자체를 객관적으로 증명할 수는 없으므로 사물의 성질상 범의와 관련성이 있는 간접사실 또는 정황사실을 증명하는 방법으로 이를 증명할 수밖에 없다.

㉡ 미필적 고의는 범죄사실의 발생 가능성에 대한 인식이 있고 나아가 범죄사실이 발생할 위험을 용인하는 내심의 의사가 있어야 한다. 행위자가 범죄사실이 발생할 가능성을 용인하고 있었는지 여부는 행위자의 진술에 의존하지 않고 외부에 나타난 행위의 형태와 행위의 상황 등 구체적인 사정을 기초로 일반인이라면 해당 범죄사실이 발생할 가능성을 어떻게 평가할 것인지를 고려하면서 평균인의 입장에서 그 심리상태를 추인하여야 한다.

㉢ 공동정범이 성립하기 위해서는 주관적 요건으로서 공동가공의 의사와 객관적 요건으로서 공동의사에 기한 기능적 행위지배를 통한 범죄의 실행사실이 필요하고, 공동가공의 의사는 공동의 의사로 특정한 범죄행위를 하기 위하여 일체가 되어 서로 다른 사람의 행위를 이용하여 자기의 의사를 실행에 옮기는 것을 내용으로 하는 것이어야 한다.

㉣ 부진정 부작위범의 고의는 법익침해의 결과발생을 방지할 법적 작위의무를 가지고 있는 사람이 의무를 이행함으로써 결과발생을 쉽게 방지할 수 있었음을 예견하고도 결과발생을 용인하고 이를 방관한 채 의무를 이행하지 아니한다는 인식을 하면 족하다.

① ㉠㉡㉢　　② ㉠㉡㉣　　③ ㉠㉢㉣　　④ ㉡㉢㉣

4. 정범과 공범에 관한 설명 중 옳은 것은? (다툼이 있는 경우 판례에 의함)

① 甲이 존재하지 않는 약정이자에 관한 내용을 부가하여 위조한 乙 명의 차용증을 바탕으로 乙에 대한 차용금채권을 丙에게 양도하고, 이러한 사정을 모르는 丙으로 하여금 乙을 상대로 양수금 청구소송을 제기하게 한 경우 甲의 행위는 丙을 도구로 이용한 간접정범 형태의 소송사기죄를 구성한다.

② 강도의 범행을 모의하고 범행의 실행에는 가담하지 않은 甲이 다른 공모자들이 강취해 온 장물의 처분을 알선하였다면 甲에게 장물알선죄가 성립한다.

③ 변호사 사무실 직원인 피고인 甲이 법원공무원인 피고인 乙에게 부탁하여, 수사 중인 사건의 체포영장 발부자 53명의 명단을 누설받은 사안에서, 피고인 乙이 직무상 비밀을 누설한 행위와 피고인 甲이 이를 누설받은 행위에는 공범에 관한 「형법」총칙 규정이 적용될 수 있으며, 피고인 甲의 행위는 공무상비밀누설교사죄에 해당한다.

④ 매도·매수와 같이 2인 이상의 서로 대향된 행위의 존재를 필요로 하는 필요적 공범에 있어서 그 내부자 사이에 처벌규정이 없는 자에게는 처벌규정이 있는 자의 공범이나 방조범에 관한 「형법」총칙의 규정이 적용될 수 있다.

5. 다음 설명 중 옳지 않은 것은? (다툼이 있는 경우 판례에 의함)

① 정범으로부터 대가를 받고 판매할 마약을 공급하는 방법으로 위 범행을 용이하게 한 방조범은 정범의 위 범죄행위로 인한 수익을 정범과 공동으로 취득하였다고 평가할 수 없다 하더라도 향정신성 의약품위반의 징벌적 몰수·추징 규정에 의하여 정범과 같이 추징할 수 있고 그 방조범으로부터는 방조행위로 얻은 재산 등에 한하여 몰수, 추징하다고 보아야 하는 것은 아니다.

② 특수강도의 범행을 모의하였으나 범행의 실행에 가담하지 아니하고, 공모자들이 강취해 온 장물의 처분을 알선만 한 경우에도 특수강도의 공동정범이 성립할 수 있다.

③ 강제추행에 관한 간접정범의 의사를 실현하는 도구로서의 타인에는 피해자도 포함될 수 있으므로, 피해자를 도구로 삼아 피해자의 신체를 이용하여 추행행위를 한 경우에도 강제추행죄의 간접정범에 해당할 수 있다.

④ 공동정범은 공동가공의 의사와 그 공동의사에 의한 기능적 행위지배를 통한 범죄 실행이라는 주관적·객관적 요건을 충족하면 성립하므로, 공모자 중 구성요건행위를 직접 분담하여 실행하지 않은 사람도 위 요건의 충족 여부에 따라 이른바 공모공동정범으로서의 죄책을 질 수 있다.

6. 공범에 관한 설명 중 옳은 것은 모두 몇 개인가? (다툼이 있는 경우 판례에 의함)

> ㉠ 은행원의 배임행위에 비은행원이 공동정범으로 가공한 경우, 은행원과 비은행원에 대해서는 업무상배임죄의 공동정범이 성립하고 비은행원은 「형법」 제33조 단서에 의하여 단순배임죄의 형으로 처벌된다.
>
> ㉡ 간접정범의 의사를 실현하는 도구로서의 타인에는 피해자가 포함될 수 없으므로, 피해자를 도구로 삼아 피해자의 신체를 이용하여 추행행위를 한 경우 강제추행죄의 간접정범에 해당할 수 없다.
>
> ㉢ 포괄일죄의 범행 도중에 공동정범으로 범행에 가담한 자가 그 범행에 가담할 때에 이미 이루어진 종전의 범행을 알았다면, 공모공동정범의 이론에 따라 가담자도 포괄일죄의 모든 범행에 대해서 공동정범으로 책임을 진다.
>
> ㉣ 「형법」 제31조 제1항은 협의의 공범인 교사범이 그 성립과 처벌에 있어서 정범에 종속한다는 일반적인 원칙을 선언한 것에 불과하고, 신분관계로 인하여 형이 가중되는 경우에 신분 있는 자가 신분 없는 자를 교사하여 죄를 범하게 한 때에는 「형법」 제33조 단서가 「형법」 제31조 제1항에 우선하여 적용됨으로써 신분이 있는 교사범은 신분이 없는 정범보다 중하게 처벌된다.

① 없음   ② 1개   ③ 2개   ④ 3개

7. 주관적 정당화요소에 대한 설명 중 옳지 않은 것은?

① 주관적 정당화요소 필요설에 의하면 우연방위는 위법성이 조각되지 않는다.

② 위법성의 실질을 결과반가치만으로 파악하는 견해에 따르면, 주관적 정당화요소가 결여된 경우에도 객관적 정당화상황이 존재하면 위법성이 조각될 수 있다.

③ 위법성의 실질을 결과반가치로만 파악하는 견해에 대해서는, 고의범에 있어서 기수와 미수를 동일하게 취급하게 되어 부당하다는 비판이 제기된다.

④ 일원적 인적불법론에 의하면 구성요건적 행위는 주관적 정당화요소가 있는 경우에만 행위반가치가 탈락하여 정당화될 수 있다.

8. 다음 사례에 관한 기술로서 옳지 않은 것은? (다툼이 있는 경우 판례에 의함)

> 甲은 가구대리점을 운영하는 A에게 가구를 팔았는데 A가 대금을 갚지 않고 부도를 낸 후 도피하자 자신의 물품대금 채권을 다른 채권자들보다 우선적으로 확보할 목적으로 A가 부도를 낸 다음날 새벽에 A의 승낙을 받지 아니한 채 A의 가구점의 시정장치를 쇠톱으로 절단하고 침입하여 시가 1천만원 상당의 가구들을 화물차에 싣고 갔다.

① 甲이 A의 가구점에 들어가 가구들을 가져갔더라도 그것은 자신의 채권을 확보하기 위한 행위이므로 불법영득의사가 없어서 절도죄는 성립하지 아니하고 주거침입죄만 성립한다.

② A가 부도를 낸 후 도피하였고 다른 채권자들이 채권확보를 위하여 A의 물건들을 취거해 갈 수도 있다는 사정만으로는 甲이 법정절차에 의하여 자신의 A에 대한 청구권을 보전하는 것이 불가능한 경우에 해당한다고 볼 수 없다.

③ A 소유의 가구점의 시정장치를 쇠톱으로 절단하고 들어가 가구들을 무단으로 취거한 행위가 甲의 A에 대한 청구권의 실행불능이나 현저한 실행곤란을 피하기 위한 상당한 이유가 있는 행위라고 할 수 없다.

④ 甲의 행위는 자구행위나 과잉자구행위에 해당하지 않는다.

9. 정당행위에 대한 다음 설명 중 옳지 <u>않은</u> 것으로만 짝지어 놓은 것은? (다툼이 있는 경우 판례에 의함)

> ㉠ 사용자는 쟁의행위 기간 중 그 쟁의행위로 중단된 업무의 수행을 위하여 당해 사업과 관계없는 자를 채용 또는 대체할 수 없다(「노동조합 및 노동관계조정법」 제43조 제1항). 사용자가 당해 사업과 관계없는 자를 쟁의행위로 중단된 업무의 수행을 위하여 채용 또는 대체하는 경우, 쟁의행위에 참가한 근로자들이 위법한 대체근로를 저지하기 위하여 상당한 정도의 실력을 행사하는 것은 쟁의행위가 실효를 거둘 수 있도록 하기 위하여 마련된 위 규정의 취지에 비추어 정당행위로서 위법성이 조각된다.
> ㉡ 甲 노조가 대학 당국이 집회를 허가하지 않았지만 학생회가 동의하였으므로 위법하지 않다고 생각하고 집회를 목적으로 대학 내 학생회관에 들어간 경우 정당행위로서 위법성이 조각된다.
> ㉢ 甲 주식회사 임원인 乙이 회사 직원들 및 그 가족들에게 수여할 목적으로 전문의약품인 타미플루 39,600정 등을 제약회사로부터 매수하여 취득한 행위는 사회상규에 위배되지 아니하는 정당행위로서 위법성이 조각된다.
> ㉣ 회사간부인 甲이 회사의 이익을 빼돌린다는 소문을 확인할 목적으로, 피해자가 사용하면서 비밀번호를 설정하여 비밀장치를 한 전자기록인 개인용 컴퓨터의 하드디스크를 검색한 것은 정당행위로 위법성이 조각된다.

① ㉠㉡　　② ㉠㉣　　③ ㉡㉢　　④ ㉢㉣

10. 원인에 있어 자유로운 행위에 대한 설명으로 가장 옳은 것은? (다툼이 있는 경우 판례에 의함)

① 자의로 심신장애를 야기하였다면 언제나 원인에 있어 자유로운 행위에 해당한다.
② 원인행위를 실행의 착수로 인정할 경우 행위와 책임의 동시존재의 원칙이 유지된다.
③ 원인에 있어 자유로운 행위에 관한 「형법」 제10조 제3항은 위험의 발생을 예견할 수 있었는데도 자의로 심신장애를 야기한 경우에는 적용되지 않는다.
④ 원인에 있어 자유로운 행위는 「형법」상 책임무능력자의 행위와 동일하게 취급된다.

11. 실행의 착수에 관한 설명 중 옳지 <u>않은</u> 것은? (다툼이 있는 경우 판례에 의함)

① 필로폰을 매수하려는 자에게서 필로폰을 구해 달라는 부탁과 함께 돈을 지급받은 경우 당시 필로폰을 소지 또는 입수한 상태에 있었거나 그것이 가능하였다는 등 매매행위에 근접밀착한 상태에서 대금을 지급받은 것이 아니라도 「마약류관리에 관한 법률」 위반(향정신성 의약품)죄의 필로폰 매매행위의 실행에 착수하였다고 볼 수 있다.
② 피고인이 피해자 甲을 추행하기 위하여 뒤따라가다가 외진 곳에서 가까이 접근하여 껴안으려 하였으나, 甲이 뒤돌아보면서 소리치자 그 상태로 몇 초 동안 쳐다보다가 다시 오던 길로 되돌아간 경우, 피고인의 팔이 甲의 몸에 닿지 않았지만 양팔을 높이 들어 갑자기 뒤에서 껴안으려고 하는 것만으로도 강제추행죄의 실행의 착수가 있다고 볼 수 있다.
③ 절도의 의도로 대낮에 아파트 출입문 시정장치를 손괴하다가 발각되어 도주한 경우 절도 미수가 인정되지 않는다.
④ 사기도박에서 사기적인 방법으로 도금을 편취하려고 하는 자가 상대방에게 도박에 참가할 것을 권유하는 등 기망행위를 개시한 때에 사기죄의 실행의 착수가 있는 것으로 보아야 하고, 그 후에 사기도박을 숨기기 위하여 정상적인 도박을 하였더라도 이는 사기죄의 실행행위에 포함된다.

12. 실행의 착수에 관한 판례의 입장과 부합하지 <u>않는</u> 것은?

① 피고인이 피담보채권인 공사대금 채권을 실제와 달리 허위로 크게 부풀려 유치권에 의한 경매를 신청한 행위는 불능범에 해당하고, 소송사기죄의 실행의 착수에 해당한다고 할 수 없다.
② 「부정경쟁방지 및 영업비밀보호에 관한 법률」 제18조 제2항에서 정하고 있는 영업비밀부정사용죄에 있어서는, 행위자가 당해 영업비밀과 관계된 영업활동에 이용 혹은 활용할 의사 아래 그 영업활동에 근접한 시기에 영업비밀을 열람하는 행위(영업비밀이 전자파일의 형태인 경우에는 저장의 단계를 넘어서 해당 전자파일을 실행하는 행위)를 하였다면 그 실행의 착수가 있다.
③ 은행강도 범행으로 강취할 돈을 송금받을 계좌를 개설한 것만으로는 범죄수익 등의 은닉에 관한 죄의 실행에 착수한 것으로 볼 수 없다.
④ 허위의 채권을 기초로 하여 소의 제기 없이 가압류신청을 한 것만으로는 사기죄의 실행에 착수한 것이라고 할 수 없다.

13. 죄수에 관한 다음 설명 중 옳은 것(○)과 틀린 것(×)을 올바르게 조합한 것은? (다툼이 있는 경우 판례에 의함)

> ㉠ 사업자들이 부당한 공동행위의 기본적 원칙에 관한 합의를 하고 이를 실행하는 과정에서 수차례의 합의를 계속하여 온 경우 그와 같은 일련의 합의는 별개의 부당한 공동행위로 봄이 타당하다.
> ㉡ 상습성이 있는 자가 같은 종류의 죄를 반복하여 저질렀다 하더라도 상습범을 별도의 범죄유형으로 처벌하는 규정이 없는 한, 각 죄는 원칙적으로 별개의 범죄로서 경합범으로 처단하여야 한다.
> ㉢ 변호사가 아니면서 금품·향응 또는 그 밖의 이익을 받거나 받을 것을 약속하고 또는 제3자에게 이를 공여하게 하거나 공여하게 할 것을 약속하고 법률사건에 관하여 감정·대리·중재·화해·청탁·법률상담 또는 법률 관계 문서 작성, 그 밖의 법률사무를 취급하거나 이러한 행위를 알선하는 「변호사법」 제109조 제1호 위반행위는 영업범으로 포괄일죄가 성립한다.
> ㉣ 피고인이 여관에서 종업원을 칼로 찔러 상해를 가하고 객실로 끌고 들어가는 등 폭행·협박을 하고 있던 중, 마침 다른 방에서 나오던 여관의 주인도 같은 방에 밀어 넣은 후, 주인으로부터 금품을 강취하고 1층 안내실에서 종업원 소유의 현금을 꺼내 갔다면, 여관종업원과 주인에 대한 각 강도행위는 실체적 경합범의 관계에 있다.

① ㉠(○) ㉡(×) ㉢(×) ㉣(○)
② ㉠(○) ㉡(○) ㉢(○) ㉣(×)
③ ㉠(×) ㉡(○) ㉢(×) ㉣(○)
④ ㉠(×) ㉡(○) ㉢(×) ㉣(×)

14. 형벌에 관한 다음 설명 중 옳은 것(○)과 틀린 것(×)을 올바르게 조합한 것은? (다툼이 있는 경우 판례에 의함)

> ㉠ 「형법」 제37조 후단 경합범에 대하여 「형법」 제39조 제1항에 의하여 형을 감경할 때에도 법률상 감경에 관한 「형법」 제55조 제1항이 적용되어 유기징역을 감경할 때에는 그 형기의 2분의 1 미만으로는 감경할 수 없다.
> ㉡ 집행유예기간의 시기(始期)에 관하여 「형법」에 명문의 규정을 두고 있지 않으므로 법원은 그 시기를 판결확정일 이후의 시점으로 임의로 선택할 수 있다.
> ㉢ 형의 집행을 유예하면서 피고인에게 유죄로 인정된 범죄행위를 뉘우치거나 그 범죄행위를 공개하는 취지의 말이나 글을 발표하도록 하는 내용의 사회봉사명령은 위법하지 아니하다.
> ㉣ 집행유예기간 중에 범한 범죄인 경우 집행유예가 실효 취소됨이 없이 그 유예기간이 경과한 경우라도 이에 대해 다시 집행유예를 선고할 수 없다.
> ㉤ 「형법」은 '벌금을 감경할 때에는 그 다액의 2분의 1로 한다'고 규정하고 있으므로 죄형법정주의 원칙상 벌금형의 하한은 감경할 수 없다.

① ㉠(○) ㉡(×) ㉢(×) ㉣(×) ㉤(○)
② ㉠(×) ㉡(○) ㉢(○) ㉣(○) ㉤(×)
③ ㉠(○) ㉡(×) ㉢(×) ㉣(×) ㉤(×)
④ ㉠(○) ㉡(×) ㉢(○) ㉣(×) ㉤(○)

15. 사기죄에 관한 설명으로 옳은 것은? (다툼이 있는 경우 판례에 의함)

① 甲이 A에게 길흉화복에 관한 어떠한 결과를 약속하고 기도비 등의 명목으로 대가를 교부받은 경우 그것이 전통적인 관습 또는 종교행위로서 허용될 수 있는 한계를 벗어났더라도 A가 甲의 기도를 통하여 정신적인 위안을 얻었더라면 사기죄가 성립하지 아니한다.

② 부동산가압류결정을 받아 부동산에 관한 가압류집행까지 마친 자가 그 가압류를 해제하면 소유자는 가압류의 부담이 없는 부동산을 소유하는 이익을 얻게 되므로, 가압류를 해제하는 것 역시 사기죄에 말하는 재산적 처분행위에 해당하나, 그 이후 가압류의 피보전채권이 존재하지 않는 것으로 밝혀진 경우 가압류의 해제로 인한 재산상의 이익은 없었다고 할 것이다.

③ 법원을 기망하여 제3자로부터 재물을 편취한 경우 재물을 편취당한 제3자가 피해자이므로 제3자와 사기죄를 범한 자가 직계혈족의 관계에 있을 때에는 친족상도례 규정을 적용하여 형을 면제하여야 한다.

④ 사기죄의 피해자가 법인이나 단체인 경우 기망행위의 유무는 최종 의사결정권자 또는 내부적인 권한 위임 등에 따라 실질적으로 법인의 의사를 결정하고 처분을 할 권한을 가지고 있는 사람이 아니라 결정된 의사를 집행하는 사람을 기준으로 판단하여야 한다.

16. 장물죄에 관한 설명으로 옳지 <u>않은</u> 것은? (다툼이 있는 경우 판례에 의함)

① 절도 범인으로부터 장물보관 의뢰를 받은 자가 그 정을 알면서 이를 인도받아 보관하고 있다가 임의 처분한 경우 횡령죄가 성립하지 아니하고 장물보관죄가 성립한다.

② 본범이 횡령죄나 강도죄 등 구체적으로 어느 종류의 재산범죄의 구성요건에 해당하는지 알고 있어야 장물취득죄가 성립한다.

③ 양도담보로 제공한 물건을 다시 다른 사람에게 양도한 경우 그 물건은 장물에 해당하지 않는다.

④ 컴퓨터 등 사용사기죄의 범행을 통하여 자기계좌로 이체한 금전을 자기의 현금카드를 사용하여 현금자동지급기에서 인출한 현금은 장물이 아니다.

17. 친족상도례에 관한 다음 설명 중 옳은 것(○)과 옳지 않은 것 (×)을 올바르게 조합한 것은? (다툼이 있는 경우 판례에 의함)

> ㉠ 甲과 甲의 처 乙은 乙 명의로 등록된 자동차를 甲이 소유하기로 약정하였다. 그 후 乙은 자동차매매업자를 통하여 A에게 자동차를 매도하였고 A는 자동차매매업자에게 매매대금을 모두 지급하고 자동차를 인도받아 노상에 주차해 두었는데 자동차 매매 사실을 알고 있었던 甲은 A가 주차해 둔 자동차를 발견하고 임의로 운전하여 가버렸다. 이 경우 甲에게 절도죄가 성립하지만 소유자인 乙과 친족관계에 있으므로 친족상도례규정이 적용되어 형을 면제하여야 한다.
>
> ㉡ 법원을 기망하여 제3자로부터 재물을 편취한 경우에 피기망자인 법원은 피해자가 될 수 없고 재물을 편취당한 제3자가 피해자라고 할 것이므로 피해자인 제3자와 사기죄를 범한 자가 직계혈족의 관계에 있을 때에는 그 범인에 대하여는 「형법」 제354조에 의하여 준용되는 「형법」 제328조 제1항에 의하여 그 형을 면제하여야 할 것이다.
>
> ㉢ 강도죄와 강제집행면탈죄를 제외한 모든 재산범죄와 그 미수범에 대해서 「형법」 제328조(친족간의 범행과 고소)가 준용된다.
>
> ㉣ 특수절도죄를 범한 범인 중 1인이 친족상도례에 해당되어 형의 면제를 받게 되면 친족관계가 없는 다른 공범도 형의 면제를 받게 된다.
>
> ㉤ 「형법」 제354조에 의하여 준용되는 제328조 제1항에서 "직계혈족, 배우자, 동거친족, 동거가족 또는 그 배우자 간의 제323조의 죄는 그 형을 면제한다."고 규정하고 있는바, 여기서 '그 배우자'는 동거가족의 배우자만을 의미하는 것이며, 직계혈족, 동거친족, 동거가족 모두의 배우자를 의미하는 것으로 볼 것은 아니다.

① ㉠(×) ㉡(×) ㉢(○) ㉣(×) ㉤(○)
② ㉠(○) ㉡(×) ㉢(○) ㉣(×) ㉤(×)
③ ㉠(○) ㉡(○) ㉢(○) ㉣(×) ㉤(×)
④ ㉠(×) ㉡(○) ㉢(×) ㉣(×) ㉤(×)

18. 다음의 설명 중 옳은 것은? (다툼이 있는 경우 판례에 의함)

① 타인 소유의 토지에 대한 보관자의 지위에 있지 않은 사람이 그 앞으로 원인무효의 소유권이전등기가 되어 있음을 이용하여 토지소유자에게 지급될 보상금을 수령하였더라도 보상금에 대한 점유 취득은 진정한 토지소유자의 위임에 따른 것이 아니므로 보상금에 대하여 어떠한 보관관계가 성립하지 않는다.

② 피고인이 피해자에게 금전을 차용하면서 그 담보 목적으로 전세보증금반환채권을 양도해 주기로 하는 채권양도담보계약을 체결하였음에도, 채권양도통지를 하기 전에 제3자에게 전세권근저당권을 설정하여 주었다면, '타인의 사무를 처리하는 자'의 지위에 있다고 볼 수 있어 배임죄가 성립한다.

③ 사기죄에서 피해자에게 그 대가가 지급된 경우, 피해자를 기망하여 그가 보유하고 있는 그 대가를 다시 편취하거나 피해자로부터 그 대가를 위탁받아 보관 중 횡령하였다면, 기존의 사기죄와는 별도의 새로운 사기죄나 횡령죄는 성립하지 않는다.

④ 甲이 금융기관에 피고인 명의로 예금을 하면서 자신만이 이를 인출할 수 있게 해달라고 요청하여 금융기관 직원이 예금 관련 전산시스템에 '甲이 예금, 인출 예정'이라고 입력하였고 피고인도 이의를 제기하지 않았는데, 그 후 피고인이 금융기관을 상대로 예금 지급을 구하는 소를 제기하였다면 사기죄가 성립한다.

19. 재산죄에 관한 판례의 입장과 일치하는 것(○)과 일치하지 않는 것(×)을 올바르게 표시한 것은?

> ㉠ 비의료인이 「의료법」 제33조 제2항을 위반하여 개설한 의료기관에서 면허를 갖춘 의료인을 통해 교통사고 환자 등에 대한 진료가 이루어진 경우, 해당 의료기관이 보험회사 등에 교통사고 환자 등을 진료한 의료기관이 위 「의료법」 규정에 위반되어 개설된 것이라는 사정을 고지하지 아니한 채 「자동차손해배상 보장법」에 따라 자동차보험진료수가의 지급을 청구한 행위가 사기죄에서 말하는 기망에 해당하지 않는다.
>
> ㉡ 타인의 금전을 위탁받아 보관하는 자가 보관방법으로 이를 금융기관에 자신의 명의로 예치한 경우 금융기관은 실명확인을 한 예금명의자만을 예금주로 인정할 수밖에 없고, 수탁자 명의의 예금에 입금된 금전은 수탁자만이 법률상 지배·처분할 수 있으므로 수탁자가 이를 함부로 인출하여 소비하였더라도 횡령죄가 성립하지 아니한다.
>
> ㉢ 신탁자와 수탁자가 명의신탁 약정을 맺고, 이에 따라 수탁자가 당사자가 되어 명의신탁약정이 있다는 사실을 알지 못하는 소유자와 사이에서 부동산에 관한 매매계약을 체결하고 그 매매계약에 기해 당해 부동산의 소유권이전등기를 수탁자 명의로 경료하였다면 그 후 수탁자가 신탁자의 허락없이 위 부동산을 매도하였더라도 횡령죄나 배임죄가 성립하지 아니한다.
>
> ㉣ 재단법인의 이사장 직무대리인이 후원회 기부금을 정상 회계처리하지 아니하고 자신과 친분관계에 있는 사람에게 확실한 담보를 제공받지 아니한 채 대여한 경우 그 사람이 이 자금을 제때에 불입하고 나중에 원금을 변제하였다면 업무상 배임죄가 성립하지 아니한다.
>
> ㉤ 타인의 사무를 처리하는 자가 그 임무에 관하여 부정한 청탁을 받은 이상 그 후 사직으로 인하여 그 직무를 담당하지 아니하게 된 상태에서 재물을 수수하게 되었다 하더라도 배임수재죄가 성립한다.

① ㉠(×) ㉡(○) ㉢(○) ㉣(○) ㉤(×)
② ㉠(×) ㉡(×) ㉢(○) ㉣(×) ㉤(○)
③ ㉠(○) ㉡(×) ㉢(×) ㉣(○) ㉤(○)
④ ㉠(○) ㉡(×) ㉢(○) ㉣(×) ㉤(○)

20. 다음 중 판례의 태도로서 옳은 것은?

① 甲과 A 주식회사가 서로 금전 또는 노무를 출자하여 甲 회사 명의로 공동주택건립사업을 시행하기로 하는 내용의 동업약정을 맺고 사업을 진행하다가 乙 주식회사에 사업권을 양도하는 양도양수계약을 체결한 다음, 위 양도대금에서 비용을 공제한 이익금을 같은 비율로 분배하기로 약정했는데도, 甲이 송금받은 일부 계약금을 보관 중 甲 회사 대표이사인 丙 승낙 없이 그 대부분을 임의로 인출하여 개인적인 용도로 소비한 경우 지분비율을 제외한 나머지 금액에 대하여 횡령죄의 죄책을 진다.

② 대포통장을 판매한 자 즉 계좌명의인은 피해자와 사이에 아무런 법률관계 없이 송금·이체된 사기피해금 상당의 돈을 피해자에게 반환하여야 하므로, 피해자를 위하여 사기피해금을 보관하는 지위에 있다고 보아야 하고, 만약 계좌명의인이 그 돈을 영득할 의사로 인출하면 피해자에 대한 횡령죄가 성립한다.

③ 피고인이 甲으로부터 수표를 현금으로 교환해 주면 대가를 주겠다는 제안을 받고 위 수표를 乙 등이 사기범행을 통해 취득한 범죄수익 등이라는 사실을 잘 알면서도 교부받아 그 일부를 현금으로 교환한 후 丙, 丁과 공모하여 아직 교환되지 못한 수표 및 교환된 현금을 임의로 사용하였다면 횡령죄가 성립한다.

④ 채무자가 채권양도담보계약에 따라 부담하는 '담보 목적 채권의 담보가치를 유지·보전할 의무'를 이행하는 것은 채권자와의 신임관계에 기초하여 채권자의 사무를 맡아 처리한다고 볼 수 있어, 이 경우 채무자는 채권자에 대한 관계에서 '타인의 사무를 처리하는 자'에 해당한다고 할 수 있다.

21. 다음 설명 중 가장 옳은 것은? (다툼이 있는 경우 판례에 의함)

① 채권자에 대하여 소정기일까지 지급할 의사나 능력이 없음에도 종전 채무의 변제기를 늦출 목적에서 어음을 발행, 교부한 것만으로는 사기죄가 성립하지 아니한다.

② 피고인이 식당을 운영하면서 수입산 식재료를 사용하고 중국산 부세를 조리하여 제공하면서도 메뉴판에 원산지를 국내산이라고 기재하여 마치 국내산 식재료와 굴비인 것처럼 손님들을 기망하였다면 이에 속은 손님들로부터 음식대금을 편취하였다고 볼 수 있다.

③ 비의료인이 「의료법」 제33조 제2항을 위반하여 개설한 의료기관이 마치 적법하게 개설된 요양기관인 것처럼 국민건강보험공단에 요양급여비용을 청구하여 국민건강보험공단으로부터 이를 지급받은 행위는 사기죄의 기망행위에 해당하지 아니한다.

④ 피해자 법인이나 단체의 업무를 처리하는 실무자인 일반 직원이나 구성원 등이 기망행위임을 알고 있었더라도, 피해자 법인이나 단체의 대표자 또는 실질적으로 의사결정을 하는 최종결재권자 등이 기망행위임을 알지 못한 채 착오에 빠져 처분행위에 이른 경우라면, 피해자 법인에 대한 사기죄의 성립에 영향이 없다.

22. 준강도죄에 관한 설명으로 옳지 <u>않은</u> 것은? (다툼이 있는 경우 판례에 의함)

① 준강도죄의 '절도'는 적어도 절도의 실행에 착수한 자이어야 하므로, 예비행위자는 준강도죄의 주체가 될 수 없다.

② 준강도죄의 주체는 절도의 정범에 국한되고 교사범, 방조범은 포함되지 않으므로, 절도교사·방조범이 체포를 면탈하기 위하여 폭행·협박을 했을 때에는 절도교사·방조죄와 폭행·협박죄의 실체적 경합범이 된다.

③ 절도범이 처음에는 흉기를 휴대하지 아니하였고, 체포를 면탈할 목적으로 폭행 또는 협박을 가할 때에 비로소 흉기를 휴대·사용하게 된 경우에는 단순강도의 준강도가 된다.

④ 절도와 폭행·협박 사이에 장소적·시간적 근접성이 없을 때에는 준강도죄가 아니라 절도죄와 폭행·협박죄의 실체적 경합범이 될 뿐이다.

23. 다음의 설명 중 옳은 것은?

① 중손괴죄, 중상해죄는 사람의 생명 또는 신체에 대한 위험을 구성요건으로 하고, 중유기죄, 중권리행사방해죄는 사람의 생명에 대한 위험을 구성요건으로 한다.

② 특수공무방해죄, 특수주거침입죄, 특수협박죄, 특수상해죄는 「형법」상 단체 또는 다중의 위력을 구성요건으로 하는 범죄이다.

③ 내란죄, 외환죄, 방화죄, 일수죄, 통화죄, 문서죄는 예비단계에서 자수한 경우 필요적 감면의 특례가 규정되어 있다.

④ 살인죄, 상해죄, 약취유인죄 등은 존속에 대한 범죄를 가중처벌하고 있다.

24. 다음 도박죄에 관한 설명 중 판례와 통설에 비추어 명백히 <u>틀린</u> 설명은?

> ㉠ 사기도박의 경우 사기도박을 한 자는 사기죄가 성립하고 그 상대방은 범죄가 성립하지 않는다.
>
> ㉡ 도박죄는 미수범을 처벌하지 않고, 도박행위의 착수가 있으면 즉시 기수가 된다. 즉 승패의 결정, 재물의 득실을 요하지 않는다.
>
> ㉢ 도박행위가 일시오락에 불과한 때에는 벌하지 않는다는 「형법」제246조 단서의 규정은 사회상당성을 기초로 한 구성요건배제사유라는 것이 판례와 통설의 견해이다. 이때 일시오락인지의 여부는 재물의 경제적 가치에 의하여 결정된다.
>
> ㉣ 도박죄의 상습범 가중은 장기의 1/2까지 가중하며, 이러한 '상습성'의 판단에는 도박전과의 유무가 결정적인 기준이 되고, 다른 기준은 배제된다.
>
> ㉤ 도박개장죄는 영리목적으로 도박을 개장하면 기수가 된다는 점에서 현실적 이득을 취한 때에 기수가 되는 아편흡식장소제공죄와 구별된다. 따라서 음식점 주인이 매상을 올릴 목적으로 도박할 것을 알면서 방을 빌려주었다면 도박개장죄가 성립한다.

① ㉠㉡㉢　　② ㉢㉣㉤　　③ ㉡㉢㉣　　④ ㉠㉣㉤

25. 허위공문서작성죄에 관한 설명 중 옳지 <u>않은</u> 것은? (다툼이 있는 경우 판례에 의함)

① 인감증명서 발급업무를 담당하는 공무원이 발급을 신청한 본인이 직접 출두한 바 없음에도 불구하고 본인이 직접신청하여 발급받은 것처럼 인감증명서에 기재하였다면 허위공문서작성죄가 성립한다.

② 인감증명서를 발행하는 공무원이 인감증명서를 발행함에 있어 인감증명서의 인적사항과 인감 및 그 용도를 일치하게 기재하였어도 대리인에 의한 것을 본인의 신청에 의한 것으로 기재하였다면 허위공문서작성죄가 성립한다.

③ 당사자로부터 뇌물을 받고 고의로 적용하여서는 안 될 조항을 적용하여 과세표준을 결정하고 그 과세표준에 기하여 세액을 산출하였다면, 비록 그 세액계산서에 허위내용의 기재가 없다고 하더라도 허위공문서작성죄에 해당한다.

④ 소유권이전등기와 근저당권설정등기의 신청이 동시에 이루어지고 그와 함께 등본의 교부신청이 있었는데, 등기공무원이 소유권이전등기만 기입하고 근저당권설정등기는 기입하지 아니한 채 등기부등본을 발급하였다면, 비록 그 등기부등본의 기재가 등기부의 기재와 일치한다 하더라도, 그러한 등기부등본 발급행위는 허위공문서작성죄에 해당한다.

26. 다음 중 판례의 태도로서 틀린 것은?

① 범죄행위로 인하여 강제출국당한 전력이 있는 사람이 외국주재 한국영사관 담당직원에게 허위의 호구부 및 외국인등록신청서 등을 제출하여 사증 및 외국인등록증을 발급받은 경우, 위계에 의한 공무집행방해죄가 성립하지 않는다.

② 국립대학교의 전임교원 공채심사위원인 학과장 甲이 지원자 乙의 부탁을 받고 이미 논문접수가 마감된 학회지에 乙의 논문이 게재되도록 도우면서 연구실적심사의 기준을 강화하자고 제안한 경우, 甲의 행위는 위계에 의한 공무집행방해죄가 성립하지 않는다.

③ 국립대학교의 전임교원 공채 지원자인 乙이 학과장 甲의 도움으로 이미 논문접수가 마감된 학회지에 논문을 추가게재하여 심사요건 이상의 전공논문실적을 확보하였더라도, 乙의 행위는 위계에 의한 공무집행방해죄가 성립하지 않는다.

④ 보험회사 임원이, 회사 전산시스템에서 관리하고 있던 보험금 출금 관련 데이터가 압수될 상황에 이르게 되자 특정 기간의 위 전산데이터를 삭제한 행위는 '위계로써 특별검사 등의 직무수행을 방해한 것'이라고 볼 수 없다.

27. 공무집행방해죄에 대한 다음의 설명 중 옳은 것만을 모두 골라 묶은 것은? (다툼이 있는 경우 판례에 의함)

㉠ 초등학교를 졸업하였음에도 초등학교 중퇴 이하의 학력자라는 허위 내용의 인우보증서를 첨부하여 운전면허 구술시험에 응시하였다면 이는 위계에 의한 공무집행방해죄가 성립한다.

㉡ 허위의 증거를 조작하여 수사기관에 제출하였다고 하여 위계에 의한 공무집행방해죄를 구성하지는 않는다.

㉢ 과속단속카메라에 촬영되더라도 불빛을 반사시켜 차량 번호판이 식별되지 않도록 하는 기능이 있는 제품('파워매직세이퍼')을 차량 번호판에 뿌린 상태로 차량을 운행한 행위만으로는, 교통단속 경찰공무원이 충실히 직무를 수행하더라도 통상적인 업무처리과정 하에서 사실상 적발이 어려운 위계를 사용하여 그 업무집행을 하지 못하게 한 것으로 보기 어렵다.

㉣ 지방의회 의장 선거의 감표위원이 사전에 투표용지에 감표위원 확인 도장을 날인하면서 누가 어떤 후보에게 투표하였는지 구별할 수 있도록 투표용지에 표시하고 그 용지에 의하여 투표가 행해진 경우, 그 자체만으로 위계에 의한 공무집행방해죄가 성립한다.

㉤ 공무집행방해죄에 있어서 협박이라 함은 상대방에게 공포심을 일으킬 목적으로 해악을 고지하는 행위를 의미하는 것으로서 고지하는 해악의 내용이 그 경위, 행위 당시의 주위 상황, 행위자의 성향, 행위자와 상대방과의 친숙함의 정도, 지위 등의 상호관계 등 행위당시의 여러 사정을 종합하여 객관적으로 상대방으로 하여금 공포심을 느끼게 하는 것일 뿐만 아니라, 그 협박이 경미하여 상대방이 전혀 개의치 않을 정도인 경우에도 협박에 해당한다.

㉥ 적법한 공무집행이라고 함은 그 행위가 공무원의 추상적 권한에 속할 뿐 아니라 구체적으로도 그 권한 내에 있어야 하며 또한 직무행위로서의 중요한 방식을 갖추어야 하고, 추상적인 권한에 속하는 공무원의 어떠한 공무집행이 적법한지 여부는 행위 당시의 구체적 상황에 기하여 객관적·합리적으로 판단하여야 한다.

① ㉠㉡㉥　　② ㉠㉡㉣　　③ ㉠㉤㉥　　④ ㉢㉣㉥

28. 乙은 범죄의 혐의를 받아 수사의 대상이 된 자이다. 甲의 행위가 범인은닉(도피)죄에 해당되는 사례는 모두 몇 개인가? (다툼이 있는 경우 판례에 의함)

> ㉠ 甲은 단순도박죄(법정형 1천만원 이하의 벌금)의 혐의로 숨어 다니는 친구 乙을 자기 집에 며칠 동안 머물게 해 주었다.
> ㉡ 甲은 친구 乙이 절도죄의 혐의를 받고 있는 사실을 알고 있었지만 진범이 아니라고 생각하고 乙을 자기 집에 며칠 동안 머물게 해 주었다.
> ㉢ 甲은 교통사고를 내서 사람을 사망하게 하였다는 혐의를 받고 있는 자신의 상관인 乙을 위하여 자신이 그 사고를 낸 운전자라고 경찰에게 허위진술하였다.
> ㉣ 甲은 타인의 살인행위를 방조한 친구 乙을 그 정을 모르는 다른 친구 丙에게 알선하고 丙의 집에 머물게 해 주었다.
> ㉤ 乙은 자신의 휴대폰을 사용할 경우 소재가 드러날 것을 염려하여 甲에게 요청하여 대포폰을 개설하여 받고, 甲에게 전화를 걸어 자신이 있는 곳으로 오도록 한 다음 甲이 운전하는 자동차를 타고 청주시 일대를 이동하여 다녔다.

① 1개   ② 2개   ③ 3개   ④ 4개

29. 피의자신문에 관한 설명 중 가장 옳지 <u>않은</u> 것은? (다툼이 있는 경우 판례에 의함)

① 피의자, 사건관계인 또는 그 변호인은 검사 또는 사법경찰관이 수사 중인 사건에 관한 본인의 진술이 기재된 부분 및 본인이 제출한 서류의 전부 또는 일부에 대해 열람·복사를 신청할 수 있다.

② 수사기관은 피의자가 신체적 또는 정신적 장애로 사물을 변별하거나 의사를 결정·전달할 능력이 미약한 때에는 신뢰관계에 있는 자를 동석하게 하여야 하며, 이 때 신뢰관계인이 동석하지 않은 상태로 행한 진술은 임의성이 인정되더라도 유죄 인정의 증거로 사용할 수 없다.

③ 신문에 참여하고자 하는 변호인이 2인 이상인 때에는 피의자가 신문에 참여할 변호인 1인을 지정한다. 지정이 없는 경우에는 검사 또는 사법경찰관이 이를 지정할 수 있다.

④ 사법경찰관은 피의자가 조사장소에 도착한 시각, 조사를 시작하고 마친 시각, 그 밖에 조사과정의 진행경과를 확인하기 위하여 필요한 사항을 피의자신문조서에 기록하거나 별도의 서면에 기록한 후 수사기록에 편철하여야 한다.

30. 전자정보의 압수수색에 대한 설명으로 옳지 <u>않은</u> 것은? (다툼이 있는 경우 판례에 의함)

① 저장매체 자체를 적법하게 수사기관 사무실 등으로 옮긴 후 영장에 기재된 범죄 혐의 관련 전자 정보를 탐색하여 해당 전자정보를 문서로 출력하거나 파일을 복사하는 과정은 전체적으로 압수·수색영장 집행의 일환에 포함된다.

② 전자정보가 담긴 저장매체 또는 하드카피나 이미징 등 형태로 수사기관 사무실 등으로 옮겨 복제·탐색·출력하는 경우에도, 그와 같은 일련의 과정에서 피압수·수색 당사자나 변호인에게 참여의 기회를 보장해야 한다.

③ 적법하게 압수한 디지털 저장매체로부터 출력된 문건이 증거로 사용되기 위해서는 디지털 저장매체 원본에 저장된 내용과 출력된 문건의 동일성이 인정되어야 한다.

④ 압수·수색할 전자정보가 영장에 기재된 수색장소에 있는 정보처리장치 내에 있지 아니하고 그 정보처리장치와 정보통신망으로 연결되어 제3자가 관리하는 원격지의 저장매체에 저장되어 있다면, 피의자의 이메일 계정에 대한 접근권한에 갈음하여 발부받은 압수·수색영장에 따라 원격지의 저장매체에 접속하여 내려받거나 현출된 전자정보를 대상으로 하여 범죄 혐의사실과 관련된 부분을 압수·수색하는 것은 허용되지 아니한다.

31. 소송조건에 관한 설명 중 옳지 <u>않은</u> 것은? (다툼이 있는 경우 판례에 의함)

① 친고죄에 있어서 고소는 소송조건이 되지만, 고소가 있기 전 수사가 이루어졌다고 하더라도 그 수사가 장차 고소가 있을 가능성이 없는 상태에서 행하여졌다는 등의 특단의 사정이 없는 한 위법하다고 볼 수는 없다.

② 고소권자가 비친고죄로 고소한 사건이더라도 검사가 사건을 친고죄로 구성하여 공소를 제기하였다면 법원으로서는 친고죄에서 소송조건이 되는 고소가 유효하게 존재하는지를 직권으로 조사·심리하여야 한다.

③ 친고죄로 고소를 제기하였다가 공소제기 전 고소를 취소한 후 고소기간 내에 다시 동일한 친고죄로 고소하여 공소제기된 경우, 수소법원은 「형사소송법」 제327조 제2호의 '공소제기의 절차가 법률의 규정에 위반하여 무효인 때'에 해당함을 이유로 공소기각의 판결을 하여야 한다.

④ 「교통사고처리 특례법」 위반으로 공소가 제기된 사건에 대해, 사건심리가 이미 완료되어 검사가 제출한 모든 증거에 의하더라도 피고인이 신호를 위반한 과실로 이 사건사고가 발생하였음을 인정하기에 부족하고, 피고인 차량이 공제조합에 가입하여 원래 공소를 제기할 수는 없는 경우라면 공소기각 판결을 해야 하고 무죄의 실체판결을 하는 것은 위법하다.

32. 긴급체포에 관한 다음 설명 중 옳지 <u>않은</u> 것은? (다툼이 있는 경우 판례에 의함)

① 甲이 필로폰을 투약한다는 제보를 받은 경찰관이 제보된 주거지에 甲이 살고 있는지 등 제보의 정확성을 사전에 확인한 후에 제보자를 불러 조사하기 위하여 甲의 주거지를 방문하였다가, 현관에서 담배를 피우고 있는 甲을 발견하고 사진을 찍어 제보자에게 전송하여 사진에 있는 사람이 제보한 대상자가 맞다는 확인을 한 후, 가지고 있던 甲의 전화번호로 전화를 하여 차량 접촉사고가 났으니 나오라고 하였으나 나오지 않고 또한 경찰관임을 밝히고 만나자고 하는데도 현재 집에 있지 않다는 취지로 거짓말을 하자 甲의 집 문을 강제로 열고 들어가 甲을 긴급체포한 경우 甲에 대한 긴급체포는 위법하다.

② 현직 군수인 피고인을 소환·조사하기 위하여 검사의 명을 받은 검찰주사보가 군수실에 도착하여 도시행정계장에게 행방을 확인하였더니, 군수가 검사가 자신을 소환하려 한다는 사실을 미리 알고 자택근처에서 기다리고 있을 것이니 수사관이 오거든 그 곳으로 오라고 하였다고 하자 검찰주사보가 도시행정계장과 같이 가서 그 곳에서 수사관을 기다리고 있던 피고인을 긴급체포한 것은 위법하다.

③ 긴급체포 후 석방된 자 또는 그 변호인·법정대리인·배우자·직계친족·형제자매나 가족, 동거인 또는 고용주는 통지서 및 관련 서류를 열람하거나 등사할 수 있다.

④ 변호사 甲에 대하여 무죄가 선고되자 검사가 무죄가 선고된 공소사실에 대한 보완수사를 한다며 甲의 변호사 사무실 사무장이던 乙에게 참고인조사를 위한 출석을 요구하여, 자진 출석한 乙을 참고인 조사를 하지 아니한 채 곧바로 위증 및 위증교사 혐의의 피의자신문조서를 받기 시작하였고, 이에 甲이 검사실로 찾아와서 乙에게 나가라고 지시하여 乙이 나가려 하자, 검사가 乙을 긴급체포한 것은 위법하다.

33. 다음은 압수물에 대한 설명이다. 타당한 것을 모두 고른 것은? (다툼이 있는 경우 판례에 의함)

㉠ 압수한 장물로서 피해자에게 환부할 이유가 명백한 것은 판결로써 피해자에게 환부하는 선고를 하여야 한다.

㉡ ㉠의 경우 장물을 처분하였을 때에는 판결로써 그 대가로 취득한 것을 피해자에게 교부하는 선고를 하여야 한다.

㉢ 가환부한 장물에 대하여 별단의 선고가 없는 때에는 환부의 선고가 있는 것으로 간주한다.

㉣ ㉠㉡㉢의 경우 이해관계인이 민사소송 절차에 의하여 그 권리를 주장함에 영향을 미치지 아니한다.

㉤ 압수한 서류 또는 물품에 대하여 몰수의 선고가 없는 때에는 압수는 그대로 유지된다.

① ㉠㉡㉢　　　② ㉠㉡㉣㉤　　　③ ㉡㉢㉣㉤　　　④ ㉠㉡㉣㉢

34. 현행 「형사소송법」의 태도로 옳지 <u>않은</u> 것은 모두 몇 개인가?

㉠ 피의사실공표죄에 대하여는 피공표자의 명시한 의사에 반하여 재정신청을 할 수 없다.

㉡ 피의자신문에 참여한 변호인은 신문 중이라도 검사 또는 사법경찰관의 승인을 받아 의견을 진술할 수 있다. 이 경우 검사 또는 사법경찰관은 정당한 사유가 있는 경우를 제외하고는 변호인의 의견진술 요청을 승인해야 한다.

㉢ 압수수색영장에 압수·수색할 물건이 전기통신에 관한 것인 경우 작성기간을 기재하여야 한다.

㉣ 정보저장매체 등을 압수할 때에는 원칙적으로 기억된 정보의 범위를 정하여 출력하거나 복제하여 제출받아야 한다.

① 없음　　　② 1개　　　③ 2개　　　④ 3개

35. 증거 등에 관한 다음 설명 중 가장 옳지 <u>않은</u> 것은? (다툼이 있는 경우 판례에 의함)

① 피고인이 수표를 발행하였으나 예금부족 또는 거래정지처분으로 지급되지 아니하게 하였다는 「부정수표단속법」 위반의 공소사실을 증명하기 위하여 제출되는 수표는 그 서류의 존재 또는 상태 자체가 증거가 되는 것이어서 증거물인 서면에 해당하므로 그 증거능력은 증거물의 예에 의하여 판단하여야 하고, 이에 대하여는 「형사소송법」 제310조의2에서 정한 전문법칙이 적용될 여지가 없다.

② 「병역법」 위반 사건에서 피고인이 양심적 병역거부를 주장할 경우, 그 양심이 과연 깊고 확고하며 진실한 것인지를 가려내는 일이 무엇보다 중요하다. 인간의 내면에 있는 양심을 직접 객관적으로 증명할 수는 없으므로 사물의 성질상 양심과 관련성이 있는 간접사실 또는 정황사실을 증명하는 방법으로 판단하여야 한다.

③ 경찰이 피고인의 집에서 20m 떨어진 곳에서 피고인을 체포한 후 피고인의 집안을 수색하여 칼과 합의서를 압수하고도 적법한 시간 내에 압수수색영장을 청구하여 발부받지 않은 경우에, 위 칼과 합의서는 위법하게 압수된 것으로서 증거능력이 없고 이를 기초로 한 2차 증거가 '임의제출동의서', '압수조서 및 목록', '압수품 사진' 역시 증거능력이 없다.

④ 피고인이 수년간 피시방, 노래방 등의 화장실에 몰래카메라를 설치하여 타인의 신체를 촬영한 것을 「성폭력범죄의 처벌 등에 관한 특례법」 위반(카메라 등 이용 촬영)으로 기소된 사안에서, 수사기관이 그 사무실에서 저장매체를 탐색·복제·출력하는 방법으로 압수·수색영장을 집행하기에 앞서 피고인의 국선변호인에게 그 집행의 일시와 장소를 통지하는 등으로 절차에 참여할 기회를 제공하지 않은 것은 적법절차 위반에 해당하고 위법수집증거의 증거능력을 예외적으로 인정할 수 있는 경우에 해당한다고 볼 수 없다.

36. 진술조서에 관한 설명 중 옳지 않은 것은? (다툼이 있는 경우 판례에 의함)

① 영상녹화물은 독립된 증거로 사용할 수 없고, 조서의 진정성립을 인정하기 위한 자료 또는 기억환기용의 용도로만 사용할 수 있다.

② 진술조서의 실질적 진정성립의 대체증명의 방식으로 '그 밖의 객관적 방법'에 조사자증언은 포함될 수 없다.

③ 피의자신문조서에 동석한 자가 피의자를 대신하여 진술한 부분이 기재되어 있는 경우 그 진술기재 부분은 그 사람에 대한 진술조서로서의 증거능력의 요건을 충족하지 못하는 한 이를 유죄 인정의 증거로 사용할 수 없다.

④ 검찰관이 피고인을 뇌물수수 혐의로 기소한 후, 형사사법공조절차를 거치지 아니한 채 외국에 현지출장하여 그곳에서 뇌물공여자를 상대로 자유스러운 분위기에서 임의수사 형태로 참고인 진술조서를 작성하고 직접 서명·무인을 받은 경우, 피고인의 뇌물수수죄의 증거로 사용할 수 있다.

37. 진술서, 감정서 등에 관한 다음 설명 중 옳은 것을 모두 고른 것은? (다툼이 있는 경우 판례에 의함)

> ㉠ 피고인의 동료 교사가 학생들과의 사적인 대화 중에 피고인이 수업시간에 학생들에게 북한을 찬양·고무하는 발언을 하였다는 사실에 대한 학생들의 대화 내용을 학생들 모르게 녹음한 녹음테이프의 경우, 그 중 위와 같은 학생들의 대화의 내용은 피고인 아닌 자의 진술을 기재한 서류와 다를 바 없다.
>
> ㉡ 피고인의 진술을 기재한 서류로서 피고인의 서명 또는 날인이 있는 것은 공판준비 또는 공판기일에서 그 작성자가 성립의 진정을 부인하면 감정 등 객관적 방법으로 성립의 진정함이 증명되더라도 증거로 할 수 없다.
>
> ㉢ 피고인 아닌 자가 자필로 작성한 진술서는 공판준비 또는 공판기일에서 그 작성자가 성립의 진정을 부인하면 감정 등 객관적 방법으로 성립의 진정함이 증명되더라도 증거로 할 수 없다.
>
> ㉣ 감정의 경과와 결과를 기재한 서류는 공판준비 또는 공판기일에서 작성자가 그 성립의 진정을 부인하면 감정 등 객관적 방법으로 성립의 진정함이 증명되더라도 증거로 할 수 없다.
>
> ㉤ 법원의 명령에 의하여 감정인이 제출한 감정서는 「형사소송법」 제311조에 의하여 당연히 증거능력이 인정되지만, 사인인 의사가 작성한 진단서는 일반적인 진술서와 마찬가지로 동법 제313조 제1항 및 제2항에 의하여 증거능력이 인정된다.

① ㉠　　② ㉡㉣　　③ ㉡㉢　　④ ㉣㉤

38. 간접증거에 대한 설명으로 옳지 않은 것은? (다툼이 있는 경우 판례에 의함)

① 유죄의 심증은 반드시 직접증거에 의하여 형성되어야만 하는 것은 아니며 경험칙과 논리법칙에 위반되지 아니하는 한 간접증거에 의하여 형성되어도 된다.

② 간접증거가 개별적으로는 범죄사실에 대한 완전한 증명력을 가지지 못하더라도 전체 증거를 상호관련하에 종합적으로 고찰할 경우 종합적 증명력이 있는 것으로 판단되면 그에 의하여도 범죄사실을 인정할 수가 있다.

③ 형사재판에서 유죄로 인정하기 위한 심증형성의 정도는 합리적인 의심을 할 여지가 없을 정도여야 하나, 이는 모든 가능한 의심을 배제할 정도에 이를 것까지 요구하는 것은 아니다.

④ 간접증거에 의하여 주요사실의 전제가 되는 수개의 간접사실을 인정할 때에는 하나하나의 간접사실 사이에 모순, 저촉이 없어야 할 정도까지는 요구되지 않으며 전체적으로 고찰하여 유죄의 심증을 형성할 수 있으면 충분하다.

39. 위법수집증거에 관한 다음 설명 중 가장 옳지 않은 것은? (다툼이 있는 경우 판례에 의함)

① 영장 발부의 사유로 된 범죄 혐의사실과 무관한 별개의 증거를 압수하였을 경우 이는 원칙적으로 유죄 인정의 증거로 사용할 수 없다. 그러나 압수·수색의 목적이 된 범죄나 이와 관련된 범죄의 경우에는 그 압수·수색의 결과를 유죄의 증거로 사용할 수 있다.

② 수사기관에 의한 진술거부권 고지 대상이 되는 피의자 지위는 수사기관이 조사대상자에 대한 범죄혐의를 인정하여 수사를 개시하는 행위를 한 때 인정되는 것으로 보아야 한다. 따라서 이러한 피의자 지위에 있지 아니한 자에 대하여는 진술거부권이 고지되지 아니하였더라도 진술의 증거능력을 부정할 것은 아니다.

③ 제1심에서 피고인에 대하여 무죄판결이 선고되어 검사가 항소한 후, 수사기관이 항소심 공판기일에 증인으로 신청하여 신문할 수 있는 사람을 특별한 사정 없이 미리 수사 기관에 소환하여 작성한 진술조서는 피고인이 증거로 할 수 있음에 동의하지 않는 한 증거능력이 없으나, 위 참고인이 나중에 법정에 증인으로 출석하여 위 진술조서의 성립의 진정을 인정하고 피고인 측에 반대신문의 기회가 부여된다면 위 진술조서의 증거능력을 인정할 수 있다.

④ 범행 현장에서 지문채취 대상물에 대한 지문채취가 먼저 이루어진 이상, 수사기관이 그 이후에 지문채취 대상물을 적법한 절차에 의하지 아니한 채 압수하였다고 하더라도, 위와 같이 채취된 지문을 위법수집증거라고 할 수 없다.

40. 「형사소송법」 제314조에 관한 설명 중 옳은 것은? (다툼이 있는 경우 판례에 의함)

① 「형사소송법」 제314조가 대상으로 하는 「형사소송법」 제312조의 조서나 제313조의 서류에 외국의 권한 있는 수사기관 등이 작성한 조서나 서류는 포함되지 아니한다.

② 「형사소송법」 제314조의 '외국거주'란 진술을 요할 자가 외국에 있다는 것만으로는 부족하고, 가능하고 상당한 수단을 다하더라도 그 진술을 요할 자를 법정에 출석하게 할 수 없는 사정이 있어야 예외적으로 그 적용이 있다.

③ 법정에 출석한 증인이 정당하게 증언거부권을 행사하여 증언거부한 경우는 「형사소송법」 제314조의 '그 밖에 이에 준하는 사유로 인하여 진술할 수 없는 때'에 해당한다.

④ 피고인이 증거서류의 진정성립을 묻는 검사의 질문에 대하여 진술거부권을 행사하여 진술을 거부한 경우는 「형사소송법」 제314조의 '그 밖에 이에 준하는 사유로 인하여 진술할 수 없는 때'에 해당한다.

2022년 제2차 경찰공무원(순경) 채용 필기시험

-일반공채(101경비단 포함), 경찰행정학과 경채-

제5회
【형사법】 68

응시자 유의사항

응시자는 반드시 응시표에 기재된 과목 순서에 맞춰 답안을 표기하여야 하며, 과목 순서대로 채점되므로 유의하시길 바랍니다.

※시험이 시작되기 전까지 표지를 넘기지 마십시오.

1초 합격예측! 모바일 성적분석표

1. QR코드를 스캔하여 모바일 OMR 답안지에 정답을 입력합니다.
2. 답안 제출 시 자동으로 채점이 완료됩니다.
3. 자동측정된 풀이시간과 채점결과 및 성적분석표를 확인하세요.

1. 죄형법정주의에 관한 다음 설명 중 가장 옳지 <u>않은</u> 것은? (다툼이 있는 경우 판례에 의함)

① 형벌법규 해석에 관한 일반적인 법리, 「의료법」의 입법 취지, 구 「의료법」 제19조의 문언·내용·체계·목적 등에 비추어 보면, 구 「의료법」 제19조에서 정한 '다른 사람'에는 생존하는 개인 이외에 이미 사망한 사람도 포함된다고 보아야 한다.

② 형사사건으로 외국 법원에 기소되었다가 무죄판결을 받은 사람은, 설령 그가 무죄판결을 받기까지 상당 기간 미결구금되었더라도 이를 유죄판결에 의하여 형이 실제로 집행된 것으로 볼 수는 없으므로, '외국에서 형의 전부 또는 일부가 집행된 사람'에 해당한다고 볼 수 없고, 그 미결구금 기간은 「형법」 제7조에 의한 산입의 대상이 될 수 없다.

③ 외국인인 피고인이 운전면허 없이 도로에서 자동차를 운전하였다고 하여 「도로교통법」 위반(무면허운전)으로 기소되었는데, 피고인이 법무부장관이 발급한 사증 없이 입국심사를 받지 않고 국내에 입국하였다 하더라도 외국에서 국제운전면허증을 발급받은 경우에는 「도로교통법」 제96조 제1항이 예외적으로 허용하는 국제운전면허증에 의한 운전에 해당한다.

④ 전자장치 부착명령에 관하여 피고인에게 실질적인 불이익을 추가하는 내용의 법 개정이 있고, 그 규정의 소급적용에 관한 명확한 경과규정이 없는 한 그 규정의 소급적용은 이를 부정하는 것이 피고인의 권익보장이나, 위법 부칙에서 일부 조항을 특정하여 그 소급적용에 관한 경과규정을 둔 입법자의 의사에 부합한다.

2. 죄형법정주의에 관한 설명 중 가장 적절한 것은? (다툼이 있는 경우 판례에 의함)

① 「파견근로자 보호 등에 관한 법률」 제42조 제1항 중 '공중도덕상 유해한 업무' 부분은 죄형법정주의의 명확성원칙에 위배된다고 볼 수 없다.

② 특별위원회가 소멸하였음에도 과거 특별위원회가 존속할 당시 재적위원이었던 사람이 연서로 고발할 수 있다고 해석하는 것은 소추요건인 고발의 주체와 시기에 관하여 그 범위를 행위자에게 불리하게 확대하는 것이나, 이는 가능한 문언의 의미에 따른 것이므로 유추해석금지의 원칙에 반하지 않는다.

③ 「의료법 시행령」 제18조 제1항(이하 '시행령 조항'이라 한다)은 "법 제41조에 따라 각종 병원에 두어야 하는 당직의료인의 수는 입원환자 200명까지는 의사·치과의사 또는 한의사의 경우에는 1명, 간호사의 경우에는 2명을 두되, 입원환자 200명을 초과하는 200명마다 의사·치과의사 또는 한의사의 경우에는 1명, 간호사의 경우에는 2명을 추가한 인원 수로 한다."라고 규정한 시행령 조항은 위임입법의 한계를 벗어난 것으로서 무효이다.

④ 피고인이 자동차운전면허를 받지 않고 아파트 단지 안에 있는 지하주차장 약 50m 구간에서 승용차를 운전하여 「도로교통법」 위반(무면허운전)으로 기소된 사안에서, 위 주차장은 「도로교통법」 제2조 제1호에서 정한 '도로'에 해당하므로 피고인의 자동차 운전행위는 「도로교통법」에서 금지하는 무면허운전에 해당한다.

3. 부작위범에 대한 설명으로 옳은 것은? (다툼이 있는 경우 판례에 의함)

① 자기의 아들이 바다에 빠져 허우적거리고 있음을 알고도 망나니 같은 아들에 대해서는 구조의무가 없다고 생각한 경우에 환각범이 성립한다.

② 어떠한 범죄가 작위에 의하여 이루어질 수 있음은 물론 결과의 발생을 방지하지 아니하는 부작위에 의하여도 실현될 수 있는 경우, 행위자가 자신의 신체적 활동이나 물리적·화학적 작용을 통하여 적극적으로 타인의 법익 상황을 악화시킴으로써 결국 그 타인의 법익을 침해하기에 이르렀다면 이는 작위에 의한 범죄로 봄이 원칙이나, 악화되기 이전의 법익상황이 그 행위자가 과거에 행한 또 다른 작위의 결과에 의하여 유지되고 있었다면 부작위로 보아야 한다.

③ 피고인이 모텔 방에 투숙하여 담뱃불이 완전히 꺼졌는지 여부를 확인하지 않은 채 불이 붙기 쉬운 휴지를 재떨이에 버리고 잠을 잔 과실로 화재가 발생하였으나 모텔 주인이나 다른 투숙객들에게 알리지 않아 다른 사람들을 사망케 한 경우, 위 화재가 피고인의 중대한 과실 있는 선행행위로 발생한 이상 피고인에게는 화재를 소화할 법률상 의무가 있다 할 것이어서 화재발생 사실을 알리지 않은 부작위만으로도 현주건조물방화치사죄가 성립한다.

④ 타인의 범죄행위를 인식하면서도 그것을 방지해야 할 직무상의 의무가 있는 자가 방지조치를 취하지 아니하여 타인의 실행행위를 용이하게 하는 경우에는 부작위에 의한 방조범이 성립된다.

4. 다음 중 부작위범과 관련된 설명 중 옳지 <u>않은</u> 것은? (다툼이 있는 경우 판례에 의함)

① 피고인이 점포에 대한 권리금을 지급한 것처럼 허위의 사용내역서를 작성·교부하여 동업자들을 기망하고 출자금 지급을 면제받으려 하였으나 미수에 그친 사안에서, 동업자들이 피고인에 대한 출자의무를 명시적으로 면제하지 않았더라도, 착오에 빠져 이를 면제해 주는 결과에 이를 수 있어 이는 부작위에 의한 처분행위에 해당한다.

② 토지에 대하여 도시계획이 입안되어 있어 장차 협의매수되거나 수용될 것이라는 사정을 매수인에게 고지하지 아니한 행위는 부작위에 의한 사기죄를 구성한다.

③ 甲이 실수로 휴대폰의 통화종료 버튼을 누르지 아니한 채 이를 이사장실 내의 탁자 위에 놓아두자, 甲의 휴대폰과 통화연결상태에 있는 자신의 휴대폰 수신 및 녹음기능을 이용하여 이 사건 대화를 몰래 청취하면서 녹음한 사실을 인정한 경우, 통화연결상태에 있는 휴대폰을 이용하여 이 사건 대화를 청취·녹음하는 행위는 부작위에 의한 구 「통신비밀보호법」 제3조의 위반행위로서 같은 법 제16조 제1항 제1호에 의하여 처벌된다.

④ 일정한 기간 내에 잘못된 상태를 바로잡으라는 행정청의 지시를 이행하지 않았다는 것을 구성요건으로 하는 범죄는 이른바 진정부작위범으로서 그 의무이행기간의 경과에 의하여 범행이 기수에 이른다.

5. 다음 기술 중 옳은 것은? (다툼이 있는 경우 판례에 의함)

① 피고인이 수표발행인을 은닉한 것이 그 수표가 부도나기 전날이라면 그 수표가 부도날 것이라는 사정과 수표발행인이 「부정수표단속법」 위반으로 수사관서의 수배를 받게 되리라는 사정을 알았다는 것만으로는 범인은닉에 관한 범의가 있다고 할 수는 없다.

② 적성검사를 받지 않아 기존의 운전면허가 취소된 상태에서 자동차를 운전한 경우 운전자에게 무면허운전에 대한 고의가 있었는지 여부를 판단함에 있어 면허취소의 사유와 취소사유가 된 위법행위의 경중, 면허취소처분통지를 받지 못한 이유 등 제반사정을 두루 참작하여야 하는데, 적발당시 운전자가 소지하고 있던 운전면허증상에 적성검사기간과 경고문구가 기재되어 있었다는 사정은 중요한 간접증거이므로 그것만으로도 운전자에게 무면허운전에 대한 미필적 인식이 있었다고 볼 수 있다.

③ 「공직선거법」상 허위사실공표죄에서는 공표되어진 사항이 허위라는 것의 인식이 필요하나 어떠한 소문을 듣고 그 진실성에 강한 의문을 품고서도 감히 공표한 경우에는 적어도 미필적 고의가 인정될 수 있고, "어떠한 소문이 있다."라고 공표한 경우 그 소문의 내용이 허위이면 소문이 있다는 사실 자체는 진실이라 하더라도 허위사실공표죄가 성립된다.

④ 친족상도례가 적용되기 위하여는 친족관계가 객관적으로 존재해야 하고, 행위자가 이를 인식해야 한다.

6. 다음 중 (   ) 안의 범죄의 간접정범이 성립하지 않는 경우는? (다툼이 있는 경우 판례에 의함)

① 인증절차를 거치지 않으면 노래반주기에서 신곡파일이 구동되지 않도록 하는 보호조치를 무력화하는 무력화 장치가 사용된 사정을 모르는 노래방 영업주들로 하여금 저작권자의 진정한 허락 없이 공연행위를 하게 한 경우 (저작권법위반)

② 국헌문란의 목적을 가진 자가 이에 대한 고의는 있으나 목적 없는 대통령을 이용하여 비상계엄의 전국 확대를 의결·선포케 한 경우 (내란죄)

③ 선서무능력자로서 범죄 현장을 목격하지도 못한 사람으로 하여금 형사법정에서 범죄현장을 목격한 양 허위의 증언을 하도록 하는 것 (위증죄)

④ 축산업협동조합이 점유하고 있는 A소유의 창고 패널을 절취할 의사를 가진 자가 위 조합으로부터 허락을 받지 않은 채, 그 정을 모르는 A로 하여금 창고의 패널을 취거하여 영득한 경우 (절도죄)

7. 방조범에 관한 설명 중 옳은 것을 모두 고른 것은? (다툼이 있는 경우 판례에 의함)

㉠ 의사 甲이 입원치료를 받을 필요가 없는 환자 乙이 보험금 수령을 위하여 입원치료를 받으려고 하는 사실을 알면서도 입원을 허가하여 형식상으로 입원치료를 받도록 한 후 입원확인서를 발급하여 주었고 乙이 이를 제출하여 보험금을 수령하였다면 甲에게는 사기방조죄가 성립한다.

㉡ 방조범은 정범의 실행행위 중에 이를 방조하는 경우뿐만 아니라, 실행의 착수 전에 장래의 실행행위를 예상하고 이를 용이하게 하는 행위를 하여 방조한 경우에도 정범이 그 실행행위에 나아갔다면 성립한다.

㉢ 자동차 운전면허가 없는 甲의 요구에 응하여 乙이 이를 인식하면서도 승용차를 제공하여 甲이 무면허운전을 하였다면 이는 「도로교통법」 위반(무면허운전) 범행의 방조행위에 해당한다.

㉣ 乙은 강도를 준비하고 있는 甲이 범행도구를 마련하는 것을 도와주었다. 그러나 甲이 실행의 착수 전에 마음을 바꾸어 범행을 포기하였다면 甲은 강도예비, 乙은 강도예비의 방조범으로 처벌된다.

① ㉠㉢   ② ㉠㉡㉢   ③ ㉠㉡㉣   ④ ㉡㉢㉣

8. 다음 설명 중 가장 옳지 <u>않은</u> 것은? (다툼이 있는 경우 판례에 의함)

① 「아동학대처벌법」제2조 제4호 가목 내지 다목에서 정한 아동학대범죄를 범하여 그 아동을 사망에 이르게 한 경우를 처벌하는 규정은 「형법」제33조 본문의 '신분관계로 인하여 성립될 범죄'에 해당한다. 따라서 피고인들에 대하여 구 「아동학대처벌법」제4조, 제2조 제4호 가목, 「형법」제257조 제1항, 제30조로 공소가 제기된 사건에서 피고인2에 대해 「형법」제33조 본문에 따라 「아동학대처벌법」위반(아동학대치사)죄의 공동정범이 성립하고 구 「아동학대처벌법」제4조에서 정한 형에 따라 과형이 이루어져야 한다.

② 도박의 습벽이 있는 자가 타인의 도박을 방조하면 상습도박방조의 죄에 해당하는 것이며, 도박의 습벽이 있는 자가 도박을 하고 또 도박방조를 하였을 경우 상습도박방조의 죄는 무거운 상습도박의 죄에 포괄시켜 1죄로서 처단하여야 한다.

③ 「세무사법」이 무자격 세무대리행위를 처벌하는 규정 외에 명의대여 금지규정을 위반한 세무사를 처벌하는 별도의 규정을 둠과 동시에 그 법정형을 무자격 세무대리행위보다 낮게 정하고 있음에 비추어 볼 때, 세무사 자격이 없는 자가 작성하여 온 세무조정계산서에 자기 자신의 기명날인을 한 세무사에 대하여는 형이 보다 가벼운 명의대여 금지규정 위반죄의 적용만이 문제될 뿐이고 형이 무거운 무자격 세무대리행위의 공동정범이 성립될 여지는 없다.

④ 「형법」제31조 제1항은 협의의 공범의 일종인 교사범이 그 성립과 처벌에 있어서 정범에 종속한다는 일반적인 원칙을 선언한 것이므로, 신분관계로 인하여 형의 경중이 있는 경우에 신분이 있는 자가 신분이 없는 자를 교사하여 죄를 범하게 한 때에도 「형법」제31조 제1항이 적용되어 신분이 있는 교사범은 신분이 없는 정범과 동일한 형으로 처벌한다.

9. 책임이론에 관한 설명 중 옳지 <u>않은</u> 것은?

① 기능적 책임론은 책임 개념을 예방으로 대체함으로써 일반예방에 대한 관계에서 책임주의가 가지고 있는 제한적 기능을 무력화시킬 수 있다는 비판을 받는다.

② 규범적 책임론은 책임의 본질을 심리적 사실관계에 두는 것이 아니라 그러한 사실관계를 토대로 한 규범적 평가로서의 비난가능성으로 이해하는 이론이다.

③ 심리적 책임론은 책임을 행위에 대한 행위자의 주관적, 심리적 관계로 이해하여 인식 없는 과실의 경우에는 책임을 인정할 수 없고, 고의, 과실이 있음에도 책임능력이 없거나 책임조각사유에 의한 책임을 부정해야 하는 경우를 설명할 수 없다는 비판을 받는다.

④ 도의적 책임론은 책임능력을 형벌능력으로 파악하나, 사회적 책임론은 책임능력을 범죄능력으로 파악한다.

10. 실행의 착수에 대한 설명으로 옳지 <u>않은</u> 것은? (다툼이 있는 경우 판례에 의함)

① 야간에 아파트에 침입하여 물건을 훔칠 의도 하에 아파트의 베란다 철제난간까지 올라가 유리창문을 열려고 시도하였다면 야간주거침입절도죄의 실행에 착수한 것으로 보아야 한다.

② 사기죄는 편취의 의사로 기망행위를 개시한 때에 실행에 착수한 것으로 보아야 하므로, 사기도박에서도 사기적인 방법으로 도금을 편취하려고 하는 자가 상대방에게 도박에 참가할 것을 권유하는 등 기망행위를 개시한 때에 실행의 착수가 있는 것으로 보아야 한다.

③ 제1차 매수인으로부터 계약금 및 중도금 명목의 금원을 교부받은 후 제2차 매수인에게 부동산을 매도하기로 하고 계약금만을 지급받은 뒤 더 이상의 계약 이행에 나아가지 않았다면 배임죄의 실행의 착수가 있었다고 볼 수 없다.

④ 양팔을 높이 들어 갑자기 뒤에서 껴안으려는 행위를 하는 경우 행위자의 팔이 피해자의 몸에 닿지 않으면 강제추행죄의 실행의 착수를 인정할 수 없다.

11. 죄수에 대한 설명으로 옳은 것은? (다툼이 있는 경우 판례에 의함)

① 단일하고도 계속된 범의 아래 일정 기간 반복하여 일련의 뇌물수수 행위와 부정한 행위가 행하여졌고 그 뇌물수수 행위와 부정한 행위 사이에 인과관계가 인정되며 피해법익도 동일하다면, 최후의 부정한 행위 이후에 저질러진 뇌물수수 행위도 최후의 부정한 행위 이전의 뇌물수수 행위 및 부정한 행위와 함께 수뢰후부정처사죄의 포괄일죄로 처벌함이 타당하다.

② 경합범 중 판결을 받지 아니한 죄가 있는 때에는 그 죄와 판결이 확정된 죄를 동시에 판결할 경우와 형평을 고려하여 그 죄에 대하여 형을 선고한다. 이 경우 그 형을 감경 또는 면제한다.

③ 경찰공무원이 지명수배 중인 범인을 발견하고도 직무상 의무에 따른 적절한 조치를 취하지 아니하고 오히려 범인을 도피하게 한 경우, 범인도피죄와 직무유기죄가 모두 성립하고 양 죄는 상상적 경합관계에 있다.

④ 건물제공행위와 성매매알선행위의 경우 성매매알선행위가 건물제공행위의 결과에 해당하고 반대로 건물제공행위는 성매매알선행위에 수반되는 수단으로 볼 수 있으므로 별개의 죄를 구성하지 않고 위 각 행위를 통틀어 법정형이 더 무거운 성매매알선행위의 포괄일죄를 구성한다.

12. 다음 중 죄수에 관한 설명으로 가장 옳지 <u>않은</u> 것은? (다툼이 있으면 판례에 의함)

① 범죄단체를 구성하거나 이에 가입한 자가 더 나아가 구성원으로 활동하는 경우, 이는 포괄일죄의 관계에 있다.

② 피고인이 금융회사 등의 임직원의 직무에 속하는 사항에 관하여 알선할 의사와 능력이 없음에도 알선을 한다고 기망하고 이에 속은 피해자로부터 알선을 한다는 명목으로 금품 등을 수수하였다면, 이러한 피고인의 행위는 「형법」 제347조 제1항의 사기죄와 「특정경제범죄 가중처벌 등에 관한 법률」 제7조 위반죄에 각 해당하고 위 두 죄는 실체적 경합의 관계에 있다.

③ 도박행위가 공갈죄의 수단이 되었다 하여 그 도박행위가 공갈죄에 흡수되어 별도의 범죄를 구성하지 않는다고 할 수 없다.

④ 처벌대상이 되는 구 「농업협동조합법」 제50조 제1항 제1호 및 제3호의 행위들을 순차적으로 한 경우, 즉 금전·물품·향응, 그 밖의 재산상의 이익이나 공사의 직에 대한 제공의 의사표시를 하고 이를 승낙하며 나아가 그에 따라 약속이 이루어진 재산상 이익 등을 제공하고 제공받은 경우에, 재산상 이익 등에 대한 제공의 의사표시 내지 약속 행위는 제공 행위에, 제공 의사표시의 승낙행위는 제공받은 행위에 각각 흡수된다.

13. 재산죄의 죄수관계에 관한 설명 중 옳은 것을 모두 고른 것은? (다툼이 있는 경우 판례에 의함)

> ㉠ 자기점유의 타인재물을 기망에 의해 영득한 경우에는 횡령죄만 성립한다.
> ㉡ 타인사무의 처리자가 본인을 기망하여 재물을 교부받은 경우에는 사기죄만 성립한다.
> ㉢ 공무원이 직무와 관련해 타인의 재물을 사취하면 사기죄와 수뢰죄의 상상적 경합이다.
> ㉣ 공무원이 직무집행을 빙자하여 타인의 재물을 갈취하면 공갈죄가 성립한다.
> ㉤ 배임행위에 의해 이중매매된 부동산임을 알고도 취득하면 장물취득죄가 된다.

① ㉠㉡㉤　　② ㉠㉢㉣　　③ ㉡㉢㉣　　④ ㉡㉢㉤

14. 다음 「형법」에 대한 설명 중 옳지 <u>않은</u> 것은?

① 피해자의 이익을 위하여 필요하다고 인정할 때에는 피해자의 청구가 있는 경우에 한하여 피고인의 부담으로 판결공시의 취지를 선고할 수 있다.

② 선고하는 벌금이 1억원 이상 5억원 미만인 경우에는 300일 이상, 5억원 이상 50억원 미만인 경우에는 500일 이상, 50억원 이상인 경우에는 1,000일 이상의 노역장 유치기간을 정하여야 한다.

③ 죄를 지어 외국에서 형의 전부 또는 일부가 집행된 사람에 대해서는 그 집행된 형의 전부 또는 일부를 선고하는 형에 산입할 수 있다.

④ 3년 이하의 징역이나 금고 또는 500만원 이하의 벌금의 형을 선고할 경우에 제51조의 사항을 참작하여 그 정상에 참작할 만한 사유가 있는 때에는 1년 이상 5년 이하의 기간 형의 집행을 유예할 수 있다.

15. 절도의 죄에 대한 설명 중 옳은 것은 모두 고른 것은? (다툼이 있는 경우 판례에 의함)

> ㉠ 상습절도죄를 범한 범인이 그 범행 외에 상습적인 절도의 목적으로 주간에 주거침입을 하였다가 절도에 이르지 아니하고 주거침입에 그친 경우에도 주간 주거침입행위는 상습절도죄와 별개로 주거침입죄를 구성한다.
> ㉡ 재물의 소유권 또는 이에 준하는 본권을 침해하는 의사가 있으면 되고 반드시 영구적으로 보유할 의사가 필요한 것은 아니며, 그것이 물건 자체를 영득할 의사인지 물건의 가치만을 영득할 의사인지를 불문한다. 따라서 어떠한 물건을 점유자의 의사에 반하여 취거하는 행위가 결과적으로 소유자의 이익으로 된다는 사정 또는 소유자의 추정적 승낙이 있다고 볼 만한 사정이 있다고 하더라도, 다른 특별한 사정이 없는 한 그러한 사유만으로 불법영득의 의사가 없다고 할 수는 없다.
> ㉢ 임차인이 임대계약 종료 후 식당건물에서 퇴거하면서 종전부터 사용하던 냉장고의 전원을 켜둔 채 그대로 두었다가 약 1개월 후 철거해 가는 바람에 그 기간 동안 전기가 소비된 경우 절도죄가 성립한다.
> ㉣ 야간에 타인의 재물을 절취할 목적으로 사람의 주거에 침입한 경우에는 주거에 침입한 단계에서 이미 야간주거침입절도죄라는 범죄행위의 실행에 착수한 것으로 보아야 하고, 주거침입죄의 실행의 착수는 주거자, 관리자, 점유자 등의 의사에 반하여 주거나 관리하는 건조물 등에 들어가는 등 구성요건의 일부를 실현하는 행위까지 요한다.
> ㉤ 「형법」상 자동차 등 불법사용죄는 미수범을 처벌하며 타인의 자동차, 열차, 항공기, 원동기장치자전거를 행위객체로 규정하고 있다.

① ㉠㉡　　② ㉢㉣　　③ ㉠㉤　　④ ㉣㉤

**16. 다음 중 위계에 의한 업무방해를 인정한 경우가 <u>아닌</u> 것은?
(다툼이 있는 경우 판례에 의함)**

① 정당 국회의원 비례대표 후보자 추천을 위한 당내 경선과정
에서 피고인들이 선거권자들로부터 인증번호를 전달받은 뒤
그들 명의로 특정후보에게 전자투표를 한 행위

② 대학교 시간강사 임용과 관련하여 허위의 학력이 기재된 이
력서만을 제출하였는데, 임용심사 업무 담당자가 불충분한
심사로 인하여 허위 학력이 기재된 이력서를 믿은 경우

③ 피고인들이 일반전화를 다수 개통한 후 특정 후보 지지자들
의 명단을 이용하여 휴대전화에 착신전환하는 방법으로
ACS 여론조사에 응답하도록 하여 여론조사 결과가 특정 후
보에게 유리하게 나오도록 조작하기로 상호 공모하고, 나아
가 실제로 190대의 일반전화를 개통하여 휴대전화로 착신전
환을 한 후, 착신전환을 받은 휴대전화의 소지자들이 ACS
여론조사에서 특정 후보를 지지하는 내용의 응답을 하게 한
행위

④ 고속도로 통행요금징수 기계화시스템의 성능에 대한 한국도
로공사의 현장평가 시에 각종 소형화물차 16대의 타이어 공
기압을 낮추어 접지면을 증가시킨 후 톨게이트를 통과시킨
행위

**17. 사기죄에 관한 다음 설명 중 가장 옳지 <u>않은</u> 것은? (다툼이 있
는 경우 판례에 의함)**

① 자기에게 유리한 판결을 얻기 위하여 소송상의 주장이 사실
과 다름이 객관적으로 명백하거나 증거가 조작되어 있는 점
을 인식하지 못하는 제3자를 이용하여 그로 하여금 소송의
당사자가 되게 하고 법원을 기망하여 소송 상대방의 재물 또
는 재산상 이익을 취득하려고 하였다면 간접정범의 형태에
의한 소송사기죄가 성립한다.

② 자기의 비용과 노력으로 건물을 신축하여 그 소유권을 원시
취득한 미등기건물의 소유자가 있고 그에 대한 채권담보 등
을 위하여 건축허가명의만을 가진 자가 따로 있는 상황에서,
건축허가명의자에 대한 채권자가 위 명의자와 공모하여 명
의자를 상대로 위 건물에 관한 강제경매를 신청하여 법원의 경
매개시결정이 내려지고, 그에 따라 위 명의자 앞으로 촉탁에
의한 소유권보존등기가 되고 나아가 그 경매절차에서 건물이
매각되었다고 하더라도, 위와 같은 경매신청행위 등이 진정
한 소유자에 대한 관계에서 사기죄가 된다고 볼 수는 없다.

③ 비의료인이 개설한 의료기관이 마치 「의료법」에 의하여 적법
하게 개설된 요양기관인 것처럼 국민건강보험공단에 요양급
여비용의 지급을 청구하는 것은 국민건강보험공단으로 하여
금 요양급여비용 지급에 관한 의사결정에 착오를 일으키게
하는 것으로서 사기죄의 기망행위에 해당한다.

④ 민사소송의 피고는 허위내용의 서류를 작성하여 이를 증거
로 제출하거나 위증을 시키는 등의 적극적인 방법으로 법원
을 기망하여 착오에 빠지게 하더라도 적극적 소송당사자가
아니므로 사기죄의 주체가 될 수 없다.

**18. 다음 중 옳고 그름의 표시(○, ×)가 바르게 된 것은? (다툼이
있는 경우 판례에 의함)**

> ㉠ 특수폭행치상의 경우 특수상해에 관한 신설규정에 따라 특
> 수상해죄와 동일하게 처벌한다.
> ㉡ 폭행죄는 피해자의 명시한 의사에 반하여 공소를 제기할
> 수 없는 반의사불벌죄로서 피해자가 사망한 후에는 그 상
> 속인이 피해자를 대신하여 처벌불원의 의사표시를 할 수
> 없다.
> ㉢ 자기 또는 배우자의 직계존속의 신체에 대하여 폭행을 가
> 한 때에는 존속폭행죄가 성립하며, 이 경우 피해자의 명시
> 한 의사에 반하여 공소를 제기할 수 있다.
> ㉣ 甲과 乙이 독립하여 A를 살해하고자 총을 쏘아 탄환 하나
> 가 A의 다리에 적중하여 A가 상해를 입었을 경우, 甲과 乙
> 은 「형법」 제263조의 소위 동시범이 성립한다.

① ㉠(×) ㉡(○) ㉢(×) ㉣(×)
② ㉠(○) ㉡(×) ㉢(○) ㉣(○)
③ ㉠(○) ㉡(○) ㉢(×) ㉣(×)
④ ㉠(×) ㉡(×) ㉢(○) ㉣(○)

**19. 횡령죄에 관한 설명으로 가장 적절하지 <u>않은</u> 것은? (다툼이
있는 경우 판례에 의함)**

① 주식회사 대표이사가 적법하게 수령할 권한있는 보수가 압
류당할 우려가 있자 이를 피하기 위하여 실제 근무하지 않는
근로자의 임금명목으로 보수를 조성하여 타인 명의로 이를
수령하여 소비하였더라도 횡령죄는 성립하지 않는다.

② 회사의 승낙 없이 임의로 지정 할인율보다 더 높은 할인율을
적용하여 회사가 지정한 가격보다 낮은 가격으로 제품을 판
매하는 이른바 '덤핑판매'에서, 제3자인 거래처에 시장 거래
가격에 따라 제품을 판매한 경우라면 행위자 또는 제3자가
재산상 이익을 취득한 사실이 없어 업무상배임죄가 성립하
지 않는다.

③ 보관자의 지위에 있는 공동명의 예금채권자가 피해자 조합
원들이 제기한 소송으로 인하여 조합이 입게 되는 손해에 대
한 구상금 채권의 집행확보를 위하여 피해자 조합원들에 대
하여 예금계좌에 초과로 입금된 개발부담금의 반환을 거부
한 경우에는 불법영득의사가 인정되어 횡령죄가 성립한다.

④ 아파트 입주자대표회의 회장이 아파트 특별수선충당금을 구
조진단 견적비 및 손해배상청구소송의 변호사 선임료로 사
용하였으나 당시에는 특별수선충당금의 용도외 사용이 관리
규약에 의해서만 제한되고 있어서 구분소유자들 또는 입주
민들로부터 포괄적인 동의를 얻어 특별수선충당금을 위탁의
취지에 부합하는 용도에 사용한 것으로 볼 수 있다면 업무상
횡령죄에 해당하지 않는다.

20. 명예훼손죄 및 모욕죄에 대한 설명으로 옳지 <u>않은</u> 것은? (다툼이 있는 경우 판례에 의함)

① 아파트 입주자대표회의 감사인 피고인이 관리소장 甲의 외부특별감사에 관한 업무처리에 항의하기 위해 관리소장실을 방문한 자리에서 甲과 언쟁을 하다 "야, 이따위로 일할래.", "나이 처먹은 게 무슨 자랑이냐."라고 말한 경우 객관적으로 甲의 인격적 가치에 대한 사회적 평가를 저하시킬 만한 모욕적 언사에 해당하지 않는다.

② 인터넷 신문사 소속 기자 甲이 작성한 기사가 인터넷 포털 사이트의 '핫이슈' 난에 게재되자, 피고인이 "이런걸 기레기라고 하죠?"라는 댓글을 게시함으로써 공연히 甲을 모욕하였다는 내용으로 기소된 사안에서, '기레기'는 모욕적 표현에 해당하고, 「형법」 제20조에 의하여 위법성이 조각되지 않는다.

③ 甲이 A를 비방할 목적으로 출판물에 사실을 적시하여 명예를 훼손한 경우 「형법」 제310조(위법성의 조각)를 적용할 수 없다.

④ A의 산후조리원을 이용한 甲이 임신, 육아 등과 관련한 유명 인터넷 카페나 자신의 블로그 등에 자신이 직접 겪은 불편사항 등을 9회에 걸쳐 후기 형태로 게시한 주요한 동기·목적이 공공의 이익을 위한 것이라면 산후조리원 이용대금 환불과 같은 다른 사익적 목적이나 동기가 내포되어 있다고 하여도 '비방할 목적'을 인정하기는 어렵다.

21. 횡령죄와 배임죄에 관한 설명 중 옳지 <u>않은</u> 것은 ? (다툼이 있는 경우 판례에 의함)

① 소유권 취득에 등록이 필요한 다른 사람 소유 차량을 인도받아 보관받고 있는 사람이 이를 사실상 처분한 경우 보관위임자나 보관자가 차량의 등록명의자가 아니라면 횡령죄가 성립한다.

② 근로자는 운송회사로부터 일정액의 급여를 받으면서 당일 운송수입금을 전부 운송회사에 납입하고, 운송회사는 이를 월 단위로 정산하기로 한 약정이 체결된 경우, 근로자가 운송수입금을 임의로 소비하였다면 이는 횡령죄를 구성하며 근로자가 사납금을 초과하는 수입금 일부를 배분받을 권리가 있더라도 마찬가지이다.

③ 성매매알선 등 행위에 관하여 동업계약을 체결한 당사자 일방이 상대방에게 그 동업계약에 따라 성매매의 권유·유인·강요의 수단으로 이용되는 선불금 등 명목으로 사업자금을 제공하였다면 그 사업자금 역시 불법원인급여에 해당하여 이를 횡령하였다하여도 횡령죄가 성립하지 않는다.

④ 피해자가 피고인 측으로부터 화물차를 매수하는 내용의 매매계약과 피해자가 매수한 이 사건 화물차를 피고인 측 지입회사로 지입하는 내용의 지입계약이 결합된 약정이 체결된 사안에서, 피고인이 피해자의 승낙 없이 이 사건 화물차에 관하여 임의로 저당권을 설정해 준 경우 지입회사는 지입차량에 관한 자신의 재산상 사무를 맡아 처리하는 것으로서 '타인의 사무를 처리하는 자'의 지위에 있다 할 수 없다.

22. 자유에 대한 죄에 관한 설명 중 옳은 것을 모두 고른 것은? (다툼이 있는 경우 판례에 의함)

> ㉠ 해악의 고지가 제3자로 하여금 해악을 가하도록 하겠다는 방식인 경우 고지자가 제3자에게 영향을 미칠 수 있는 지위에 있는 것으로 믿게 하는 묵시적 언동을 하는 때에도 협박죄의 협박이 된다.
>
> ㉡ 「형법」 제288조 제1항의 영리목적 약취죄는 존속에 대한 범죄에 대하여 가중처벌 규정을 두고 있다.
>
> ㉢ 피해자를 강제로 승용차에 태우고 가면서 피해자의 금품을 강취하기 위해 상해를 가한 후 금품을 강취한 다음 피해자를 태운 채 계속하여 상당한 거리를 운전하여 간 경우 강도상해죄와 감금죄의 상상적 경합이 된다.
>
> ㉣ 미성년자가 혼자 머무는 주거에 침입하여 그를 감금한 뒤 폭행 또는 협박에 의하여 부모의 출입을 봉쇄하거나, 미성년자와 부모가 거주하는 주거에 침입하여 부모만을 강제로 퇴거시키고 독자적인 생활관계를 형성하기에 이르렀다면, 비록 장소적 이전이 없었다 할지라도 미성년자약취죄에 해당한다.
>
> ㉤ 흉기를 휴대하여 피해자를 협박한 경우 피해자가 처벌을 원하지 않으면 처벌할 수 없다.

① ㉠㉡   ② ㉠㉣   ③ ㉢㉣   ④ ㉣㉤

23. 다음 설명 중 가장 옳은 것은? (다툼이 있는 경우 판례에 의함)

① 「성폭력 가중처벌에 관한 법률」상 주거침입강제추행죄 및 주거침입강간죄 등은 사람의 주거 등을 침입한 자가 피해자를 간음, 강제추행 등 성폭력을 행사한 경우에 성립하는 것으로서, 주거침입죄를 범한 후에 사람을 강간하는 등의 행위를 하여야 하는 일종의 신분범이고, 선후가 바뀌어 강간죄 등을 범한 자가 그 피해자의 주거에 침입한 경우에도 성립할 수 있다.

② 범인이 카메라 기능이 설치된 휴대전화를 피해자의 치마 밑으로 들이밀거나, 피해자가 용변을 보고 있는 화장실 칸 밑 공간 사이로 집어넣는 등 카메라 등 이용 촬영 범행에 밀접한 행위를 개시한 경우에는 「성폭력처벌법」 위반(카메라 등 이용 촬영)죄의 실행에 착수하였다고 볼 수 있다

③ 甲이 제작한 영상물이 객관적으로 아동·청소년이 등장하여 성적 행위를 하는 내용을 표현한 영상물에 해당하더라도 대상이 된 아동·청소년의 동의하에 촬영한 것이라면, 甲의 행위는 「아동·청소년의 성보호에 관한 법률」상 아동·청소년이용음란물을 제작한 것에 해당하지 아니한다.

④ 「성폭력범죄의 처벌 등에 관한 특례법」 제13조의 통신매체이용음란죄는 성적 자기결정권에 반하여 성적 수치심을 일으키는 그림 등을 개인의 의사에 반하여 접하지 않을 권리를 보장하기 위한 것으로 개인의 성적 자유를 보호하기 위한 것이며, 사회적 법익으로서 건전한 성풍속을 보호하기 위한 구성요건이 아니다.

24. 다음의 문서죄에 대한 판례의 설명 중 틀린 것은?

① 다른 고소사건에 제출할 목적으로 고소위임장에 첨부된 진정한 경유증표를 컬러복사기로 고소위임장과 함께 그대로 복사한 행위는 사문서위조죄에 있어서 위조행위에 해당하며, 사문서위조죄는 그 명의자가 진정으로 작성한 문서로 볼 수 있을 정도의 형식과 외관을 갖추어 일반인이 명의자의 진정한 사문서로 오신하기에 충분한 정도이면 성립한다.

② 공동피고인이 위조된 부동산임대차계약서를 담보로 제공하고 피해자로부터 돈을 빌려 편취할 것을 계획하면서 피고인에게 미리 전화를 하여 임대인 행세를 하여달라고 부탁하였고, 피고인은 임대인인 것처럼 행세하여 전세금액 등을 확인한 사안에서, 피고인의 행위는 위조사문서행사에 있어서 기능적 행위지배의 공동정범 요건을 갖추었다.

③ 주주총회의 소집절차 등에 관한 하자가 주주총회결의 취소사유에 해당한다면 그 취소 전에 주주총회의 결의에 따른 감사 변경등기를 한 행위는 공정증서원본불실기재죄를 구성한다.

④ 자신의 이름과 나이를 속이는 용도로 사용할 목적으로 주민등록증의 이름·주민등록번호란에 글자를 오려붙인 후 이를 컴퓨터 스캔 장치를 이용하여 이미지 파일로 만들어 컴퓨터 모니터로 출력하는 한편 타인에게 이메일로 전송한 행위는 공문서위조 및 위조공문서행사죄를 구성하지 않는다.

25. 다음 중 판례의 태도로서 틀린 것은?

① 실제로는 채권·채무관계가 존재하지 아니함에도 공증인에게 허위신고를 하여 가장된 금전채권에 대하여 집행력이 있는 공정증서원본을 작성하게 한 경우 공정증서원본부실기재죄가 성립한다.

② 양도인이 허위의 채권에 관하여 그 정을 모르는 양수인과 실제로 채권양도의 법률행위를 한 이상, 공증인에게 그러한 채권양도의 법률행위에 관한 공정증서를 작성하게 하였다고 하더라도 공정증서원본불실기재죄가 성립하지 않는다.

③ 토지거래 허가구역 안의 토지에 관하여 실제로는 매매계약을 체결하고서도 처음부터 토지거래허가를 잠탈하려는 목적으로 등기원인을 증여로 하여 소유권이전등기를 경료한 경우, 매도인과 매수인 사이에 증여를 원인으로 한 소유권이전등기를 경료할 의사의 합치가 있었다면 공정증서원본불실기재죄가 성립하지 않는다.

④ 공정증서원본 등에 기재된 사항이 존재하지 아니하거나 외관상 존재한다고 하더라도 무효에 해당하는 하자가 있다면 그 기재는 불실기재에 해당한다.

26. 뇌물죄에 관한 다음 설명 중 옳지 않은 것은? (다툼이 있는 경우 판례에 의함)

① 법령에 기한 임명권자에 의하여 임용되어 공무에 종사하여 온 사람이 그 직무에 관하여 뇌물을 수수한 경우이지만 나중에 그가 임용결격자이었음이 밝혀져 당초의 임용행위가 무효인 경우 뇌물수수죄가 성립하지 아니한다.

② 횡령 범행으로 취득한 돈을 공범자끼리 수수한 행위가 공동정범들 사이의 범행에 의하여 취득한 돈을 공모에 따라 내부적으로 분배한 것에 지나지 않는다면 별도로 그 돈의 수수행위에 관하여 뇌물죄가 성립하는 것은 아니다.

③ 뇌물공여죄가 성립되기 위해서 반드시 상대방 측에서 뇌물수수죄가 성립되어야 할 필요는 없다.

④ 현재 도박범행의 수사 등에 관한 구체적인 사무를 담당하고 있지 아니한 교통계 근무 경찰관이 도박장개설 및 도박범행을 묵인하고 편의를 봐주는데 대한 사례비 명목으로 금품을 수수하고, 나아가 도박장개설 및 도박범행 사실을 잘 알면서도 이를 단속하지 아니하면 수뢰후부정처사죄가 성립한다.

27. 뇌물죄에 관한 설명 중 옳은 것(○)과 옳지 않은 것(×)을 올바르게 조합한 것은? (다툼이 있는 경우 판례에 의함)

> ㉠ 뇌물로 제공할 물품이 특정되지 않았다면 몰수를 할 수 없고 그 가액도 추징할 수 없다.
>
> ㉡ 자동차를 뇌물로 제공한 경우, 뇌물수수자가 자동차에 대한 실질적인 사용 및 처분권한이 있더라도 자동차등록원부에 그 소유자로 등록되지 않았다면 자동차 자체를 뇌물로 취득한 것으로 볼 수 없다.
>
> ㉢ 수뢰자가 뇌물을 그대로 보관하였다가 증뢰자에게 반환한 경우, 수뢰자로부터 몰수·추징하지 않고 증뢰자로부터 몰수·추징하여야 한다.
>
> ㉣ 알선수뢰죄에 있어서 다른 공무원의 직무에 속한 사항의 알선행위는 그 알선행위자가 결재권한이나 최종결정권한을 가지고 있어야 하는 것은 아니다.
>
> ㉤ 뇌물공여죄가 성립하기 위하여는 뇌물을 공여하는 행위와 상대방의 뇌물을 수수하는 행위가 있어야할 뿐만 아니라 상대방에게 뇌물수수죄가 성립하여야 한다.

① ㉠(×) ㉡(○) ㉢(○) ㉣(×) ㉤(○)
② ㉠(○) ㉡(○) ㉢(×) ㉣(×) ㉤(×)
③ ㉠(○) ㉡(×) ㉢(×) ㉣(○) ㉤(○)
④ ㉠(○) ㉡(×) ㉢(○) ㉣(○) ㉤(×)

28. 직무유기죄와 직권남용죄에 대한 설명으로 옳지 <u>않은</u> 것은? (다툼이 있는 경우 판례에 의함)

① 직무유기죄는 그 직무를 수행하여야 하는 작위의무의 존재와 그에 대한 위반을 전제로 하고 있는바, 공무원이 정당한 이유 없이 그 직무수행을 거부하거나 그 직무를 유기한 때 즉시 성립하는 즉시범이다.

② 직무유기죄는 공무원이 추상적 성실의무를 태만히 하는 일체의 경우에 성립하는 것이 아니라 직장의 무단이탈, 직무의 의식적인 포기 등과 같이 국가의 기능을 저해하고 국민에게 피해를 야기시킬 가능성이 있는 경우에 한하여 성립한다.

③ 직권남용죄에서 '직권남용'은 '사람으로 하여금 의무 없는 일을 하게 한 것'과 '사람의 권리행사를 방해한 것'과 구별되는 별개의 범죄성립요건으로, 공무원이 한 행위가 직권남용에 해당한다고 하여 바로 상대방이 한 일이 '의무 없는 일'에 해당한다고 인정할 수는 없다.

④ 법무부 검찰국장인 피고인이, 검찰국이 마련하는 인사안 결정과 관련한 업무권한을 남용하여 검사인사담당 검사 甲으로 하여금 2015년 하반기 검사인사에서 부치지청에 근무하고 있던 경력검사 乙을 다른 부치지청으로 다시 전보시키는 내용의 인사안을 작성하게 함으로써 의무 없는 일을 하게 하였다면 직권남용권리행사방해로 볼 수 없다.

29. 재정신청에 관한 다음 설명 중 옳지 <u>않은</u> 것은?

① 법원은 재정신청서를 송부받은 때에는 송부받은 날부터 10일 이내에 피의자에게 그 사실을 통지하여야 한다.

② 재정신청사건의 심리는 특별한 사정이 없는 한 공개한다.

③ 재정신청사건의 심리 중에는 관련 서류 및 증거물을 열람 또는 등사할 수 없다. 다만, 법원은 「형사소송법」 제262조 제2항 후단의 증거조사 과정에서 작성된 서류의 전부 또는 일부의 열람 또는 등사를 허가할 수 있다.

④ 재정신청은 대리인에 의하여 할 수 있으며 공동신청권자 중 1인의 신청은 그 전원을 위하여 효력을 발생한다.

30. 다음 설명 중 수사권조정에 관하여 옳지 <u>않은</u> 것은?

① 검사가 사법경찰관이 신청한 영장을 정당한 이유 없이 판사에게 청구하지 아니한 경우 사법경찰관은 고등 검찰청에 영장 청구 여부에 대한 심의를 신청할 수 있다.

② 사법경찰관은 독자적으로 수사종결을 할 수 있고 이러한 불송치결정시는 송치결정과 달리 관계 서류와 증거물을 지체 없이 검사에게 송부하지 않아도 된다.

③ 사법경찰관은 피의자를 신문하기 전에 수사과정에서 법령위반, 인권침해 또는 현저한 수사권 남용이 있는 경우 검사에게 구제를 신청할 수 있음을 피의자에게 알려주어야 한다.

④ 「고위공직자범죄수사처 설치 및 운영에 관한 법률」의 대상인 고위공직자에는 경무관급 이상 경찰도 포함된다.

31. 사법경찰관의 불송치결정과 이에 대한 「형사소송법」 개정 내용에 대하여 옳은 것은?

> ㉠ 사법경찰관이 불송치하는 경우에는 그 이유를 명시한 서면과 함께 관계 서류와 증거물을 지체 없이 검사에게 송부하여야 한다. 이 경우 검사는 송부받은 날부터 90일 이내에 사법경찰관에게 반환하여야 한다.
>
> ㉡ 사법경찰관은 불송치하는 경우에는 그 송부한 날부터 14일 이내에 서면으로 고소인·고발인·피해자 또는 그 법정대리인(피해자가 사망한 경우에는 그 배우자·직계친족·형제자매를 포함한다)에게 사건을 검사에게 송치하지 아니하는 취지와 그 이유를 통지하여야 한다.
>
> ㉢ 검사는 사법경찰관으로부터 송치받은 사건에 대해 보완수사가 필요하다고 인정하는 경우에는 원칙적으로 직접 보완수사할 수 없다.
>
> ㉣ 불송치결정을 통지 받은 사람은 관할 지방 검찰청에 재수사요청을 할 수 있다.
>
> ㉤ 검사는 불송치결정의 경우에 사법경찰관이 사건을 송치하지 아니한 것이 위법 또는 부당한 때에는 그 이유를 문서로 명시하여 사법경찰관에게 재수사를 요청할 수 있다.

① ㉠㉡㉢　　② ㉠㉢㉣　　③ ㉠㉢㉤　　④ ㉡㉣㉤

32. 다음 구속전 피의자심문제도에 대한 설명 중 옳은 것은? (다툼이 있는 경우 판례에 의함)

① 법원은 변호인의 사정이나 그 밖의 사유로 변호인 선정결정이 취소되어 변호인이 없게 된 때에는 직권으로 변호인을 다시 선정하여야 한다.

② 심문할 피의자에게 변호인이 없는 때에는 지방법원판사는 직권으로 변호인을 선정하여야 한다. 이 경우 변호인의 선정은 피의자에 대한 구속영장 청구가 기각되어 효력이 소멸한 경우를 제외하고는 심문시까지 효력이 있다.

③ 판사는 구속여부의 판단을 위하여 심문장소에 출석한 피해자 그 밖의 제3자를 심문하여야 한다.

④ 판사는 지정된 심문기일에 피의자를 심문할 수 없는 특별한 사정이 있는 경우에는 그 심문기일을 변경할 수 있다.

33. 보석에 대한 설명으로 옳은 것을 모두 고른 것은? (다툼이 있는 경우 판례에 의함)

> ㉠ 법원은 보석조건으로 피고인에게 전자장치 부착을 명할 수 있다.
> ㉡ 법원은 피고인이 정당한 사유 없이 보석조건을 위반한 경우에는 결정으로 피고인에 대하여 1천만원 이하의 과태료를 부과하거나 10일 이내의 감치에 처할 수 있다.
> ㉢ 1심에서 실형이 선고되어 법정구속된 피고인이 항소하면서 동시에 보석을 신청한 경우, 소송기록이 1심에 있을 때 그 보석에 대한 결정은 항소법원에서 한다.
> ㉣ 재판장은 보석에 관한 결정을 하기 전에 검사의 의견을 물어야 하고, 검사는 의견요청에 대하여 지체 없이 의견을 표명하여야 한다.
> ㉤ 법원은 특별한 사정이 없는 한 보석 또는 구속취소의 청구를 받은 날부터 7일 이내에 그에 관한 결정을 하여야한다.

① 1개   ② 2개   ③ 3개   ④ 4개

34. 압수물 처리와 관련된 설명 중 옳은 것(○)과 옳지 않은 것(×)을 올바르게 연결한 것은? (다툼이 있는 경우 판례에 의함)

> ㉠ 수사단계에서 소유권을 포기한 압수물에 대하여 형사재판에서 몰수형이 선고되지 않은 경우, 피압수자는 국가에 대하여 민사소송으로 그 반환을 청구할 수 있다.
> ㉡ 압수한 장물로서 피해자에게 환부할 이유가 명백한 것은 판결로써 피해자에게 환부하는 선고를 하여야 한다.
> ㉢ 압수한 장물은 피해자에게 환부할 이유가 명백한 때에는 피고사건의 종결 전이라도 피해자에게 환부할 수 있다.
> ㉣ 사법상 피해자가 압수장물의 인도청구권에 관하여 사실상·법률상 다소라도 의문이 있는 경우에는 압수장물을 피해자에게 환부할 이유가 명백할 때에 해당하지 않는다.
> ㉤ 압수한 서류 또는 물품에 대하여 몰수의 선고가 없는 때에는 압수는 그대로 유지된다.
> ㉥ 외국산 물품을 관세장물의 혐의가 있다고 보아 압수하였다가 그것이 언제, 누구에 의하여 관세포탈된 물건인지 알 우 없어 기소중지처분을 한 경우라도 그 압수물은 관세장물이라고 볼 수 있으므로 국고에 귀속시킬 수 있을 뿐만 아니라 압수를 계속할 필요성도 인정된다.

① ㉠(×) ㉡(○) ㉢(○) ㉣(×) ㉤(○) ㉥(×)
② ㉠(○) ㉡(○) ㉢(○) ㉣(○) ㉤(×) ㉥(×)
③ ㉠(×) ㉡(○) ㉢(×) ㉣(○) ㉤(×) ㉥(○)
④ ㉠(○) ㉡(×) ㉢(○) ㉣(×) ㉤(×) ㉥(○)

35. 자백의 보강법칙과 관련된 다음 설명 중 옳지 않은 것은? (다툼이 있는 경우 판례에 의함)

① 피고인이 7건의 절도행위를 한 것으로 기소된 경우, 그 중 4건은 범행장소인 구체적 호수가 특정되지 않았을 때, 위 4건에 관한 피고인의 범행 관련 진술이 매우 사실적이고 구체적이며 진술의 신빙성을 의심할 만한 사유도 없어 자백의 진실성이 인정된다면, 피고인의 집에서 해당 피해품을 압수한 압수조서와 압수물 사진은 위 자백에 대한 보강증거가 될 수 있다.

② 2월 18일 1시 35분경 자동차를 타고 온 피고인으로부터 필로폰을 건네받은 후 피고인이 위 차량을 운전해 갔다고 한 진술과 이틀 후인 같은 해 2월 20일 피고인의 소변에서 나온 필로폰 양성 반응은 피고인이 2월 18일 2시경 필로폰 투약으로 정상적으로 운전하지 못할 우려가 있는 상태에 있었다는 공소사실 부분에 대한 자백을 보강하는 증거가 된다.

③ 에스컬레이터에서 휴대전화기의 카메라를 이용하여 성명불상의 여성피해자의 치마 속을 몰래 촬영하였다는 피고인의 자백에 대하여 이에 대한 휴대폰 압수조서의 경위의 경찰관의 진술은 보강증거가 될 수 없다.

④ 「형사소송법」 제310조 소정의 '피고인의 자백'에 공범인 공동피고인의 진술은 포함되지 아니하므로 공범인 공동피고인의 진술을 다른 공동피고인에 대한 범죄사실을 인정하는 증거로 할 수 있고, 공범인 공동피고인들의 각 진술은 상호간에 서로 보강증거가 될 수 있다.

36. 다음 중 판례의 태도에 합치되지 않는 것은?

① '다른 중요한 증거를 발견한 경우'란 재정신청 기각결정 당시에 제출된 증거에 새로 발견된 증거를 추가하면 충분히 유죄의 확신을 가지게 될 정도의 증거가 있는 경우를 말하고, 단순히 재정신청 기각결정의 정당성에 의문이 제기되거나 범죄피해자의 권리를 보호하기 위하여 형사재판절차를 진행할 필요가 있는 정도의 증거가 있는 경우는 여기에 해당하지 않는다.

② A는 운전 중 교통사고를 내고 의식을 잃은 채 응급실로 호송되었다. 출동한 경찰관 K는 압수·수색 또는 검증영장을 발부받지 않은 채 A의 동서로부터 채혈동의를 받고 A의 혈액을 채혈하였다. K는 제출받은 혈액을 이용하여 혈중알콜농도에 관한 감정서 및 주취운전자적발보고서를 작성하였다. 혈중알콜농도에 관한 감정서 및 주취운전자적발보고서는 위법수집증거에 해당한다.

③ 검사 K는 A의 피의사실에 대하여 공소를 제기하였다. 그 후 증거보강이 필요하다고 판단한 K는 「형사소송법」 제215조를 근거로 수소법원이 아닌 지방법원의 판사에게 청구하여 발부받은 영장에 의하여 압수·수색을 하였다. 압수·수색에 의하여 수집된 증거의 증거능력은 인정된다.

④ 검사 K는 A의 고소사건에 대하여 불기소처분을 하였다. 이에 A는 관할법원에 재정신청을 하였다. 법원은 사건을 심리함에 있어서 그 재정신청이 법률상의 방식을 준수하였음에도 방식을 위배한 신청이라고 잘못 보아 그 신청이유에 대한 실체판단이 없이 기각하였다. A는 법원의 재정신청 기각결정에 대하여 불복할 수 있다.

37. 「형사소송법」 제314조에 의한 증거능력의 인정요건에 대한 설명으로 가장 적절하지 <u>않은</u> 것은? (다툼이 있는 경우 판례에 의함)

① 범행 직후 미합중국 주검찰 수사관이 작성한 피해자 및 공범에 대한 질문서(interrogatory)와 우리나라 법원의 형사사법공조요청에 따라 미합중국 법원의 지명을 받은 수명자(미합중국 검사)가 작성한 피해자 및 공범에 대한 증언녹취서(deposition)는 「형사소송법」 제314조의 규정에 의하여 그 증거능력을 인정할 수 있다.

② 참고인의 진술 또는 작성이 '특히 신빙할 수 있는 상태하에서 행하여졌음에 대한 증명'은 단지 그러할 개연성이 있다는 정도로는 부족하고 합리적인 의심의 여지를 배제할 정도에 이르러야 한다. 「형사소송법」 제314조의 '특신상태'와 관련된 법리는 마찬가지로 원진술자의 소재불명 등을 전제로 하고 있는 동법 제316조 제2항의 '특신상태'에 관한 해석에도 그대로 적용된다.

③ 증인의 주소지가 아닌 곳으로 소환장을 보내 송달불능이 되자 그 곳을 중심으로 한 소재탐지 끝에 소재불능회보를 받은 경우에는 「형사소송법」 제314조에서 말하는 원진술자가 공판정에서 진술할 수 없는 때라고 할 수 없다.

④ 수사기관에서 진술한 참고인이 법정에서 증언을 거부하여 피고인이 반대신문을 하지 못한 경우, 정당하게 증언거부권을 행사한 것이 아니라면 피고인이 증인의 증언거부 상황을 초래하였다는 등의 특별한 사정이 있더라도 「형사소송법」 제314조의 '그 밖에 이에 준하는 사유로 인하여 진술할 수 없는 때'에 해당하지 않는다.

38. 전문증거의 증거능력에 대한 설명으로 가장 적절하지 않은 것은? (다툼이 있는 경우 판례에 의함)

① 구성원과 문건을 주고받는 방법으로 통신을 한 경우, 반국가단체로부터 지령을 받고 국가기밀을 탐지·수집하였다는 공소사실과 관련하여 수령한 지령 및 탐지·수집하여 취득한 국가기밀이 문건의 형태로 존재하는 경우나 편의제공의 목적물이 문건인 경우 등에는, 문건 내용의 진실성이 문제 되는 것이 아니라 그러한 내용의 문건이 존재하는 것 자체가 증거가 되는 것으로서, 위와 같은 공소사실에 대하여는 전문법칙이 적용되지 않는다.

② 보험사기 사건에서 건강보험심사평가원이 수사기관의 의뢰에 따라 그 보내온 자료를 토대로 입원진료의 적정성에 대한 의견을 제시하는 내용의 '건강보험심사평가원의 입원진료 적정성 여부 등 검토의뢰에 대한 회신'은 「형사소송법」 제315조 제3호의 '기타 특히 신용할 만한 정황에 의하여 작성된 문서'에 해당하지 않는다.

③ 甲이 진술 당시 술에 취하여 횡설수설하였다는 것을 확인하기 위하여 제출된 甲의 진술이 녹음된 녹음테이프는 전문증거에 해당한다.

④ 성폭력 피해아동이 어머니에게 진술한 내용을 어머니가 상담원에게 전한 후, 상담원이 그 내용을 검사 면전에서 진술하여 작성된 진술조서는 이른바 '재전문진술을 기재한 조서'로서, 피고인이 동의하지 않는 한 증거능력이 인정되지 않는다.

39. 자백보강법칙에 대한 설명으로 가장 적절하지 않은 것은? (다툼이 있는 경우 판례에 의함)

① 체포 당시 임의제출 방식으로 압수된 피고인 소유 휴대전화기에 대한 압수조서 중 '압수경위'란에 피고인이 범행을 저지르는 현장을 직접 목격한 사람의 진술이 담긴 것이라는 내용이 기재된 경우 「형사소송법」 제312조 제5항에서 정한 '피고인이 아닌 자가 수사과정에서 작성한 진술서'에 준하는 것으로 볼 수 있고, 이에 따라 휴대전화기에 대한 임의제출절차가 적법하였는지에 영향을 받지 않는 별개의 독립적인 증거에 해당한다.

② 피고인의 습벽을 범죄구성요건으로 하며 포괄일죄인 상습범에 있어서는 이를 구성하는 각 행위에 관하여 개별적으로 보강증거를 요구하고 있는 것이 아니라 포괄적으로 보강증거를 요구한다.

③ 피고인이 범행을 자인하는 것을 들었다는 피고인 아닌 자의 진술내용은 「형사소송법」 제310조에서 말하는 피고인의 자백에는 포함되지 아니한다.

④ 히로뽕 6g를 소지하며 그 중에서 0.15g를 투약하고 0.85g를 매매한 죄로 기소된 사안에서, 구체적 사정에 비추어 히로뽕, 주사기, 상당량의 자기앞수표 등에 대한 압수조서가 투약에 소비된 양과 압수된 양(4.8g)을 넘는 부분의 히로뽕 소지 및 매매사실에 관하여도 자백의 보강증거가 될 수 있다.

40. 증거동의에 관한 설명 중 가장 적절한 것은? (다툼이 있는 경우 판례에 의함)

① 피고인의 출정 없이 증거조사를 할 수 있는 경우에 피고인이 출정하지 아니한 때에는 피고인의 대리인 또는 변호인이 출정한 때에도 피고인이 증거로 함에 동의한 것으로 간주한다.

② 피고인에 대하여 무죄판결이 선고되어 검사가 항소한 후, 수사기관이 항소심 공판기일에 증인으로 신청하여 신문할 수 있는 사람을 특별한 사정 없이 미리 수사기관에 소환하여 작성한 진술조서는 위법수집증거로 증거동의의 대상이 되지 않는다.

③ 「형사소송법」 제286조의2의 결정이 있는 사건의 증거에 관하여는 동법 제310조의2, 제312조 내지 제314조 및 제316조의 규정에 의한 증거에 대하여 제318조제1항의 동의가 있는 것으로 간주한다. 단, 검사, 피고인 또는 변호인이 증거로 함에 이의가 있는 때에는 그러하지 아니하다.

④ 약식명령에 불복하여 정식재판을 청구한 피고인이 정식재판절차에서 2회 불출석하여 법원이 피고인의 출정 없이 증거조사를 하는 경우라도 피고인의 명시적인 동의 의사가 없는 이상 증거동의가 간주될 수 없다.

삶의 순간순간이
아름다운 마무리이며
새로운 시작이어야 한다.

– 법정 스님

여러분의 작은 소리
에듀윌은 크게 듣겠습니다.

본 교재에 대한 여러분의 목소리를 들려주세요.
공부하시면서 어려웠던 점, 궁금한 점.
칭찬하고 싶은 점, 개선할 점, 어떤 것이라도 좋습니다.

에듀윌은 여러분께서 나누어 주신 의견을
통해 끊임없이 발전하고 있습니다.

에듀윌 도서몰 book.eduwill.net

• 부가학습자료 및 정오표: 에듀윌 도서몰 → 도서자료실
• 교재 문의: 에듀윌 도서몰 → 문의하기 → 교재(내용, 출간) / 주문 및 배송

2022 에듀윌 경찰공무원 실전동형 모의고사(2차 시험 대비) 형사법

발 행 일	2022년 5월 19일 초판
편 저 자	정통
펴 낸 이	권대호
펴 낸 곳	(주)에듀윌
등록번호	제25100−2002−000052호
주　　소	08378 서울특별시 구로구 디지털로34길 55
	코오롱싸이언스밸리 2차 3층

* 이 책의 무단 인용 · 전재 · 복제를 금합니다.　　　ISBN 979−11−360−1763−5 (13350)

www.eduwill.net
대표전화 1600-6700

합격자가 답해주는 ———

에듀윌 지식인

공무원
무엇이든지
궁금하다면

?

접속방법

에듀윌 지식인(king.eduwill.net) 접속

에듀윌 지식인 신규가입회원 혜택

5,000원 쿠폰증정

발급방법 | 에듀윌 지식인 사이트 (king.eduwill.net) 접속 ▶ 신규회원가입 ▶ 자동발급

사용방법 | 에듀윌 온라인 강의 수강 신청 시 타 쿠폰과 중복하여 사용 가능

※ 본 혜택은 예고 없이 다른 혜택으로 대체될 수 있습니다.

에듀윌
지식인

42개월* 베스트셀러 1위
에듀윌 공무원 교재

기본서(국어)

기본서(영어)

기본서(한국사)

기본서(행정법총론)

기본서(운전직 사회)

단원별 기출&예상 문제집(국어)

기출문제집(국어)

기출문제집(영어)

기출문제집(한국사)

기출문제집(행정학)

기출문제집(운전직 사회)

기출PACK
공통과목(국어+영어+한국사)/
전문과목(행정법총론+행정학)

실전동형 모의고사
(행정법총론)

봉투모의고사
(일반행정직 대비 필수과목
/국가직·지방직 대비 공통과목 1, 2)

PSAT 기본서
(언어논리/자료해석/상황판단)

PSAT 기출문제집

PSAT 민경채 기출문제집

7급 기출문제집
(행정학/행정법/헌법)

경찰공무원 교재

기본서(경찰학)

기본서(형사법)

기본서(헌법)

기출문제집
(경찰학/형사법/헌법)

실전동형 모의고사
2차 시험 대비
(경찰학/형사법/헌법)

경찰면접

소방공무원 교재

기출문제집
(한국사/영어/행정법총론
/소방학+관계법규)

실전동형 모의고사
(한국사/영어/행정법총론
/소방학+관계법규)

봉투모의고사
(한국사+영어+행정법총론
/소방학+관계법규)

군무원 교재

※ 기출문제집은 국어/행정법/행정학으로 구성되어 있음.

기출문제집(국어)

기출문제집(행정학)

봉투모의고사
(국어+행정법+행정학)

계리직공무원 교재

※ 단원별 문제집은 한국사/우편상식/금융상식/컴퓨터일반으로 구성되어 있음.

기본서(한국사)

기본서(우편상식)

기본서(금융상식)

기본서(컴퓨터일반)

단원별 문제집(한국사)

기출문제집
(한국사+우편·금융상식+컴퓨터일반)

영어 집중 교재

기출 영단어(빈출순)

매일 3문 독해
(기본완성/실력완성)

빈출 문법(4주 완성)

단기 공략(핵심 요약집)

한국사 집중 교재

흐름노트

행정학 집중 교재

단권화 요약노트

국어 집중 교재

매일 기출한자(빈출순)

문법 단권화 요약노트

비문학 데일리 독해

기출판례집(빈출순) 교재

행정법

헌법

형사법

더 많은
공무원 교재

취업, 공무원, 자격증 시험준비의 흐름을 바꾼 화제작!

에듀윌 히트교재 시리즈

에듀윌 교육출판연구소가 만든 히트교재 시리즈!
YES24, 교보문고, 알라딘, 인터파크, 영풍문고 등 전국 유명 온/오프라인 서점에서 절찬 판매 중!

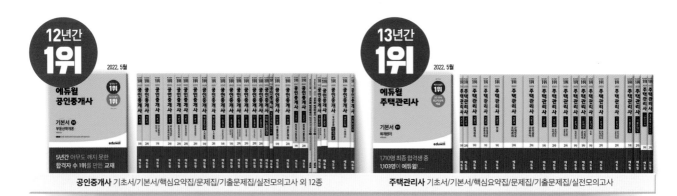

공인중개사 기초서/기본서/핵심요약집/문제집/기출문제집/실전모의고사 외 12종

주택관리사 기초서/기본서/핵심요약집/문제집/기출문제집/실전모의고사

7·9급공무원 기본서/단원별 기출&예상 문제집/기출문제집/기출팩/실전, 봉투모의고사

공무원 국어 한자·문법·독해/영어 단어·문법·독해/한국사 흐름노트/행정학 요약노트/행정법 판례집/헌법 판례집

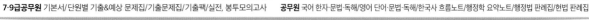

7급공무원 PSAT 기본서/기출문제집

계리직공무원 기본서/문제집/기출문제집

군무원 기출문제집/봉투모의고사

경찰공무원 기본서/기출문제집/모의고사/판례집/면접

소방공무원 기출문제집/실전, 봉투모의고사

맞춤형 화장품 조제관리사

검정고시 고졸/중졸 기본서/기출문제집/실전모의고사/총정리

사회복지사(1급) 기본서/기출문제집/핵심요약집

직업상담사(2급) 기본서/기출문제집

경비 기본서/기출/1차 한권끝장/2차 모의고사

전기기사 필기/실기/기출문제집

전기기능사 필기/실기

2022

에듀윌
경찰공무원

2배속 키워드 해설집 2차 시험 대비
형사법

정통 편저

eduwill

개편 시험 출제경향 **완벽 반영**
해설강의+온라인 모고 **무료!**
(모의고사)

2022
에듀월 경찰공무원

2배속 키워드 해설집 2차 시험 대비
형사법

제**1**회

┃ 동형 기출 분석

제1회 실전동형 모의고사는 **2022년 경찰 1차 시험**의 출제유형, 문제유형, 발문을 분석하여 2022년 2차 시험의 출제예측 및 기출 동형을 구성하였습니다.

영역

제 1 회	형법총론 35%	형법각론 35%	형사소송법 30%

22 경찰 1차	형법총론 35%	형법각론 35%	형사소송법 30%

100% 일치

출제

제 1 회	판례 82.5%	조문 10%	이론 7.5%

22 경찰 1차	판례 82.5%	조문 10%	이론 7.5%

100% 일치

유형

제 1 회	줄글 62.5%	박스형 30%	사례형 7.5%

22 경찰 1차	줄글 62.5%	박스형 30%	사례형 7.5%

100% 일치

발문

제 1 회	옳은 것? 35%	옳지 않은 것? 65%

22 경찰 1차	옳은 것? 35%	옳지 않은 것? 65%

100% 일치

클릭 한 번으로 내 성적 바로 확인!

STEP 1 QR 코드 모바일로 스캔
STEP 2 모바일 OMR에 답안 입력
STEP 3 제출 시 자동채점 및 성적분석
　　　　　문제풀이 시간 자동 측정
　　　　　영역별 정답률로 취약점 파악

┃ 문항 세부 분석

개정법령과 최신판례 반영 문제, 오답을 유발하는 함정문제, 오답률 TOP 1~3 문항을 통해
시험 전 문제풀이 집중 훈련이 가능합니다.

적정 풀이시간 32분

	문번	정답	영역	출제	유형	발문
최신판례	01	①	형법총론 > 형법의 기본원리	판례	박스형(개수문제)	옳지 않은 것은?
	02	②	형법총론 > 형법의 기본원리	판례	줄글	옳지 않은 것은?
최신판례	03	④	형법총론 > 구성요건론	이론	박스형(ㄱㄴㄷ)	옳은 것은?
	04	③	형법총론 > 구성요건론	이론	사례형	옳은 것은?
	05	④	형법총론 > 구성요건론	판례	박스형(OX표시)	옳은 것은?
최신판례	06	③	형법총론 > 위법성론	이론	박스형(ㄱㄴㄷ)	옳은 것은?
	07	③	형법총론 > 위법성론	판례	줄글	옳지 않은 것은?
	08	④	형법총론 > 정범 및 공범론	판례	줄글	옳지 않은 것은?
최신판례	09	③	형법총론 > 미수론	판례	줄글	옳은 것은?
함정문제	10	②	형법총론 > 위법성론	판례	줄글	옳은 것은?
	11	②	형법총론 > 책임론	판례	박스형(ㄱㄴㄷ)	옳은 것은?
최신판례	12	②	형법총론 > 정범 및 공범론	판례	줄글	옳은 것은?
	13	④	형법총론 > 형벌론	조문	줄글	옳은 것은?
최신판례	14	①	형법총론 > 구성요건론	판례	줄글	옳은 것은?
최신판례	15	④	형법각론 > 개인적 법익	판례	줄글	옳지 않은 것은?
최신판례	16	②	형법각론 > 개인적 법익	판례	줄글	옳지 않은 것은?
최신판례	17	③	형법각론 > 개인적 법익	판례	박스형(ㄱㄴㄷ)	옳지 않은 것은?
	18	④	형법총론 > 죄수론 오답률 TOP2	판례	사례형	옳은 것은?
	19	④	형법각론 > 개인적 법익	판례	줄글	옳지 않은 것은?
함정문제 최신판례	20	①	형법각론 > 개인적 법익	판례	박스형(개수문제)	옳은 것은?
최신판례	21	②	형법각론 > 개인적 법익 오답률 TOP1	판례	박스형(ㄱㄴㄷ)	옳지 않은 것은?
최신판례	22	②	형법각론 > 개인적 법익	판례	줄글	옳은 것은?
	23	③	형법각론 > 사회적 법익	판례	줄글	옳지 않은 것은?
	24	②	형법각론 > 사회적 법익	판례	줄글	옳지 않은 것은?
최신판례	25	①	형법각론 > 사회적 법익	판례	줄글	옳은 것은?
함정문제	26	④	형법각론 > 국가적 법익	판례	박스형(ㄱㄴㄷ)	옳지 않은 것은?
함정문제	27	②	형법각론 > 국가적 법익	판례	박스형(ㄱㄴㄷ)	옳지 않은 것은?
	28	④	형법각론 > 국가적 법익	판례	줄글	옳지 않은 것은?
	29	④	형사소송법 > 수사	조문	줄글	옳지 않은 것은?
	30	③	형사소송법 > 수사	판례	줄글	옳지 않은 것은?
	31	③	형사소송법 > 수사	조문	줄글	옳지 않은 것은?
최신판례	32	②	형사소송법 > 수사	판례	줄글	옳지 않은 것은?
함정문제	33	①	형사소송법 > 수사 오답률 TOP3	조문	줄글	옳지 않은 것은?
	34	①	형사소송법 > 증거	판례	줄글	옳지 않은 것은?
	35	①	형사소송법 > 증거	판례	박스형(ㄱㄴㄷ)	옳지 않은 것은?
	36	②	형사소송법 > 증거	판례	줄글	옳지 않은 것은?
	37	①	형사소송법 > 증거	판례	줄글	옳지 않은 것은?
	38	④	형사소송법 > 증거	판례	줄글	옳지 않은 것은?
	39	②	형사소송법 > 증거	판례	사례형	옳지 않은 것은?
	40	④	형사소송법 > 수사	판례	박스형(ㄱㄴㄷ)	옳지 않은 것은?

01 ① 최신판례

형법총론 > 형법의 기본원리 > 죄형법정주의	오답률 53%

㉠ (✕) 「대통령기록물법」 제30조 제2항 제1호, 제14조에 의해 유출이 금지되는 대통령기록물에 원본 문서나 전자파일 이외에 그 사본이나 추가 출력물까지 포함된다고 해석하는 것은 죄형법정주의 원칙상 허용되지 아니한다(대판 2021.1.14. 2016도7104).

㉡ (○) 본조에서의 법원의 재판에 헌법재판소의 심판이 포함된다고 보는 해석론은 문언이 가지는 가능한 의미의 범위 안에서 그 입법 취지와 목적 등을 고려하여 문언의 논리적 의미를 분명히 밝히는 체계적 해석에 해당할 뿐, 피고인에게 불리한 확장해석이나 유추해석이 아니라고 볼 수 있다(대판 2021.8.26. 2020도12017).

㉢ (○) 법령에서 쓰인 용어에 관해 정의규정이 없는 경우에는 원칙적으로 사전적인 정의 등 일반적으로 받아들여진 의미에 따라야 한다. 위계 또는 위력으로 변경할 대상인 '항로'는 별개의 구성요건요소로서 그 자체로 죄형법정주의 원칙에 부합하게 해석해야 할 대상이 된다. 지상의 항공기가 이동할 때 '운항중'이 된다는 이유만으로 그때 다니는 지상의 길까지 '항로'로 해석하는 것은 문언의 가능한 의미를 벗어난다(대판 2017.12.21. 2015도8335 전원합의체).

㉣ (○) 「형법」 제225조의 공문서변조나 위조죄의 객체인 공문서는 공무원 또는 공무소가 그 직무에 관하여 작성하는 문서이고, 그 행위주체가 공무원과 공무소가 아닌 경우에는 「형법」 또는 기타 특별법에 의하여 공무원 등으로 의제되는 경우를 제외하고는 계약 등에 의하여 공무와 관련되는 업무를 일부 대행하는 경우가 있다 하더라도 공무원 또는 공무소가 될 수 없고, 특히 형벌법규의 구성요건을 법률의 규정도 없이 유추·확대 해석하는 것은 죄형법정주의에 반한다(대판 1996.3.26. 95도3073). [동지판례] 행위주체가 공무원과 공무소가 아닌 경우에는 「형법」 또는 특별법에 의하여 공무원 등으로 의제되는 경우를 제외하고는 계약 등에 의하여 공무와 관련되는 업무를 일부 대행하는 경우가 있더라도 「형법」 제227조의2(공전자기록위작·변작)에 규정된 공무원 또는 공무소가 될 수 없다(대판 2020.3.12. 2016도19170).

㉤ (○) 「주민등록법」 제21조 제2항 제3호는 같은법 제7조 제4항의 규정에 의한 주민등록번호부여 방법으로 허위의 주민등록번호를 생성하여 자기 또는 다른 사람의 재물이나 재산상의 이익을 위하여 이를 사용한 자를 처벌한다고 규정하고 있는데, 피고인이 허위의 주민등록번호를 생성하여 사용한 것이 아니라 타인에 의하여 이미 생성된 주민등록번호를 단순히 사용한 것에 불과한 경우를 위 법조 소정의 구성요건을 충족시켰다고 해석하는 경우 유추해석금지의 원칙에 반한다(대판 2004.2.27. 2003도6535).

02 ②

형법총론 > 형법의 기본원리 > 장소적 적용범위	오답률 15%

① (○) 국제협정이나 관행에 의하여 대한민국 내에 있는 미국문화원이 치외법권지역이고 그곳을 미국영토의 연장으로 본다 하더라도 그곳에서 죄를 범한 대한민국 국민에 대하여 우리 법원에 먼저 공소가 제기되고 미국이 자국의 재판권을 주장하지 않고 있는 이상 속인주의를 함께 채택하고 있는 우리나라의 재판권은 동인들에게도 당연히 미친다 할 것이며 미국문화원 측이 동인들에 대한 처벌을 바라지 않았다고 하여 그 재판권이 배제되는 것도 아니다(대판 1986.6.24. 86도403).

② (✕) 「형법」 제2조의 속지주의를 적용함에 있어서 공모공동정범의 경우에는 실행지 뿐만 아니라 공모지도 범죄지로 보아야 한다(대판 1998.11.27. 98도2734). → 지문의 경우에도 공모지가 한국이므로 우리 「형법」이 적용된다.

③ (○) 피고인이 병역 연기에 관하여 주미 한국대사관 영사를 통하여 이를 해결해 주겠다는 명목으로 금품을 교부받은 사실을 넉넉히 인정할 수 있는바, 이와 같이 대한민국 공무원에게 알선한다는 명목으로 금품을 수수하는 행위가 대한민국 영역 내에서 이루어진 이상, 비록 금품수수의 명목이 된 알선행위를 하는 장소가 대한민국 영역 외라 하더라도 대한민국 영역 내에서 죄를 범한 것이라고 하여야 할 것이므로, 미국 국적을 가진 외국인인 피고인의 판시 행위에 대하여 「형법」 제2조에 의하여 대한민국의 형벌법규인 「변호사법」 제90조 제1호가 적용되어야 할 것이다(대판 2000.4.21. 99도3403). → 「형법」 제2조는 속지주의를 취하고 있으므로 외국인이라 할지라도 「형법」이 적용된다.

④ (○) 「형법」 제239조 제1항의 사인위조죄는 「형법」 제6조의 대한민국 또는 대한민국국민에 대하여 범한 죄에 해당하지 아니하므로 중국 국적자가 중국에서 대한민국 국적 주식회사의 인장을 위조한 경우에는 외국인의 국외범으로서 그에 대하여 재판권이 없다(대판 2002.11.26. 2002도4929).

03 ④ 최신판례

형법총론 > 구성요건론 > 부작위범	오답률 72%

㉠ (✕) 부작위가 행위로 평가되기 위해서는 일반인에게 법이 요구하는 작위의무를 실현할 수 있는 가능성, 즉 일반적 작위가능성이 있어야 한다. 일반적 작위가능성(시간적·장소적 관계에 비추어 일반인에게 가능할 것)은 진정부작위범과 부진정부작위범을 불문하고 부작위의 행위개념에 해당하므로 일반적 작위가능성이 없는 경우에는 부작위의 행위성이 부정된다(예컨대 한강에 빠진 아들을 부산에 있는 아버지가 구조하지 않은 경우). 한편 개별적 작위가능성 또는 개별적 행위능력(육체적·기능적·외부적 구조수단 등과 관련하여 구체적인 행위자에게 가능할 것)이 부작위범의 구성요건요소이다.

㉡ (○) 작위의무는 법적인 의무이어야 하므로 단순한 도덕상 또는 종교상의 의무는 포함되지 않으나 작위의무가 법적인 의무인 한 성문법이건 불문법이건 상관이 없고 또 공법이건 사법이건 불문하므로, 법령, 법률행위, 선행행위로 인한 경우는 물론이고 기타 신의성실의 원칙이나 사회상규 혹은 조리상 작위의무가 기대되는 경우에도 법적인 작위의무는 있다(대판 1996.9.6. 95도2551).

㉢ (✕) 보증인지위의 체계적 지위에 관한 이분설은 보증인지위는 구성요건요소, 보증인의무는 위법성요소로 보는 견해이다. 따라서 이분설에 의하면 보증인지위에 대한 착오는 구성요건적 착오에 해당하지만, 보증인의무(작위의무)에 대한 착오는 위법성의 착오(금지착오)에 해당한다. 따라서 보증의무의 착오에 정당한 이유가 있는 경우에는 책임이 조각되고, 정당한 이유가 없는 경우에는 고의범으로 처벌된다.

㉣ (○) 부부 등 가족적 보호관계에 있는 자들 상호간에는 법익 '보호의무'를 부담한다. 따라서 부부의 일방이 정신병자 등의 특별한 사정이 없는 한 타방의 범죄행위를 저지해야 할 '안전의무'를 부담하지는 않는다.

㉤ (○) 「자본시장법」 제445조 제20호는 제147조 제4항을 위반하여 주식 등 변경 보고를 하지 아니한 자를 처벌한다고 규정하고 있다. 그 규정 형식과 취지에 비추어 보면 주권상장법인의 주식 등 변경 보고의무 위반으로 인한 「자본시장법」 위반죄는 구성요건이 부작위에 의해서만 실현될 수 있는 진정부작위범에 해당한다. 진정부작위범인 주식 등 변경 보고의무 위반으로 인한 자본시장법 위반죄의 공동정범은 그 의무가 수인에게 공통으로 부여되어 있는데도 수인이 공모하여 전원이 그 의무를 이행하지 않았을 때 성립할 수 있다(대판 2022.1.13. 2021도11110).

04 ③

① (×) 조건설에 의하면 甲의 행위가 없었더라면 B의 사망도 없었을 것이기 때문에 甲의 행위와 B의 사망 사이에 인과관계가 인정된다. 또한 상당인과관계설을 따르는 판례가 위 사안에 대해 인과관계를 인정하였으므로 상당인과관계설에 의하면 인과관계는 부정된다는 것은 옳지 않다. 상당인과관계설은 행위와 결과 사이에 객관적으로 예견가능한 다른 사정이 개입한 경우에도 인과관계를 인정할 수 있기 때문이다.

② (×), ③ (○) 사안은 구체적 사실의 착오 중 객체의 착오사례에 해당하므로 법정적 부합설은 물론 구체적 부합설에 의하더라도 발생사실인 B에 대한 살인기수범이 성립한다.

④ (×) 살인의 실행행위가 피해자의 사망이라는 결과를 발생하게 한 유일한 원인이거나 직접적인 원인이어야만 되는 것은 아니므로, 살인의 실행행위와 피해자의 사망과의 사이에 다른 사실이 개재되어 그 사실이 치사의 직접적인 원인이 되었다고 하더라도 그와 같은 사실이 통상 예견할 수 있는 것에 지나지 않는다면 살인의 실행행위와 피해자의 사망과의 사이에 인과관계가 있는 것으로 보아야 한다(대판 1994.3.22. 93도3612). 판례의 논리에 따르면 "甲의 행위와 B의 사망 사이에 다른 사실이 개입되어 그 사실이 치사의 직접적인 원인이 된 경우에도 '개입한 다른 사실'을 甲이 예견하지 못했더라도 '통상 예견할 수 있는 것이라면' 인과관계는 인정된다."

05 ④

㉠ (×) 절도죄에 있어서 재물의 타인성을 오신하여 그 재물이 자기에게 취득(빌린 것)할 것이 허용된 동일한 물건으로 오인하고 가져온 경우에는 범죄사실에 대한 인식이 있다고 할 수 없으므로 범의가 조각되어 절도죄가 성립하지 아니한다(대판 1983.9.13. 83도1762).

㉡ (×) 고속국도에서는 보행으로 통행, 횡단하거나 출입하는 것이 금지되어 있으므로 고속국도를 주행하는 차량의 운전자는 도로양측에 휴게소가 있는 경우에도 동 도로상에 보행자가 있음을 예상하여 감속 등 조치를 할 주의의무가 있다 할 수 없다(대판 1977.6.28. 77도403).

㉢ (×) 업무자의 중과실로 인한 행위는 1죄만이 성립할 수 있다. 다만 중과실은 업무상과실에 포섭된다는 견해(김일수 · 서보학)와, 양자가 택일관계에 있다는 견해(임웅)가 있다.

㉣ (○) 피해자를 감시하도록 업무를 인계받지 않은 간호사가 자기 환자의 회복처치에 전념하고 있었다면 회복실에 다른 간호사가 남아있지 않은 경우에도 다른 환자의 이상증세가 인식될 수 있는 상황에서라야 이에 대한 조치를 할 의무가 있다고 보일 뿐 회복실 내의 모든 환자에 대하여 적극적, 계속적으로 주시, 점검을 할 의무가 있다고 할 수 없다(대판 1994.4.26. 92도3283).

㉤ (○) 대판 1990.12.11. 90도694

06 ③ 최신판례

㉠ (×) (정당화적) 긴급피난에 대한 정당방위는 불가능하지만 긴급피난은 가능하다. 정당방위는 부당한 침해에 대해서만 가능하지만, 긴급피난은 위난의 적법 · 위법, 당 · 부당을 가리지 않기 때문이다.

㉡ (○) 주관적 정당화요소를 결한 우연방위의 경우에 ⅰ) 결과반가치론에 의하면 위법성이 조각되어 무죄가 되는 반면 ⅱ) 일원적 주관적 불법론

에서는 행위반가치만으로 불법을 근거 짓고 결과반가치는 형벌권 발생을 결정짓는 객관적 처벌조건으로 파악하여 불법과는 무관하므로 이 경우에도 살인기수가 되고, ⅲ) 이원적 인적 불법론은 결과를 포함한 구성요건은 실현되었지만 그 결과는 객관적으로 존재하는 정당화상황으로 인해 법질서에 의하여 부정되는 것이 아니므로 기수범의 결과반가치가 부정되어 살인죄의 불능미수라는 다수설과 살인기수라는 소수견해의 대립이 있다.

㉢ (○) 피고인이 약 12살 때부터 의붓아버지인 피해자의 강간행위에 의하여 정조를 유린당한 후 계속적으로 이 사건 범행 무렵까지 피해자와의 성관계를 강요받아 왔고, 그러한 침해행위가 그 후에도 반복하여 계속될 염려가 있었다면, 피고인들의 이 사건 범행 당시 피고인의 신체나 자유 등에 대한 현재의 부당한 침해상태가 있었다고 볼 여지가 없는 것은 아니나, 피고인들의 판시 행위가 「형법」 제21조 소정의 정당방위나 과잉방위에 해당한다고 하기는 어렵다(대판 1992.12.22. 92도2540).

㉣ (×) 승낙은 자유로이 철회할 수 있지만, 철회의 소급효는 없으므로 철회 전에 이미 행한 법익침해는 위법성을 조각한다. 그러나 승낙은 법익침해 시에 존속해야 하므로 행위시에 철회한 경우에는 그 행위는 위법성이 조각될 수 없다.

㉤ (○) 甲 아파트 입주자대표회의 회장인 피고인이 자신의 승인 없이 동대표들이 관리소장과 함께 게시한 입주자대표회의 소집공고문을 뜯어내 제거함으로써 그 효용을 해하였다고 하여 재물손괴로 기소된 사안에서, 피고인이 위 공고문을 손괴한 조치는, 그에 선행하는 위법한 공고문 작성 및 게시에 따른 위법상태의 구체적 실현이 임박한 상황하에서 그 위법성을 바로잡기 위한 것으로 사회통념상 허용되는 범위를 크게 넘어서지 않는 행위로 볼 수 있다는 이유로, 이와 달리 본 원심판단에 정당행위에 관한 법리오해의 잘못이 있다고 한 사례(대판 2021.12.30. 2021도9680)

07 ③

① (○) 대판 1985.12.10. 85도1892; 대판 1989.11.28. 89도201 등

② (○) 대판 2003.5.30. 2002도235; 대판 2008.4.10. 2007도9987

③ (×) 甲의 사망으로 포괄적인 명의사용의 근거가 되는 위임관계 내지 포괄적인 대리관계는 종료된 것으로 보아야 하고, 인감증명 위임장은 본래 생존한 사람이 타인에게 인감증명서 발급을 위임한다는 취지의 문서라는 점을 고려하면, 피고인이 명의자 甲이 승낙하였을 것이라고 기대하거나 예측한 것만으로는 사망한 甲의 승낙이 추정된다고 단정할 수 없다(대판 2011.9.29. 2011도6223).

④ (○) 대판 2005.9.30. 2005도2712

08 ④

① (○) 대판 2021.4.29. 2020도16369

② (○) 대판 2000.8.18. 2000도1914

③ (○) 의료인일지라도 의료인 아닌 자의 의료행위에 공모하여 가공하면 「의료법」 제25조 제1항의 무면허의료 행위의 공동정범으로서의 책임을 진다(대판 1986.2.11. 85도448). 즉 의사가 간호사와 함께 공모하여 그 공동의사에 의한 기능적 행위지배가 있었다면, 의사도 무면허의료행위의 공동정범으로서의 죄책을 진다(대판 2012.5.10. 2010도5964).

④ (×) 「형법」은 공문서에 대해서만 무형위조를 처벌하고, 공문서의 경우에도 공무원의 허위공문서작성(제227조)을 처벌함과 동시에 예외적으로

공무원에 대하여 허위의 신고를 하여 공정증서원본 등에 허위의 사실을 기재하게 한 경우를 특별히 처벌하는 규정을 두면서(제228조), 제228조를 제227조보다 현저히 가볍게 벌하고 있는 점에 비추어 비공무원은 제228조에 해당하는 경우 이외에는 허위공문서작성죄의 간접정범으로 처벌되지 아니한다는 것이 형법의 취지로 보아야 한다(대판 1961.12.14. 4292형상645 전원합의체; 대판 1971.1.26. 70도2598).

09 ③ 최신판례

형법총론 > 미수론 > 실행의 착수 　　　　　　　　　오답률 0%

① (×) 피고인이 창문으로 살펴보고 있었던 지하실에 실제로 값비싼 동파이프가 보관되어 있었다고 하더라도 피고인의 위 행위를 위 지하실에 놓여있던 동파이프에 대한 피해자의 사실상의 지배를 침해하는 밀접한 행위라고 볼 수 없다(대판 2010.4.29. 2009도14554).

② (×) 피고인이 공소외인에게 필로폰을 받을 국내 주소를 알려주었다고 하더라도 공소외인이 필로폰이 들어 있는 우편물을 발신국의 우체국 등에 제출하였다는 사실이 밝혀지지 않은 이상 피고인 등의 이러한 행위는 향정신성의약품 수입의 예비행위라고 볼 수 있을지언정 이를 가지고 향정신성의약품 수입행위의 실행에 착수하였다고 할 수는 없다(대판 2019.5.16. 2019도97).

③ (○) 범인이 카메라 기능이 설치된 휴대전화를 피해자의 치마 밑으로 들이밀거나, 피해자가 용변을 보고 있는 화장실 칸 밑 공간 사이로 집어넣는 등 카메라 등 이용 촬영 범행에 밀접한 행위를 개시한 경우에는 「성폭력처벌법」위반(카메라등이용촬영)죄의 실행에 착수하였다고 볼 수 있다(대판 2021.3.25. 2021도749).

④ (×) 야간에 다세대주택에 침입하여 물건을 절취하기 위하여 가스배관을 타고 오르다가 순찰 중이던 경찰관에게 발각되어 그냥 뛰어내렸다면, 야간주거침입절도죄의 실행의 착수에 이르지 못하였고(대판 2008.3.27. 2008도917. 공불), 특정한 주거에 침입하기 위한 절취의 의사로 유리창문을 후래쉬로 들여다 보거나 유리창문을 열려고 시도한 것이 아니라 단순히 담장이 없는 빌라 건물의 외벽에 설치된 가스배관을 타고 이동하면서 침입할 범행대상을 물색한 것에 불과하다면 야간주거침입절도죄의 예비단계에 불과할 뿐 주거의 사실상의 평온을 침해할 현실적인 위험성이 있는 행위를 개시한 때 즉 야간주거침입절도죄의 실행에 착수한 때에 해당한다고 단정할 수는 없다(대구지법 2006.8.18. 2006고합323 · 337).

10 ② 함정문제

형법총론 > 위법성론 > 위법성조각사유 　　　　　　오답률 72%

┌─ 출제자의 함정의도 ─────────────────────┐
│ 각 판례의 사항이 위법성이 조각되는 경우에 해당하는지를 올바르게 판 │
│ 단할 수 있는지 확인하고자 하였다. │
└──────────────────────────────┘

① (×) 책임조각사유로 된다(대판 2001.2.23. 2001도204).

② (○) 방송통신심의위원회 심의위원인 피고인이 자신의 인터넷 블로그에 위원회에서 음란정보로 의결한 '남성의 발기된 성기 사진'을 게시함으로써 정보통신망을 통하여 음란한 화상 또는 영상인 사진을 공공연하게 전시하였다고 하여 정보통신망 이용촉진 및 정보보호 등에 관한 법률 위반(음란물유포)으로 기소된 사안에서, 피고인의 게시물은 사진과 학술적, 사상적 표현 등이 결합된 결합 표현물로서, 사진은 음란물에 해당하나 결합 표현물인 게시물을 통한 사진의 게시는 「형법」제20조에 정하여진 사회상규에 위배되지 아니하는 행위에 해당한다(대판 2017.10.26. 2012도13352).

③ (×) 밤늦게 처와 함께 극장구경을 마치고 귀가 중이었는데, 술에 취한 피해자가 자신의 질녀들에게 음경을 내놓고 소변을 보면서 키스를 하자고 추태를 부리자, 달려들어 말리려는데 피해자가 피고인의 뺨을 때리고 돌을 들어 구타하려고 하므로 이를 피하자, 피해자가 이번에는 피고인의 처를 땅에 넘어뜨리고 깔고 앉아서 돌로 내리치려는 순간 피고인이 발로 피해자의 복부를 한 차례 가격하였는데 사망한 경우, "피고인의 행위가 과잉방위에 해당한다 할지라도 행위당시 야간에 술이 취한 피해자의 불의의 행패와 폭행으로 인한 불안스러운 상태에서의 공포, 경악, 흥분 또는 당황에 기인된 것으로 「형법」제21조 제3항이 적용되어 피고인은 무죄가 된다"(대판 1974.2.26. 73도2380).

④ (×) 피고인이 피해자에게 이 사건 밍크 45마리에 관하여 자기에게 그 권리가 있다고 주장하면서 이를 가져간 데 대하여 피해자의 묵시적인 동의가 있었다면 피고인의 주장이 후에 허위임이 밝혀졌더라도 절도죄의 절취행위에는 해당하지 않는다(대판 1990.8.10. 90도1211). → 즉 구성요건 해당성조차 부정된다.

11 ②

형법총론 > 책임론 > 책임능력 　　　　　　　　오답률 12%

㉠ (×) 심신상실이란 심신장애로 인하여 사물을 변별할 능력이 없거나 의사를 결정할 능력이 없는 자를 말한다(「형법」제10조 제1항).

㉡ (○) '사물변별능력의 결여'란 행위의 불법을 인식할 수 있는 통찰능력의 결여, 즉 지적 무능력을, '의사결정능력의 결여'란 자신의 통찰에 따른 행위 조종능력 또는 통제능력의 결여, 즉 의지적 무능력을 의미한다. 따라서 사물변별능력이나 의사결정능력은 판단능력 또는 의지능력과 관련된 것으로서 사실의 인식능력이나 기억능력과 반드시 일치하는 것은 아니다. 판례도 사물변별능력이 반드시 기억능력과 일치하는 것은 아니라고 한다(대판 1985.5.28. 85도361).

㉢ (○) 심신상실 및 심신미약에의 해당 여부는 법률문제에 속한다(대판 1968.4.30. 68도400). 따라서 반드시 전문가의 감정을 거쳐야 하는 것은 아니며 전문가의 감정을 거치지 않고 기록에 나타난 제반자료와 공판정에서의 피고인의 태도 등을 종합하여 판단할 수 있고(대판 1984.5.22. 84도545; 대판 1987.7.21. 87도1141), 전문가의 감정결과가 있더라도 반드시 전문감정인의 의견에 기속되어야 하는 것은 아니고, 정신분열증의 종류와 정도, 범행의 동기, 경위, 수단과 태양, 범행 전후의 피고인의 행동, 반성의 정도 등 여러 사정을 종합하여 법원이 독자적으로 판단할 수 있다(대판 1999.1.26. 98도3812; 대판 1984.5.22. 84도545).

㉣ (○) 정신적 장애가 있는 자라고 하여도 범행 당시 정상적인 사물변별능력이나 행위통제능력이 있었다면 심신장애로 볼 수 없다(대판 2007.2.8. 2006도7900; 대판 1992.8.18. 92도1425). 따라서 평소 간질병 증세가 있었더라도 범행 당시에는 간질병이 발작하지 않았다면 심신상실 내지 심신미약의 경우에 해당한다고 볼 수 없다(대판 1983.10.11. 83도1897).

㉤ (×) 「형법」은 성장과정에 있는 소년의 특수한 정신상황과 개선가능성이라는 형사정책적 고려에 기초하여, 14세 미만자에 대하여 개인적인 성숙도에 관계없이 절대적 책임무능력자로 간주한다(생물학적 방법, 필요적 책임조각).

✓ 개념 체크 **형사책임능력**

개념	• 법규범의 의미와 내용을 이해하여 명령과 금지를 인식할 수 있는 통찰능력/조종능력 • 우리법의 태도: 생물학적 방법(심신장애)+심리적 방법 혼합(사물변별능력)

심신 상실자	• 생물학적 요소: 심신장애 ㉯ 심신장애자의 행위의 여부는 반드시 정신과의사의 감정을 거쳐야 하는 것은 아니다. ㉯ 심신장애의 의심 있는 경우/심신상실 혹은 미약이 불분명한 경우 정신과 감정 후 판단 • 심리적 요소: 사물변별능력과 의사결정능력
심신 미약자	• 한정책임 능력자: 책임능력자 단, 임의적 감경사유 ㉯ 단순한 충동조절 장애/소아기호증 등은 책임감경 사유 × 단, 심각한 경우 가능
듣거나 말하는 데 장애가 있는 사람	• 청각 + 발음기능 장애 / 필요적 감경

12 ② 최신판례

형법총론 > 정범 및 공범론 > 방조범　　　　오답률 40%

① (×) 자기 자신을 무고하기로 제3자와 공모하고 이에 따라 무고행위에 가담하였더라도 이는 자기 자신에게는 무고죄의 구성요건에 해당하지 않아 범죄가 성립할 수 없는 행위를 실현하고자 한 것에 지나지 않아 무고죄의 공동정범으로 처벌할 수 없다(대판 2017.4.26. 2013도12592).

② (○) 대판 2021.9.9. 2017도19025 전원합의체

③ (×) 변호사 사무실 직원인 피고인 甲이 법원공무원인 피고인 乙에게 부탁하여, 수사 중인 사건의 체포영장 발부자 53명의 명단을 누설받은 경우, 피고인 乙이 직무상 비밀을 누설한 행위와 피고인 甲이 이를 누설받은 행위는 대향범 관계에 있으므로 공범에 관한 「형법」총칙 규정이 적용될 수 없으므로 피고인 甲의 행위를 공무상비밀누설교사죄에 해당한다고 볼 수 없다(대판 2011.4.28. 2009도3642).

④ (×) 극단적 종속형식은 정범의 행위가 범죄성립요건(구성요건해당성, 위법성, 책임)을 갖출 것을 전제로 공범이 성립한다는 입장이다. 극단적 종속형식에 따르면 甲이 乙을 교사하여 乙의 아버지의 물건을 훔쳐오게 한 경우, 乙의 행위는 절도죄가 성립하며 다만 인적 처벌조각사유에 해당하여 형이 면제될 뿐이므로 甲에게 절도교사죄가 성립한다.

13 ④

형법총론 > 형벌론 > 형의 필요적 감면사유　　　　오답률 28%

① (×) 위와 같은 경우 치솟는 불길에 놀라거나 자신의 신체안전에 대한 위해 또는 범행 발각시의 처벌 등에 두려움을 느끼는 것은 일반 사회통념상 범죄를 완수함에 장애가 되는 사정에 해당한다고 보아야 할 것이므로, 이를 자의에 의한 중지미수라고는 볼 수 없다(대판 1997.6.13. 97도957). 따라서 장애미수에 해당하여 임의적 감경사유에 해당한다(「형법」제25조 제2항).

② (×) 죄를 지어 외국에서 형의 전부 또는 일부가 집행된 사람에 대해서는 그 집행된 형의 전부 또는 일부를 선고하는 형에 산입한다(동법 제7조).

③ (×) 장물범과 본범의 피해자 사이에 직계혈족관계(형법 제328조 제1항의 친족관계)인 경우에는 동거여부를 불문하고 형이 면제된다(동법 제365조 제1항). 즉 형면제사유에 해당한다.

④ (○) 위증죄와 무고죄의 경우 위증 또는 무고한 사건의 재판 또는 징계처분이 확정되기 전에 자백 또는 자수한 때에는 그 형을 감경 또는 면제한다(동법 제153조 및 제157조 참조). 즉 필요적 감면사유에 해당한다.

14 ① 최신판례

형법총론 > 구성요건론 > 종합　　　　오답률 72%

① (○) 「형사소송법」은, 추징의 집행은 「민사집행법」의 집행에 관한 규정을 준용하거나 「국세징수법」에 따른 국세체납처분의 예에 따르도록 규정하고 있다(「형법」제477조). 따라서 「민사집행법」에 의한 집행이나 국세체납처분을 할 때에 '채무자가 사실상 소유하는 재산'이라는 이유로 제3자 명의로 등기되어 있는 부동산에 관하여 곧바로 집행이나 체납처분을 하는 것은 허용되지 않는다(대결 2021.4.9. 자 2020모4058).

② (×) 객관적으로 소송비용의 청구방법에 관한 법률적 지식을 가진 일반인의 판단으로 보아 결과 발생의 가능성이 없어 위험성이 인정되지 않는다고 할 것이다(대판 2005.12.8. 2005도8105). 따라서 불능범에 해당한다.

③ (×) 사안은 정당한 이유가 없는 오상방위에 해당하는 사안으로 그 법적 성격은 '위법성조각사유의 전제사실에 대한 착오'에 해당한다. 구성요건적 착오 유추적용설에 의하면 불법고의 또는 구성요건적 고의가 탈락하고 그 오인에 정당한 이유가 없으면(즉 착오에 과실이 있으면) 과실범처벌규정이 있을 경우에 한하여 과실범(사안의 경우는 과실치상죄)이 성립한다.

④ (×) 절도범인으로부터 장물보관의뢰를 받은 자가 그 정을 알면서 이를 인도받아 보관하고 있거나 '업무상 과실로 장물을 보관'하고 있다가 임의처분하였다 하여도 장물보관죄 또는 업무상과실장물보관죄가 성립되는 때에는 이미 그 소유자의 소유물추구권을 침해하였으므로 그 후의 횡령행위는 불가벌적 사후행위에 불과하여 별도로 횡령죄가 성립하지 않는다(대판 1976.11.23. 76도3067; 대판 2004.4.9. 2003도8219).

15 ④ 최신판례

형법각론 > 개인적 법익 > 강간과 추행의 죄　　　　오답률 23%

① (○) 강간죄가 성립하려면 가해자의 폭행·협박은 피해자의 항거를 불가능하게 하거나 현저히 곤란하게 할 정도의 것이어야 한다. 폭행·협박이 피해자의 항거를 불가능하게 하거나 현저히 곤란하게 할 정도의 것이었는지 여부는 폭행·협박의 내용과 정도는 물론, 유형력을 행사하게 된 경위, 피해자와의 관계, 성교 당시와 그 후의 정황 등 모든 사정을 종합하여 판단하여야 한다. 또한 강간죄에서의 폭행·협박과 간음 사이에는 인과관계가 있어야 하나, 폭행·협박이 반드시 간음행위보다 선행되어야 하는 것은 아니다(대판 2017.10.12. 2016도16948).

② (○) 대판 2020.8.27. 2015도9436 전원합의체

③ (○) 대판 2021.2.4. 2018도9781

④ (×) 아동·청소년이용음란물을 제작한 자가 그 음란물을 소지하게 되는 경우 「청소년성보호법」 위반(음란물소지)죄는 「청소년성보호법」 위반(음란물제작·배포등)죄에 흡수된다고 봄이 타당하다. 다만 아동·청소년이용음란물을 제작한 자가 제작에 수반된 소지행위를 벗어나 사회통념상 새로운 소지가 있었다고 평가할 수 있는 별도의 소지행위를 개시하였다면 이는 「청소년성보호법」 위반(음란물제작·배포등)죄와 별개의 「청소년성보호법」 위반(음란물소지)죄에 해당한다(대판 2021.7.8. 2021도2993).

16 ② 최신판례

① (○) 대판 2014.11.13. 2011도393

② (×) 어떤 행위의 결과 상대방의 업무에 지장이 초래되었다 하더라도 행위자가 가지는 정당한 권한을 행사한 것으로 볼 수 있는 경우에는, 그 행위의 내용이나 수단 등이 사회통념상 허용될 수 없는 등 특별한 사정이 없는 한 업무방해죄를 구성하는 위력을 행사한 것이라고 할 수 없다. 따라서 제3자로 하여금 상대방에게 어떤 조치를 취하게 하는 등으로 상대방의 업무에 곤란을 야기하거나 그러한 위험이 초래되게 하였더라도, 행위자가 그 제3자의 의사결정에 관여할 수 있는 권한을 가지고 있거나 그에 대하여 업무상의 지시를 할 수 있는 지위에 있는 경우에는 특별한 사정이 없는 한 업무방해죄를 구성하지 아니한다(대판 2021.7.8. 2021도3805).
→ 장애인복지협회의 지부장으로서 협회에 대한 회계자료열람권을 가진 피고인이 협회사무실에서 회계서류 등의 열람을 요구하는 과정에서 협회 직원들을 불러 모아 상당한 시간 동안 이야기를 하거나 피고인의 요구를 거부하는 직원에게 다소 언성을 높여 책임을 지게 될 수 있다고 이야기한 사정 등만으로는 피고인의 행위가 업무방해 행위에 해당하지 않는다.

③ (○) 업무의 적정성 내지 공정성이 방해된 경우에도 업무방해죄가 성립한다(대판 2010.3.25. 2009도8506).

④ (○) 대판 2013.3.14. 2010도410

17 ③ 최신판례

㉠ (×) 주거에 들어가는 행위 자체가 거주자의 의사에 반한다는 거주자의 주관적 사정만으로 바로 침입에 해당한다고 볼 수는 없다. 외부인이 공동거주자의 일부가 부재중에 주거 내에 현재하는 거주자의 현실적인 승낙을 받아 통상적인 출입방법에 따라 공동주거에 들어간 경우라면 그것이 부재중인 다른 거주자의 추정적 의사에 반하는 경우에도 주거침입죄가 성립하지 않는다고 보아야 한다(대판 2021.9.9. 2020도12630 전원합의체).

㉡ (○) 공동거주자 중 한 사람이 법률적인 근거 기타 정당한 이유 없이 다른 공동거주자가 공동생활의 장소에 출입하는 것을 금지하고, 이에 대항하여 다른 공동거주자가 공동생활의 장소에 들어가는 과정에서 그의 출입을 금지한 공동거주자의 사실상 평온상태를 해쳤더라도, 그 공동거주자의 승낙을 받아 공동생활의 장소에 함께 들어간 외부인의 출입 및 이용행위가 전체적으로 그의 출입을 승낙한 공동거주자의 통상적인 공동생활 장소의 출입 및 이용행위의 일환이자 이에 수반되는 행위로 평가할 수 있는 경우에는 그 외부인에 대하여도 역시 주거침입죄가 성립하지 않는다(대판 2021.9.9. 2020도6085 전원합의체).

㉢ (×) 일반인의 출입이 허용된 음식점에 영업주의 승낙을 받아 통상적인 출입방법으로 들어갔다면 특별한 사정이 없는 한 주거침입죄에서 규정하는 침입행위에 해당하지 않는다. 설령 행위자가 범죄 등을 목적으로 음식점에 출입하였거나 영업주가 행위자의 실제 출입 목적을 알았더라면 출입을 승낙하지 않았을 것이라는 사정이 인정되더라도 그러한 사정만으로는 출입 당시 객관적·외형적으로 드러난 행위 태양에 비추어 사실상의 평온상태를 해치는 방법으로 음식점에 들어갔다고 평가할 수 없으므로 침입행위에 해당하지 않는다. 이와 달리 일반인의 출입이 허용된 음식점이더라도 음식점의 방실에 도청용 송신기를 설치할 목적으로 들어간 것은 영업주의 명시적 또는 추정적 의사에 반한다고 보아 주거침입죄가 성립한다고 인정한 대법원 1997. 3. 28. 선고 95도2674 판결을 비롯하여 같은 취지의 대법원 판결들은 이 판결의 견해에 배치되는 범위 안에서 이를 변경하기로 한다(대판 2022.3.24. 2017도18272 전원합의체).

㉣ (○) 야간에 아파트에 침입하여 물건을 훔칠 의도 하에 아파트의 베란다 철제난간까지 올라가 유리창문을 열려고 시도하였다면 야간주거침입절도죄의 실행에 착수한 것으로 보아야 한다(대판 2003.10.24. 2003도4417; 대판 1995.9.15. 94도2561).

㉤ (×) 타워크레인은 건설기계의 일종으로서 작업을 위하여 토지에 고정되었을 뿐이고 운전실은 기계를 운전하기 위한 작업공간 그 자체이지 건조물침입죄의 객체인 건조물에 해당하지 아니한다(대판 2005.10.7. 2005도5351).

✔ 개념 체크 주거침입에 대한 구성요건체계

의의	내용
기본적 구성요건	주거침입죄/퇴거불응죄
가중적 구성요건	특수주거침해죄
독립구성요건	신체주거수색죄
미수범처벌	모든 범죄에 대한 미수범처벌규정(특히 퇴거불응죄처벌)

18 ④ TOP 2

① (×) 절도범인이 체포를 면탈할 목적으로 경찰관에게 폭행 협박을 가한 때에는 준강도죄와 공무집행방해죄를 구성하고 양죄는 상상적 경합관계에 있으나, 강도범인이 체포를 면탈할 목적으로 경찰관에게 폭행을 가한 때에는 강도죄와 공무집행방해죄는 실체적 경합관계에 있고 상상적 경합관계에 있는 것이 아니다(대판 1992.7.28. 92도917). <사례 1>에서 甲, 乙, 丙은 3인이 합동하여 흉기를 휴대하고 야간에 타인의 주거에 침입하여 강도한 경우이므로 포괄하여 특수강도죄 일죄에 해당하고, 이러한 강도범인이 순찰 중이던 경찰에게 발각되어 함께 경찰을 폭행한 것은 (특수)공무집행방해죄에 해당하여 실체적 경합범의 죄책을 진다.

② (×) 판례는 야간에 주거에 침입하여 강도한 특수강도죄의 실행의 착수시기에 대해 일관되지 않고 있다. ① 「형법」 제334조 제1항 소정의 야간주거침입강도죄는 주거침입과 강도의 결합범으로서 시간적으로 주거침입행위가 선행되므로 주거침입을 한 때에 본죄의 실행에 착수한 것으로 볼 것인바, 같은 조 제2항 소정의 흉기휴대 합동강도죄에 있어서도 그 강도행위가 야간에 주거에 침입하여 이루어지는 경우에는 주거침입을 한 때에 실행에 착수한 것으로 보는 것이 타당하다는 판례도 있고(대판 1992.7.28. 92도917) <사례 2>와 <사례 3>은 ① 판례(92도917)의 판례사안이다. 즉 ① 판례는 피고인들이 야간에 A의 집에 이르러 재물을 강취할 의도로 피고인 甲이 출입문 옆 창살을 통하여 침입하고 피고인 乙은 부엌방충망을 뜯고 들어 가다가 A 시아버지의 헛기침에 발각된 것으로 알고 도주함으로써 뜻을 이루지 못하였고, 며칠후 피고인들이 야간에 B의 집에 이르러 피고인 甲이 담을 넘어 들어가 대문을 열고 나머지 피고인들이 집에 들어가 피고인 乙이 부엌에서 식칼을 들고 방안에 들어가는 순간 비상벨이 울려 도주함으로써 뜻을 이루지 못한 사안에서, 피고인들이 야간에 주거에 침입한 시점에 특수강도죄의 실행의 착수를 인정하였다. 따라서 <사례 2>와 <사례 3> 모두 甲, 乙, 丙은 특수강도미수죄의 죄책을 진다.

③ (×) 피해자가 수술한 지 얼마 안되어 배가 아프다고 애원하므로 그만 둔 경우, 간음행위를 중단한 것은 피해자를 불쌍히 여겨서가 아니라 피해자의 신체조건상 강간을 하기에 지장이 있다고 본 데에 기인한 것이므로, 이는 일반의 경험상 강간행위를 수행함에 장애가 되는 외부적 사정에 의하여 범행을 중지한 것에 지나지 않는 것으로서 중지범의 요건인 자의성을 결여하였다(대판 1992.7.28. 92도917).

④ (○) 공동정범은 공동의사의 범위 내에서만 성립하므로, 乙과 丙이 강간을 모의하지 않았다면 강간에 대한 공동의사가 없으므로 비록 乙과 丙이 이를 예견할 수 있었다 하더라도 강도강간죄의 공동정범의 죄책을 질 수 없다.

19 ④

① (○) 대판 2016.11.10. 2016도13734

② (○) 내판 2017.5.17. 2017도2230

③ (○) 대판 1992.1.21. 91도1170

④ (×) 피고인이 회사의 명의로 엘지슈퍼를 경영하다가 강제집행을 저지할 의도로 금전등록기의 사업자 이름을 회사대표이사에서 甲의 형으로 변경하였고, 그로 인하여 X회사에 대한 집행력 있는 공정증서정본의 소지자인 피해자 A가 유체동산가압류 집행을 하려 하였으나 집행관 B가 금전등록기의 사업자 이름이 집행채무자의 이름과 다르다는 이유로 그 집행을 거부함으로써 가압류 집행이 이루어지지 않은 경우 비록 사업자등록의 사업자 명의는 실제로 변경되지 않았다 하더라도 甲의 행위로 인해 연쇄점 내의 물건들에 관한 소유관계가 불명하게 되었으므로 강제집행면탈죄가 성립한다(대판 2003.10.9. 2003도3387).

20 ① 함정문제 최신판례

─ 출제자의 함정의도 ─

각 판례에 대한 행위판단뿐만 아니라 행위판단의 평가에 대한 판단을 한 번 더 하도록 하여 오답을 유인하였다.

㉠ (×) 「부동산실명법」을 위반한 양자간 명의신탁의 경우 명의수탁자가 신탁받은 부동산을 임의로 처분하여도 명의신탁자에 대한 관계에서 횡령죄가 성립하지 아니한다. 이러한 법리는 부동산 명의신탁이 「부동산실명법」 시행 전에 이루어졌고 같은 법이 정한 유예기간 이내에 실명등기를 하지 아니함으로써 그 명의신탁약정 및 이에 따라 행하여진 등기에 의한 물권변동이 무효로 된 후에 처분행위가 이루어진 경우에도 마찬가지로 적용된다(대판 2021.2.18. 2016도18761 전원합의체).

㉡ (×) 부재자재산관리인으로 선임되었다는 것만으로써는 어떤 재산권이나 재산상의 이득을 얻은 것이라고는 볼 수 없으므로 가령 법원을 기망하여 부재자재산관리인으로 선임되었다 한들 사기죄에 해당하는 행위라고는 볼 수 없다(대판 1973.9.25. 73도1080).

㉢ (×) 간접정범을 통한 범행에서 피이용자는 간접정범의 의사를 실현하는 수단으로서의 지위를 가질 뿐이므로, 피해자에 대한 사기범행을 실현하는 수단으로서 타인을 기망하여 그를 피해자로부터 편취한 재물이나 재산상 이익을 전달하는 도구로서만 이용한 경우에는 편취의 대상인 재물 또는 재산상 이익에 관하여 피해자에 대한 사기죄가 성립할 뿐 도구로 이용된 타인에 대한 사기죄가 별도로 성립한다고 할 수 없다(대판 2017.5.31. 2017도3894).

㉣ (○) 보험금을 지급받을 수 있는 사유가 있다 하더라도 이를 기화로 실제 지급받을 수 있는 보험금보다 다액의 보험금을 편취할 의사로 장기간의 입원 등을 통하여 과다한 보험금을 지급받는 경우에는 지급받은 보험금 전체에 대하여 사기죄가 성립한다(대판 2009.5.28. 2008도4665).

㉤ (×) 근저당권자의 대리인인 피고인이 채무자 겸 소유자인 피해자를 대리하여 경매개시결정 정본을 받을 권한이 없음에도, 경매개시결정 정본 등 서류의 수령을 피고인에게 위임한다는 내용의 피해자 명의의 위임장을 위조하여 법원에 제출하는 방법으로 경매개시결정 정본을 교부받은 사안에서, 위 행위는 사회통념상 도저히 용인될 수 없으므로 비록 근저당권이 유효하다고 하더라도 사기죄의 기망행위에 해당한다고 한 사례(대판 2009.7.9. 2009도295)

21 ② TOP 1

㉠ (×) 대물변제예약의 궁극적 목적은 차용금반환채무의 이행 확보에 있고, 채무자가 대물변제예약에 따라 부동산에 관한 소유권이전등기절차를 이행할 의무는 궁극적 목적을 달성하기 위해 채무자에게 요구되는 부수적 내용이어서 이를 가지고 배임죄에서 말하는 신임관계에 기초하여 채권자의 재산을 보호 또는 관리하여야 하는 '타인의 사무'에 해당한다고 볼 수는 없다(대판 2014.8.21. 2014도3363 전원합의체).

㉡ (○) 피해자 회사가 대항요건을 갖춘 이상 임대인은 질권자인 피해자 회사의 동의 없이 질권의 목적인 채무를 변제하더라도 이로써 질권자인 피해자 회사에 대항할 수 없고, 피해자 회사는 여전히 제3채무자인 임대인에게 권리를 행사할 수 있으므로 질권설정자인 피고인이 전세보증금을 반환받았다고 하여 배임죄가 성립하지 않는다고 한 사례(대판 2016.4.29. 2015도5665).

㉢ (×) (1) 부동산매도인이 매수인으로부터 계약금과 중도금까지 수령한 이상 특단의 약정이 없다면 잔금수령과 동시에 매수인 명의로의 소유권이전등기에 협력할 임무가 있으므로 이를 다시 제3자에게 처분함으로써 제1차 매수인에게 잔대금수령과 상환으로 소유권이전등기절차를 이행하는 것이 불가능하게 되었다면 배임죄의 책임을 면할 수 없다(대판 1988.12.13. 88도750). (2) 부동산 이중매매의 경우 부동산소유자가 배임행위로 인하여 영득한 것은 재산상의 이익이고 위 배임범죄에 제공된 대지는 범죄로 인하여 영득한 것 자체는 아니므로 그 취득자 또는 전득자에 대하여 배임죄의 가공여부를 논함은 별문제로 하고 장물취득죄로 처단할 수 없다(대판 1975.12.9. 74도2804).

㉣ (×) 입주자대표회의 회장이 지출결의서에 날인을 거부함으로써 아파트 입주자들에게 그 연체료를 부담시킨 경우, 열 사용금 납부 연체로 인하여 발생한 연체료는 금전채무 불이행으로 인한 손해배상에 해당하므로, 공급업체가 연체료를 지급받았다는 사실만으로 공급업체가 그에 해당하는 재산상의 이익을 취득하게 된 것으로 단정하기 어려우므로 업무상배임죄의 성립을 인정할 수 없다(대판 2009.6.25. 2008도3792).

㉤ (○) 甲 주식회사 직원인 피고인이 대표이사 乙 등이 직무에 관하여 발명한 '재활용 통합 분리수거 시스템'의 특허출원을 하면서 임의로 특허출원서 발명자란에 乙 외에 피고인의 성명을 추가로 기재하여 공동발명자로 등재되게 한 사안에서, 발명자에 해당하는지는 특허출원서 발명자란 기재 여부와 관계없이 실질적으로 정해지므로 피고인의 행위만으로 곧바로 甲 회사의 특허권 자체나 그와 관련된 권리관계에 어떠한 영향을 미친다고 볼 수 없어, 결국 그로 인하여 甲 회사에 재산상 손해가 발생하였다거나 재산상 손해발생의 위험이 초래되었다고 볼 수 없고, 달리 공소사실을 인정할 증거가 없으므로 업무상배임죄가 성립하지 않는다고 본 원심판단을 수긍한 사례(대판 2011.12.13. 2011도10525)

22 ② 최신판례

① (×) 원인무효 등기에 따라 토지에 대한 처분권능이 새로이 발생하는 것이 아니므로 토지에 대한 보관자의 지위에 있다고 할 수 없다. 타인 소유의 토지에 대한 보관자의 지위에 있지 않은 사람이 그 앞으로 원인무효의 소유권이전등기가 되어 있음을 이용하여 토지소유자에게 지급될 보상금을 수령하였더라도 보상금에 대한 점유 취득은 진정한 토지소유자의 위임에 따른 것이 아니므로 보상금에 대하여 어떠한 보관관계가 성립하지 않는다(대판 2021.6.30. 2018도18010).

② (○) 대판 2021.11.11. 2021도9855

③ (×) 개정 「형법」 제357조의 보호법익 및 체계적 위치, 개정 경위, 법문의 문언 등을 종합하여 볼 때, 개정 「형법」이 적용되는 경우에도 '제3자'에는 다른 특별한 사정이 없는 한 사무처리를 위임한 타인은 포함되지 않는다고 봄이 타당하다. 그러나 배임수재죄의 행위주체가 재물 또는 재산

상 이익을 취득하였는지는 증거에 의하여 인정된 사실에 대한 규범적 평가의 문제이다. 부정한 청탁에 따른 재물이나 재산상 이익이 외형상 사무처리를 위임한 타인에게 지급된 것으로 보이더라도 사회통념상 그 타인이 재물 또는 재산상 이익을 받은 것을 부정한 청탁을 받은 사람이 직접 받은 것과 동일하게 평가할 수 있는 경우에는 배임수재죄가 성립될 수 있다(대판 2021.9.30. 2019도17102).

④ (×) 절취한 친족 소유의 예금통장을 현금자동지급기에 넣고 조작하여 예금 잔고를 다른 금융기관의 자기 계좌로 이체하는 방법으로 저지른 컴퓨터등사용사기죄에 있어서의 피해자는 친족 명의 계좌의 금융기관이라 할 것이므로 손자가 할아버지 소유 농업협동조합 예금통장을 절취하여 이를 현금자동지급기에 넣고 조작하는 방법으로 예금 잔고를 자신의 거래 은행 계좌로 이체한 경우, 위 농업협동조합이 컴퓨터 등 사용사기 범행 부분의 피해자이므로 친족상도례를 적용할 수 없다(대판 2007.3.15. 2006도2704).

23 ③

① (○) 회사의 대표이사로서 주권작성에 관한 일반적인 권한을 가지고 있는 자가 대표권을 남용하여 자기 또는 제3자의 이익을 도모할 목적으로 대표이사 명의의 주권의 기재사항에 변경을 가한 행위는 유가증권변조죄를 구성하지 아니한다(대판 1980.4.22. 79도3034).

② (○) 수표에 기재되어야 할 수표행위자의 명칭은 반드시 수표행위자의 본명에 한하는 것은 아니고 상호, 별명 그 밖의 거래상 본인을 가리키는 것으로 인식되는 칭호라면 어느 것이나 다 가능하다고 볼 것이므로, 비록 그 칭호가 본명이 아니라 하더라도 통상 그 명칭을 자기를 표시하는 것으로 거래상 사용하여 그것이 그 행위자를 지칭하는 것으로 인식되어 온 경우에는 그것을 수표상으로도 자기를 표시하는 칭호로 사용할 수 있다. 따라서 본명이 아닌 통상의 명칭으로 수표에 배서한 경우 유가증권위조 및 위조유가증권행사죄가 성립하지 않는다(대판 1996.5.10. 96도527).

③ (×) 「형법」 제216조 전단의 허위유가증권작성죄는 작성권한 있는 자가 자기 명의로 기본적 증권행위를 함에 있어서 유가증권의 효력에 영향을 미칠 기재사항에 관하여 진실에 반하는 내용을 기재하는 경우에 성립하는바, 자기앞수표의 발행인이 수표의뢰인으로부터 수표자금을 입금받지 아니한 채 자기앞수표를 발행하더라도 그 수표의 효력에는 아무런 영향이 없으므로 허위유가증권작성죄가 성립하지 아니한다(대판 2005.10.27. 2005도4528).

④ (○) 위조유가증권의 교부자와 피교부자가 서로 유가증권위조를 공모하였거나 위조유가증권을 타에 행사하여 그 이익을 나누어 가질 것을 공모한 공범의 관계에 있다면, 그들 사이의 위조유가증권 교부행위는 그들 이외의 자에게 행사함으로써 범죄를 실현하기 위한 전 단계의 행위에 불과한 것으로서 위조유가증권은 아직 범인들의 수중에 있다고 볼 것이지 행사되었다고 볼 수는 없다고 할 것이다(대판 2007.1.11. 2006도7120).

24 ②

① (○) 방화죄는 점화나 발화가 있으면 실행의 착수가 있고(대판 1960.7.22. 4293형상213), 목적물 자체에 독자적으로 연소하기 시작한 때에 기수가 된다(대판 1983.1.18. 82도2341). 특히 매개물을 통한 점화에 의하여 건조물을 소훼함을 내용으로 하는 형태의 방화죄의 경우에, 범인이 그 매개물에 불을 켜서 붙였거나 또는 범인의 행위로 인하여 매개물에 불이 붙게 됨으로써 연소작용이 계속될 수 있는 상태에 이르렀다면, 그것

이 곧바로 진화되는 등의 사정으로 인하여 목적물인 건조물 자체에는 불이 옮겨 붙지 못하였다고 하더라도, 방화죄의 실행의 착수가 있었다고 보아야 할 것이다(대판 2002.3.26. 2001도6641).

② (×) 사람을 살해할 목적으로 현주건조물에 방화하여 사망에 이르게 한 경우에는 현주건조물방화치사죄로 의율하여야 하고 이와 더불어 살인죄와의 상상적 경합범으로 의율할 것은 아니며, 다만 존속살해죄와 현주건조물방화치사죄는 상상적 경합범 관계에 있으므로, 법정형이 중한 존속살인죄로 의율함이 타당하다(대판 1996.4.26. 96도485).

③ (○) 일반물건방화죄는 자기소유·타인소유를 불문하고 구체적 위험범이며(「형법」 제167조 참조), 미수는 처벌되지 않는다. 따라서 본죄는 공공의 위험이 발생해야 기수가 되고 미수는 처벌되지 않으므로, 불은 놓아 이들 목적물에 소훼했지만 공공의 위험발생이 없는 경우 본죄는 성립하지 않고, 타인의 물건일 경우에 한해 손괴죄가 성립할 수 있을 뿐이다.

④ (○) 피고인들이 피해자들의 재물을 강취한 후 그들을 살해할 목적으로 현주건조물에 방화하여 사망에 이르게 한 경우, 피고인들의 행위는 강도살인죄와 현주건조물방화치사죄에 모두 해당하고 그 두 죄는 상상적 경합범관계에 있다.

25 ① [최신판례]

① (○) 공정증서원본불실기재죄는 공무원에 대하여 허위신고를 함으로써 공정증서원본에 불실의 사실을 기재하게 하는 경우에 성립한다. 공정증서원본에 기재된 사항이 부존재하거나 외관상 존재한다고 하더라도 무효에 해당되는 하자가 있다면, 그 기재는 불실기재에 해당한다. 그러나 기재된 사항이나 그 원인된 법률행위가 객관적으로 존재하고, 다만 거기에 취소사유인 하자가 있을 뿐인 경우, 취소되기 전에 공정증서원본에 기재된 이상, 그 기재는 공정증서원본의 불실기재에 해당하지는 않는다. 한편 주식의 소유가 실질적으로 분산되어 있는 주식회사의 경우, 실제의 소집절차와 결의절차를 거치지 아니한 채 주주총회의 결의가 있었던 것처럼 주주총회 의사록을 허위로 작성한 것이라면, 설사 1인이 총 주식의 대다수를 가지고 있고 그 지배주주에 의하여 의결이 있었던 것으로 주주총회 의사록이 작성되어 있다 하더라도, 도저히 그 결의가 존재한다고 볼 수 없을 정도로 중대한 하자가 있는 때에 해당하여, 그 주주총회의 결의는 부존재하다고 보아야 한다(대판 2018.6.19. 2017도21783).

② (×) [1] 자동차운전면허대장은 사실증명에 관한 것에 불과하므로 「형법」 제228조 제1항에서 말하는 공정증서원본이라고 볼 수 없다. [2] 자동차운전면허증 재교부신청서의 사진란에 본인의 사진이 아닌 다른 사람의 사진을 붙여 제출함으로써 담당공무원으로 하여금 자동차운전면허대장에 부실의 사실을 기재하여 이를 비치하게 하였다는 내용의 공소사실에 대하여, 자동차운전면허대장이 공정증서원본임을 전제로 이를 모두 유죄로 인정한 원심판단에 법리오해의 위법이 있다고 한 사례(대판 2010.6.10. 2010도1125)

③ (×) 공무상비밀누설죄는 공무상 비밀 그 자체를 보호하는 것이 아니라 공무원의 비밀엄수의무의 침해에 의하여 위험하게 되는 이익, 즉 비밀누설에 의하여 위협받는 국가의 기능을 보호하기 위한 것이다. 그러므로 공무원이 직무상 알게 된 비밀을 그 직무와의 관련성 혹은 필요성에 기하여 해당 직무의 집행과 관련 있는 다른 공무원에게 직무집행의 일환으로 전달한 경우에는, 관련 각 공무원의 지위 및 관계, 직무집행의 목적과 경위, 비밀의 내용과 전달 경위 등 제반 사정에 비추어 비밀을 전달받은 공무원이 이를 그 직무집행과 무관하게 제3자에게 누설할 것으로 예상되는 등 국가기능에 위험이 발생하리라고 볼 만한 특별한 사정이 인정되지 않는 한, 위와 같은 행위가 비밀의 누설에 해당한다고 볼 수 없다(대판 2021.11.25. 2021도2486).

④ (×) 실제로는 채권·채무관계가 존재하지 않는데도 허위의 채무를 가장하고 이를 담보한다는 명목으로 허위의 근저당권설정등기를 마친 것이라면 등기공무원에게 허위신고를 하여 등기부에 불실의 사실을 기재하

게 한 때에 해당하므로 공정증서원본 등의 불실기재죄 및 불실기재공정증서원본 등의 행사죄가 성립한다(대판 2017.2.15. 2014도2415).

26 ④ 함정문제

형법각론 > 국가적 법익 > 국가의 기능에 대한 죄 　　오답률 72%

출제자의 함정의도
공무집행방해죄의 판례를 사례화하여 죄의 성립 여부를 판단케 하였다.

㉠ (○) 불법주차 차량에 불법주차 스티커를 붙였다가 이를 다시 떼어 낸 직후에 있는 주차단속 공무원을 폭행한 경우, 폭행 당시 주차단속 공무원은 일련의 직무수행을 위하여 근무중인 상태에 있었다고 보아야 한다는 이유로 공무집행방해죄의 성립을 인정한 사례(대판 1999.9.21. 99도383)

㉡ (○) 음주운전을 하다가 교통사고를 야기한 후 그 형사처벌을 면하기 위하여 타인의 혈액을 자신의 혈액인 것처럼 교통사고 조사 경찰관에게 제출하여 감정하도록 한 행위는, 단순히 피의자가 수사기관에 대하여 허위사실을 진술하거나 자신에게 불리한 증거를 은닉하는 데 그친 것이 아니라 수사기관의 착오를 이용하여 적극적으로 피의사실에 관한 증거를 조작한 것으로서 위계에 의한 공무집행방해죄가 성립한다(대판 2003.7.25. 2003도1609).

㉢ (×) 자가용 차를 운전하다가 교통사고를 낸 사람이 경찰관서에 신고함에 있어 가해차량이 자가용일 경우 피해자와 합의하는데 불리하다고 생각하여 영업용택시를 운전하다가 사고를 내었다고 허위신고를 하였다 하더라도 이 사실만으로 공무원의 직무집행을 방해할 의사가 있었다고 단정하기 어려우므로 위계로 인한 공무집행방해죄가 성립하지 않는다(대판 1974.12.10. 74도2841).

㉣ (×) 교도관이 수용자의 규율위반행위를 알면서도 이를 방치하거나 도와주었더라도, 이를 다른 교도관 등에 대한 관계에서 위계에 의한 공무집행방해죄가 성립하는 것으로 볼 수는 없다(대판 2003.11.13. 2001도7045).

㉤ (×) 민사소송을 제기함에 있어 피고의 주소를 허위로 기재하여 법원공무원으로 하여금 변론기일소환장 등을 허위주소로 송달케 하였다는 사실만으로는 이로 인하여 법원공무원의 구체적이고 현실적인 어떤 직무집행이 방해되었다고 할 수는 없으므로, 이로써 바로 위계에 의한 공무집행방해죄가 성립한다고 볼 수는 없다(대판 1996.10.11. 96도312).

27 ② 함정문제

형법각론 > 국가적 법익 > 국가의 기능에 대한 죄 　　오답률 12%

출제자의 함정의도
각 죄목에 대한 판례를 사례화하여 사실관계 파악을 오인케 하였다.

㉠ (×) 도주죄는 법률에 의하여 체포 또는 구금된 자만이 가능한 진정신분범이다(「형법」 제145조 제1항). 따라서 형의 집행정지 중인 자는 도주죄의 주체가 될 수 없다.

㉡ (○) 사안의 경우 「형법」 제124조 제1항의 불법감금죄에 해당한다(대판 1997.6.13. 97도877).

㉢ (○) 대판 1995.12.5. 95도1908; 대판 1994.2.8. 93도3445; 대판 1985.5.28. 84도2919 등.

㉣ (×) 참고인이 수사기관에서 허위의 진술을 하는 것은 위 조항이 규정하는 증거위조죄를 구성하지 아니한다(대판 1995.4.7. 94도3412).

㉤ (×) 소송비용확정신청사건이나 가처분사건이 변론절차에 의하여 진행될 때에는 제3자를 증인으로 선서하게 하고 증언을 하게 할 수 있으나, 심문절차에 의할 경우에는 선서를 하게하고 증언을 시킬 수 없다고 할 것이므로 제3자가 심문절차로 진행되는 소송비용확정신청사건이나 가처분신청사건에서 증인으로 출석하여 선서 후 진술함에 있어서 허위공술을 하였다고 하더라도 그 선서는 법률상 근거가 없어 무효라고 할 것이므로 위증죄는 성립하지 않는다(대판 1995.4.11. 95도186; 대판 2003.7.25. 2003도180).

28 ④

형법각론 > 국가적 법익 > 종합 　　오답률 57%

① (○) 유한회사의 사원 등 회사설립에 관여하는 사람이 회사를 설립할 당시 회사를 실제로 운영할 의사 없이 회사를 이용한 범죄 의도나 목적이 있었다거나, 회사로서의 인적·물적 조직 등 영업의 실질을 갖추지 않았다는 이유만으로는 불실의 사실을 법인등기부에 기록하게 한 것으로 볼 수 없다(대판 2020.3.26. 2019도7729).

② (○) 공정증서원본에 기재된 사항이나 그 원인된 법률행위가 객관적으로 존재하고 다만 거기에 취소사유인 하자가 있을 뿐인 경우 취소되기 전에 공정증서원본에 기재된 이상 그 기재는 공정증서원본불실기재죄의 불실기재에 해당하지 않는다(대판 1993.9.10. 93도698).

③ (○) 위조된 외국의 화폐, 지폐 또는 은행권이 강제통용력을 가지지 않는 경우에는 「형법」 제207조 제3항에서 정한 '외국에서 통용하는 외국의 화폐 등'에 해당하지 않고, 나아가 그 화폐 등이 국내에서 사실상 거래 대가의 지급수단이 되고 있지 않는 경우에는 「형법」 제207조 제2항에서 정한 '내국에서 유통하는 외국의 화폐 등'에도 해당하지 않으므로, 그 화폐 등을 행사하더라도 「형법」 제207조 제4항에서 정한 위조통화행사죄를 구성하지 않는다고 할 것이고, 따라서 이러한 경우에는 「형법」 제234조에서 정한 위조사문서행사죄 또는 위조사도화행사죄로 의율할 수 있다(대판 2013.12.12. 2012도2249).

④ (×) 경찰의 연행에 항의하기 위하여 다수인이 보는 고속도로상에서 성기를 노출하여 나체시위를 한 경우, 그 행위는 일반적으로 보통인의 정상적인 성적 수치심을 해하여 성적 도의관념에 반하는 음란한 행위라고 할 것이고, 타인의 정상적인 성적 수치심을 해하는 음란한 행위라는 인식도 있었다(대판 2000.12.22. 2000도4372).

29 ④

형사소송법 > 수사 > 종합 　　오답률 23%

① (○) 사법경찰관은 범죄의 혐의가 있다고 인정되는 경우에는 지체 없이 검사에게 사건을 송치하고, 관계 서류와 증거물을 검사에게 송부하여야 한다(「형사소송법」 제245조의5 제1호).

② (○) 대판 2009.10.29. 2009도6614

③ (○) 검사는 사법경찰관과 동일한 범죄사실을 수사하게 된 때에는 사법경찰관에게 사건을 송치할 것을 요구할 수 있으며, 요구를 받은 사법경찰관은 지체 없이 사건을 송치하여야 한다. 다만, 검사가 영장을 청구하기 전에 동일한 범죄사실에 관하여 사법경찰관이 영장을 신청한 경우에는 해당 영장에 기재된 범죄사실을 계속 수사할 수 있다(동법 제197조의4 제1항·제2항).

④ (×) 「검사와 사법경찰관의 상호협력과 일반적 수사준칙에 관한 규정」 제63조

「검사와 사법경찰관의 상호협력과 일반적 수사준칙에 관한 규정」 제63조(재수사요청의 절차 등) ① 검사는 법 제245조의8에 따라 사법경찰관에게 재수사를 요청하려는 경우에는 법 제245조의5제2호에 따라 관계 서류와 증거물을 송부받은 날부터 90일 이내에 해야 한다. 다만, 다음 각 호의 어느 하나에 해당하는 경우에는 관계 서류와 증거물을 송부받은 날부터 90일이 지난 후에도 재수사를 요청할 수 있다.
1. 불송치 결정에 영향을 줄 수 있는 명백히 새로운 증거 또는 사실이 발견된 경우
2. 증거 등의 허위, 위조 또는 변조를 인정할 만한 상당한 정황이 있는 경우

② (○) 검사 또는 사법경찰관은 제3항 본문에 따른 방법으로 출석요구를 했을 때에는 출석요구서의 사본을, 같은 항 단서에 따른 방법으로 출석요구를 했을 때에는 그 취지를 적은 수사보고서를 각각 사건기록에 편철한다(동법 제19조 제4항).

③ (×) 검사 또는 사법경찰관은 조사, 신문, 면담 등 그 명칭을 불문하고 피의자나 사건관계인에 대해 오후 9시부터 오전 6시까지 사이에 조사(이하 "심야조사"라 한다)를 해서는 안 된다. 다만, 이미 작성된 조서의 열람을 위한 절차는 자정 이전까지 진행할 수 있다(동법 제21조 제1항).

④ (○) 검사 또는 사법경찰관은 조사를 종결하기 전에 피의자, 사건관계인 또는 그 변호인에게 자료 또는 의견을 제출할 의사가 있는지를 확인하고, 자료 또는 의견을 제출받은 경우에는 해당 자료 및 의견을 수사기록에 편철한다(동법 제25조 제2항).

30 ③

형사소송법 > 수사 > 함정수사   오답률 6.7%

① (○) 함정수사의 유형: 판례는 주로 범의유발형의 함정수사만 함정수사로 보아 위법하다는 전제에서 논의하고 있다(대판 2004.5.14. 2004도1066 등). → 다만, 판례는 "범의를 가진 자에 대하여 단순히 범행의 기회를 제공하거나 범행을 용이하게 하는 것에 불과한 수사방법이 경우에 따라 허용될 수 있음은 별론으로 하고, 본래 범의를 가지지 아니한 자에 대하여 수사기관이 사술이나 계략 등을 써서 범의를 유발케 하여 범죄인을 검거하는 함정수사는 위법함을 면할 수 없고, …"라고 판시하여(대판 2005.10.28. 2005도1247[소위 '작업'에 의한 함정수사 사건]; 대판 2007.7.13. 2007도3672; 대판 2008.10.23. 2008도7362[소위 '노래방도우미' 사건] 등), 기회제공형 함정수사도 함정수사로서 허용되지 않으며, 다만 경우에 따라 예외적으로 허용될 수 있다는 입장을 취하는 듯한 판례도 등장하고 있다.

② (○) 함정수사의 주체: 함정수사의 주체는 수사기관 또는 수사기관과 직접 관련이 있는 유인자이다(대판 2013.3.28. 2013도1473 등).

③ (×) 사인(私人)에 의한 함정수사: 수사기관과 직접적인 관련을 맺지 않은 상태의 유인자가 피유인자를 상대로 단순히 수차례 반복적으로 범행을 부탁하였을 뿐 수사기관이 사술이나 계략 등을 사용하였다고 볼 수 없는 경우는, 설령 그로 인하여 피유인자의 범의가 유발되었다 하더라도 위법한 함정수사에 해당하지 않는다(대판 2013.3.28. 2013도1473 등). → 피고인의 뇌물수수가 공여자들의 함정교사에 의한 것이기는 하나, 뇌물공여자들에게 피고인을 함정에 빠뜨릴 의사만 있었고 뇌물공여의 의사가 전혀 없었다고 보기 어려울 뿐 아니라, 뇌물공여자들의 함정교사라는 사정은 피고인의 책임을 면하게 하는 사유가 될 수 없다고 한 사례(다만, 양형에서 필요적으로 고려하여야 함)

④ (○) 기회제공형 함정수사(적법): 본래 범의를 가지지 아니한 자에 대하여 수사기관이 사술이나 계략 등을 써서 범의를 유발케 하여 범죄인을 검거하는 함정수사는 위법함을 면할 수 없고, 이러한 함정수사에 기한 공소제기는 그 절차가 법률의 규정에 위반하여 무효인 때에 해당한다 할 것이지만, 범의를 가진 자에 대하여 단순히 범행의 기회를 제공하는 것에 불과한 경우에는 위법한 함정수사라고 단정할 수 없다(대판 2007.5.31. 2007도1903 [소위 '부축빼기' 절도범 사건]).

31 ③

형사소송법 > 수사 > 피의자신문   오답률 28%

① (○) 검사 또는 사법경찰관은 피의자에게 출석요구를 하려는 경우 피의사실의 요지 등 출석요구의 취지를 구체적으로 적은 출석요구서를 발송해야 한다(「검사와 사법경찰관의 상호협력과 일반적 수사준칙에 관한 규정」제19조 제3항).

32 ②   최신판례

형사소송법 > 수사 > 강제처분   오답률 40%

① (○) 대판 2021.11.25. 2016도82

② (×) 각 위장형 카메라에 저장된 모텔 내 3개 호실에서 촬영된 영상은 임의제출에 따른 압수의 동기가 된 다른 호실에서 촬영한 범행과 범행의 동기와 경위, 범행 수단과 방법 등을 증명하기 위한 간접증거나 정황증거 등으로 사용될 수 있으므로 구체적·개별적 연관관계가 인정되어 관련성이 있는 증거에 해당하고, 임의제출된 이 사건 각 위장형 카메라 및 그 메모리카드에 저장된 전자정보처럼 오직 불법촬영을 목적으로 방실 내 나체나 성행위 모습을 촬영할 수 있는 벽 등에 은밀히 설치되고, 촬영대상 목표물의 동작이 감지될 때에만 카메라가 작동하여 촬영이 이루어지는 등, 그 설치 목적과 장소, 방법, 기능, 작동원리상 소유자의 사생활의 비밀 기타 인격적 법익의 관점에서 그 소지·보관자의 임의제출에 따른 적법한 압수의 대상이 되는 전자정보와 구별되는 별도의 보호 가치 있는 전자정보의 혼재 가능성을 상정하기 어려운 경우에는 피고인 내지 변호인에게 참여의 기회를 보장하지 않고 전자정보 압수목록을 작성·교부하지 않았다는 점만으로 곧바로 증거능력을 부정할 것은 아니다(대판 2021.11.25. 2019도7342).

③ (○) 대판 2021.11.18. 2016도348 전원합의체

④ (○) 위와 같은 상황에서 甲과 乙이 피고인의 집으로 통하는 전기를 일시적으로 차단한 것은 피고인을 집 밖으로 나오도록 유도한 것으로서, 피고인의 범죄행위를 진압·예방하고 수사하기 위해 필요하고도 적절한 조치로 보이고, 「경찰관 직무집행법」이 정한 즉시강제의 요건을 충족한 적법한 직무집행으로 볼 여지가 있다(대판 2018.12.13. 2016도19417).

33 ①   함정문제   TOP 3

형사소송법 > 수사 > 압수와 가환부   오답률 77%

┌─ 출제자의 함정의도 ─
│ 압수·수색영장 제시의 예외적 사항에 대하여 혼동케 하여 오답을 유인하였다.

① (×) 압수·수색영장은 처분을 받는 자에게 반드시 제시하여야 하고, 처분을 받는 자가 피고인인 경우에는 그 사본을 교부하여야 한다. 다만, 처분을 받는 자가 현장에 없는 등 영장의 제시나 그 사본의 교부가 현실적으로 불가능한 경우 또는 처분을 받는 자가 영장의 제시나 사본의 교부를 거부한 때에는 예외로 한다(「형사소송법」 제118조).

② (○) 대판 2017.9.12. 2017도10309

③ (○) 대판 2017.11.29. 2014도16080

④ (○) 인천세관 특별사법경찰관이 甲 등이 밀수출하기 위해 부산항에서 선적하려다 미수에 그친 자동차를 압수하였는데, 자동차가 乙의 소유로서 렌트차량으로 이용되고 있었고 乙과 밀수출범죄 사이에 아무런 관련성도 없다면 乙의 가환부 청구를 거부할 수 있는 특별한 사정이 있는 경우라고 보기 어려워 검사는 이를 乙에게 가환부해 주어야 한다(대판 2017.9.29. 2017모236).

✓ 개념 체크 압수물의 환부·가환부

		환부		가환부
의의		압수물을 종국적으로 소유자, 제출인에게 반환		압수효력 존속/잠정적/환부제도
압수물의 처리	요건	압수물	압수장물(피해자환부)	임의적 가환부	필요적 가환부
		− 압수계속의 필요성 ×(증거가치상실/몰수대상 ×) − 체포시 압수물 사후영장 미발부시 즉시	피해자 환부할 이유 명백할 때(권리유)(소재불명/설명불상 → 환부공고)	소유자 또는 소지자가 계속 사용하여야 할 물건	
				증거에 공할 목적 압수물	증거에만 공할 목적 압수물
	절차	소유자/소지자/보관자청구 or 직권 → 수사기관/법원결정			
		통지: 관계자에의 통지(검사 피해자 피의자 변호인)			
	효력	압수효력상실(제출자에게 반환)	환부선고(장물 처분 시 대가환부선고)	− 압수효력존속/압수물 보관의무/요구시 제출의무 ㉴ 임의적 몰수물 가능	

34 ①

형사소송법 > 증거 > 위법수집증거배제법칙   오답률 6.7%

① (×) 피고인들이 피해회사의 영업비밀을 취득·사용 또는 누설하였다는 「부정경쟁방지 및 영업비밀보호에 관한 법률」 위반(영업비밀누설 등) 등의 공소사실로 기소된 사건에서, 영장담당판사가 발부한 압수수색영장에 법관의 서명만 있고 날인이 없으므로 그 압수수색영장은 형사소송법이 정한 요건을 갖추지 못하여 적법하게 발부되었다고 볼 수 없으나, 이러한 압수수색영장에 따라 압수한 파일 출력물과 이에 기초하여 획득한 2차적 증거인 피의자신문조서, 법정진술 등은 위법수집증거에 해당하지 않고, 위와 같은 압수절차에서 피고인의 참여권 등의 절차 참여를 보장한 취지가 실질적으로 침해되었다고 볼 수 없어 이를 유죄 인정의 증거로 사용할 수 있다(대판 2019.7.11. 2018도20504).

② (○) 음주운전과 관련한 「도로교통법」 위반죄의 범죄수사를 위하여 미성년자인 피의자의 혈액채취가 필요한 경우에도 피의자에게 의사능력이 있다면 피의자 본인만이 혈액채취에 관한 유효한 동의를 할 수 있고, 피의자에게 의사능력이 없는 경우에도 명문의 규정이 없는 이상 법정대리인이 피의자를 대리하여 동의할 수는 없다(대판 2014.11.13. 2013도1228). → 혈액에 대한 혈중알코올농도에 관한 감정의뢰회보는 위법하게 수집된 증거이다.

③ (○) 한겨레신문 기자인 피고인 甲이 휴대폰의 녹음기능을 작동시킨 상태로 정수장학회 이사장 乙에게 전화를 걸어 약 8분간의 전화통화를 마친 후 예우차원에서 乙이 전화를 먼저 끊기를 기다리던 중, 문화방송 기획홍보본부장 丙이 乙과 인사를 나누면서 전략기획부장 丁을 소개하는 목소리가 휴대폰을 통해 들려오고, 때마침 乙이 실수로 휴대폰의 통화종료 버튼을 누르지 아니한 채 이를 탁자 위에 놓아두자, 통화연결 상태에 있는 자신의 휴대폰을 이용하여 대화를 몰래 청취하고 녹음한 경우, 甲은 대화에 원래부터 참여하지 아니한 제3자이므로 휴대폰을 이용하여 대화를 청취·녹음하는 행위는 작위에 의한 「통신비밀보호법」 제3조 위반행위에 해당한다(대판 2016.5.12. 2013도15616).

④ (○) 수사기관이 압수·수색영장을 제시하고 집행에 착수하여 압수·수색을 실시하고 그 집행을 종료하였다면 이미 그 영장은 목적을 달성하여 효력이 상실되는 것이고, 동일한 장소 또는 목적물에 대하여 다시 압수·수색할 필요가 있는 경우라면 그 필요성을 소명하여 법원으로부터 새로운 압수·수색영장을 발부 받아야 하는 것이지, 앞서 발부 받은 압수·수색영장의 유효기간이 남아있다고 하여 이를 제시하고 다시 압수·수색을 할 수는 없다(대판 1999.12.1. 99모161). → 증거물 B는 위법하게 수집된 증거이다.

35 ①

형사소송법 > 증거 > 임의성 없는 자백   오답률 28%

㉠ (×) 임의성이 인정되지 아니하여 증거능력이 없는 진술증거는 피고인이 증거로 함에 동의하더라도 증거로 삼을 수 없다(대판 2006.11.23. 2004도7900).

㉡ (○) 피고인이 수사기관에서 가혹행위 등으로 인하여 임의성 없는 자백을 하고 그 후 법정에서도 임의성 없는 심리상태가 계속되어 동일한 내용의 자백을 하였다면 법정에서의 자백도 임의성 없는 자백이라고 보아야 한다(대판 2012.11.29. 2010도3029).

㉢ (×) 피고인의 자백이 심문에 참여한 검찰주사가 '피의사실을 자백하면 피의사실부분은 가볍게 처리하고 보호감호의 청구를 하지 않겠다'는 각서를 작성하여 주면서 자백을 유도한 것에 기인한 것이라면 위 자백은 기망에 의하여 임의로 진술한 것이 아니라고 의심할 만한 이유가 있는 때에 해당하여 증거로 할 수 없다(대판 1985.12.10. 85도2182).

㉣ (○) 일정한 증거가 발견되면 피의자가 자백하겠다고 한 약속이 검사의 강요나 위계에 의하여 이루어졌다던가 또는 불기소나 경한 죄의 소추등 이익과 교환조건으로 된 것으로 인정되지 않는다면 위와 같은 자백의 약속하에 된 자백이라 하여 곧 임의성 없는 자백이라고 단정할 수는 없다(대판 1983.9.13. 83도712).

㉤ (○) 검사 작성의 피의자신문조서가 검사에 의하여 피의자에 대한 변호인의 접견이 부당하게 제한되고 있는 동안에 작성된 경우에는 증거능력이 없다(대판 1990.8.24. 90도1285).

36 ②

형사소송법 > 증거 > 전문진술의 증거능력   오답률 28%

① (○) 전문의 진술을 증거로 함에 있어서는 전문진술자가 원진술자로부터 진술을 들을 당시 원진술자가 증언능력에 준하는 능력을 갖춘 상태에 있어야 할 것이다(대판 2006.4.14. 2005도9561).

② (×) 「형사소송법」 제316조 제2항에 의하면 '피고인 아닌 자(甲)의 공판준비 또는 공판기일에서의 진술이 피고인 아닌 타인(乙)의 진술을 그 내용으로 하는 것인 때에는 원진술자가 사망, 질병 기타 사유로 인하여 진술할 수 없고 그 진술이 특히 신빙할 수 있는 상태 하에서 행하여진 때에 한하여 이를 증거로 할 수 있다'고 규정하고 있는데, 여기서 말하는 '피고인 아닌 자(乙)'라고 함은 제3자는 말할 것도 없고 공동피고인이나 공범자를 모두 포함한다고 해석된다(대판 2007.2.23. 2004도8654). 하단 부분의 '피고인 아닌 자'는 해석상 위 부분의 '피고인 아닌 타인'을 말한다.

③ (○) 증인 등의 진술내용이 주한미국대사관 경비근무 중이었던 미군인의 진술을 전문한 것이라고 하더라도 동인이 한국근무를 마치고 귀국하여 진술할 수가 없고 또 그 진술이 동인 작성의 근무일지 사본의 기재 등에 비추어 특히 신빙할 수 있는 상태하에서 행하여진 것으로 보고 이를 증거로 채택하였음에 잘못이 없다(대판 1976.10.12. 76도2781).

④ (○) 「형사소송법」 제316조에 규정된 '그 진술이 특히 신빙할 수 있는 상태하에서 행하여진 때'라 함은 그 진술을 하였다는 것에 허위개입의 여지가 거의 없고, 그 진술내용의 신빙성이나 임의성을 담보할 구체적이고 외부적인 정황이 있는 경우를 가리킨다(대판 2010.11.25. 2010도8735, 대판 2011.10.13. 2011도7081).

37 ①

| 형사소송법 > 증거 > 증거능력 | 오답률 28% |

① (×) 불법감청에 의하여 녹음된 전화통화의 내용은 「통신비밀보호법」 제4조에 의하여 증거능력이 없다. 그리고 사생활 및 통신의 불가침을 국민의 기본권의 하나로 선언하고 있는 헌법규정과 통신비밀의 보호와 통신의 자유 신장을 목적으로 제정된 「통신비밀보호법」의 취지에 비추어 볼 때 피고인이나 변호인이 이를 증거로 함에 동의하였다고 하더라도 달리 볼 것은 아니다(대판 2019.3.14. 2015도1900).

② (○) 피고인이 수표를 발행하였으나 예금부족 또는 거래정지처분으로 지급되지 아니하게 하였다는 부정수표단속법위반의 공소사실을 증명하기 위하여 제출되는 수표는 그 서류의 존재 또는 상태 자체가 증거가 되는 것이어서 증거물인 서면에 해당하고 어떠한 사실을 직접 경험한 사람의 진술에 갈음하는 대체물이 아니므로, 그 증거능력은 증거물의 예에 의하여 판단하여야 하고, 이에 대하여는 「형사소송법」 제310조의2에서 정한 전문법칙이 적용될 여지가 없다(대판 2015.4.23. 2015도2275).

③ (○) 적법한 절차에 따르지 않고 수집한 증거는 물론 이를 기초로 하여 획득한 2차적 증거 또한 기본적 인권 보장을 위해 마련된 적법한 절차에 따르지 않고 확보한 것으로서 원칙적으로 유죄 인정의 증거로 삼을 수 없다고 보아야 한다. 그러나 수사기관의 절차 위반행위가 적법절차의 실질적인 내용을 침해하는 경우에 해당하지 않고, 오히려 증거능력을 배제하는 것이 「헌법」과 「형사소송법」이 형사소송에 관한 절차 조항을 마련하여 적법절차의 원칙과 실체적 진실 규명의 조화를 도모하고 이를 통하여 형사 사법 정의를 실현하려 한 취지에 반하는 결과를 초래하는 것으로 평가되는 예외적인 경우라면, 법원은 그 증거를 유죄 인정의 증거로 사용할 수 있다고 보아야 한다. 이러한 법리는 적법한 절차에 따르지 않고 수집한 증거를 기초로 하여 획득한 2차적 증거에 대해서도 마찬가지로 적용되므로, 절차에 따르지 않은 증거 수집과 2차적 증거 수집 사이 인과관계의 희석이나 단절 여부를 중심으로 2차적 증거 수집과 관련된 모든 사정을 전체적·종합적으로 고려하여 예외적인 경우에는 유죄 인정의 증거로 사용할 수 있다(대판 2019.7.11. 2018도20504). → 필요한 기재 사항이 모두 기재되어 있고 간인 등도 적법하게 이루어졌으나 판사의 서명날인란에는 서명만 있고 그 옆에 날인이 없는 압수수색영장에 의하여 압수한 파일 출력물과 이를 제시하고 획득한 2차적 증거인 수사기관 작성의 피의자신문조서 및 증인의 법정진술은 위법수집증거에 해당하지 않는다고 판시한 사건이다.

④ (○) 피고인의 자백이 임의성이 없다고 의심할 만한 사유가 있는 때에 해당한다 할지라도 그 임의성이 없다고 의심하게 된 사유들과 피고인의 자백과의 사이에 인과관계가 존재하지 않은 것이 명백한 때에는 그 자백은 임의성이 있는 것으로 인정된다(대판 1984.11.27. 84도2252).

38 ④

| 형사소송법 > 증거 > 자유심증주의 | 오답률 65% |

① (○) 성폭행 등의 피해를 입었다는 신고사실에 관하여 불기소처분 내지 무죄판결이 내려졌다고 하여, 그 자체를 무고를 하였다는 적극적인 근거로 삼아 신고내용을 허위라고 단정하여서는 아니 됨은 물론, 개별적, 구체적인 사건에서 피해자임을 주장하는 자가 처하였던 특별한 사정을 충분히 고려하지 아니한 채 진정한 피해자라면 마땅히 이렇게 하였을 것이

라는 기준을 내세워 성폭행 등의 피해를 입었다는 점 및 신고에 이르게 된 경위 등에 관한 변소를 쉽게 배척하여서는 아니 된다(대판 2019.7.11. 2018도2614).

② (○) 대판 2019.10.31. 2018도2542

③ (○) 대판 2009.3.12. 2008도8486

④ (×) 피해자가 피고인으로부터 강간을 당한 후 다음날 혼자서 다시 피고인의 집을 찾아간 것이 일반적인 평균인의 경험칙이나 통념에 비추어 범죄 피해자로서는 취하지 않았을 특이하고 이례적인 행태로 보인다고 하더라도, 그로 인하여 곧바로 피해자의 진술에 신빙성이 없다고 단정할 수는 없다(대판 2020.9.7. 2020도8016).

39 ②

| 형사소송법 > 증거 > 종합 | 오답률 28% |

① (○) 甲의 행위는 제307조 제1항의 명예훼손죄의 구성요건해당성이 인정된다.

② (×) 적시된 사실이 진실한 것이라는 증명이 없더라도 행위자가 그 사실을 진실한 것으로 믿었고 또 그렇게 믿을 만한 상당한 이유가 있는 경우에는 위법성이 없다고 보아야 할 것이고, 이 경우에 적시된 사실이 공공의 이익에 관한 것인지의 여부는 그 사실 자체의 내용과 성질에 비추어 객관적으로 판단하여야 하며, 행위자의 주요한 목적이 공공의 이익을 위한 것이라면 부수적으로 다른 사익적인 동기가 내포되어 있었다고 하더라도 「형법」 제310조의 적용을 배제할 수는 없다고 할 것이다. 노동조합 조합장이 전임 조합장의 업무처리 내용 중 근거자료가 불명확한 부분에 대하여 대자보를 작성하여 조합원인 운전사들의 대기실로 사용되는 배차실에 부착한 경우, 위 대자보에 기재된 사실들은 그 내용과 성질에 비추어 객관적으로 판단할 때 「형법」 제310조 소정의 "공공의 이익에 관한 것"에 해당한다고 봄이 상당한바, 위 대자보의 표현방법이 단순한 회계감사결과보고서의 형식을 취하지 아니하고 전임 조합장이 위 피해자의 업무집행을 비난하는 형식을 취하였다고 하더라도, 피고인이 조합장으로서 위 대자보를 부착하게 된 목적이 주로 위와 같은 사실들을 조합원들에게 알리기 위한 것인 이상 공공의 이익을 위한 것이라고 볼 수 있을 것이다(대판 1993.6.22. 92도3160).

③ (○) 진실성의 착오를 위법성 조각사유의 전제사실에 대한 착오로 보는 법효과제한설에 의하면 그 착오에 과실이 없으면 당연히 무죄가 되고, 과실이 있더라도 과실범의 법효과만 인정된다. 그런데 명예훼손죄는 과실범을 처벌하지 않으므로 甲의 착오에 과실 유무를 불문하고 甲은 무죄가 된다.

④ (○) 명예훼손죄의 사실의 입증책임 → 행위자(피고인): 사람의 명예를 훼손한 행위가 「형법」 제310조의 규정에 따라서 위법성이 조각되어 처벌대상이 되지 않기 위하여는 적시된 사실이 진실한 사실로서 오로지 공공의 이익에 관한 때에 해당된다는 점을 행위자가 증명하여야 하며, 다만 그 증명은 유죄의 인정에 있어 요구되는 것과 같이 법관으로 하여금 의심할 여지가 없을 정도의 확신을 가지게 하는 증명력을 가진 엄격한 증거에 의하여야 하는 것은 아니므로, 이 때에는 전문증거에 대한 증거능력의 제한을 규정한 「형사소송법」 제310조의2는 적용될 여지가 없다(대판 1996.10.25. 95도1473 등).

40 ④

| 형사소송법 > 수사 > 종합 | 오답률 33% |

㉠ (○), ㉡ (○) 사법경찰관이 검사에게 긴급체포된 피의자에 대한 긴급체포 승인 건의와 함께 구속영장을 신청한 경우, 검사는 긴급체포의 승인 및 구속영장의 청구가 피의자의 인권에 대한 부당한 침해를 초래하지 않도

록 긴급체포의 적법성 여부를 심사하면서 수사서류 뿐만 아니라 피의자를 검찰청으로 출석시켜 직접 대면조사할 수 있는 권한을 가진다고 보아야 한다. 따라서 이와 같은 목적과 절차의 일환으로 검사가 구속영장 청구 전에 피의자를 대면조사하기 위하여 사법경찰관리에게 피의자를 검찰청으로 인치할 것을 명하는 것은 적법하고 타당한 수사지휘 활동에 해당하고, 수사지휘를 전달받은 사법경찰관리는 이를 준수할 의무를 부담한다(대판 2010.10.28. 2008도11999).

ⓒ (×), ⓔ (×), ⓜ (×) (1) 체포된 피의자의 구금 장소가 임의적으로 변경되는 점, 법원에 의한 영장실질심사제도를 도입하고 있는 현행 「형사소송법」 하에서 체포된 피의자의 신속한 법관 대면권 보장이 지연될 우려가 있는 점 등을 고려하면, 위와 같은 검사의 구속영장 청구 전 피의자 대면 조사는 긴급체포의 적법성을 의심할 만한 사유가 기록 기타 객관적 자료에 나타나고 피의자의 대면조사를 통해 그 여부의 판단이 가능할 것으로 보이는 예외적인 경우에 한하여 허용될 뿐, 긴급체포의 합당성이나 구속영장 청구에 필요한 사유를 보강하기 위한 목적으로 실시되어서는 아니 된다. (2) 나아가 검사의 구속영장 청구 전 피의자 대면조사는 강제수사가 아니므로 피의자는 검사의 출석 요구에 응할 의무가 없고, 피의자가 검사의 출석 요구에 동의한 때에 한하여 사법경찰관리는 피의자를 검찰청으로 호송하여야 한다. (3) 「형법」 제139조에 규정된 인권옹호직무명령불준수죄와 「형법」 제122조에 규정된 직무유기죄의 각 구성요건과 보호법익 등을 비교하여 볼 때, 인권옹호직무명령불준수죄가 직무유기죄에 대하여 법조경합 중 특별관계에 있다고 보기는 어렵고 양 죄를 상상적 경합관계로 보아야 한다(대판 2010.10.28. 2008도11999).

제2회

| 동형 기출 분석

제2회 실전동형 모의고사는 **2022년 경찰 1차 시험**의 출제유형, 문제유형, 발문을 분석하여 2022년 2차 시험의 출제예측 및 기출 동형을 구성하였습니다.

영역

제2회	형법총론 35%	형법각론 35%	형사소송법 30%
22 경찰 1차	형법총론 35%	형법각론 35%	형사소송법 30%

100% 일치

출제

제2회	판례 82.5%	조문 10%	이론 7.5%
22 경찰 1차	판례 82.5%	조문 10%	이론 7.5%

100% 일치

유형

제2회	줄글 60%	박스형 30%	사례형 10%
22 경찰 1차	줄글 62.5%	박스형 30%	사례형 7.5%

97.5% 일치

발문

제2회	옳은 것? 37.5%	옳지 않은 것? 62.5%
22 경찰 1차	옳은 것? 35%	옳지 않은 것? 65%

97.5% 일치

클릭 한 번으로 내 성적 바로 확인!

답안입력 40/40

번호	①	②	③	④	⑤
1	●	②	③	④	
2	①	②	③	●	
3	①	●	③	④	
4	●	②	③	④	
5	①	②	●	④	
6	①	②	●	④	
7	①	②	③	●	

STEP 1 QR 코드 모바일로 스캔
STEP 2 모바일 OMR에 답안 입력
STEP 3 제출 시 자동채점 및 성적분석
문제풀이 시간 자동 측정
영역별 정답률로 취약점 파악

Ⅰ 문항 세부 분석

개정법령과 최신판례 반영 문제, 오답을 유발하는 함정문제, 오답률 TOP 1~3 문항을 통해
시험 전 문제풀이 집중 훈련이 가능합니다.

적정 풀이시간 32분

	문번	정답	영역	출제	유형	발문
	01	③	형법총론 > 형법의 기본원리	판례	박스형(OX표시)	옳은 것은?
최신판례	02	②	형법총론 > 형법의 기본원리	판례	박스형(ㄱㄴㄷ)	옳은 것은?
함정문제	03	③	형법총론 > 구성요건론	판례	줄글	옳지 않은 것은?
최신판례	04	②	형법총론 > 구성요건론	이론	박스형(ㄱㄴㄷ)	옳지 않은 것은?
	05	②	형법총론 > 죄수론	이론	사례형	옳지 않은 것은?
	06	②	형법총론 > 죄수론 오답률 TOP 1	판례	박스형(OX표시)	옳은 것은?
최신판례	07	①	형법총론 > 위법성론	판례	줄글	옳지 않은 것은?
	08	①	형법총론 > 위법성론	이론	박스형(내용연결)	옳지 않은 것은?
	09	④	형법총론 > 형벌론 오답률 TOP 2	판례	줄글	옳은 것은?
	10	③	형법총론 > 형벌론	판례	줄글	옳지 않은 것은?
	11	④	형법총론 > 정범 및 공범론	판례	박스형(개수문제)	옳은 것은?
최신판례	12	④	형법총론 > 정범 및 공범론	판례	줄글	옳지 않은 것은?
함정문제	13	①	형법총론 > 죄수론	판례	박스형(ㄱㄴㄷ)	옳은 것은?
최신판례	14	①	형법총론 > 형벌론	판례	줄글	옳은 것은?
	15	①	형법각론 > 개인적 법익	판례	줄글	옳지 않은 것은?
최신판례	16	①	형법각론 > 개인적 법익	판례	줄글	옳은 것은?
	17	②	형법각론 > 개인적 법익	판례	박스형(ㄱㄴㄷ)	옳은 것은?
	18	①	형법각론 > 개인적 법익	판례	줄글	옳지 않은 것은?
	19	②	형법각론 > 개인적 법익	판례	박스형(ㄱㄴㄷ)	옳지 않은 것은?
	20	④	형법각론 > 사회적 법익	판례	사례형	옳지 않은 것은?
	21	①	형법각론 > 개인적 법익	판례	박스형(개수문제)	옳은 것은?
최신판례	22	②	형법각론 > 개인적 법익	판례	박스형(ㄱㄴㄷ)	옳은 것은?
최신판례	23	④	형법각론 > 개인적 법익	판례	줄글	옳은 것은?
	24	②	형법각론 > 개인적 법익	판례	줄글	옳은 것은?
최신판례	25	②	형법각론 > 사회적 법익 오답률 TOP 3	판례	박스형(ㄱㄴㄷ)	옳지 않은 것은?
최신판례	26	③	형법각론 > 사회적 법익	판례	줄글	옳지 않은 것은?
	27	①	형법각론 > 국가적 법익	판례	줄글	옳지 않은 것은?
	28	①	형법각론 > 국가적 법익	판례	사례형	옳은 것은?
	29	④	형사소송법 > 수사	조문	줄글	옳지 않은 것은?
	30	④	형사소송법 > 수사	판례	줄글	옳지 않은 것은?
최신판례	31	③	형사소송법 > 수사	조문	줄글	옳지 않은 것은?
	32	④	형사소송법 > 수사	조문	줄글	옳지 않은 것은?
최신판례	33	③	형사소송법 > 수사	판례	줄글	옳지 않은 것은?
개정법령	34	④	형사소송법 > 수사	조문	줄글	옳지 않은 것은?
함정문제	35	①	형사소송법 > 증거	판례	줄글	옳지 않은 것은?
	36	②	형사소송법 > 증거	판례	줄글	옳지 않은 것은?
	37	②	형사소송법 > 증거	판례	줄글	옳지 않은 것은?
	38	③	형사소송법 > 증거	판례	줄글	옳지 않은 것은?
	39	④	형사소송법 > 증거	판례	줄글	옳지 않은 것은?
	40	④	형사소송법 > 증거	판례	사례형	옳은 것은?

x2 2배속 키워드 해설 활용법

키워드 중심의 실전용 속독 해설로 2배속 문제 풀이 훈련이 가능하며, 아는 문제는 빠르게 SKIP 할 수 있습니다.

01 ③

형법총론 > 형법의 기본원리 > 죄형법정주의	오답률 13.5%

㉠ (○) 대판 2020.5.14. 2018도3690

㉡ (×) 농업용 동력운반차는 「농업기계화 촉진법」 제2조 제1호에서 정한 농업기계로서 구 「자동차관리법」 제2조 제1호에서 정한 자동차나 이를 전제로 하는 구 「자동차관리법」 제3조에서 정한 각종 자동차에 해당하지 않으므로 무면허운전 처벌규정의 적용대상인 구 「도로교통법」 제2조 제18호에 정한 자동차에도 해당하지 않는다(대판 2021.9.30. 2017도13182).

㉢ (○) 「아동·청소년의 성보호에 관한 법률」에 정한 공개명령 제도는, 성인인증 및 본인 확인을 거친 사람은 누구든지 인터넷을 통해 공개명령 대상자의 공개정보를 열람할 수 있도록 함으로써 아동·청소년 대상 성범죄를 효과적으로 예방하고 성범죄로부터 아동·청소년을 보호함을 목적으로 하는 일종의 보안처분이다. 이러한 공개명령 제도는 범죄행위를 한 자에 대한 응보 등을 목적으로 그 책임을 추궁하는 사후적 처분인 형벌과 구별되어 그 본질을 달리하는 것으로서 형벌에 관한 소급입법금지의 원칙이 그대로 적용되지 않으므로, 공개명령 제도가 시행된 2010.1.1. 이전에 범한 범죄에도 공개명령 제도를 적용하도록 「아동·청소년의 성보호에 관한 법률」이 2010.7.23. 법률 제10391호로 개정되었다고 하더라도 그것이 소급입법금지의 원칙에 반한다고 볼 수 없다(대판 2011.3.24. 2010도14393).

㉣ (×) 연습운전면허를 받은 사람이 운전을 함에 있어 주행연습 외의 목적으로 운전하여서는 아니된다는 준수사항을 지키지 않았다고 하더라도 준수사항을 지키지 않은 것에 대하여 연습운전면허의 취소 등 제재를 가할 수 있음은 별론으로 하고 그 운전을 무면허운전이라고 보아 처벌할 수는 없다(대판 2015.6.24. 2013도15031).

㉤ (○) 「국가공무원법」 제66조에서의 '공무 이외의 일을 위한 집단적 행위'는 공무가 아닌 어떤 일을 위하여 공무원들이 하는 모든 집단적 행위를 의미하는 것은 아니고 언론, 출판, 집회, 결사의 자유를 보장하고 있는 「헌법」 제21조 제1항, 「헌법」상의 원리, 「국가공무원법」의 취지, 「국가공무원법」상의 성실의무 및 직무전념의무 등을 종합적으로 고려하여 '공익에 반하는 목적을 위하여 직무전념의무를 해태하는 등의 영향을 가져오는 집단적 행위'라고 축소 해석하여야 한다(대판 2005.4.15. 2003도2960).

02 ② 최신판례

형법총론 > 형법의 기본원리 > 인적 적용범위	오답률 28%

㉠ (○) 대판 2021.10.28. 2020도1942

㉡ (×) 양벌규정에 의한 영업주의 처벌은 금지위반행위자인 종업원의 처벌에 종속하는 것이 아니라 독립하여 그 자신의 종업원에 대한 선임감독상의 과실로 인하여 처벌되는 것이므로 종업원의 범죄성립이나 처벌이 영업주 처벌의 전제조건이 될 필요는 없다(대판 2006.2.24. 2005도7673).

㉢ (○) 대판 2018.8.1. 2015도10388

㉣ (×) 회사 대표자의 위반행위에 대하여 징역형의 형량을 작량감경하고 병과하는 벌금형에 대하여 선고유예를 한 이상 양벌규정에 따라 그 회사를 처단함에 있어서도 같은 조치를 취하여야 한다는 논지는 독자적인

견해에 지나지 아니하여 받아들일 수 없다(대판 1995.12.12. 95도1893).

㉤ (○) 대판 1984.10.10. 82도2595 전원합의체

03 ③ 함정문제 최신판례

형법총론 > 구성요건론 > 부작위범	오답률 65%

출제자의 함정의도

부작위에 의한 사기죄에서 작위의무의 발생근거와 유기죄에서 보호의무의 발생근거의 범위를 비교하도록 하여 오답을 유도하였다.

① (○) 대판 2021.5.7. 2018도12973

② (○) 아래의 관련판례에 의하면 부작위에 의한 사기죄에서 작위의무의 발생근거는 유기죄에서 보호의무의 발생근거보다 그 범위가 넓다(대판 1996.9.6. 95도2551, 대판 1977.1.11. 76도3419).

③ (×) 인터넷 포털 사이트를 운영하는 회사와 대표이사가 정보제공업체들의 음란정보 반포·판매 행위를 방치한 것만으로는 구 「전기통신기본법」 제48조의2 위반죄의 정범에 해당하지 않는다고 한 사례(대판 2006.4.28. 2003도80)

④ (○) 대판 2008.2.14. 2005도4202

04 ②

형법총론 > 구성요건론 > 고의	오답률 28%

㉠ (○) 신뢰의 원칙은 허용된 위험이 판례를 통하여 구체화된 원칙으로서 과실범의 객관적 주의의무(예견의무와 회피의무)를 제한하여 과실범의 성립범위를 축소시키는 이론이다. 따라서 신뢰원칙은 과실범의 구성요건해당성을 배제하는 기능을 한다.

㉡ (×) 판례는 "미필적 고의가 있었다고 하려면 결과발생의 가능성에 대한 인식이 있음은 물론 나아가 결과발생을 용인하는 내심의 의사가 있음을 요한다"고 하여(대판 2004.2.27. 2003도7507 등) 용인설을 취하는 것으로 평가된다. 이에 의하면 본 지문은 틀린 것으로 볼 수 있다. 그러나 판례는 "살인죄에서 살인의 범의는 반드시 살해의 목적이나 계획적인 살해의 의도가 있어야 하는 것은 아니고 자기의 행위로 인하여 타인의 사망이라는 결과를 발생시킬 만한 가능성 또는 위험이 있음을 인식하거나 예견하면 족한 것이며 그 인식이나 예견은 확정적인 것은 물론 불확정적인 것이라도 이른바 미필적 고의로 인정되며"(대판 2006.4.14. 2006도734; 대판 2000.8.18. 2000도2231; 대판 1994.12.22. 94도2511), "강도살인죄에 있어서의 고의는 반드시 살해의 목적이나 계획적인 살해의 의도가 있어야 하는 것은 아니고 자기의 행위로 인하여 타인의 사망의 결과를 발생시킬 만한 가능 또는 위험이 있음을 인식하거나 예견하면 족한 것이고 그 인식 또는 예견은 확정적인 것은 물론 불확정적인 것이더라도 소위 미필적 고의로서 살인의 범의가 인정된다"(대판 2002.2.8. 2001도6425)고 판시하기도 한다.

㉢ (○) 피해자가 피고인들의 살해의 의도로 행한 구타행위에 의하여 직접 사망한 것이 아니라 죄적을 인멸 목적으로 행한 매장행위에 의하여 사망하게 되었다 하더라도 전과정을 개괄적으로 보면 피해자의 살해라는 처음에 예견된 사실이 결국은 실현된 것으로서 살인죄의 죄책을 면할 수 없다(대판 1988.6.28. 88도650).

㉣ (○) 내란죄에 있어서의 국헌문란의 목적은 엄격한 증명사항에 속하고 직접적임을 요하나 결과발생의 희망, 의욕임을 필요로 한다고 할 수는 없고, 또 확정적 인식임을 요하지 아니하며, 다만 미필적 인식이 있으면 족하다 할 것이고(대판 1980.5.20. 80도306 전원합의체), 무고죄에 있어

서 피무고자의 승낙을 받아 허위사실을 기재한 고소장을 제출하였다면 피무고자에 대한 형사처분이라는 결과발생을 의욕한 것은 아니라 하더라도 적어도 그러한 결과발생에 대한 미필적인 인식은 있었던 것으로 보아야 한다(대판 2005.9.30. 2005도2712).

ⓔ (○) 직계존속임을 인식치 못하고 살인을 한 경우는 「형법」 제15조 소정의 특별히 중한 죄가 되는 사실을 인식하지 못한 행위에 해당한다(단순살인죄 인정)(대판 1960.10.31. 4293형상494; 대판 1977.1.11. 76도3871도).

✓ 개념 체크 **미필적 고의 관련판례**

	미필적 고의 인정	미필적 고의 부정
구체적 적용	피조개양식장 닻줄 늘려서 묘박/손괴	대구지하철 사고현장수습청소/증거인멸
	의무경찰의 좌회전지시거부 계속 직진/폭행	
	쇠파이프 각목 머리와 목 난타 낫 팔다리 난자/살인	수혈의사권유 거부방해(여호와증인사건)/살인고의 부정·유기치사 성립 인정
	건장군인 왜소한 체격 피해자폭행 목조름/살인	
	증권회사직원 고객동의 없이 주식매입/업무상배임	
	신분증미소지자 구두연령확인/청소년 이성혼숙	
	취소전력자 또 적성검사미필 면허취소 무면허 운전고의 긍정	정기적성검사 미필사유로 면허취소 무면허 운전고의 부정(원칙)
	• 정기적성검사기간내 「도로교통법」상 검사의무위반 → 미필적 고의는 있다. • 아동·청소년 성매매 알선행위 → 성매수자가 아닌 알선행위자가 아동·청소년임을 인식하면 충분하다.	

05 ②

형법총론 > 죄수론 > 상상적 경합　　　　　오답률 40%

① (○) 업무방해죄와 폭행죄는 구성요건과 보호법익을 달리하므로, 설령 피해자에 대한 폭행행위가 동일한 피해자에 대한 업무방해죄의 수단이 되었다고 하더라도 그러한 폭행행위가 이른바 '불가벌적 수반행위'에 해당하여 업무방해죄에 대하여 흡수관계에 있다고 볼 수는 없다(대판 2012.10.11. 2012도1895). → 상상적 경합관계에 있다는 취지이다.

② (×) 甲이 택시기사 B를 乙, 丙과 함께 폭행하여 B의 택시 운행업무를 방해한 경우 甲, 乙, 丙은 폭력행위 등 처벌에 관한 법률 위반(공동폭행)죄가 성립하고, 이러한 폭행이 업무방해의 수단이었으므로 업무방해죄와 상상적 경합관계에 있게 된다.

③ (○) 대판 2012.5.24. 2011도7943

④ (○) 업무방해죄에 있어 업무를 '방해한다'함은 업무의 집행 자체를 방해하는 것은 물론이고 널리 업무의 경영을 저해하는 것도 포함한다고 할 것이고(대판 1999.5.14. 98도3767), 업무방해죄의 성립에는 업무방해의 결과가 실제로 발생함을 요하지 않고 업무방해의 결과를 초래할 위험이 발생하는 것이면 족하며, 업무수행 자체가 아니라 업무의 적정성 내지 공정성이 방해된 경우에도 업무방해죄가 성립한다(대판 2008.1.17. 2006도1721).

✓ 개념 체크 **상상적 경합**

요건	• 의의: 1개의 행위가 수개의 죄에 해당하는 경우/수죄
	• 행위의 단일성: ㉮ 법적 평가를 떠나 사회관념상 행위가 사물 자연의 상태로서 1개 – 실행행위가 각 죄 간에 완전 동일하거나 부분적으로 동일하여야 한다.
	– 연결효과에 의한 상상적 경합: A와 B죄 실체적 경합 A+B과 C가 각각 상상적 경합: ABC 모두 상상적 경합으로 할 수 있는가 문제 ㉮ 공도화변조 + 행사죄 수뢰후 부정처사와 각각 상상적 경합/모두 상상적 경합 처벌충분
	• 수개의 죄: 수개의 구성요건에 해당
효과	• 실체법상 효과: 가장 중한 죄로 처벌 – 전체적 대조주의: 주형 전체에 대하여 비교대조
	• 소송법적 효과 – 과형상 일죄: 수죄의 일부에 대한 공소제기의 효력 및 기판력은 전부에 미친다. – 실질적 수죄: 법적 판단은 각자의 죄/공소시효 및 친고죄의 고소도 따로 판단한다.

06 ②

형법총론 > 죄수론 > 결과적 가중범　　　　　오답률 78%

㉠ (○) 피해자의 재물을 강취한 후 그를 살해할 목적으로 현주건조물에 방화하여 사망에 이르게 한 경우 피고인의 위 행위는 강도살인죄와 현주건조물방화치사죄에 모두 해당하고 그 두 죄는 상상적 경합범관계에 있다고 할 것이다(대판 1998.12.8. 98도3416).

㉡ (○) 직무를 집행하는 공무원에 대하여 위험한 물건을 휴대하여 고의로 상해를 가한 경우에는 특수공무집행방해치상죄만 성립할 뿐, 이와는 별도로 폭력행위 등 처벌에 관한 법률 위반(집단·흉기 등 상해)죄를 구성하지 않는다(대판 2008.11.27. 2008도7311). → [주의] 「폭력행위 등 처벌에 관한 법률」 개정으로 「폭력행위 등 처벌에 관한 법률」 위반(집단·흉기 등 상해)죄 규정이 삭제되어 「형법」상 특수상해죄의 성립여부가 문제되나 동죄의 법정형이 특수공무집행방해치상죄보다 무겁지 않기 때문에 여전히 부진정 결과적 가중범인 특수공무집행방해치상죄만 성립한다. 따라서 판례이론을 전제하면 위 지문은 옳은 지문에 해당한다.

㉢ (×) 현주건조물 내에 있는 사람을 강타하여 실신케 한 후 동건조물에 불을 놓아 그 속에 현존하던 사람을 소사케 한 경우에는 「형법」 제164조 전단의 죄와 살인죄의 상상적 경합범으로 의율할 것이 아니라 단순히 「형법」 제164조 후단의 죄(현주건조물방화치사죄)로 처단하여야 한다(대판 1983.1.18. 82도2341).

㉣ (○) 「형법」 제164조 제2항이 규정하는 현주건조물방화치사상죄는 그 제1항이 규정하는 죄(현주건조물방화죄)에 대한 일종의 가중처벌규정으로서 과실이 있는 경우뿐만 아니라 고의가 있는 경우도 포함된다고 볼 것이므로 사람을 살해할 목적으로 현주건조물에 방화하여 사망에 이르게 한 경우에는 현주건조물방화치사죄로 의율하여야 하고 이와 더불어 살인죄와의 상상적 경합으로 의율할 것은 아니며, 다만 존속살인죄와 현주건조물방화치사죄는 상상적 경합관계에 있으므로 법정형이 중한 존속살인죄로 의율함이 타당하다(대판 1996.4.26. 96도485).

㉤ (×) 피고인의 행위는 포괄하여 단일의 상해치사죄에 해당한다(대판 1994.11.4. 94도2361).

형법총론 > 위법성론 > 정당행위　　　　오답률 40%

① (×)「민사소송법」제335조에 따른 법원의 감정인 지정결정 또는 같은 법 제341조 제1항에 따른 법원의 감정촉탁을 받은 경우에는 감정평가업자가 아닌 사람이더라도 그 감정사항에 포함된 토지 등의 감정평가를 할 수 있고, 이러한 행위는 법령에 근거한 법원의 적법한 결정이나 촉탁에 따른 것으로「형법」제20조의 정당행위에 해당하여 위법성이 조각된다(대판 2021.10.14. 2017도10634).

② (○) 甲회사가 乙이 점유하던 공사현장에 실력을 행사하여 들어와 현수막 및 간판을 설치하고 담장에 글씨를 쓴 행위는 乙의 시공 및 공사현장의 점유를 방해하는 것으로서 乙의 법익에 대한 현재의 부당한 침해라고 할 수 있으므로 乙이 그 현수막을 찢고 간판 및 담장에 씌어진 글씨를 지운 것은 그 침해를 방어하기 위한 행위로서 상당한 이유가 있다(대판 1989.3.14. 87도3674).

③ (○) 이 경우 게시의 동기와 경위, 모욕적 표현의 정도와 비중 등에 비추어 사회상규에 위배되지 않으므로 모욕죄가 성립하지 않는다(대판 2008.7.10. 2008도1433). 즉 이 사건 피고인의 표현은 골프클럽 경기보조원인 회원들 사이의 각 골프클럽에 대한 평가 내지 의견교환의 장소에서, 피고인이 개인적으로 실제 경험하였던 특정 골프클럽 제도운영의 불합리성을 비난하고 이를 강조하는 과정에서 그 비난의 대상인 제도의 담당자인 피해자에 대하여도 같은 맥락에서 일부 부적절한 표현을 사용하게 된 것으로, 이러한 행위는 사회상규에 위배되지 않는다고 봄이 상당하므로 위법성이 조각된다.

④ (○) [1]「형법」제24조의 규정에 의하여 위법성이 조각되는 피해자의 승낙은 개인적 법익을 훼손하는 경우에 법률상 이를 처분할 수 있는 사람의 승낙이어야 할 뿐만 아니라 그 승낙이 윤리적·도덕적으로 사회상규에 반하는 것이 아니어야 한다. [2] 피고인이 피해자와 공모하여 교통사고를 가장하여 보험금을 편취할 목적으로 피해자에게 상해를 가하였다면 피해자의 승낙이 있었다고 하더라도 이는 위법한 목적에 이용하기 위한 것이므로 피고인의 행위가 피해자의 승낙에 의하여 위법성이 조각된다고 할 수 없다(대판 2008.12.11. 2008도9606).

08 ①

형법총론 > 위법성론 > 위법성의 기초이론　　　　오답률 28%

① (×) 엄격책임설은 위법성조각사유의 전제사실의 착오를 위법성의 착오로 본다. 따라서 착오가 회피가능하였다면 책임이 조각되지 않아 고의범이 성립한다.

② (○) 엄격고의설에 의할 때 책임요소로서의 고의가 조각되어 폭행죄가 성립하지 않는다.

③ (○) 구성요건착오유추적용설에 의할 때 구성요건적 고의 또는 불법고의가 조각되어 폭행죄가 성립하지 않는다.

④ (○) 법효과제한책임설에 의할 때 구성요건적 고의는 인정되지만 책임고의가 조각되므로 폭행죄가 성립하지 않는다.

09 ④　　　　TOP 2

형법총론 > 형벌론 > 형사제재　　　　오답률 73%

① (×) 비트코인은 재산적 가치가 있는 무형의 재산이라고 보아야 하고, 몰수의 대상인 비트코인이 특정되어 있다는 이유로, 피고인이 취득한 비트코인을 몰수할 수 있다(대판 2018.5.30. 2018도3619).

② (×)「형법」제59조에 의하여 형의 선고를 유예하는 판결을 할 경우에도 선고가 유예된 형에 대한 판단을 하여야 하는 것이므로 선고유예 판결에서도 그 판결이유에서는 선고할 형의 종류와 양, 즉 선고형을 정해 놓아야 하고, 그 선고를 유예하는 형이 벌금형일 경우에는 그 벌금액 뿐만 아니라 환형유치처분까지 해 두어야 한다(대판 1988.1.19. 86도2654).

③ (×) 2018.1.7.부터 500만원 이하의 벌금형에 대한 집행유예가 가능하다. 그러나 하나의 판결로 두 개의 자유형을 선고하는 경우 그 두 개의 자유형은 각각 별개의 형이므로 형법 제62조 제1항에 정한 집행유예의 요건에 해당하면 그 각 자유형에 대하여 각각 집행유예를 선고할 수 있는 것이고, 또 그 두 개의 자유형 중 하나의 자유형에 대하여 실형을 선고하면서 다른 자유형에 대하여 집행유예를 선고하는 것도 우리 형법상 이러한 조치를 금하는 명문의 규정이 없는 이상 허용되는 것으로 보아야 한다(대판 2002.2.26. 2000도4637).

④ (○) 대판 2012.3.29. 2011도14135

10 ③

형법총론 > 형벌론 > 종합　　　　오답률 53%

① (○) 방조죄는 정범의 범죄에 종속하여 성립하는 것으로서 방조의 대상이 되는 정범의 실행행위의 착수가 없는 이상 방조죄만이 독립하여 성립될 수 없다(대판 1979.2.27. 78도3113; 대판 2007.11.29. 2007도8050). 즉 종범이 처벌되기 위하여는 정범의 실행의 착수가 있는 경우에만 가능하고「형법」전체의 정신에 비추어 정범이 실행의 착수에 이르지 아니한 예비의 단계에 그친 경우에는 이에 가공하는 행위가 예비의 공동정범이 되는 경우를 제외하고는 종범의 성립을 부정하고 있다고 보는 것이 타당하다(대판 1976.5.25. 75도1549). 사안에서 甲이 강도의 실행에 착수하기 이전에 발각되어 실행의 착수로 나아가지 못하였으므로 乙에게 강도죄의 방조범이 성립하지 아니하고, 기도된 방조를 처벌하는 규정이 없으므로 결국 乙은 불가벌이 된다.

② (○)「형법」은 '타인을 교사하여 죄를 범한 자'를 교사범으로 규정하고 있을 뿐 그 방법에는 제한이 없으므로 간접교사도 교사범이 된다. 판례도 "甲이 丙에게 범죄를 저지르도록 요청한다 함을 알면서 乙이 甲의 부탁을 받고 甲의 요청을 丙에게 전달하여 丙으로 하여금 범의를 야기케 하는 것은 교사에 해당한다"고 하여 간접교사를 인정한다(대판 1974.1.29. 73도3104). 그러나 간접교사의 경우에도 교사한 범죄와 정범이 실행한 범죄 사이에 질적 차이가 있는 경우에는 교사자는 정범이 실행한 범죄에 대해서는 아무런 책임을 지지 않고 교사한 범죄에 대해「형법」제31조 제2항만 고려하면 된다. 사안은 교사한 범죄인 상해죄는 예비·음모를 처벌하지 않으므로 甲은 불가벌이 된다.

③ (×) 중지범은 범죄의 실행에 착수한 후 자의로 그 행위를 중지한 때를 말하는 것이고, 실행의 착수가 있기 전인 예비음모의 행위를 처벌하는 경우에 있어서는 중지범의 관념을 인정할 수 없다(대판 1991.6.25. 91도436; 대판 1999.4.9. 99도424). 즉 판례는 일관하여 예비의 중지를 인정하지 않는다. 따라서 판례에 의하면 甲은 감면되지 않는다.

④ (○) 일본으로 밀항하고자 공소외인에게 도항비로 일화 100만엔을 주기로 약속한 바 있었으나 그 후 밀항을 포기하였다면 이는 밀항의 음모에 지나지 않는 것으로 밀항의 예비정도에는 이르지 아니한 것이다(대판 1986.6.24. 86도437).

11 ④

형법총론 > 정범 및 공범론 > 교사범　　　　오답률 28%

㉠ (○) 대판 2008.10.23. 2008도4852.

ⓒ (ㅇ) 대판 2000.3.24. 2000도20; 대판 2006.5.26. 2005도7528 및 대판 2006.12.7. 2005도3707 참조

ⓒ (ㅇ) 대판 2004.1.27. 2003도5114.

ⓔ (ㅇ) 자기의 형사 사건에 관한 증거를 인멸하기 위하여 타인을 교사하여 죄를 범하게 한 자에 대하여는 증거인멸교사죄가 성립한다(대판 1965. 12.10. 65도826 전원합의체; 대판 2000.3.24. 99도5275).

12 ④ 최신판례

형법총론 > 정범 및 공범론 > 공범과 신분   오답률 65%

① (ㅇ) 공문서의 작성권한이 있는 공무원의 직무를 보좌하는 자가 그 직위를 이용하여 행사할 목적으로 허위의 내용이 기재된 문서 초안을 그 정을 모르는 상사에게 제출하여 결재하도록 하는 등의 방법으로 작성권한이 있는 공무원으로 하여금 허위의 공문서를 작성하게 한 경우에는 간접정범이 성립되고, 이와 공모한 자 역시 그 간접정범의 공범(공동정범의 의미임)으로서의 죄책을 면할 수 없는 것이고, 여기서 말하는 공범은 반드시 공무원의 신분이 있는 자로 한정되는 것은 아니라고 할 것이다(대판 1992.1.17. 91도2837).

② (ㅇ) 아내가 실자와 공동으로 남편을 살해한 경우 아내에게 존속살해죄의 공동정범이 성립한다(대판 1961.8.2. 4294형상284). 이러한 판례의 논리에 의하면 甲이 乙을 교사하여 乙의 아버지를 살해하게 한 경우. 甲에게도 제33조 본문에 의하여 존속살해죄의 교사범이 성립하지만 동조 단서에 의해 형벌이 개별화되어 甲은 보통살인죄의 교사범의 형으로 처벌된다. 따라서 甲은 존속살해죄의 교사범의 죄책을 진다.

③ (ㅇ) [1] 「형법」 제152조 제1항과 제2항은 위증을 한 범인이 형사사건의 피고인 등을 '모해할 목적'을 가지고 있었는가 아니면 그러한 목적이 없었는가 하는 범인의 특수한 상태의 차이에 따라 범인에게 과할 형의 경중을 구별하고 있으므로, 이는 바로 「형법」 제33조 단서 소정의 "신분관계로 인하여 형의 경중이 있는 경우"에 해당한다고 봄이 상당하다. [2] 피고인(甲)이 乙을 모해할 목적으로 丙에게 위증을 교사한 이상, 가사 정범인 丙에게 모해의 목적이 없었다고 하더라도, 「형법」 제33조 단서의 규정에 의하여 甲을 모해위증교사죄로 처단할 수 있다(대판 1994.12.23. 93도1002).

④ (×) 「아동학대처벌법」 제2조 제4호 가목 내지 다목에서 정한 아동학대범죄를 범하여 그 아동을 사망에 이르게 한 경우를 처벌하는 규정으로 「형법」 제33조 본문의 '신분관계로 인하여 성립될 범죄'에 해당한다. 따라서 피고인들에 대하여 구 「아동학대처벌법」 제4조, 제2조 제4호 가목, 「형법」 제257조 제1항, 제30조로 공소가 제기된 이 사건에서 피고인2에 대해 「형법」 제33조 본문에 따라 「아동학대처벌법」 위반(아동학대치사)죄의 공동정범이 성립하고 구 「아동학대처벌법」 제4조에서 정한 형에 따라 과형이 이루어져야 한다(대판 2021.9.16. 2021도5000).

13 ① 함정문제

형법총론 > 죄수론 > 실체적 경합   오답률 65%

┌ 출제자의 함정의도 ──────────────────────────
〈보기1〉에서 죄수관계를 파악하는 것에서 더 나아가 〈보기2〉에서 죄수 관계에 부합하는 사례를 찾도록 하여 오답을 유인하였다.
└─────────────────────────────────────

• 〈보기1〉의 ( ) 속에는 '실체적 경합'이 들어간다.

→ [1] 본인에 대한 배임행위가 본인 이외의 제3자에 대한 사기죄를 구성한다 하더라도 그로 인하여 본인에게 손해가 생긴 때에는 사기죄와 함께 배임죄가 성립한다. [2] 건물관리인이 건물주로부터 월세임대차계약 체결업무를 위임받고도 임차인들을 속여 전세임대차계약을 체결하고 그

보증금을 편취한 경우, 사기죄와 별도로 업무상배임죄가 성립하고 두 죄가 실체적 경합범의 관계에 있다(대판 2010.11.11. 2010도10690).

• 〈보기2〉

㉠ (ㅇ) 강도가 한 개의 강도범행을 하는 기회에 수명의 피해자에게 각 폭행을 가하여 각 상해를 입힌 경우에는 각 피해자별로 수개의 강도상해죄가 성립하며 이들은 실체적 경합범의 관계에 있다(대판 1987.5.26. 87도527).

㉡ (ㅇ) 「신용카드업법」 제25조 제1항 소정의 부정사용이라 함은 도난·분실 또는 위조·변조된 신용카드를 진정한 카드로서 신용카드의 본래의 용법에 따라 사용하는 경우를 말하는 것이므로, 절취한 신용카드를 현금인출기에 주입하고 비밀번호를 조작하여 현금서비스를 제공받으려는 일련의 행위는 그 부정사용의 개념에 포함된다. [2] 피해자 명의의 신용카드를 부정사용하여 현금자동인출기에서 현금을 인출하고 그 현금을 취득까지 한 행위는 「신용카드업법」 제25조 제1항의 부정사용죄에 해당할 뿐 아니라 그 현금을 취득함으로써 현금자동인출기 관리자의 의사에 반하여 그의 지배를 배제하고 그 현금을 자기의 지배 하에 옮겨 놓는 것이 되므로 별도로 절도죄를 구성하고, 위 양 죄의 관계는 그 보호법익이나 행위태양이 전혀 달라 실체적 경합관계에 있는 것으로 보아야 한다(대판 1995.7.28. 95도997).

㉢ (×) 범죄 피해 신고를 받고 출동한 두 명의 경찰관에게 욕설을 하면서 차례로 폭행을 하여 신고 처리 및 수사 업무에 관한 정당한 직무집행을 방해한 경우. 동일한 장소에서 동일한 기회에 이루어진 폭행 행위는 사회관념상 1개의 행위로 평가하는 것이 상당하므로, 위 공무집행방해죄는 「형법」 제40조에 정한 상상적 경합의 관계에 있다(대판 2009.6.25. 2009도3505).

㉣ (×) 피고인 등이 피해자들을 유인하여 사기도박을 하여 도금을 편취한 행위는 사회관념상 1개의 행위로 평가함이 상당하므로, 피해자들에 대한 각 사기죄는 상상적 경합의 관계에 있다(대판 2011.1.13. 2010도9330).

14 ① 최신판례

형법총론 > 형벌론 > 형벌의 종류   오답률 13%

① (ㅇ) 「보호관찰법」 제32조 제3항 제4호는 보호관찰 대상자에게 과할 수 있는 특별준수사항으로 '범죄행위로 인한 손해를 회복하기 위해 노력할 것'을 정하고 있는데, 이 사건 특별준수사항은 범죄행위로 인한 손해를 회복하기 위하여 노력할 것을 넘어 일정 기간 내에 원상회복할 것을 명하는 것으로서 「보호관찰법」 제32조 제3항 제4호를 비롯하여 같은 항 제1호부터 제9호까지 정한 보호관찰의 특별준수사항으로도 허용될 수 없음을 밝혀 둔다(대판 2020.11.5. 2017도18291).

② (×) 피고인이 甲, 乙과 공모하여 정보통신망을 통하여 음란한 화상 또는 영상을 배포하고, 도박 사이트를 홍보하였다는 공소사실로 기소되었는데, 원심이 공소사실을 유죄로 인정하면서 피고인이 범죄행위에 이용한 웹사이트 매각을 통해 취득한 대가를 「형법」 제48조에 따라 추징한 사안에서, 위 웹사이트는 범죄행위에 제공된 무형의 재산에 해당할 뿐 「형법」 제48조 제1항 제2호에서 정한 '범죄행위로 인하여 생(생)하였거나 이로 인하여 취득한 물건'에 해당하지 않으므로, 피고인이 위 웹사이트 매각을 통해 취득한 대가는 「형법」 제48조 제1항 제2호, 제2항이 규정한 추징의 대상에 해당하지 않는다(대판 2021.10.14. 2021도7168).

③ (×) 재벌그룹 회장의 횡령행위 등에 대하여 집행유예를 선고하면서 사회봉사명령으로서 일정액의 금전출연을 주된 내용으로 하는 사회공헌계획의 성실한 이행을 명하는 것은 시간 단위로 부과될 수 있는 일 또는 근로활동이 아닌 것을 명하는 것이어서 허용될 수 없고, 준법경영을 주제로 하는 강연과 기고를 명하는 것은 「헌법」상 양심의 자유 등에 대한 심각하고 중대한 침해가능성, 사회봉사명령의 의미나 내용에 대한 다툼의 여지 등의 문제가 있어 허용될 수 없다(대판 2008.4.11. 2007도8373).

④ (×) 「형법」 제37조 후단 경합범(이하 '후단 경합범'이라 한다)에 대하여 「형법」 제39조 제1항에 의하여 형을 감경할 때에도 법률상 감경에 관한 「형법」 제55조 제1항이 적용되어 유기징역을 감경할 때에는 그 형기의 2분의 1 미만으로는 감경할 수 없다.

15 ①

형법각론 > 개인적 법익 > 종합   오답률 13%

① (×) 비록 그 업무가 반사회성을 띠는 경우라고까지는 할 수 없다고 하더라도 법적 보호라는 측면에서는 그와 동일한 평가를 받을 수밖에 없으므로, 그 업무자체는 법의 보호를 받을 가치를 상실하였다고 하지 않을 수 없어 업무방해죄에서 말하는 업무에 해당하지 않는다(대판 2002.8.23. 2001도5592).

② (○) 「형법」 제251조(영아살해)에서 분만 중의 태아도 살인죄의 객체가 된다고 규정하고 있는 점을 미루어 보아도 그 근거를 찾을 수 있는 바이니 조산원이 분만 중인 태아를 질식사에 이르게 한 경우에는 업무상 과실치사죄가 성립한다(대판 1982.10.12. 81도2621).

③ (○) 피고인의 행위는 포괄하여 단일한 상해치사죄에 해당한다(대판 1994.11.4. 94도2361). 사안을 강학상 '개괄적 과실사례'라고 부른다.

④ (○) 정보보안과 소속 경찰관이 자신의 지위를 내세우면서 타인의 민사분쟁에 개입하여 빨리 채무를 변제하지 않으면 상부에 보고하여 문제를 삼겠다고 말한 경우 상대방이 채무를 변제하고 피해 변상을 하는지 여부에 따라 직무집행 여부를 결정하겠다는 취지이더라도 정당한 직무집행이라거나 목적 달성을 위한 상당한 수단으로 인정할 수 없어 정당행위에 해당하지 않는다(대판 2007.9.28. 2007도606 전원합의체).

16 ① 최신판례

형법각론 > 개인적 법익 > 자유에 대한 죄   오답률 6.7%

① (○) 대판 2020.7.9. 2020도5646

② (×) 카메라 등 이용 촬영죄를 정한 「성폭력범죄의 처벌 및 피해자보호 등에 관한 법률」 제14조의2 제1항 규정의 문언과 그 입법 취지 및 연혁, 보호법익 등에 비추어, 위 규정에서 말하는 '그 촬영물'이란 성적 욕망 또는 수치심을 유발할 수 있는 타인의 신체를 그 의사에 반하여 촬영한 영상물을 의미하고, 타인의 승낙을 받아 촬영한 영상물은 포함되지 않는다고 해석된다(대판 2009.10.29. 2009도7973).

③ (×) 「성폭력범죄의 처벌 등에 관한 특례법」 제14조 제1항 후단에서 촬영물을 반포·판매·임대 또는 공연히 전시·상영한 자는 반드시 촬영물을 촬영한 자와 동일인이어야 하는 것은 아니고, 행위의 대상이 되는 촬영물은 누가 촬영한 것인지를 묻지 아니한다(대판 2016.10.13. 2016도6172).

④ (×) 피고인이 같은 의도를 가지고 유사한 옷차림을 한 여성에 대한 촬영을 오랜 기간 지속한 경우에도 피고인의 행위가 카메라등이용촬영죄에 해당하는지 여부는 개개의 촬영행위별로 구체적·개별적으로 결정되어야 하고, 이 사건 엑셀 파일 중 엉덩이를 부각하여 촬영한 경우는 성적 수치심을 유발할 수 있다고 볼 여지가 있으나 특별히 엉덩이를 부각하지 않고 일상복인 청바지를 입은 여성의 뒷모습 전신을 어느 정도 떨어진 거리에서 촬영하였을 뿐이라면 카메라등이용촬영죄 성립을 단정하기 어려우며, 따라서 원심으로서는 공소제기의 대상을 명확히 한 다음, 피고인의 그와 같은 촬영이 성적 욕망 또는 수치심을 유발할 수 있는 신체를 촬영한 경우에 해당하는지 여부를 구체적·개별적으로 심리·판단하였어야 했다(대판 2022.3.17. 2021도13203).

17 ②

형법각론 > 개인적 법익 > 명예와 신용에 대한 죄   오답률 15%

㉠ (○) 「형법」이 명예훼손죄 또는 모욕죄를 처벌함으로써 보호하고자 하는 사람의 가치에 대한 평가인 외부적 명예는 개인적 법익으로서, 국민의 기본권을 보호 내지 실현해야 할 책임과 의무를 지고 있는 공권력의 행사자인 국가나 지방자치단체는 기본권의 수범자일 뿐 기본권의 주체가 아니고, 그 정책결정이나 업무수행과 관련된 사항은 항상 국민의 광범위한 감시와 비판의 대상이 되어야 하며 이러한 감시와 비판은 그에 대한 표현의 자유가 충분히 보장될 때에 비로소 정상적으로 수행될 수 있으므로, 국가나 지방자치단체는 국민에 대한 관계에서 형벌의 수단을 통해 보호되는 외부적 명예의 주체가 될 수는 없고, 따라서 명예훼손죄나 모욕죄의 피해자가 될 수 없다(대판 2016.12.27. 2014도15290).

㉡ (×), ㉢ (○) 「형법」 제307조 제1항, 제2항, 제310조의 체계와 문언 및 내용에 의하면, 제307조 제1항의 '사실'은 제2항의 '허위의 사실'과 반대되는 '진실한 사실'을 말하는 것이 아니라 가치판단이나 평가를 내용으로 하는 '의견'에 대치되는 개념이다. 따라서 제307조 제1항의 명예훼손죄는 적시된 사실이 진실한 사실인 경우이든 허위의 사실인 경우이든 모두 성립될 수 있고, 특히 적시된 사실이 허위의 사실이라고 하더라도 행위자에게 허위성에 대한 인식이 없는 경우에는 제307조 제2항의 명예훼손죄가 아니라 제307조 제1항의 명예훼손죄가 성립될 수 있다. 제307조 제1항의 법정형이 2년 이하의 징역 등으로 되어 있는 반면 제307조 제2항의 법정형은 5년 이하의 징역 등으로 되어 있는 것은 적시된 사실이 객관적으로 허위일 뿐 아니라 행위자가 그 사실의 허위성에 대한 주관적 인식을 하면서 명예훼손행위를 하였다는 점에서 가벌성이 높다고 본 것이다(대판 2017.4.26. 2016도18024).

㉣ (○) 피고인이 택시 기사와 요금 문제로 시비가 벌어져 112 신고를 한 후, 신고를 받고 출동한 경찰관 甲에게 늦게 도착한 데 대하여 항의하는 과정에서 "아이 씨발!"이라고 말한 사안에서, 제반 사정에 비추어 피고인의 발언은 직접적으로 피해자를 특정하여 그의 인격적 가치에 대한 사회적 평가를 저하시킬 만한 경멸적 감정을 표현한 모욕적 언사에 해당한다고 단정하기 어렵다고 한 사례(대판 2015.12.24. 2015도6622) → [판결이유] 피고인의 위 "아이 씨발!"이라는 발언은 구체적으로 상대방을 지칭하지 않은 채 단순히 발언자 자신의 불만이나 분노한 감정을 표출하기 위하여 흔히 쓰는 말로서 상대방을 불쾌하게 할 수 있는 무례하고 저속한 표현이기는 하지만 위와 같은 사정에 비추어 직접적으로 피해자를 특정하여 그의 인격적 가치에 대한 사회적 평가를 저하시킬 만한 경멸적 감정을 표현한 모욕적 언사에 해당한다고 단정하기는 어렵다.

㉤ (×) 모욕죄는 공연히 사람을 모욕하는 경우에 성립하는 범죄로서(「형법」 제311조), 사람의 가치에 대한 사회적 평가를 의미하는 외부적 명예를 보호법익으로 하고, 여기에서 '모욕'이란 사실을 적시하지 아니하고 사람의 사회적 평가를 저하시킬 만한 추상적 판단이나 경멸적 감정을 표현하는 것을 의미한다. 그리고 모욕죄는 피해자의 외부적 명예를 저하시킬 만한 추상적 판단이나 경멸적 감정을 공연히 표시함으로써 성립하므로, 피해자의 외부적 명예가 현실적으로 침해되거나 구체적·현실적으로 침해될 위험이 발생하여야 하는 것도 아니다(대판 2016.10.13. 2016도9674).

18 ①

형법각론 > 개인적 법익 > 자유에 대한 죄   오답률 53%

① (×) 신규직원 채용권한을 가지고 있는 지방공사 사장이 시험업무 담당자들에게 지시하여 상호 공모 내지 양해하에 시험성적조작 등의 부정한 행위를 한 경우, 법인인 공사에게 신규직원 채용업무와 관련하여 오인·착각 또는 부지를 일으키게 한 것이 아니므로, '위계'에 의한 업무방해죄에 해당하지 않는다고 한 사례(대판 2007.12.27. 2005도6404)

② (○) 법원의 직무집행정지 가처분결정에 의하여 그 직무집행이 정지된 자가 법원의 결정에 반하여 직무를 수행함으로써 업무를 계속 행하는 경우 그 업무는 국법질서와 재판의 존엄성을 무시하는 것으로서 사실상 평온하게 이루어지는 사회적 활동의 기반이 되는 것이라 할 수 없고, 비록 그 업무가 반사회성을 띠는 경우라고까지는 할 수 없다고 하더라도 법적 보호라는 측면에서는 그와 동등한 평가를 받을 수밖에 없으므로, 그 업무자체는 법의 보호를 받을 가치를 상실하였다고 하지 않을 수 없어 업무방해죄에서 말하는 업무에 해당하지 않는다(대판 2002.8.23. 2001도5592).

③ (○) 성매매알선 등 행위는 법에 의하여 원천적으로 금지된 행위로서 형사처벌의 대상이 되는 중대한 범죄행위일 뿐 아니라 정의관념상 용인될 수 없는 정도로 반사회성을 띠는 경우에 해당하므로, 업무방해죄의 보호대상이 되는 업무라고 볼 수 없다(대판 2011.10.13. 2011도7081).

④ (○) 「형법」상 업무방해죄의 보호대상이 되는 '업무'라 함은 직업 기타 사회생활상의 지위에 기하여 계속적으로 종사하는 사무 또는 사업을 말하는 것인데, 주주로서 주주총회에서 의결권 등을 행사하는 것은 주식의 보유자로서 그 자격에서 권리를 행사하는 것에 불과할 뿐 그것이 '직업 기타 사회생활상의 지위에 기하여 계속적으로 종사하는 사무 또는 사업'에 해당한다고 할 수 없다(대판 2004.10.28. 2004도1256).

게 양도한 무권리자가 된다. 따라서 동산에 관하여 양도담보계약이 이루어지고 채권자가 점유개정의 방법으로 인도를 받았다면, 그 정산절차를 마치기 전이라도 양도담보권자인 채권자는 제3자에 대한 관계에 있어서는 담보목적물의 소유자로서 그 권리를 행사할 수 있다. [2] 양도담보권자인 채권자가 제3자에게 담보목적물인 동산을 매각한 경우, 제3자는 채권자와 채무자 사이의 정산절차 종결 여부와 관계없이 양도담보 목적물을 인도받음으로써 소유권을 취득하게 되고, 양도담보의 설정자가 담보목적물을 점유하고 있는 경우에는 그 목적물의 인도는 채권자로부터 목적물반환청구권을 양도받는 방법으로도 가능하다. 채권자가 양도담보 목적물을 위와 같은 방법으로 제3자에게 처분하여 그 목적물의 소유권을 취득하게 한 다음 그 제3자로 하여금 그 목적물을 취거하게 한 경우, 그 제3자로서는 자기의 소유물을 취거한 것에 불과하므로, 채권자의 이 같은 행위는 권리행사방해죄를 구성하는 것은 별론으로 하고 절도죄를 구성하지 않는다(대판 2008.11.27. 2006도4263).

⑩ (○) 이 경우 피해자의 교부행위의 취지는 신부측에 전달하는 것일 뿐 피고인에게 그 처분권을 주는 것이 아니므로, 이를 피고인에게 교부한 것이라고 볼 수 없고 단지 신부측 접수대에 교부하는 취지에 불과하므로 피고인이 이 돈을 가져간 것은 신부측 접수처의 점유를 침탈하여 범한 절취행위라고 보는 것이 정당하다(대판 1996.10.15. 96도2227).

19 ②

형법각론 > 개인적 법익 > 재산에 대한 죄　　오답률 65%

㉠ (×) 이 경우 임차인이 퇴거 후에도 냉장고에 관한 점유·관리를 그대로 보유하고 있었다고 보아야 하므로, 냉장고를 통하여 전기를 계속 사용하였다고 하더라도 이는 당초부터 자기의 점유·관리하에 있던 전기를 사용한 것일 뿐 타인의 점유·관리하에 있던 전기가 아니어서 절도죄가 성립하지 않는다(대판 2008.7.10. 2008도3252).

㉡ (×) 절도죄의 객체는 관리가능한 동력을 포함한 '재물'에 한한다 할 것이고, 컴퓨터에 저장되어 있는 '정보' 그 자체는 유체물이라고 볼 수도 없고, 물질성을 가진 동력도 아니므로 재물이 될 수 없다 할 것이며, 또 이를 복사하거나 출력했다 할지라도 그 정보 자체가 감소하거나 피해자의 점유 및 이용가능성을 감소시키는 것은 아니므로 그 복사나 출력행위를 가지고 절도죄를 구성한다고 볼 수 없다… 컴퓨터에 저장돼 있는 시스템을 종이에 출력해 생성된 설계도면을 절취한 것으로 본다 하더라도 그 설계도면은 피해자의 회사에 보관되어 있던 문서가 아니라 피고인이 새로이 생성시킨 문서라 할 것이므로 피해 회사 소유의 문서라고 볼 수 없는 만큼 이를 가지고 간 행위를 절취로 볼 수 없다(대판 2002.7.12. 2002도745).

㉢ (○) 예금통장은 예금채권을 표창하는 유가증권이 아니고 그 자체에 예금액 상당의 경제적 가치가 화체되어 있는 것도 아니지만, 이를 소지함으로써 예금채권의 행사자격을 증명할 수 있는 자격증권으로서 예금계약사실 뿐 아니라 예금액에 대한 증명기능이 있고 이러한 증명기능은 예금통장 자체가 가지는 경제적 가치라고 보아야 하므로, 예금통장을 사용하여 예금을 인출하게 되면 그 인출된 예금액에 대하여는 예금통장 자체의 예금액 증명기능이 상실되고 이에 따라 그 상실된 기능에 상응한 경제적 가치도 소모된다. 그렇다면 타인의 예금통장을 무단사용하여 예금을 인출한 후 바로 예금통장을 반환하였다 하더라도 그 사용으로 인한 위와 같은 경제적 가치의 소모가 무시할 수 있을 정도로 경미한 경우가 아닌 이상, 예금통장 자체가 가지는 예금액 증명기능의 경제적 가치에 대한 불법영득의 의사를 인정할 수 있으므로 절도죄가 성립한다(대판 2010.5.27. 2009도9008).

㉣ (×) [1] 금전채무를 담보하기 위하여 채무자가 그 소유의 동산을 채권자에게 양도하되 점유개정에 의하여 채무자가 이를 계속 점유하기로 한 경우, 특별한 사정이 없는 한 동산의 소유권은 신탁적으로 이전되고, 채권자와 채무자 사이의 대내적 관계에서 채무자는 의연히 소유권을 보유하나 대외적인 관계에 있어서 채무자는 동산의 소유권을 이미 채권자에

20 ④

형법각론 > 사회적 법익 > 공공의 신용에 대한 죄　　오답률 65%

① (○) 문서위조죄는 문서의 진정에 대한 공공의 신용을 그 보호법익으로 하는 것이므로 행사할 목적으로 작성된 문서가 일반인으로 하여금 당해 명의인의 권한 내에서 작성된 문서라고 믿게 할 수 있는 정도의 형식과 외관을 갖추고 있으면 문서위조죄가 성립하는 것이고, 위와 같은 요건을 구비한 이상 그 명의인이 실재하지 않는 허무인이거나 또는 문서의 작성일자 전에 이미 사망하였다고 하더라도 그러한 문서 역시 공공의 신용을 해할 위험성이 있으므로 문서위조죄가 성립한다고 봄이 상당하며, 이는 공문서뿐만 아니라 사문서의 경우에도 마찬가지라고 보아야 한다(대판 2005.2.24. 2002도18 전원합의체).

② (○) 소송사기는 법원을 기망하여 자기에게 유리한 판결을 얻음으로써 상대방의 재물 또는 재산상 이익을 취득하는 것을 내용으로 하는 범죄로서, 원고측에 의한 소송사기가 성립하기 위하여는 제소 당시에 그 주장과 같은 채권이 존재하지 아니하다는 것만으로는 부족하고 그 주장의 채권이 존재하지 아니한 사실을 잘 알고 있으면서도 허위의 주장과 입증으로써 법원을 기망한다는 인식을 하고 있어야만 하는 것이고, 이와 마찬가지로, 피고측에 의한 소송사기가 성립하기 위하여는 원고 주장과 같은 채무가 존재한다는 것만으로는 부족하고 그 주장의 채무가 존재한다는 사실을 잘 알고 있으면서도 허위의 주장과 입증으로써 법원을 기망한다는 인식을 하고 있어야만 한다(대판 2004.3.12. 2003도333).

③ (○), ④ (×) 피고인 또는 그와 공모한 자가 자신이 토지의 소유자라고 허위의 주장을 하면서 소유권보존등기 명의자를 상대로 보존등기의 말소를 구하는 소송을 제기한 경우 그 소송에서 위 토지가 피고인 또는 그와 공모한 자의 소유임을 인정하여 보존등기 말소를 명하는 내용의 승소확정판결을 받는다면, 이에 터 잡아 언제든지 단독으로 상대방의 소유권보존등기를 말소시킨 후 위 판결을 「부동산등기법」 제130조 제2호 소정의 소유권을 증명하는 판결로 하여 자기 앞으로의 소유권보존등기를 신청하여 그 등기를 마칠 수 있게 되므로, 이는 법원을 기망하여 유리한 판결을 얻음으로써 '대상 토지의 소유권에 대한 방해를 제거하고 그 소유 명의를 얻을 수 있는 지위'라는 재산상 이익을 취득한 것이어서 사기죄에 해당하고, 그 경우 기수 시기는 위 판결이 확정된 때이다(대판 2006.4.7. 2005도9858 전원합의체). 즉 소송사기의 경우에는 당해 소송의 판결이 확정된 때에 범행이 기수에 이르는 것이다(대판 1997.7.11. 95도1874).

21 ①

㉠ (O) [1] 사기죄에서 '재산상의 이익'이란 채권을 취득하거나 담보를 제공받는 등의 적극적 이익뿐만 아니라 채무를 면제받는 등의 소극적 이익까지 포함하며, 채무자의 기망행위로 인하여 채권자가 채무를 확정적으로 소멸 내지 면제시키는 특약 등 처분행위를 한 경우에는 채무의 면제라고 하는 재산상 이익에 관한 사기죄가 성립하고, 후에 재산적 처분행위가 사기를 이유로 「민법」에 따라 취소될 수 있다고 하여 달리 볼 것은 아니다. [2] 피고인이 피해자들을 기망하여 부동산을 매도하면서 매매대금 중 일부를 피해자들의 피고인에 대한 기존 채권과 상계하는 방법으로 지급받아 채무 소멸의 재산상 이익을 취득하였다는 내용으로 기소된 사안에서, 피고인이 상계에 의하여 기존 채무가 소멸되는 재산상 이익을 취득하였다고 보아 사기죄를 인정한 원심판단을 정당하다고 한 사례(대판 2012.4.13. 2012도1101)

㉡ (×) 피고인 등이 피해자 A 등에게 자동차를 매도하겠다고 거짓말하고 자동차를 양도하면서 매매대금을 편취한 다음, 자동차에 미리 부착해 놓은 지피에스(GPS)로 위치를 추적하여 자동차를 절취하였다고 하여 사기 및 특수절도로 기소된 사안에서, 피고인이 A 등에게 자동차를 인도하고 소유권이전등록에 필요한 일체의 서류를 교부함으로써 A 등이 언제든지 자동차의 소유권이전등록을 마칠 수 있게 된 이상, 피고인이 자동차를 양도한 후 다시 절취할 의사를 가지고 있었더라도 자동차의 소유권을 이전하여 줄 의사가 없었다고 볼 수 없고, 피고인이 자동차를 매도할 당시 곧바로 다시 절취할 의사를 가지고 있으면서도 이를 숨긴 것을 기망이라고 할 수 없어, 결국 피고인이 자동차를 매도할 당시 기망행위가 없었으므로, 피고인에게 사기죄를 인정할 수 없다고 한 사례(대판 2016.3.24. 2015도17452)

㉢ (×) 타인 명의의 등기서류를 위조하여 등기공무원에게 제출함으로써 피고인 명의로 소유권이전등기를 마쳤다고 하여도 피해자의 처분행위가 없을 뿐 아니라 등기공무원에게는 위 부동산의 처분권한이 있다고 볼 수 없어 사기죄가 성립하지 않는다(대판 1981.7.28. 81도529).

㉣ (×) 위조된 약속어음을 진정한 약속어음인 것처럼 속여 기왕의 물품대금채무의 변제를 위하여 채권자에게 교부하였다고 하여도 어음이 결제되지 않는 한 물품대금채무가 소멸되지 아니하므로 사기죄는 성립되지 않는다(대판 1983.4.12. 82도2938).

㉤ (×) 부동산의 명의수탁자가 부동산을 제3자에게 매도하고 매매를 원인으로 한 소유권이전등기까지 마쳐 준 경우, 명의신탁의 법리상 대외적으로 수탁자에게 그 부동산의 처분권한이 있는 것임이 분명하고, 제3자로서도 자기 명의의 소유권이전등기가 마쳐진 이상 무슨 실질적인 재산상의 손해가 있을 리 없으므로 그 명의신탁 사실과 관련하여 신의칙상 고지의무가 있다거나 기망행위가 있었다고 볼 수도 없어서 그 제3자에 대한 사기죄가 성립될 여지가 없고, 나아가 그 처분시 매도인(명의수탁자)의 소유라는 말을 하였다고 하더라도 역시 사기죄가 성립하지 않는다(대판 2007.1.11. 2006도4498).

22 ②　최신판례

㉠ (O) 원인무효인 소유권이전등기의 명의자로서 그 부동산을 법률상 유효하게 처분할 수 있는 지위에 있지 않은 자는 횡령죄의 주체인 타인의 재물을 보관하는 자에 해당하지 않는다(대판 1989.2.28. 88도1368).

㉡ (×) 지입회사 측이 지입차주의 실질적 재산인 지입차량에 관한 재산상 사무를 일정한 권한을 가지고 맡아 처리하는 것으로서 당사자 관계의 전형적·본질적 내용이 그들 사이의 신임관계에 기초하여 타인의 재산을 보호 또는 관리하는 데에 있으므로, 지입 회사 운영자는 지입차주와의 관계에서 '타인의 사무를 처리하는 자'의 지위에 있다(대판 2021.6.30. 2015도19696).

→ 피해자가 피고인 측으로부터 이 사건 화물차를 매수하는 내용의 매매계약과 피해자가 매수한 이 사건 화물차를 피고인 측 지입회사로 지입하는 내용의 지입계약이 결합된 약정이 체결된 사안에서, 피고인이 피해자의 승낙 없이 이 사건 화물 차에 관하여 임의로 저당권을 설정해 준 경우

㉢ (O), ㉣ (×) [1] 계좌명의인이 전기통신금융사기의 범인에게 예금계좌에 연결된 접근매체를 양도하였다 하더라도 은행에 대하여 여전히 예금계약의 당사자로서 예금반환청구권을 가지는 이상 그 계좌에 송금·이체된 돈이 그 접근매체를 교부받은 사람에게 귀속되었다고 볼 수는 없다. 접근매체를 교부받은 사람은 계좌명의인의 예금반환청구권을 자신이 사실상 행사할 수 있게 된 것일 뿐 예금 자체를 취득한 것이 아니다. [2] 또한 계좌명의인과 전기통신금융사기의 범인 사이의 관계는 횡령죄로 보호할 만한 가치가 있는 위탁관계가 아니다(대판 2018.7.19. 2017도17494 전원합의체).

23 ④　최신판례

① (×) 수분양권 매도인이 수분양권 매매계약에 따라 매수인에게 수분양권을 이전할 의무는 자신의 사무에 해당할 뿐이므로, 매수인에 대한 관계에서 '타인의 사무를 처리하는 자'라고 할 수 없다. 그러므로 수분양권 매도인이 위와 같은 의무를 이행하지 아니하고 수분양권 또는 이에 근거하여 향후 소유권을 취득하게 될 목적물을 미리 제3자에게 처분하였다고 하더라도 「형법」상 배임죄가 성립하는 것은 아니다(대판 2021.7.8. 2014도12104). → 피고인들이 대리인을 통해 피해자에게 아파트 수분양권을 매도하는 계약을 체결하였음에도 농협으로부터 대출을 받으면서 위 수분양권에 근거하여 취득하게 될 아파트를 담보로 제공하는 후취담보약정을 체결한 행위가 배임미수로 볼 수 없다.

② (×) 피고인이 위임장과 해지증서를 위조하여 피해자 A조합의 근저당권설정등기를 말소한 것이라면, 그 등기 말소로 A조합은 당장 근저당권을 피담보채권과 함께 처분한다거나 피담보채권 회수를 위한 경매 신청을 할 수 없는 등 자산으로서의 근저당권을 운용·처분하지 못해 사실상 담보를 상실한 것과 다를 바 없는 손해가 발생하였다고 할 것이고, A조합이 말소된 근저당권설정등기의 회복등기를 구할 수 있다고 하여 달리 볼 것은 아니다(대판 2014.6.12. 2014도2578). → 지문의 경우 업무상배임죄가 성립한다.

③ (×) 전환사채는 발행 당시에는 사채의 성질을 갖는 것으로서 사채권자가 전환전환사채의 발행업무를 담당하는 사람은 회사에 대하여 전환사채 인수대금이 모두 납입되어 실질적으로 회사에 귀속되도록 조치할 업무상의 임무를 위반하여, 전환사채 인수인이 인수대금을 납입하지 않고서도 전환사채를 취득하게 하여 인수대금 상당의 이득을 얻게 하고, 회사가 사채상환의무를 부담하면서도 그에 상응하여 취득하여야 할 인수대금 상당의 금전을 취득하지 못하게 하여 같은 금액 상당의 손해를 입게 하였으므로, 업무상배임죄의 죄책을 진다. 그리고 그 후 전환사채의 인수인이 전환사채를 처분하여 대금 중 일부를 회사에 입금하였거나 또는 사채로 보유하는 이익과 주식으로 전환할 경우의 이익을 비교하여 전환권을 행사함으로써 전환사채를 주식으로 전환하였더라도, 이러한 사후적인 사정은 이미 성립된 업무상배임죄에 영향을 주지 못한다(대판 2015.12.10. 2012도235).

④ (O) 업무상배임죄는 타인과의 신뢰관계에서 일정한 임무에 따라 사무를 처리할 법적 의무가 있는 자가 그 상황에서 당연히 할 것이 법적으로 요구되는 행위를 하지 않는 부작위에 의해서도 성립할 수 있다. 그러한 부작위를 실행의 착수로 볼 수 있기 위해서는 작위의무가 이행되지 않으면 사무처리의 임무를 부여한 사람이 재산권을 행사할 수 없으리라고 객관적으로 예견되는 등으로 구성요건적 결과 발생의 위험이 구체화한 상황에서 부작위가 이루어져야 한다. 그리고 행위자는 부작위 당시 자신에게 주어진 임무를 위반한다는 점과 그 부작위로 인해 손해가 발생할 위험이 있다는 점을 인식하였어야 한다(대판 2021.5.27. 2020도15529).

24 ②

① (×) 피고인 운영 회사는 계속적인 재정 악화 등으로 회사 운영에 어려움을 겪었고 그로 인해 피해자 회사들이 피고인으로부터 금형 이관 절차를 검토하는 등으로 피고인 운영 회사가 절박한 상황에 있었다. 그러나 피고인이 합법적인 방법으로 피해자 회사들과 갈등을 해결하려고 시도하지 않고 곧바로 생산라인을 중단하겠다고 협박한 것은 피고인의 법익을 보호하기 위한 유일한 수단이라거나 적합한 수단이었다고 볼 수 없으므로 위법성이 조각되지 않는다(대판 2019.2.14. 2018도19493).

② (○) [1] 강제집행면탈죄의 객체인 재산은 채무자의 재산 중에서 채권자가 민사집행법상 강제집행 또는 보전처분의 대상으로 삼을 수 있는 것이어야 하는바, 장래의 권리라도 채무자와 제3채무자 사이에 채무자의 장래청구권이 충분하게 표시되었거나 결정된 법률관계가 존재한다면 재산에 해당하는 것으로 보아야 한다(대판 2011.7.28. 2011도6115). [2] 명의신탁자와 명의수탁자가 이른바 계약명의신탁 약정을 맺고 명의수탁자가 당사자가 되어 명의신탁 약정이 있다는 사실을 알지 못하는 소유자와 부동산에 관한 매매계약을 체결한 후 그 매매계약에 따라 당해 부동산의 소유권이전등기를 명의수탁자 명의로 마친 경우(매도인이 선의인 계약명의신탁의 경우)에는 명의수탁자는 당해 부동산의 완전한 소유권을 취득하고, 소유자가 계약명의신탁 약정이 있다는 사실을 안 경우(매도인이 악의인 계약명의신탁의 경우)에는 당해 부동산의 소유권은 매도인이 그대로 보유하게 된다. 어느 경우든지 명의신탁자는 그 매매계약에 의해서는 당해 부동산의 소유권을 취득하지 못하게 되어, 결국 그 부동산은 명의신탁자에 대한 강제집행이나 보전처분의 대상이 될 수 없다(대판 2011.12.8. 2010도4129; 대판 2009.5.14. 2007도2168).

③ (×) 권리행사방해죄에서의 보호대상인 타인의 점유는 ㉠ 반드시 점유할 권원에 기한 점유만을 의미하는 것은 아니고, ㉡ 일단 적법한 권원에 기하여 점유를 개시하였으나 사후에 점유 권원을 상실한 경우의 점유, ㉢ 점유 권원의 존부가 외관상 명백하지 아니하여 법정절차를 통하여 권원의 존부가 밝혀질 때까지의 점유, ㉣ 권원에 기하여 점유를 개시한 것은 아니나 동시이행항변권 등으로 대항할 수 있는 점유 등과 같이 법정절차를 통한 분쟁 해결시까지 잠정적으로 보호할 가치 있는 점유는 모두 포함된다고 볼 것이고, 다만 절도범인의 점유와 같이 점유할 권리 없는 자의 점유임이 외관상 명백한 경우는 포함되지 아니한다(대판 1994.11.11. 94도343; 대판 2003.11.28. 2003도4257; 대판 2006.3.23. 2005도4455).

④ (×) 침해행정 영역에서 일반 국민이 담당 공무원을 기망하여 권력작용에 의한 재산권 제한을 면하는 경우에는 부과권자의 직접적인 권력작용을 사기죄의 보호법익인 재산권과 동일하게 평가할 수 없는 것이므로, 행정법규에서 그러한 행위에 대한 처벌규정을 두어 처벌함은 별론으로 하고, 사기죄는 성립할 수 없다(대판 2019.12.24. 2019도2003).

25 ② 최신판례   TOP3

㉠ (×) 「금융위원회법」 제29조, 제69조 제1항에서 정한 금융감독원 집행간부인 금융감독원장 명의의 문서를 위조, 행사한 행위는 사문서위조죄, 위조사문서행사죄에 해당하는 것이 아니라 공문서위조죄, 위조공문서행사죄에 해당한다(대판 2021.3.11. 2020도14666).

㉡ (×) 「형법」 제207조에서 정한 '행사할 목적'이란 유가증권위조의 경우와 달리 위조·변조한 통화를 진정한 통화로서 유통에 놓겠다는 목적을 말하므로, 자신의 신용력을 증명하기 위하여 타인에게 보일 목적으로 통화를 위조한 경우에는 행사할 목적이 있다고 할 수 없다(대판 2012.3.29. 2011도7704).

㉢ (○) 대판 2021.2.25. 2018도19043

㉣ (×) [1] 진정한 통화에 대한 가공행위로 인하여 기존 통화의 명목가치나 실질가치가 변경되었다거나 객관적으로 보아 일반인으로 하여금 기존 통화와 다른 진정한 화폐로 오신하게 할 정도의 새로운 물건을 만들어 낸 것으로 볼 수 없다면 통화가 변조되었다고 볼 수 없다. [2] 진정한 통화인 미화 1달러 및 2달러 지폐의 발행연도, 발행번호, 미국 재무부를 상징하는 문양, 재무부장관의 사인, 일부 색상을 고친 것만으로는 통화가 변조되었다고 볼 수 없다고 한 사례(대판 2004.3.26. 2003도5640)

㉤ (○) 위조통화임을 알고 있는 자에게 그 위조통화를 교부한 경우에 피교부자가 이를 유통시키리라는 것을 예상 내지 인식하면서 교부하였다면, 그 교부행위 자체가 통화에 대한 공공의 신용 또는 거래의 안전을 해할 위험이 있으므로 위조통화행사죄가 성립한다(대판 2003.1.10. 2002도3340).

26 ③ 최신판례

① (○) 피고인이 甲 주식회사 소유의 오피스텔에 대한 분양대행 권한을 가지게 되었을 뿐 甲 회사의 동의 없이 오피스텔을 임대할 권한이 없는데도 임차인들과 임대차계약을 체결하면서 甲 회사가 분양사업을 위해 만든 乙 회사 명의로 계약서를 작성·교부하였는데, 임대차계약서에는 임대인 성명이 '乙 회사(피고인)'로 기재되어 대표자 또는 대리인의 자격 표시가 없고 또 피고인의 개인 도장이 찍혀있는 사안에서, 임대차계약서의 형식과 외관, 작성 경위, 종류, 내용, 거래에서 위 계약서가 가지는 기능 등 여러 가지 사정을 종합하면, 일반인으로서는 임대차계약서가 乙 회사의 대표자 또는 대리인의 자격을 가진 피고인에 의해 乙 회사 명의로 작성된 문서라고 믿게 할 수 있는 정도의 형식과 외관을 갖추고 있어 피고인의 행위는 자격모용사문서작성과 자격모용작성사문서행사에 해당된다(대판 2017.12.22. 2017도14560).

② (○) 차량 자체에 물리적 훼손이나 기능적 효용의 멸실 내지 감소가 발생하지 않았더라도 甲이 위 구조물로 인해 차량을 운행할 수 없게 됨으로써 일시적으로 본래의 사용목적에 이용할 수 없게 된 이상 차량 본래의 효용을 해한 경우이다(대판 2021.5.7. 2019도13764).

③ (×) 어떤 선박이 사고를 낸 것처럼 허위로 사고신고를 하면서 그 선박의 선박국적증서와 선박검사증서를 함께 제출하였다고 하더라도, 선박국적증서와 선박검사증서는 위 선박의 국적과 항행할 수 있는 자격을 증명하기 위한 용도로 사용된 것일 뿐 그 본래의 용도를 벗어나 행사된 것으로 보기는 어려우므로, 이와 같은 행위는 공문서부정행사죄에 해당하지 않는다(대판 2009.2.26. 2008도10851).

④ (○) 이사가 이사회 회의록에 서명 대신 서명거부사유를 기재하고 그에 대한 서명을 하면, 특별한 사정이 없는 한 그 내용은 이사회 회의록의 일부가 되고, 이사회 회의록의 작성권한자인 이사장이라 하더라도 임의로 이를 삭제한 경우에는 이사회 회의록 내용에 변경을 가하여 새로운 증명력을 가져오게 되므로 사문서변조에 해당한다(대판 2018.9.13. 2016도20954).

27 ①

① (×) 「형법」 제155조 제1항은 타인의 형사사건 또는 징계사건에 관한 증거를 인멸, 은닉, 위조 또는 변조하거나 위조 또는 변조한 증거를 사용한 자를 처벌하고 있고, 여기서의 '위조'란 문서에 관한 죄의 위조 개념과는 달리 새로운 증거의 창조를 의미한다. 그러나 사실의 증명을 위해 작성된 문서가 그 사실에 관한 내용이나 작성명의 등에 아무런 허위가 없다면 '증거위조'에 해당한다고 볼 수 없다. 설령 사실증명에 관한 문서가 형사사건 또는 징계사건에서 허위의 주장에 관한 증거로 제출되어 그

주장을 뒷받침하게 되더라도 마찬가지이다(대판 2021.1.28. 2020도2642).

② (○) 대판 2016.1.28. 2015도17297

③ (○) 대판 2008.6.12. 2006도8568

④ (○) 대판 2003.2.14. 2002도5374

28 ①

| 형법각론 > 국가적 법익 > 국가의 기능에 대한 죄 | 오답률 53% |

① (○) 죄를 범한 자라고 하여 유죄판결이 확정되었거나 공소가 제기되었거나 수사가 개시되었을 것을 요하는 것은 아니므로 아직 수사대상이 되어 있지 않거나(대판 2003.12.12. 2003도4533) 범죄혐의자로 수배중인 자도 객체가 된다(대판 1983.8.23. 83도1486). 따라서 甲에 대해 공소가 제기되지 않았더라도 甲은 범인은닉죄의 객체가 된다.

② (×) 범인이 자신을 위하여 타인으로 하여금 허위의 자백을 하게 하여 범인도피죄를 범하게 하는 행위는 방어권의 남용으로 범인도피교사죄에 해당하는바(대판 2000.3.24. 2000도20), 이 경우 그 타인이 「형법」 제151조 제2항에 의하여 처벌을 받지 아니하는 친족 또는 동거 가족에 해당한다 하여 달리 볼 것은 아니다(대판 2008.11.13. 2008도7647).

③ (×) 친족 또는 동거의 가족이 본인을 위하여 범인은닉죄를 범한 때에는 처벌하지 아니한다(「형사소송법」 제151조 제2항).

④ (×) 행위자가 직무집행의 적법성에 대해 착오한 경우(즉 공무원의 적법한 직무집행을 위법한 직무집행으로 착오하여 행위한 경우) 행위자의 처벌에 대해, ㉠ 위법성요소설에서는 금지착오로 이해하기도 하고 위법성조각사유의 전제사실의 착오로 이해하기도 하며 ㉡ 구성요건요소설(다수설)에서는 적법성을 기초짓는 사실을 착오한 경우(예컨대 긴급체포의 요건을 착오한 경우)는 구성요건적 착오로, 적법성 자체를 착오한 경우(긴급체포제도를 모르고 영장 없는 긴급체포도 위법이라고 오인한 경우)는 금지착오로 취급한다. 사안에서 乙이 경찰 P의 영장 없는 체포를 위법하다고 오인한 것을 금지착오로 보더라도 사안에서 乙의 착오에 정당한 이유가 없으므로 공무집행방해죄가 성립한다.

29 ④

| 형사소송법 > 수사 > 수사절차 | 오답률 6.7% |

① (○) 사법경찰관은 제1항제4호에 따른 수사중지 결정을 한 경우 7일 이내에 사건기록을 검사에게 송부해야 한다. 이 경우 검사는 사건기록을 송부받은 날부터 30일 이내에 반환해야 하며, 그 기간 내에 법 제197조의3에 따라 시정조치요구를 할 수 있다(「검사와 사법경찰관의 상호협력과 일반적 수사준칙에 관한 규정」 제51조 제4항).

② (○) 검사는 법 제245조의5제1호에 따라 사법경찰관으로부터 송치받은 사건에 대해 보완수사가 필요하다고 인정하는 경우에는 특별히 직접 보완수사를 할 필요가 있다고 인정되는 경우를 제외하고는 사법경찰관에게 보완수사를 요구하는 것을 원칙으로 한다(「검사와 사법경찰관의 상호협력과 일반적 수사준칙에 관한 규정」 제59조 제1항).

③ (○) 「검사와 사법경찰관의 상호 협력과 일반적 수사준칙에 관한 규정」 제51조 제3항

④ (×) 불송치 경우에는 그 이유를 명시한 서면과 함께 관계 서류와 증거물을 지체 없이 검사에게 송부하여야 한다. 이 경우 검사는 송부받은 날부터 90일 이내에 사법경찰관에게 반환하여야 한다(「형사소송법」 제245조의5).

30 ④

| 형사소송법 > 수사 > 임의수사 | 오답률 15% |

① (○) 피고인이 아닌 자가 수사과정에서 진술서를 작성하였지만 수사기관이 그에 대한 조사과정을 기록하지 아니하여 형사소송법 제244조의4 제3항, 제1항에서 정한 절차를 위반한 경우에는, 특별한 사정이 없는 한 '적법한 절차와 방식'에 따라 수사과정에서 진술서가 작성되었다 할 수 없으므로 그 증거능력을 인정할 수 없다(대판 2015.4.23. 2013도3790).

② (○) 진술거부권 고지의 대상이 되는 피의자의 지위는 수사기관이 범죄인지서를 작성하는 등의 형식적인 사건수리 절차를 거치기 전이라도 조사대상자에 대하여 범죄의 혐의가 있다고 보아 실질적으로 수사를 개시하는 행위를 한 때에 인정되므로, 진술조서의 형식을 취하더라도 실질이 피의자신문조서의 성격을 가지는 경우에는 수사기관은 진술을 듣기 전에 조사대상자에게 미리 진술거부권을 고지하여야 한다(대판 2015.10.29. 2014도5939).

③ (○) 검사 또는 사법경찰관은 조사 도중 피의자, 사건관계인 또는 그 변호인으로부터 휴식시간의 부여를 요청받았을 때에는 그때까지 조사에 소요된 시간, 피의자 또는 사건관계인의 건강상태 등을 고려해 적정하다고 판단될 경우 휴식시간을 주어야 한다(「검사와 사법경찰관의 상호협력과 일반적 수사준칙에 관한 규정」 제23조 제2항).

④ (×) 동석할 수 있는 신뢰관계에 있는 사람은 피의자 또는 피해자의 직계친족, 형제자매, 배우자, 가족, 동거인, 보호·교육시설의 보호·교육담당자 등 피의자 또는 피해자의 심리적 안정과 원활한 의사소통에 도움을 줄 수 있는 사람으로 한다(「검사와 사법경찰관의 상호협력과 일반적 수사준칙에 관한 규정」 제24조 제1항)

31 ③ 최신판례

| 형사소송법 > 수사 > 영상녹화 | 오답률 65% |

① (○) 「형사소송법」 제318조의2 제2항

② (○) 「형사소송규칙」 제134조의2 제4항·제5항, 제134조의5 제2항

③ (×) 아동·청소년 대상 성범죄 피해자의 진술내용과 조사과정에 대한 영상물 녹화는 피해자 또는 법정대리인이 이를 원하지 아니하는 의사를 표시한 때에는 촬영을 하여서는 아니 된다. 다만, 가해자가 친권자 중 일방인 경우는 그러하지 아니하다(「아동·청소년의 성보호에 관한 법률」 제26조 제2항).

④ (○) 「성폭력범죄의 처벌 등에 관한 특례법」 제30조 제6항 위헌 판결 피고인의 원진술자에 대한 반대신문권 행사 자체를 배제하는 방식으로 미성년 피해자를 보호하는 것은 그 재판결과를 피고인에게 설득할 수 없을 뿐만 아니라, 실체적 진실의 발견도 위협할 수 있다. 이러한 점을 고려할 때, 피고인의 반대신문권 배제로 인한 문제에서 자유로울 수 없는 심판대상조항에 안주하기 보다는 앞서 살핀 제도들을 적극 활용하고 그 역량을 강화해 나가는 것이 미성년 피해자에 대한 공백 없는 보호를 위해서도 더 나은 대안이 될 수 있다. 위와 같은 사정들을 종합할 때, 피고인의 반대신문권을 보장하면서도 미성년 피해자를 보호할 수 있는 조화적인 방법을 상정할 수 있음에도, 영상물의 원진술자인 미성년 피해자에 대한 피고인의 반대신문권을 실질적으로 배제하여 피고인의 방어권을 과도하게 제한하는 심판대상조항은 피해의 최소성 요건을 갖추지 못하였다(헌재 2021.12.23. 2018헌바524).

32 ④

| 형사소송법 > 수사 > 강제수사 | 오답률 60% |

① (○) 「형사소송법」 제214조의2 제12항

② (○) 재구속의 제한: 검사 또는 사법경찰관에 의하여 '구속되었다가 석방된 자'는 다른 중요한 증거를 발견한 경우를 제외하고는 동일한 범죄사실에 관하여 재차 구속하지 못한다(제208조 제1항). 다만, 재구속의 제한은 검사 또는 사법경찰관이 피의자를 구속하는 경우에 적용될 뿐, 법원이 피고인을 구속하는 경우에는 적용되지 않는다(대결 1985.7.23. 자 85모12).

③ (○) 긴급체포된 피의자의 석방과 재체포의 제한: 검사가 지체없이 구속영장을 청구하지 아니하거나 발부받지 못한 때에는 피의자를 즉시 석방하여야 한다(「형사소송법」 제200조의4 제2항). 이때 석방된 자는 영장 없이는 동일한 범죄사실에 관하여 체포하지 못한다(동조 제3항). 따라서 영장체포(동법 제200조의2)는 가능하다.

④ (✕) 적부심사결정에 의하여 석방된 피의자의 재체포·구속의 제한: 체포·구속적부심사결정에 의하여 석방된 피의자가 도망하거나 죄증을 인멸하는 경우를 제외하고는 동일한 범죄사실에 관하여 재차 체포·구속하지 못한다(동법 제214조의3 제1항). 따라서 도망 또는 죄증을 인멸하는 경우에는 다른 중요한 증거가 발견된 경우가 아니더라도 동일한 범죄사실에 관하여 재체포·구속할 수 있다.

33 ③ 최신판례

형사소송법 > 수사 > 압수·수색·검증 등   오답률 47%

① (○) 정보저장매체를 임의제출한 피압수자에 더하여 임의제출자 아닌 피의자에게도 참여권이 보장되어야 하는 '피의자의 소유·관리에 속하는 정보저장매체'라 함은, 피의자가 압수·수색 당시 또는 이와 시간적으로 근접한 시기까지 해당 정보저장매체를 현실적으로 지배·관리하면서 그 정보저장매체 내 전자정보 전반에 관한 전속적인 관리처분권을 보유·행사하고, 달리 이를 자신의 의사에 따라 제3자에게 양도하거나 포기하지 아니한 경우로서, 피의자를 그 정보저장매체에 저장된 전자정보에 대하여 실질적인 압수·수색 당사자로 평가할 수 있는 경우를 말하는 것이다.

② (○) 대판 2022.1.27. 2021도11170

③ (✕) 압수된 디지털 저장매체로부터 출력한 문건을 진술증거로 사용하는 경우, 그 기재 내용의 진실성에 관하여는 전문법칙이 적용되므로 「형사소송법」 제313조 제1항에 따라 그 작성자 또는 진술자의 진술에 의하여 그 성립의 진정함이 증명된 때에 한하여 이를 증거로 사용할 수 있다.

④ (○) 대판 2022.1.14. 2021모1586

34 ④ 개정법령

형사소송법 > 수사 > 통신제한조치   오답률 61%

① (○) 「통신비밀보호법」 제8조 제1항

② (○) 동법 제8조 제3항

③ (○) 동법 제8조 제4항

④ (✕)

> **동법 제9조의2(통신제한조치의 집행에 관한 통지)**
> ④ 제1항 내지 제3항의 규정에 불구하고 다음 각호의 1에 해당하는 사유가 있는 때에는 그 사유가 해소될 때까지 통지를 유예할 수 있다.
> 1. 통신제한조치를 통지할 경우 국가의 안전보장·공공의 안녕질서를 위태롭게 할 현저한 우려가 있는 때
> 2. 통신제한조치를 통지할 경우 사람의 생명·신체에 중대한 위험을 초래할 염려가 현저한 때 여기에 수사의 방해가 포함되지 않는다.

기준	**㉺** 패킷감청: 과잉금지원칙과 영장주의 위반 헌법 불합치 수사기관취득 정보 사후 객관적통제절차 미흡 이유
	– 패킷감청후 보관절차 규정 추가: 패킷감청 허용/사후보관 통제강화 • 검사취득보관시 승인요청 집행종료일부터 14일 이내에 법원에 승인청구 • 사경취득보관시 사경은 검사 14일 이내 신청/검사는 7일 이내 법원에 승인청구 • 폐기: 보관미신청 14일 이내/청구기각 일부승인 나머지는 7일 이내 • 결과보고서 제출: 사경/검사 법원에 7일 이내

35 ① 함정문제

형사소송법 > 증거 > 증명력   오답률 61%

┌─ 출제자의 함정의도 ─
│ 증거능력이 없는 증거를 직접증거의 증명력을 보강하는 보조사실의 인정자료로 사용할 수 있는지의 여부를 혼동케 하여 오답을 유인하였다.
└─

① (✕) 범죄사실의 인정은 증거능력이 있고 적법한 증거조사를 거친 증거에 의한 증명(이른바 엄격한 증명)에 의하여야 한다(대판 1989.10.10. 87도966). 구성요건에 해당하는 사실은 엄격한 증명에 의하여 이를 인정하여야 하고, 증거능력이 없는 증거는 구성요건 사실을 추인하게 하는 간접사실이나 구성요건 사실을 입증하는 직접증거의 증명력을 보강하는 보조사실의 인정자료로도 사용할 수 없다(대판 2010.5.27. 2008도2344).

② (○) 검사가 지적하는 증거들은 유죄의 자료로 제출된 증거들로서 그 진정성립이 인정되지 아니하고 이를 증거로 함에 상대방의 동의가 없었기는 하나, 그러한 증거라고 하더라도 유죄사실을 인정하는 증거로 사용하는 것이 아닌 이상 공소사실과 양립할 수 없는 사실을 인정하는 자료로 쓸 수 있다(대판 1994.11.11. 94도1159).

③ (○) 엄격한 증명과 자유로운 증명은 증거능력 유무와 증거조사방법의 차이만 있을 뿐 법관의 심증의 정도에는 차이가 없다. 즉 양자 모두 '합리적 의심의 여지가 없는 정도의 확신'을 필요로 한다는 점에서는 같다.

④ (○) 형사재판에 유죄의 심증이 반드시 직접증거에 의하여 형성되어야만 하는 것은 아니고 경험칙과 논리법칙에 위반되지 아니하는 한 간접증거에 의하여 형성되어도 무방하며, 간접증거가 개별적으로는 범죄사실에 대한 완전한 증명력을 가지지 못하더라도 전체 증거를 상호 관련하에 종합적으로 고찰할 경우 그 단독으로는 가지지 못하는 종합적 증명력이 있는 것으로 판단되면 그에 의하여도 범죄사실을 인정할 수 있다(대판 2013.6.27. 2013도4172).

36 ②

형사소송법 > 증거 > 증거능력   오답률 65%

① (○), ② (✕) [1] 압수조서 중 '압수경위'란에 기재된 내용은 피고인이 범행을 저지르는 현장을 직접 목격한 사람의 진술이 담긴 것으로서 「형사소송법」 제312조 제5항에서 정한 '피고인이 아닌 자가 수사과정에서 작성한 진술서'에 준하는 것으로 볼 수 있다. [2] 범죄를 실행 중이거나 실행 직후의 현행범인은 누구든지 영장 없이 체포할 수 있고(「형사소송법」 제212조), 검사 또는 사법경찰관은 피의자 등이 유류한 물건이나 소유자·소지자 또는 보관자가 임의로 제출한 물건은 영장 없이 압수할 수 있으므로(동법 제218조), 현행범 체포현장이나 범죄 현장에서도 소지자 등이 임의로 제출하는 물건은 「형사소송법」 제218조에 의하여 영장 없

이 압수하는 것이 허용되고, 이 경우 검사나 사법경찰관은 별도로 사후에 영장을 받을 필요가 없다(대판 2019.11.14. 2019도13290).

③ (O), ④ (O) 수사기관에서 진술한 참고인이 법정에서 증언을 거부하여 피고인이 반대신문을 하지 못한 경우에는 정당하게 증언거부권을 행사한 것이 아니라도, 피고인이 증인의 증언거부 상황을 초래하였다는 등의 특별한 사정이 없는 한 「형사소송법」 제314조의 '그 밖에 이에 준하는 사유로 인하여 진술할 수 없는 때'에 해당하지 않는다고 보아야 한다. 따라서 증인이 정당하게 증언거부권을 행사하여 증언을 거부한 경우와 마찬가지로 수사기관에서 그 증인의 진술을 기재한 서류는 증거능력이 없다(대판 2019.11.21. 2018도13945 전원합의체).

37 ②

형사소송법 > 증거 > 증거능력	오답률 47%

① (O) 감정의뢰회보서는 공무원인 연구소장이 직무상 증명할 수 있는 사항에 관하여 작성한 문서라고 할 것이므로 당연히 증거능력 있는 서류라고 할 것이다(대판 1982.9.14. 82도1504).

② (X) 체포·구속인접견부는 유치된 피의자가 죄증을 인멸하거나 도주를 기도하는 등 유치장의 안전과 질서를 위태롭게 하는 것을 방지하기 위한 목적으로 작성되는 서류로 보일 뿐이어서 「형사소송법」 제315조 제2, 3호에 규정된 당연히 증거능력이 있는 서류로 볼 수는 없다(대판 2012.10.25. 2011도5459).

③ (O) 메모리카드의 내용은 「형사소송법」 제315조 제2호의 영업상 필요로 작성한 통상문서로서 당연히 증거능력 있는 문서에 해당한다(대판 2007.7.26. 2007도3219).

④ (O) 다른 피고인에 대한 형사사건의 공판조서는 「형사소송법」 제315조 제3호에 정한 서류로서 당연히 증거능력이 있는바, 공판조서 중 일부인 증인신문조서 역시 「형사소송법」 제315조 제3호에 정한 서류로서 당연히 증거능력이 있다고 보아야 한다(대판 2005.4.28. 2004도4428).

38 ③

형사소송법 > 증거 > 위법수집증거배제법칙	오답률 47%

① (O) 피의자가 변호인의 참여를 원한다는 의사를 명백하게 표시하였음에도 수사기관이 정당한 사유 없이 변호인을 참여하게 하지 아니한 채 피의자를 신문하여 작성한 피의자신문조서는 「형사소송법」 제312조에 정한 '적법한 절차와 방식'에 위반된 증거일 뿐만 아니라, 「형사소송법」 제308조의2에서 정한 '적법한 절차에 따르지 아니하고 수집한 증거'에 해당하므로 이를 증거로 할 수 없다(대판 2013.3.28. 2010도3359).

② (O) 검사 또는 사법경찰관이 그러한 특별한 사정 없이, 단지 변호인이 피의자신문 중에 부당한 신문방법에 대한 이의제기를 하였다는 이유만으로 변호인을 조사실에서 퇴거시키는 조치는 정당한 사유 없이 변호인의 피의자신문 참여권을 제한하는 것으로서 허용될 수 없다(대결 2020.3.17. 자 2015모2357).

③ (X) 위수증법칙이 적용되지 않는다. 다만 전문증거로서 제314조 특신상태가 인정되지 않아 증거능력을 부정한다(대판 2011.7.14. 2011도3809).

④ (O) 대판 2019.7.11. 2018도20504

✔ 개념 체크 위법수집증거배제법칙

구분		내용
의의	개념	• 위법한 절차에 의해 수집된 증거는 증거로 할 수 없다. • 적정절차의 보장과 위법수사의 억제

연혁	• 미국: Boyd사건 시초 → Weeks사건(수정헌법위반) → Mapp사건(주사건적용) • 독일: 증거금지/증거수집금지와 증거사용금지 • 일본: 오사카텐노사 각성제사건

39 ④

형사소송법 > 증거 > 당사자의 증거동의	오답률 61%

① (O) 대판 2015.8.27. 2015도3467

② (O) 대판 2005.4.28. 2004도4428

③ (O) 대판 2013.3.28. 2013도3

④ (X) 검찰관이 공판기일에 제출한 증거 중 뇌물공여자 甲이 작성한 고발장에 대하여 피고인의 변호인이 증거 부동의 의견을 밝히고, 같은 고발장을 첨부문서로 포함하고 있는 검찰주사보 작성의 수사보고에 대하여는 증거에 동의하여 증거조사가 행하여졌는데, 원심법원이 수사보고에 대한 증거동의의 효력이 첨부된 고발장에도 당연히 미치지 않는다(대판 2011.7.14. 2011도3809).

40 ④

형사소송법 > 증거 > 종합	오답률 65%

① (X) [1] 외형상으로는 피고인의 일련의 행위가 여러 개의 범죄에 해당되는 것 같지만 일방의 범죄가 성립되는 때에는 타방의 범죄는 성립할 수 없고, 일방의 범죄가 무죄로 될 경우에만 타방의 범죄가 성립할 수 있는 비양립적인 관계가 있을 수 있다. [2] 차용금 편취의 점과 담보로 양도한 채권을 추심하여 임의 소비한 횡령의 점은 비양립적인 관계라 할 것이어서 피고인의 일련의 행위가 그 중 어느 죄에 해당하는지를 가렸어야 할 것인데도 사기죄 및 횡령죄를 모두 인정한 원심판단에는 법리오해 및 심리미진의 위법이 있다(대판 2011.5.13. 2011도1442).

② (X) 「형사소송법」 제217조 규정에 위반하여 소유자, 소지자 또는 보관자가 아닌 자로부터 제출받은 물건을 영장없이 압수한 경우 그 압수물 및 압수물을 찍은 사진은 이를 유죄 인정의 증거로 사용할 수 없다(대판 2010.1.28. 2009도10092).

③ (X) 설령 피해자에 대한 폭행행위가 동일한 피해자에 대한 업무방해죄의 수단이 되었다고 하더라도 그러한 폭행행위가 이른바 불가벌적 수반행위에 해당하여 업무방해죄에 대하여 흡수관계에 있다고 볼 수는 없다(대판 2012.10.11. 2012도1895).

④ (O) 압수·수색영장에서 압수할 물건을 '압수장소에 보관 중인 물건'이라고 기재하고 있는 것을 '압수장소에 현존하는 물건'으로 해석할 수 없다(대판 2009.3.12. 2008도763).

절대 어제를 후회하지 마라.
인생은 오늘의 나 안에 있고
내일은 스스로 만드는 것이다.

– L. 론 허바드(L. Ron Hubbard)

제3회

| 동형 기출 분석

제3회 실전동형 모의고사는 **2021년 경찰 2차 시험**의 출제유형, 문제유형, 발문을 분석하여 2022년 2차 시험의 출제예측 및 기출 동형을 구성하였습니다.

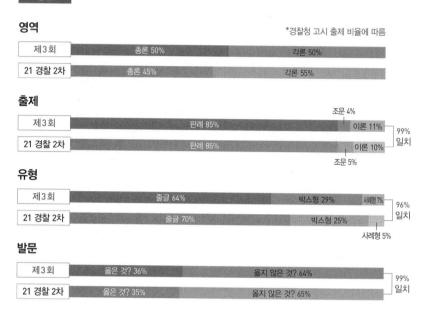

형법

영역   *경찰청 고시 출제 비율에 따름

| 제3회 | 총론 50% | 각론 50% |
| 21 경찰 2차 | 총론 45% | 각론 55% |

출제

				조문 4%
제3회	판례 85%	이론 11%		99% 일치
21 경찰 2차	판례 85%	이론 10%		
			조문 5%	

유형

제3회	줄글 64%	박스형 29%	사례형 7%	96% 일치
21 경찰 2차	줄글 70%	박스형 25%		
			사례형 5%	

발문

| 제3회 | 옳은 것? 36% | 옳지 않은 것? 64% | 99% 일치 |
| 21 경찰 2차 | 옳은 것? 35% | 옳지 않은 것? 65% | |

형사소송법

영역   *경찰청 고시 출제 비율에 따름

| 제3회 | 수사 50% | 증거 50% |
| 21 경찰 2차 | 수사 53% | 증거 47% |

출제

| 제3회 | 판례 50% | 조문 50% | 97% 일치 |
| 21 경찰 2차 | 판례 53% | 조문 47% | |

유형

| 제3회 | 줄글 83% | 박스형 17% | 97% 일치 |
| 21 경찰 2차 | 줄글 80% | 박스형 20% | |

발문

| 제3회 | 옳은 것? 33% | 옳지 않은 것? 67% | 93% 일치 |
| 21 경찰 2차 | 옳은 것? 40% | 옳지 않은 것? 60% | |

클릭 한 번으로 내 성적 바로 확인!

STEP 1 QR 코드 모바일로 스캔
STEP 2 모바일 OMR에 답안 입력
STEP 3 제출 시 자동채점 및 성적분석
         문제풀이 시간 자동 측정
         영역별 정답률로 취약점 파악

I 문항 세부 분석

개정법령과 최신판례 반영 문제, 오답을 유발하는 함정문제, 오답률 TOP 1~3 문항을 통해
시험 전 문제풀이 집중 훈련이 가능합니다.

적정 풀이시간 35분

	문번	정답	영역	출제	유형	발문
최신판례	01	③	형법총론 > 형법의 기본원리	판례	줄글	옳지 않은 것은?
	02	③	형법총론 > 구성요건론	판례	박스형(ㄱㄴㄷ)	옳은 것은?
함정문제	03	④	형법총론 > 구성요건론	이론	줄글	옳지 않은 것은?
	04	②	형법총론 > 구성요건론	판례	박스형(ㄱㄴㄷ)	옳지 않은 것은?
	05	③	형법총론 > 위법성론	판례	박스형(개수문제)	옳지 않은 것은?
	06	④	형법총론 > 정범 및 공범론	판례	줄글	옳은 것은?
	07	③	형법총론 > 정범 및 공범론	판례	줄글	옳은 것은?
	08	①	형법총론 > 위법성론	판례	줄글	옳지 않은 것은?
	09	②	형법총론 > 미수론	조문	박스형(ㄱㄴㄷ)	옳지 않은 것은?
	10	④	형법총론 > 책임론	판례	박스형(ㄱㄴㄷ)	옳지 않은 것은?
함정문제	11	②	형법총론 > 책임론	이론	사례형	옳은 것은?
	12	③	형법총론 > 죄수론	판례	박스형(ㄱㄴㄷ)	옳은 것은?
	13	④	형법총론 > 형벌론	판례	줄글	옳지 않은 것은?
	14	②	형법총론 > 형벌론	판례	줄글	옳지 않은 것은?
	15	④	형법각론 > 개인적 법익	판례	줄글	옳은 것은?
	16	③	형법각론 > 개인적 법익	판례	줄글	옳은 것은?
	17	①	형법각론 > 개인적 법익	판례	줄글	옳은 것은?
	18	④	형법각론 > 개인적 법익	판례	줄글	옳지 않은 것은?
	19	②	형법각론 > 개인적 법익	판례	박스형(ㄱㄴㄷ)	옳지 않은 것은?
최신판례	20	②	형법각론 > 개인적 법익 `오답률 TOP 3`	판례	줄글	옳지 않은 것은?
	21	④	형법각론 > 개인적 법익	판례	줄글	옳지 않은 것은?
	22	④	형법각론 > 개인적 법익	판례	줄글	옳지 않은 것은?
함정문제	23	②	형법각론 > 사회적 법익	판례	박스형(개수문제)	옳은 것은?
함정문제	24	①	형법각론 > 사회적 법익 `오답률 TOP 2`	판례	줄글	옳지 않은 것은?
함정문제	25	④	형법각론 > 사회적 법익	판례	줄글	옳지 않은 것은?
	26	④	형법각론 > 국가적 법익	판례	줄글	옳은 것은?
	27	②	형법각론 > 국가적 법익	판례	줄글	옳지 않은 것은?
	28	④	형법각론 > 국가적 법익 `오답률 TOP 1`	이론	사례형	옳지 않은 것은?
함정문제	29	②	형사소송법 > 수사	판례	박스형(ㄱㄴㄷ)	옳은 것은?
	30	④	형사소송법 > 수사	조문	줄글	옳지 않은 것은?
	31	④	형사소송법 > 수사	조문	줄글	옳지 않은 것은?
	32	①	형사소송법 > 수사	조문	줄글	옳은 것은?
개정법령	33	①	형사소송법 > 수사	조문	줄글	옳지 않은 것은?
개정법령	34	②	형사소송법 > 수사	조문	줄글	옳지 않은 것은?
	35	③	형사소송법 > 증거	판례	줄글	옳은 것은?
최신판례	36	②	형사소송법 > 증거	판례	줄글	옳지 않은 것은?
	37	④	형사소송법 > 증거	판례	사례형	옳지 않은 것은?
개정법령	38	④	형사소송법 > 증거	조문	박스형(개수문제)	옳지 않은 것은?
	39	④	형사소송법 > 증거	판례	줄글	옳은 것은?
함정문제	40	①	형사소송법 > 증거	판례	줄글	옳은 것은?

![x2 로고] **2배속 키워드 해설 활용법**

키워드 중심의 실전용 속독 해설로 2배속 문제 풀이 훈련이 가능하며, 아는 문제는 빠르게 SKIP 할 수 있습니다.

01 ③ 최신판례

형법총론 > 형법의 기본원리 > 죄형법정주의   오답률 33.3%

① (○) [1] 심판대상조항은 음주운전 금지규정을 반복하여 위반하는 사람에 대한 처벌을 강화하기 위한 규정인데, 그 구성요건을 '제44조 제1항을 2회 이상 위반'한 경우로 정하여 가중요건이 되는 과거 음주운전 금지규정 위반행위와 처벌대상이 되는 재범 음주운전 금지규정 위반행위 사이에 아무런 시간적 제한이 없고, 과거 위반행위가 형의 선고나 유죄의 확정판결을 받은 전과일 것을 요구하지도 않는다. [2] 범죄 전력이 있음에도 다시 범행한 경우 재범인 후범에 대하여 가중된 행위책임을 인정할 수 있다고 하더라도, 전범을 이유로 아무런 시간적 제한 없이 무제한 후범을 가중처벌하는 예는 찾기 어렵고, 공소시효나 형의 실효를 인정하는 취지에도 부합하지 않으므로, 심판대상조항은 예컨대 10년 이상의 세월이 지난 과거 위반행위를 근거로 재범으로 분류되는 음주운전 행위자에 대해서는 책임에 비해 과도한 형벌을 규정하고 있다고 하지 않을 수 없다(헌재 2021.11.25. 2019헌바446, 2020헌가17, 2021헌바77).

② (○) 「아동·청소년의 성보호에 관한 법률」에 정한 공개명령제도는, 성인 인증 및 본인 확인을 거친 사람은 누구든지 인터넷을 통해 공개명령 대상자의 공개정보를 열람할 수 있도록 함으로써 아동·청소년 대상 성범죄를 효과적으로 예방하고 성범죄로부터 아동·청소년을 보호함을 목적으로 하는 일종의 보안처분이다. 이러한 공개명령 제도는 범죄행위를 한 자에 대한 응보 등을 목적으로 그 책임을 추궁하는 사후적 처분인 형벌과 구별되어 그 본질을 달리하는 것으로서 형벌에 관한 소급입법금지의 원칙이 그대로 적용되지 않으므로, 공개명령 제도가 시행된 2010.1.1. 이전에 범한 범죄에도 공개명령 제도를 적용하도록 「아동·청소년의 성보호에 관한 법률」이 2010.7.23. 법률 제10391호로 개정되었다고 하더라도 그것이 소급입법금지의 원칙에 반한다고 볼 수 없다(대판 2011.3.24. 2010도14393, 2010전도120).

③ (×) 연습운전면허를 받은 사람이 운전을 함에 있어 주행연습 외의 목적으로 운전하여서는 아니된다는 준수사항을 지키지 않았다고 하더라도 준수사항을 지키지 않은 것에 대하여 연습운전면허의 취소 등 제재를 가할 수 있음은 별론으로 하고 그 운전을 무면허운전이라고 보아 처벌할 수는 없다(대판 2015.6.24. 2013도15031).

④ (○) 「국가공무원법」 제66조에서의 '공무 이외의 일을 위한 집단적 행위'는 공무가 아닌 어떤 일을 위하여 공무원들이 하는 모든 집단적 행위를 의미하는 것은 아니고 언론, 출판, 집회, 결사의 자유를 보장하고 있는 「헌법」 제21조 제1항, 「헌법」상의 원리, 「국가공무원법」의 취지, 「국가공무원법」상의 성실의무 및 직무전념의무 등을 종합적으로 고려하여 '공익에 반하는 목적을 위하여 직무전념의무를 해태하는 등의 영향을 가져오는 집단적 행위'라고 축소 해석하여야 한다(대판 2005.4.15. 2003도2960).

02 ③

형법총론 > 구성요건론 > 법인의 형사책임   오답률 8.3%

㉠ (○) 「형사소송법」 제328조가 '피고인인 법인이 존속하지 아니하게 되었을 때'를 공소기각결정의 사유로 규정하고 있는 것은 형사책임이 승계되지 않음을 전제로 한 것이라고 볼 수 있는 점 등에 비추어 보면, 법인이 형사처벌을 면탈하기 위한 방편으로 합병제도 등을 남용하는 경우 이를 처벌하거나 형사책임을 승계시킬 수 있는 근거규정을 특별히 두고 있지

않은 현행법하에서는 합병으로 인하여 소멸한 법인이 그 종업원 등의 위법행위에 대해 양벌규정에 따라 부담하던 형사책임은 그 성질상 이전을 허용하지 않는 것으로서 합병으로 인하여 존속하는 법인에 승계되지 않는다(대판 2015.12.24. 2015도13946).

㉡ (×) 양벌규정에 의한 영업주의 처벌은 금지위반행위자인 종업원의 처벌에 종속하는 것이 아니라 독립하여 그 자신의 종업원에 대한 선임감독상의 과실로 인하여 처벌되는 것이므로 종업원의 범죄성립이나 처벌이 영업주 처벌의 전제조건이 될 필요는 없다(대판 2006.2.24. 2005도7673).

㉢ (○) 법인이 설립되기 이전에 어떤 자연인이 한 행위의 효과가 설립 후의 법인에게 당연히 귀속된다고 보기 어려울 뿐만 아니라, 양벌규정에 의하여 사용자인 법인을 처벌하는 것은 형벌의 자기책임원칙에 비추어 위반행위가 발생한 그 업무와 관련하여 사용자인 법인이 상당한 주의 또는 관리감독 의무를 게을리한 선임감독상의 과실을 이유로 하는 것인데, 법인이 설립되기 이전의 행위에 대하여는 법인에게 어떠한 선임감독상의 과실이 있다고 할 수 없으므로, 특별한 근거규정이 없는 한 법인이 설립되기 이전에 자연인이 한 행위에 대하여 양벌규정을 적용하여 법인을 처벌할 수는 없다고 봄이 타당하다(대판 2018.8.1. 2015도10388). → 헌법재판소가 과실책임설을 취하고 있음을 보여주는 결정례이다.

㉣ (×) 회사 대표자의 위반행위에 대하여 징역형의 형량을 작량감경하고 병과하는 벌금형에 대하여 선고유예를 한 이상 양벌규정에 따라 그 회사를 처단함에 있어서도 같은 조치를 취하여야 한다는 논지는 독자적인 견해에 지나지 아니하여 받아들일 수 없다(대판 1995.12.12. 95도1893).

㉤ (○) 「형법」 제355조 제2항의 배임죄에 있어서 타인의 사무를 처리할 의무의 주체는 법인이 되는 경우라도 법인은 다만 사법상의 의무주체가 될 뿐 범죄능력이 없는 것이며 그 타인의 사무는 법인을 대표하는 자연인인 대표기관의 의사결정에 따른 대표행위에 의하여 실현될 수밖에 없어 그 대표기관은 마땅히 법인이 타인에게 부담하고 있는 의무내용대로 사무를 처리할 임무가 있다 할 것이므로 자연인인 대표기관이 바로 타인의 사무를 처리하는 자 즉 배임죄의 주체가 된다(대판 1984.10.10. 82도2595 전원합의체).

03 ④ 함정문제

형법총론 > 구성요건론 > 사실의 착오   오답률 0%

┌ **출제자의 함정의도** ─────────
│ 사실의 착오 중 병발된 사실의 착오의 문제에 대하여 오인케 하였다.

① (○) 구체적 사실의 착오 중 방법의 착오 사례로, 법정적 부합설에 의할 때 B에 대한 상해죄가 성립한다.

② (○) 추상적 사실의 착오 중 방법의 착오 사례로, 구체적 부합설에 의할 때 A에 대한 상해미수죄가 성립한다. 과실손괴는 불가벌이다.

③ (○) 구체적 사실의 착오 중 객체의 착오 사례로, 구체적 부합설에 의할 때 B에 대한 살인죄가 성립한다.

④ (×) 「형법」 제15조 제1항이 직접 적용되어 보통살인죄가 성립한다.

04 ②

형법총론 > 구성요건론 > 과실범   오답률 26.7%

㉠ (○) 교통정리가 행하여지지 않는 십자 교차로를 피고인이 먼저 진입하여 교차로의 중앙부분을 상당부분 넘어섰다면, 피고인은 그보다 늦게 오른쪽 도로로부터 교차로에 진입, 교행하여 오는 택시보다 우선통행권이 인정된다 할 것이고 이같은 우선권은 트럭이 통행하는 도로의 노폭이 택시가 통행한 도로의 노폭보다 다소 좁았다 하더라도 서행하며 먼저

진입한 트럭의 우선권에는 변동이 없다 할 것이므로, 택시가 통행의 우선순위를 무시하고 과속으로 교차로에 진입 교행하여 올 것을 예상하여 사고발생을 미리 막을 주의의무가 있다 할 수 없다(대판 1984.4.24. 84도185).

ⓛ (×) 피고인은 시속 30km의 속도로 자동차를 운전하면서 피해자가 도로의 중앙선을 넘어 자동차를 운행하고 있다는 사정을 50m 전방에서 미리 발견하였음에도 피해자의 화물자동차가 자기의 차선으로 되돌아 갈 것으로만 믿어 제반조치를 취함이 없이 그대로 자동차를 운행하다가 피해자의 자동차와 근접하였을 때 비로소 급정거를 하였기 때문에 미치지 못하여 교통사고가 발생하였다는 것이나 피고인에게도 업무상 과실이 있었다고 인정한 원심판단은 수긍할 수 있고, 거기에 「형법」 제268조의 해석을 그르친 위법이 있다고 볼 수 없다(대판 1984.3.13. 83도1859).

ⓒ (O) 의사는 그 의료행위를 시술하는 기회에 환자에게 위해가 미치는 것을 방지하기 위하여 최선의 조치를 취할 의무를 지고 있고, 간호사로 하여금 의료행위에 관여하게 하는 경우에도 그 의료행위는 의사의 책임아래 이루어지는 것이고 간호사는 그 보조자에 불과하므로, 의사는 당해 의료행위가 환자에게 위해를 미칠 위험이 있는 이상 간호사가 과오를 범하지 않도록 충분히 지도·감독을 하여 사고의 발생을 미연에 방지하여야 할 주의의무가 있고, 이를 소홀히 한 채 만연히 간호사를 신뢰하여 간호사에게 당해 의료행위를 일임함으로써 간호사의 과오로 환자에게 위해가 발생하였다면 의사는 그에 대한 과실책임을 면할 수 없다(대판 1998.2.27. 97도2812).

ⓔ (×) 피고인 甲이 봉고트럭을 운전하고 도로 2차선상으로, 피고인 乙이 버스를 운전하고 도로 3차선상으로 거의 병행운행하고 있을 즈음 도로 3차선에서 乙의 버스 뒤를 따라 운행하여 오던 A 운전의 오토바이가 버스를 앞지르기 위해 도로 2차선으로 진입하여 무모하게 트럭과 버스 사이에 끼어들어 이 사이를 빠져 나가려 한 경우에 있어서는 선행차량이 속도를 낮추어 앞지르려는 A의 오토바이를 선행하도록 하여 줄 업무상 주의의무가 있다고 할 수 없다(대판 1984.5.29. 84도483).

ⓜ (O) 자동차전용도로를 운행하는 자동차의 운전자로서는 특별한 사정이 없는 한 무단 횡단하는 보행자가 나타날 경우를 미리 예상하여 급정차할 수 있도록 운전해야 할 주의의무는 없다(대판 1989.3.28. 88도1484).

05 ③

㉠ (O) 사진은 음란물에 해당하나 결합 표현물인 게시물을 통한 사진의 게시는 「형법」 제20조에 정하여진 '사회상규에 위배되지 아니하는 행위'에 해당한다(대판 2017.10.26. 2012도13352).

㉡ (×) 피고인이 피해자와 공모하여 교통사고를 가장하여 보험금을 편취할 목적으로 피해자에게 상해를 가하였다면 피해자의 승낙이 있었다고 하더라도 이는 위법한 목적에 이용하기 위한 것이므로 피고인의 행위가 피해자의 승낙에 의하여 위법성이 조각된다고 할 수 없다(대판 2008.12.11. 2008도9606).

㉢ (×) 당시 피해견이 피고인을 공격하지도 않았고 피해견이 평소 공격적인 성향을 가지고 있었다고 볼 자료도 없는 이상 「형법」 제22조 제3항에서 정한 책임조각적 과잉피난에도 해당하지 아니한다고 보아 이 사건 공소사실 중 재물손괴의 점을 무죄로 판단한 제1심판결을 파기하고 이 부분 공소사실을 유죄로 인정하였다(대판 2016.1.28. 2014도2477).

㉣ (O) 노동조합이 노동위원회에 노동쟁의조정신청을 하여 조정절차가 마쳐지거나 조정이 종료되지 아니한 채 조정기간이 끝나면 노동조합은 쟁의행위를 할 수 있는 것으로 노동위원회가 반드시 조정결정을 한 뒤에 쟁의행위를 하여야 그 절차가 정당한 것은 아니다(대판 2001.6.26. 2000도2871).

㉤ (×) 소유권의 귀속에 관한 분쟁이 있어서 민사소송이 계속중인 건조물에 관하여 현실적으로 관리인이 있음에도 위 건조물의 자물쇠를 쇠톱으

로 절단하고 침입한 소위는 법정절차에 의하여 그 권리를 보전하기가 곤란하고 그 권리의 실행불능이나 현저한 실행곤란을 피하기 위해 상당한 이유가 있는 행위라고 할 수 없다(대판 1985.7.9. 85도707).

06 ④

① (×) 「형법」상 방조행위는 정범이 범행을 한다는 정을 알면서 그 실행행위를 용이하게 하는 직접·간접의 모든 행위를 가리키는 것으로서 유형적·물질적인 방조뿐만 아니라 정범에게 범행의 결의를 강화하도록 하는 것과 같은 무형적·정신적 방조행위까지도 포함하고(대판 1997.1.24. 96도2427).

② (×) 군대의 하급자인 A가 상급자인 乙에게 무례한 행동을 하자 甲은 乙이 A를 가볍게 교육시킨다는 생각으로 가지고 있던 각목을 乙에게 건네주었으나 乙이 A를 치사케 한 경우, 甲은 乙의 폭행으로 인한 A의 사망을 예견할 수 없었으므로 특수폭행치사방조가 아닌 특수폭행죄의 방조범만 성립한다(대판 1998.9.4. 98도2061).

③ (×) 방조의 방조(간접방조)는 물론 교사의 방조·방조의 교사도 정범에 대한 방조범이 성립한다.

④ (O) 본 지문의 경우 甲과 乙은 효과 없는 교사로서 예비 또는 음모에 준하여 처벌받는다(「형법」 제31조 제2항). 정범이 실행의 착수에 이르지 아니한 예비·음모단계에 그친 경우 이에 가공하는 행위는 예비·음모의 종범의 성립을 부정한다(대판 1976.5.25. 75도1549).

07 ③

① (×) [1] 처벌되지 아니하는 타인의 행위를 적극적으로 유발하고 이를 이용하여 자신의 범죄를 실현한 자는 「형법」 제34조 제1항이 정하는 간접정범의 죄책을 지게 되고, 그 과정에서 타인의 의사를 부당하게 억압하여야만 간접정범에 해당하는 것은 아니다. [2] 정유회사 경영자의 청탁으로 국회의원이 위 경영자와 지역구 지방자치단체장 사이에 정유공장의 지역구 유치와 관련한 간담회를 주선하고 위 경영자는 정유회사 소속 직원들로 하여금 위 국회의원이 사실상 지배·장악하고 있던 후원회에 후원금을 기부하게 한 사안에서, 국회의원에게는 「정치자금법」 제32조 제3호 위반죄가, 경영자에게는 「정치자금법」 위반죄의 간접정범이 성립한다고 한 사례(대판 2008.9.11. 2007도7204)

② (×) 작성권한 있는 공무원의 직무를 보좌하여 공문서를 기안 또는 초안하는 직권이 있는 자가 그 직위를 이용하여 행사할 목적으로 직무상 기안하는 문서에 허위의 내용을 기재하고 허위인 정을 모르는 상사로 하여금 그 초안내용이 진실한 것으로 오신케 하여 서명날인케 함으로써 허위내용의 공문서를 작성토록 하였다면 소위 허위공문서작성죄의 간접정범의 죄책을 면할 수 없다(대판 1990.2.27. 89도1816).

③ (O) 공무원 甲이 허위의 사실을 기재한 자동차운송사업변경(증차)허가신청 검토조서를 작성한 다음 이를 자동차운송사업변경(증차)허가신청 검토보고에 첨부하여 결재를 상신하였고, 담당계장으로서 그와 같은 사정을 알고 있는 중간 결재자인 乙과 그와 같은 사정을 알지 못하는 최종 결재자인 담당과장이 차례로 위 검토보고에 결재를 하여 자동차운송사업 변경허가가 이루어진 경우, 위 검토조서 및 검토보고의 각 내용과 형식, 관계 및 작성 목적, 이를 토대로 변경허가가 이루어진 점 등을 종합할 때, 공문서인 위 검토보고의 작성자는 담당과장이라고 보아야 하므로, 위 검토보고의 내용 중 일부에 불과한 위 검토조서의 작성자인 甲은 물론 담당과장의 업무상 보조자이자 중간 결재자인 乙은 허위공문서작성죄의 주체가 될 수 없어 甲과 乙의 행위가 공동정범에 해당할 수는 없지만, 이는 허위의 정을 모르는 작성권자인 담당과장으로 하여금 허위의

공문서를 결재·작성하게 한 경우에 해당하여 **허위공문서작성죄 간접정범**에 해당한다(대판 2011.5.13. 2011도1415).

④ (×)「부정수표단속법」의 목적이 부정수표 등의 발행을 단속처벌함에 있고(제1조), 허위신고죄를 규정한 위 법 제4조가 '수표금액의 지급 또는 거래정지처분을 면하게 할 목적'이 아니라 '수표금액의 지급 또는 거래정지처분을 면할 목적'을 요건으로 하고 있는데 수표금액의 지급책임을 부담하는 자 또는 거래정지처분을 당하는 자는 오로지 발행인에 국한되는 점에 비추어 볼 때 **발행인 아닌 자는** 위 법조가 정한 허위신고죄의 주체가 될 수 없고, 허위신고의 고의 없는 발행인을 이용하여 **간접정범의 형태로 허위신고죄를 범할 수도 없다**(대판 1992.11.10. 92도1342).

08 ②

| 형법총론 > 위법성론 > 정당행위 | 오답률 27.3% |

① (○) 대판 2006.4.27. 2005도8074

② (×) 근로조건에 관한 노동관계 당사자 간 주장의 불일치로 인하여 근로자들이 조정전치절차 및 찬반투표절차를 거쳐 **정당한 쟁의행위를 개시한 후** 쟁의사항과 밀접하게 관련된 새로운 쟁의사항이 부가된 경우에는, 근로자들이 새로이 부가된 사항에 대하여 쟁의행위를 위한 별도의 조정절차 및 찬반투표절차를 거쳐야 할 의무가 있다고 할 수 없다. 피고인들이 甲 생명보험회사의 노조원들과 공모하여 파업의 주된 목적인 '성과급제 도입 반대나 철회'에 관하여 쟁의 조정절차 및 쟁의행위 찬반투표를 거치지 아니한 채 파업에 돌입하였다고 하여 구「노동조합 및 노동관계조정법」(2010.1.1. 법률 제9930호로 개정되기 전의 것) 위반으로 기소된 사안에서, 피고인들이 주도한 파업의 목적은 이전에 정당하게 개시된 쟁의행위의 목적인 단체협약의 갱신과 단절되고 관련 없는 것이라고 보기 어려워 노동조합이 파업을 위하여 새로이 조정절차나 찬반투표를 거칠 필요가 없으므로, 위 행위가 같은 법 제91조, 제41조 제1항, 제45조 제2항 본문에 해당하지 아니한다고 보아 무죄를 선고한 원심판단을 수긍한 사례(대판 2012.1.27. 2009도8917)

③ (○) 대판 2000.4.25. 98도2389

④ (○) 대판 2017.3.15. 2013도2168

09 ②

| 형법총론 > 미수론 > 예비·음모 | 오답률 14.3% |

㉠ (×), ㉢ (×), ㉤ (×), ◎ (×) 강제추행죄, 통화유사물제조죄, 허위유가권작성죄, 일반교통방해죄는 예비·음모 처벌규정이 없다.

㉡ (○)「형법」제296조

㉣ (○) 동법 제305조의3

㉥ (○) 동법 제197조

㉧ (○) 동법 제120조 제1항

✔ 개념 체크 예비음모규정

- 살인죄(자살관여 / 촉탁승낙살인 / 영아살해×), 강도죄 ※ 영자승락 제외
- 약취유인 인신매매의 장 모든 범죄(모집운송전달죄×) 미수 / 예비 처벌됨 (2013. 법 개정)
- 강간죄(강간 / 준강간 / 유사강간 / 강간상해 / 의제강간강제추행 포함) (강제추행 / 위계위력간음죄×)

- 폭발물사용죄(선동도 처벌), 방화죄 / 일수죄 / 가스전기방류 / 공급방해(일반물건방화×, 자기건조물방화×) / 통화(통화유사물제조죄×) / 유가증권(허위유가증권작성죄×) / 인지(소인말소죄×) / 우표에 관한 죄(문서×)
- 수도불통죄, 간첩죄, 기차교통방해죄(일반교통방해죄×) ※ (우유통일가 원조기간)

- 내란 / 외환(선동 / 선전도 처벌), 외국에 대한 사전죄, 도주원조죄, 간수자 도주원조죄
- 폭발물 사용죄 / 방화 / 통화 / 내란 / 외환 / 외국사전죄: 예비음모는 자수하면 필요적 감면 ※ 방통내외폭사

10 ④

| 형법총론 > 책임론 > 기대가능성 | 오답률 40.5% |

㉠ (×) 양심적 병역거부자에게 그의 양심상의 결정에 반한 행위를 기대할 가능성이 있는지 여부를 판단하기 위해서는, 행위 당시의 구체적 상황하에 행위자 대신에 사회적 평균인을 두고 이 평균인의 관점에서 그 **기대가능성 유무를 판단하여야 할 것인바**, 양심적 병역거부자의 양심상의 결정이 적법행위로 나아갈 동기의 형성을 강하게 압박할 것이라고 보이기는 하지만 그렇다고 하여 그가 적법행위로 나아가는 것이 실제로 전혀 불가능하다고 할 수는 없다고 할 것인바, 법규범은 개인으로 하여금 자기의 양심의 실현이「헌법」에 합치하는 법률에 반하는 매우 드문 경우에는 뒤로 물러나야 한다는 것을 원칙적으로 요구하기 때문이다(대판 2004.7.15. 2004도2965 전원합의체).

㉡ (○) 대공수사단 직원은 상관의 명령에 **절대복종하여야 한다는** 불문율이 있다는 것만으로는 고문치사와 같이 중대하고도 명백한 위법명령에 따른 행위가 **정당한 행위에 해당하거나 강요된 행위로서 적법행위에 대한 기대가능성이 없는 경우에 해당하게 되는 것이라고는 볼 수 없다**(대판 1988.2.23. 87도2358).

㉢ (○)「형법」제12조 소정의 저항할 수 없는 폭력은, 심리적인 의미에 있어서 육체적으로 어떤 행위를 절대적으로 하지 아니할 수 없게 하는 경우와 윤리적 의미에 있어서 강압된 경우를 말하고, 협박이란 자기 또는 친족의 생명, 신체에 대한 위해를 달리 막을 방법이 없는 협박을 말하며, **강요라 함은 피강요자의 자유스런 의사결정을 하지 못하게 하면서 특정한 행위를 하게 하는 것을 말한다**(대판 1983.12.13. 83도2276).

㉣ (×)「형법」제12조에서 말하는 **강요된 행위**는 저항할 수 없는 폭력이나 생명·신체에 위해를 가하겠다는 협박 등 다른 사람의 **강요행위에 의하여 이루어진 행위**를 의미하는 것이지 어떤 사람의 성장교육과정을 통하여 형성된 내재적인 관념 내지 확신으로 인하여 행위자 스스로의 의사결정이 사실상 강제되는 결과를 낳게 하는 경우까지 의미한다고 볼 수 없다(대판 1990.3.27. 89도1670).

㉤ (○) 반국가단체의 지배 하에 있는 북한지역으로 탈출하는 자는 특별한 사정이 없는 한 북한집단구성원과의 회합이 있을 것이라는 사실을 예측할 수 있고 자의로 북한에 탈출한 이상 그 구성원과의 회합은 **예측하였던 행위이므로 강요된 행위라고 인정될 수 없다**(대판 1973.1.30. 72도2585).

㉥ (×) 직장의 상사가 범법행위를 하는 데 가담한 부하가 직무상 지휘·복종관계에 있다 하여 범법행위에 가담하지 않을 기대가능성이 없다고 할 수는 없는 것이다(대판 2005.7.29. 2004도5685).

11 ② 함정문제

| 형법총론 > 책임론 > 법률의 착오 | 오답률 13.3% |

┌ 출제자의 함정의도 ┐
위법성조각사유의 전제사실의 착오에 관한 각 학설의 결론, 특히 법효과제한적 책임설의 결론인 책임고의를 구성요건적 고의와 잘 구분하는지를 확인하고자 하였다.

사안에서 (1) 甲이 乙의 주거에 침입한 것은 긴급피난에 해당하여 위법성이 조각되어 무죄가 된다. (2) 乙이 甲을 폭행한 것은 정당방위상황이 존재하는 것으로 오인하고 방위의사를 가지고 甲을 폭행한 경우로서, 甲의 오인은 오상방위 즉 위법성조각사유의 전제사실의 착오의 일종에 해당한다.

① (×) 엄격책임설에 따르면 乙의 착오는 위법성의 착오에 해당한다. 따라서 乙이 오인한 점에 대하여 정당한 이유가 인정되므로 폭행에 대하여 책임이 조각되어 폭행죄가 인정될 수 없다.

② (○) 제한책임설(유추적용설)에 따르면 乙의 착오에 대하여 구성요건적 착오 규정을 유추적용한다. 따라서 乙은 폭행의 구성요건적 고의가 배제되어 폭행죄가 성립할 수 없으며 무죄이다.

③ (×) 법효과 제한적 책임설에 따르면 乙의 행위는 폭행의 구성요건적 고의가 인정되나 심정반가치로서 책임고의가 인정되지 않는다. 따라서 폭행죄의 죄책을 지지 아니한다.

④ (×) 甲의 주거침입행위는 청구권 보전과 전혀 무관한 행위이므로 자구행위가 성립할 수 없다. 다만 긴급피난에 해당하여 무죄이다.

✓ 개념 체크 위법성조각사유 전제사실에 대한 착오 비교

학설	착오의 성격	효과	공범 성립
고의설	사실의 착오	책임요소인 고의 조각 → 과실범	간접정범
소극적 구성요건 표지이론	구성요건적 착오	불법고의 조각 → 과실범	간접정범
엄격책임설	금지의 착오	고의인정 → 법률의 착오(고의범)	간접정범/공범
제한적 책임설	제3의 착오	불법고의조각 → 과실범	간접정범/공범
법효과 제한적 책임설	제3의 착오	책임고의 조각 → 과실범	간접정범/공범
판례	• 위법성 조각설 그 오인에 정당한 이유가 있으면 위법성이 없다. ㉽ 당번병 중대장 처 마중사건/보초교대 분쟁 등 뒤 총구사건(배희철량 사건) → [유사판례] 총학생회장 변사체 발견사건: 진실로 믿고 신문에 게재		

12 ③

형법총론 > 죄수론 > 포괄일죄   오답률 50.9%

㉠ (×) 피고인이 보이스피싱 사기 범죄단체에 가입한 후 사기범죄의 피해자들로부터 돈을 편취하는 등 그 구성원으로서 활동하였다는 내용의 공소사실이 유죄로 인정된 사안에서, 범죄단체 가입행위 또는 범죄단체 구성원으로서 활동하는 행위와 사기행위는 각각 별개의 범죄구성요건을 충족하는 독립된 행위이고 서로 보호법익도 달라 법조경합 관계로 목적된 범죄인 사기죄만 성립하는 것은 아니다(대판 2017.10.26. 2017도8600).

㉡ (○) 이들은 모두 동일한 죄명에 해당하고 동일한 장소에서 동일한 게임물을 이용하여 게임장을 운영하는 과정에서 동일한 방법으로 상품권을 지급한 것인데다가 시간적으로도 근접하여 이루어졌으므로, 모두 단일하고 계속된 범의 하에 연속적으로 이루어진 것으로 볼 것이다(대판 2007.1.11. 2006도6620).

㉢ (○) 행정소송사건의 같은 심급에서 변론기일을 달리하여 수차 증인으로 나가 수 개의 허위진술을 하더라도 최초한 선서의 효력을 유지시킨 후 증언한 이상 1개의 위증죄를 구성함에 그친다(대판 2005.3.25. 2005도60).

㉣ (○) 제2차 사고를 낸 후 음주측정을 받아 「도로교통법」 위반(음주운전)죄로 약식명령을 받아 확정되었는데, 그 후 제1차 사고 당시의 음주운전으로 기소된 사안에서 위 공소사실이 약식명령이 확정된 「도로교통법」 위반(음주운전)죄와 포괄일죄 관계에 있다(대판 2007.7.26. 2007도4404).

13 ④

형법총론 > 형벌론 > 집행유예   오답률 33.3%

① (○) 하나의 자유형 중 일부에 대해서는 실형을, 나머지에 대해서는 집행유예를 선고하는 것은 허용되지 않는다(대판 2007.2.22. 2006도8555).

② (○) 포괄일죄의 일부 범행이 누범기간 내에 이루어진 이상 나머지 범행이 누범기간 경과 후에 이루어졌더라도 그 범행 전부가 누범에 해당한다고 보아야 한다(대판 2012.3.29. 2011도14135).

③ (○) 「형법」 제35조 소정의 누범이 되려면 금고 이상의 형을 받아 그 집행을 종료하거나 면제를 받은 후 3년 내에 다시 금고 이상에 해당하는 죄를 범하여야 하는바, 이 경우 다시 금고 이상에 해당하는 죄를 범하였는지 여부는 그 범죄의 실행행위를 하였는지 여부를 기준으로 결정하여야 하므로 3년의 기간 내에 실행의 착수가 있으면 족하고, 그 기간 내에 기수에까지 이르러야 되는 것은 아니다(대판 2006.4.7. 2005도9858 전원합의체).

④ (×) 「형법」 제41조, 「사면법」 제5조 제1항 제2호, 제7조 등의 규정의 내용 및 취지에 비추어 보면, 여러 개의 형이 병과된 사람에 대하여 그 병과형 중 일부의 집행을 면제하거나 그에 대한 형의 선고의 효력을 상실케 하는 특별사면이 있은 경우, 그 특별사면의 효력이 병과된 나머지 형에까지 미치는 것은 아니므로 징역형의 집행유예와 벌금형이 병과된 신청인에 대하여 징역형의 집행유예의 효력을 상실케 하는 내용의 특별사면이 그 벌금형의 선고의 효력까지 상실케 하는 것은 아니다(대결 1997. 10.13. 자 96모33).

14 ②

형법총론 > 형벌론 > 몰수·추징   오답률 46.7%

① (○) 「밀항단속법」 제4조 제3항의 취지와 위 법의 입법 목적에 비추어 보면, 「밀항단속법」상의 몰수와 추징은 일반 형사법과 달리 범죄사실에 대한 징벌적 제재의 성격을 띠고 있으므로, 여러 사람이 공모하여 죄를 범하고도 몰수대상인 수수 또는 약속한 보수를 몰수할 수 없을 때에는 공범자 전원에 대하여 그 보수액 전부의 추징을 명하여야 한다(대판 2008. 10.9. 2008도7034).

② (×) 대학교수가 예정되어 있던 취지에 따라 학위취득자들로부터 송금받은 금원 중 일정 금원을 실험대행자에게 교부하고, 실험대행자가 이를 독자적인 판단에 따라 실험비용 등에 사용한 경우, 실험대행자에게 교부된 금원은 실질적으로 실험대행자에게 귀속하고 실험비용 등으로의 지출은 그 금원을 소비하는 방법의 하나에 지나지 않으므로 실험대행자가 수령한 금원의 가액 전부를 위 대학교수가 아닌 실험대행자로부터 추징해야 할 것이다(대판 2008.3.13. 2006도3615).

③ (○) 부동산의 소유권을 이전받을 것을 내용으로 하는 계약(1차 계약)을 체결한 자가 그 부동산에 대하여 다시 제3자와 소유권이전을 내용으로 하는 계약(전매계약)을 체결한 것이 「부동산등기 특별조치법」 제8조 제1호 위반행위에 해당하는 경우, 전매계약에 의하여 제3자로부터 받은 대금은 위 조항의 처벌대상인 '1차 계약에 따른 소유권이전등기를 하지 않은 행위'로 취득한 것이 아니므로 「형법」 제48조에 의한 몰수나 추징의 대상이 될 수 없다(대판 2007.12.14. 2007도7353).

④ (○) 체포될 당시에 미처 송금하지 못하고 소지하고 있던 자기앞수표나 현금은 장차 실행하려고 한 「외국환거래법」 위반의 범행에 제공하려는

물건일 뿐, 그 이전에 범해진 「외국환거래법」 위반의 '범죄행위에 제공하려고 한 물건'으로는 볼 수 없으므로 몰수할 수 없다(대판 2008.2.14. 2007도10034).

15 ④

① (×) 베트남 국적 여성인 피고인이 남편의 의사에 반하여 생후 약 13개월 된 아들을 주거지에서 데리고 나와 베트남에 함께 입국한 경우, 피고인이 아들을 데리고 베트남으로 떠난 행위는 어떠한 실력을 행사하여 아들을 평온하던 종전의 보호·양육 상태로부터 이탈시킨 것이라기보다 친권자인 모(母)로서 출생 이후 줄곧 맡아왔던 아들에 대한 보호·양육을 계속 유지한 행위에 해당하여, 이를 폭행, 협박 또는 불법적인 사실상의 힘을 사용하여 아들을 자기 또는 제3자의 지배하에 옮긴 약취 행위로 볼 수는 없으므로 국외이송약취죄나 피약취자국외이송죄는 성립하지 아니한다(대판 2013.6.20. 2010도14328 전원합의체).

② (×) 「형법」 제288조(간음목적약취유인죄)에 규정된 약취행위는 피해자를 그 의사에 반하여 자유로운 생활관계 또는 보호관계로부터 범인이나 제3자의 사실상 지배하에 옮기는 행위를 말하는 것으로서, 폭행 또는 협박을 수단으로 사용하는 경우에 그 폭행 또는 협박의 정도는 상대방을 실력적 지배하에 둘 수 있을 정도이면 족하고 반드시 상대방의 반항을 억압할 정도의 것임을 요하지는 아니하고, 뿐만 아니라 약취에는 폭행 또는 협박 이외의 사실상의 힘에 의한 경우도 포함된다(대판 2009.7.9. 2009도3816).

③ (×) 영리목적 약취죄는 상습범에 대한 범죄에 대하여 가중처벌 규정을 두고 있지 않다.

④ (○) 「형법」 제295조의2

✔ 개념 체크 약취·유인 및 인신매매의 구성요건체계

구성요건체계	기본범죄	미성년자 약취유인/인신매매
	가중적 구성요건	추행간음결혼영리 목적 약취유인/매매 노동력착취 성매매 성적착취 장기적출 목적 약취유인/매매 국외이송목적약취유인/매매 • 약취유인에서 각 목적은 미성년 객체시 가중요건 /성인객체시 독립적 구성요건 • 결혼목적 약취유인 감경요건에서 가중요건으로
	결과적가중범	피약취자 유인 매매 이송자 치상죄/치사죄
	독립적 구성요건	피약취자 유인 매매 이송자 은닉 수수죄/모집운송전달죄
미수범		본장의 모집운송전달죄를 제외한 모든 종류의 미수와 예비를 처벌함
상습범		상습범처벌규정 삭제
적용범위		세계주의 명문 규정 제296조의2(미수/기수의 경우)
보호법익		미성년자의 자유+부모의 보호감독권

16 ③

① (×) 甲은 강제경매 절차에서 피고인 소유이던 토지 및 그 지상 건물을 매수한 후 법원으로부터 인도명령을 받아 인도집행을 하였는데, 피고인

이 인도집행 전에 건물 외벽에 설치된 전기코드에 선을 연결하여 피고인이 점유하며 창고로 사용 중인 컨테이너로 전기를 공급받아 사용하였다고 하여 절도로 기소된 사안에서, 피고인에게 절도의 범의도 인정할 수 없다(대판 2016.12.15. 2016도15492).

② (×) 「형법」은 제329조에서 절도죄를 규정하고 곧바로 제330조에서 야간주거침입절도죄를 규정하고 있을 뿐, 야간절도죄에 관하여는 처벌규정을 별도로 두고 있지 아니하다. 이러한 「형법」 제330조의 규정형식과 그 구성요건의 문언에 비추어 보면, 「형법」은 야간에 이루어지는 주거침입행위의 위험성에 주목하여 그러한 행위를 수반한 절도를 야간주거침입절도죄로 중하게 처벌하고 있는 것으로 보아야 하고, 따라서 주거침입이 주간에 이루어진 경우에는 야간주거침입절도죄가 성립하지 않는다고 해석하는 것이 타당하다(대판 2011.4.14. 2011도300,2011감도5).

③ (○) 절도범인이 처음에는 흉기를 휴대하지 아니하였으나, 체포를 면탈할 목적으로 폭행 또는 협박을 가할 때에 비로소 흉기를 휴대 사용하게 된 경우에는 「형법」 제334조의 예에 의한 준강도(특수강도의 준강도)가 된다(대판 1973.11.13. 73도1553 전원합의체).

④ (×) 피고인들이 폭행·협박으로 피해자로 하여금 매출전표에 서명을 하게 한 다음 이를 교부받아 소지함으로써 이미 외관상 각 매출전표를 제출하여 신용카드회사들로부터 그 금액을 지급받을 수 있는 상태가 되었는바, 피해자가 각 매출전표에 허위 서명한 탓으로 피고인들이 신용카드회사들에게 각 매출전표를 제출하여도 신용카드회사들이 신용카드 가맹점 규약 또는 약관의 규정을 들어 그 금액의 지급을 거절할 가능성이 있다 하더라도, 그로 인하여 피고인들이 각 매출전표 상의 금액을 지급받을 가능성이 완전히 없어져 버린 것이 아니고 외견상 여전히 그 금액을 지급받을 가능성이 있는 상태이므로, 결국 피고인들이 '재산상 이익'을 취득하였다고 볼 수 있다(대판 1997.2.25. 96도3411).

17 ①

① (○) 대판 2020.9.24. 2017도19283

② (×) 피고인이 피해자 게임회사들이 제작한 모바일게임의 이용자들의 게임머니나 능력치를 높게 할 수 있는 변조된 게임프로그램을 해외 인터넷 사이트에서 다운로드받은 다음, 위와 같은 게임프로그램을 제공한다는 것을 나타내는 문구가 게임프로그램 실행 시 화면에 나올 수 있도록 게임프로그램을 변조한 후 자신이 직접 개설한 모바일 어플리케이션 공유사이트 게시판에 위와 같이 변조한 게임프로그램들을 게시·유포하였다는 사실만으로는 위계에 의한 업무방해죄가 성립하지 않는다(대판 2017.2.21. 2016도15144).

③ (×) 컴퓨터 등 정보처리장치에 정보를 입력하는 등의 행위가 그 입력된 정보 등을 바탕으로 업무를 담당하는 사람의 오인, 착각 또는 부지를 일으킬 목적으로 행해진 경우에는 그 행위가 업무를 담당하는 사람을 직접적인 대상으로 이루어진 것이 아니라고 하여 위계가 아니라고 할 수는 없다(대판 2013.11.28. 2013도5117).

④ (×) 인터넷 자유게시판 등에 실제의 객관적인 사실을 게시하는 행위는, 설령 그로 인하여 피해자의 업무가 방해된다고 하더라도, 위 법조항 소정의 '위계'에 해당하지 않는다(대판 2007.6.29. 2006도3839).

18 ④

① (○) 피기망자가 행위자의 기망행위로 인하여 착오에 빠진 결과 내심의 의사와 다른 효과를 발생시키는 내용의 처분문서에 서명 또는 날인함으로써 처분문서의 내용에 따른 재산상 손해가 초래되었다면 그와 같은

처분문서에 서명 또는 날인을 한 피기망자의 행위는 사기죄에서 말하는 **처분행위**에 해당한다. 아울러 비록 피기망자가 처분결과, 즉 문서의 구체적 내용과 법적 효과를 미처 인식하지 못하였더라도, 어떤 문서에 스스로 서명 또는 날인함으로써 처분문서에 서명 또는 날인하는 행위에 관한 인식이 있었던 이상 피기망자의 처분의사 역시 인정된다(대판 2017.2.16. 2016도13362 전원합의체).

② (○) [1] 사기죄가 성립하기 위해서는 기망행위와 상대방의 착오 및 재물의 교부 또는 재산상의 이익의 공여와의 사이에 순차적인 인과관계가 있어야 하지만, **착오에 빠진 원인 중에 피기망자 측에 과실이 있는 경우에도 사기죄가 성립한다.** [2] 대출이 새마을금고의 재무상태 등에 대한 실사를 거쳐 실행됨으로써 새마을금고가 위 대출이 가능하다는 착오에 빠지는 원인 중에 새마을금고 측의 과실이 있더라도 사기죄의 성립이 인정된다(대판 2009.6.23. 2008도1697).

③ (○) 재물에 대한 사기죄에 있어서 처분행위란, 범인의 기망에 따라 피해자가 착오로 재물에 대한 사실상의 지배를 범인에게 이전하는 것을 의미하므로, 외관상 재물의 교부에 해당하는 행위가 있었다고 하더라도, 재물이 범인의 사실상의 지배 아래에 들어가 그의 자유로운 처분이 가능한 상태에 놓이지 않고 **여전히 피해자의 지배 아래에 있는 것으로 평가된다면, 그 재물에 대한 처분행위가 있었다고 볼 수 없다**(대판 2018.8. 1. 2018도7030).

④ (×) 「민법」 제746조의 불법원인급여에 해당하여 급여자가 수익자에 대한 반환청구권을 행사할 수 없다고 하더라도, 수익자가 기망을 통하여 급여자로 하여금 불법원인급여에 해당하는 재물을 제공하도록 하였다면 **사기죄가 성립한다**(대판 2006.11.23. 2006도6795).

19 ②

형법각론 > 개인적 법익 > 재산에 관한 죄 　　오답률 41.7%

㉠ (○) 피고인이 피해자에게 담보로 제공한 차량이 그 자동차등록원부에 **타인 명의로 등록되어 있는 이상 그 차량은 피고인의 소유는 아니므로,** 피고인이 피해자의 승낙 없이 미리 소지하고 있던 위 차량의 보조키를 이용하여 이를 운전하여 간 행위가 **권리행사방해죄를 구성하지 않는다**(대판 2005.11.10. 2005도6604).

㉡ (○) [1] 「형법」 제323조의 권리행사방해죄는 타인의 점유 또는 권리의 목적이 된 자기의 물건 또는 전자기록 등 특수매체기록을 취거, 은닉 또는 손괴하여 타인의 권리행사를 방해함으로써 성립한다. 여기서 '은닉'이란 타인의 점유 또는 권리의 목적이 된 자기 물건 등의 소재를 발견하기 불가능하게 하거나 또는 현저히 곤란한 상태에 두는 것을 말하고, 그로 인하여 **권리행사가 방해될 우려가 있는 상태**에 이르면 **권리행사방해죄가 성립하고** 현실로 권리행사가 방해되었을 것까지 필요로 하는 것은 아니다. [2] 피고인이 차량을 구입하면서 피해자로부터 차량 매수대금을 차용하고 담보로 차량에 피해자 명의의 저당권을 설정해 주었는데, 그 후 대부업자로부터 돈을 차용하면서 차량을 대부업자에게 담보로 제공하여 이른바 '대포차'로 유통되게 한 사안에서, 피고인이 피해자의 권리의 목적이 된 피고인의 물건을 은닉하여 권리행사를 방해하였다고 본 원심판단이 정당하다고 한 사례(대판 2016.11.10. 2016도13734).

㉢ (×) 동시이행항변권의 법리는 **경매절차가 무효로 된 경우에도 적용되는** 것이므로, 무효인 경매절차에서 경매목적물을 경락받아 이를 점유하고 있는 **낙찰자의 점유는 적법한 점유로서** 그 점유자는 권리행사방해죄에 있어서의 타인의 물건을 점유하고 있는 자라고 할 것이다(대판 2003.11. 28. 2003도4257).

㉣ (×) [1] 「부동산 실권리자명의 등기에 관한 법률」 제8조는 배우자 명의로 부동산에 관한 물권을 등기한 경우에 조세포탈, 강제집행의 면탈 또는 법령상 제한의 회피를 목적으로 하지 아니한 때에는 제4조 내지 제7조 및 제12조 제1항, 제2항의 규정을 적용하지 아니한다고 규정하고 있는바, 만일 명의신탁자가 그러한 목적으로 명의신탁을 함으로써 명의신탁이 무효로 되는 경우에는 말할 것도 없고, 그러한 목적이 없어서 유효

한 명의신탁이 되는 경우에도 제3자인 부동산의 임차인에 대한 관계에서는 명의신탁자는 소유자가 될 수 없으므로, 어느 모로 보나 신탁한 부동산이 권리행사방해죄에서 말하는 '자기의 물건'이라 할 수 없다. [2] 피고인이 이른바 중간생략등기형 명의신탁 또는 계약명의신탁의 방식으로 자신의 처에게 등기명의를 신탁하여 놓은 점포에 자물쇠를 채워 점포의 임차인을 출입하지 못하게 한 경우, 그 점포가 권리행사방해죄의 객체인 자기의 물건에 해당하지 않는다고 한 사례(대판 2005.9.9. 2005도626).

㉤ (○) 「형법」 제323조 소정의 권리행사방해에 있어서의 취거라 함은 타인의 점유 또는 권리의 목적이 된 자기의 물건을 그 점유자의 의사에 반하여 그 점유자의 점유로부터 자기 또는 제3자의 점유로 옮기는 것을 말하므로 **점유자의 의사나 그의 하자 있는 의사에 기하여 점유가 이전된 경우에는 여기에서 말하는 취거로 볼 수는 없다**(대판 1988.2.23. 87도 1952).

20 ② 최신판례　　　　　　　　　　　　　　　TOP3

형법각론 > 개인적 법익 > 신용과 업무에 관한 죄 　　오답률 69.7%

① (○) 甲 상호저축은행 경영진인 피고인이 甲 저축은행의 영업정지가 임박한 상황에서 甲 저축은행에 파견되어 있던 금융감독원 감독관에게 알리지 아니한 채 영업마감 후에 특정 고액 예금채권자들에게 영업정지 예정사실을 알려주어 예금을 인출하도록 함으로써 파견감독관의 상시감독업무 방해내용으로 기소된 사안에서, 피고인이 영업정지 예정사실 통지에 관한 파견감독관 부지를 이용하여 예금채권자들로 하여금 예금을 인출하도록 한 것이 **업무방해죄의 위계에 해당한다**(대판 2013.1.24. 2012도10629). → 저축은행에 대하여는 업무상배임죄를 인정

② (×) 위력에 의한 업무방해죄에 해당하기 위해서는 상대방에 업무에 대하여 권한 없는 자가 위력을 행사하여야 하는바 **업무상 지위의 정당한 권한 있는 자는 이에 해당하지 아니한다**(대판 2013.2.28. 2011도16718).

③ (○) 임대인이 임차인의 물건을 임의로 철거·폐기할 수 있다는 임대차계약 조항에 따라 임대인 피고인이 간판업자를 동원하여 임차인인 피해자가 영업 중인 식당 점포의 간판을 철거하고 출입문을 봉쇄하는 등의 행위는 **위력을 사용하여 피해자의 업무를 방해한 행위에 해당한다**(대판 2005.3.10. 2004도341).

④ (○) 어떤 행위의 결과 상대방의 업무에 지장이 초래되었다 하더라도 행위자가 가지는 **정당한 권한을 행사한 것으로 볼 수 있는 경우에는,** 그 행위의 내용이나 수단 등이 사회통념상 허용될 수 없는 등 특별한 사정이 없는 한 업무방해죄를 구성하는 위력을 행사한 것이라고 할 수 없다. 따라서 제3자로 하여금 상대방에게 어떤 조치를 취하게 하는 등으로 상대방의 업무에 곤란을 야기하거나 그러한 위험이 초래되게 하였더라도, 행위자가 그 제3자의 의사결정에 관여할 수 있는 권한을 가지고 있거나 그에 대하여 업무상의 지시를 할 수 있는 지위에 있는 경우에는 특별한 사정이 없는 한 업무방해죄를 구성하지 아니한다(대판 2021.7.8. 2021도 3805).

21 ④

형법각론 > 개인적 법익 > 성적 자유에 관한 죄 　　오답률 6.7%

① (○) 강간죄가 성립하려면 가해자의 폭행·협박은 피해자의 항거를 불가능하게 하거나 현저히 곤란하게 할 정도의 것이어야 한다. 폭행·협박이 피해자의 항거를 불가능하게 하거나 현저히 곤란하게 할 정도의 것이었는지 여부는 폭행·협박의 내용과 정도는 물론, 유형력을 행사하게 된 경위, 피해자와의 관계, 성교 당시와 그 후의 정황 등 모든 사정을 종합하여 판단하여야 한다. 또한 강간죄에서의 폭행·협박과 간음 사이에는 **인과관계가 있어야 하나,** 폭행·협박이 반드시 간음행위보다 **선행되어야 하는 것은 아니다**(대판 2017.10.12. 2016도16948).

② (○) 피고인이 피해자를 폭행하여 비골 골절 등의 상해를 가한 다음 강제추행한 경우, 피고인의 위 폭행을 강제추행의 수단으로서의 폭행으로 볼 수 없어, 위 상해와 강제추행 사이에 인과관계가 인정되지 않으므로 「폭력행위 등 처벌에 관한 법률」 위반죄로 처벌한 상해를 다시 결과적 가중범인 강제추행치상죄의 상해로 인정할 수 없다(대판 2009.7.23. 2009도1934).

③ (○) 「형법」 제305조의 미성년자의제강제추행죄는 '13세 미만의 아동이 외부로부터의 부적절한 성적 자극이나 물리력의 행사가 없는 상태에서 심리적 장애 없이 성적 정체성 및 가치관을 형성할 권익'을 보호법익으로 하는 것으로서, 그 성립에 필요한 주관적 구성요건요소는 고의만으로 충분하고, 그 외에 성욕을 자극·흥분·만족시키려는 주관적 동기나 목적까지 있어야 하는 것은 아니다. 따라서 초등학교 4학년 담임교사(남자)가 교실에서 자신이 담당하는 반의 남학생의 성기를 만진 행위는 미성년자의제강제추행죄에서 말하는 '추행'에 해당한다(대판 2006.1.13. 2005도6791).

④ (×) 아동·청소년의 성을 사는 행위를 알선하는 행위를 업으로 하여 「청소년성보호법」 제15조 제1항 제2호의 위반죄가 성립하기 위해서는 알선행위를 업으로 하는 사람이 아동·청소년을 알선의 대상으로 삼아 그 성을 사는 행위를 알선한다는 것을 인식하여야 하지만, 이에 더하여 알선행위로 아동·청소년의 성을 사는 행위를 한 사람이 행위의 상대방이 아동·청소년임을 인식하여야 한다고 볼 수는 없다(대판 2016.2.18. 2015도15664).

22 ④

형법각론 > 개인적 법익 > 재산에 관한 죄　　오답률 6.7%

① (○) 대판 2012.4.26. 2010도11771

② (○) 대판 2013.2.28. 2012도15303

③ (○) 대판 1999.2.26. 98도3321

④ (×) 절도범이 체포를 면탈할 목적으로 체포하려는 여러 명의 피해자에게 같은 기회에 폭행을 가하여 그 중 1인에게만 상해를 가하였다면 이러한 행위는 포괄하여 하나의 강도상해죄만 성립한다(대판 2001.8.21. 2001도3447).

23 ② [함정문제]

형법각론 > 사회적 법익 > 공공신용에 관한 죄　　오답률 44.4%

― 출제자의 함정의도 ―
문서죄의 성립이 아닌 죄명을 물어 오답을 유도하였다.

㉠ (○) 공증사무 취급이 인가된 합동법률사무소 명의로 작성된 공증에 관한 문서는 「형법」상 공정증서 기타 공문서에 해당한다(대판 1977.8.23. 74도2715 전원합의체).

㉡ (×) 어느 문서의 작성권한을 갖는 공무원이 그 문서의 기재 사항을 인식하고 그 문서를 작성할 의사로써 이에 서명날인하였다면, 설령 그 서명날인이 타인의기망으로 착오에 빠진 결과 그 문서의 기재사항이 진실에 반함을 알지 못한데 기인한다고 하여도, 그 문서의 성립은 진정하며 여기에 하등 작성명의를 모용한 사실이 있다고 할 수는 없으므로, 공무원 아닌 자가 관공서에 허위 내용의 증명원을 제출하여 그 내용이 허위인 정을 모르는 담당공무원으로부터 그 증명원 내용과 같은 증명서를 발급받은 경우 공문서위조죄의 간접정범으로 의율할 수는 없다(대판 2001.3.9. 2000도938).

㉢ (×) 주식회사의 지배인이 자신을 그 회사의 대표이사로 표시하여 연대보증채무를 부담하는 취지의 회사 명의의 차용증을 작성·교부한 경우, 그 문서에 일부 허위 내용이 포함되거나 위 연대보증행위가 회사의 이익에 반하는 것이더라도 사문서위조 및 위조사문서행사에 해당하지 않는다(대판 2010.5.13. 2010도1040).

㉣ (×) 사용권한자와 용도가 특정되어 있는 공문서를 사용권한 없는 자가 사용한 경우에도 그 공문서 본래의 용도에 따른 사용이 아닌 경우에는 「형법」 제230조의 공문서부정행사죄가 성립되지 않는다. 피고인이 기왕에 습득한 타인의 주민등록증을 피고인 가족의 것이라고 제시하면서 그 주민등록상의 명의 또는 가명으로 이동전화가입신청을 한 경우, 타인의 주민등록증을 본래의 사용용도인 신분확인용으로 사용한 것이라고 볼 수 없어 공문서부정행사죄가 성립하지 않는다(대판 2003.2.26. 2002도4935).

㉤ (×) 공무원이 여러 차례의 출장반복의 번거로움을 회피하고 민원사무를 신속히 처리한다는 방침에 따라 사전에 출장조사한 다음 출장조사내용이 변동없다는 확신하에 출장복명서를 작성하고 다만 그 출장일자를 작성일자로 기재한 것이라면 허위공문서작성의 범의가 있다고 볼 수 없다(대판 2001.1.5. 99도4101).

㉥ (○) 대판 2000.9.5. 2000도2855

24 ① [함정문제]　　TOP 2

형법각론 > 사회적 법익 > 문서에 관한 죄　　오답률 73.3%

― 출제자의 함정의도 ―
범죄단체와 범죄집단의 개념을 오인케 하여 오답을 유도하였다.

① (×) 다수인이 사기범행을 수행한다는 공동목적 아래 구성원들이 대표, 팀장, 출동조, 전화상담원 등 정해진 역할분담에 따라 행동함으로써 사기범행을 반복적으로 실행하는 체계를 갖춘 결합체, 즉 「형법」 제114조의 '범죄를 목적으로 하는 집단'에 해당한다(대판 2020.8.20. 2019도16263). 최소한의 통솔체계가 없어 범죄단체에는 해당하지 않는다.

② (○) A회사의 대표이사 甲이 B회사의 대표이사 乙로부터 포괄적 위임을 받아 두 회사의 대표이사 업무를 처리하면서 두 회사 명의로 허위 내용의 영수증과 세금계산서를 작성한 경우, B회사 명의 부분은 乙의 개별적·구체적 위임 또는 승낙 없는 행위로서 사문서위조 및 위조사문서행사죄가 성립하지만, A회사 명의 부분은 이미 퇴직한 종전의 대표이사를 승낙 없이 대표이사로 표시하였더라도 이에 해당하지 않는다(대판 2008.11.27. 2006도2016).

③ (○) 어떤 선박이 사고를 낸 것처럼 허위로 사고신고를 하면서 그 선박의 선박국적증서와 선박검사증서를 함께 제출하였다고 하더라도, 선박국적증서와 선박검사증서는 위 선박의 국적과 항행할 수 있는 자격을 증명하기 위한 용도로 사용된 것일 뿐 그 본래의 용도를 벗어나 행사된 것으로 보기는 어려우므로, 이와 같은 행위는 공문서부정행사죄에 해당하지 않는다(대판 2009.2.26. 2008도10851).

④ (○) 법무사가 위임인이 문서명의자로부터 문서작성권한을 위임받지 않음을 알면서도 「법무사법」 제25조에 따른 확인절차를 거치지 아니하고 권리의무에 중대한 영향을 미칠 수 있는 문서를 작성한 경우, 사문서위조 및 동행사죄의 고의를 인정할 수 있다(대판 2008.4.10. 2007도9987).

25 ④ 함정문제

형법각론 > 사회적 법익 > 문서에 관한 죄　　　　오답률 52.4%

> **출제자의 함정의도**
> 문서죄가 유무죄 여부가 아닌, 문서죄의 종류에 대한 구별 여부를 판단하고자 하였다.

① (○) 수탁자가 신탁받은 채권을 자신이 신탁자로부터 증여받았을 뿐 명의신탁된 것이 아니라고 주장하는 상황에서, 신탁자의 상속인이 수탁자의 동의를 받지 아니하고 그 명의의 채권이전등록청구서를 작성·행사한 행위는 사문서위조 및 위조사문서행사죄에 해당한다(대판 2007.3.29. 2006도9425).

② (○) 대판 1984.9.11. 84도368

③ (○) 대판 2008.1.17. 2007도6987

④ (×) 甲은 위 양도양수서 중 백지로 되어 있는 부분에 위와 같은 내용을 기재할 수 있는 권한을 위임받은 바 없으면서 작성명의인인 丙의 의사에 반하여 동인명의 사문서를 작성하였다고 할 것이므로 甲의 위 행위는 사문서위조죄에 해당한다(대판 1992.12.22. 92도2047).

26 ④

형법각론 > 국가적 법익 > 직무에 관한 죄　　　　오답률 40%

① (×) 범죄 피해 신고를 받고 출동한 두 명의 경찰관에게 욕설을 하면서 차례로 폭행을 하여 신고 처리 및 수사 업무에 관한 정당한 직무집행을 방해한 경우, 동일한 장소에서 동일한 기회에 이루어진 폭행 행위는 사회관념상 1개의 행위로 평가하는 것이 상당하므로 위 공무집행방해죄는 「형법」 제40조에 정한 상상적 경합의 관계에 있다(대판 2009.6.25. 2009도3505).

② (×) 신고 후 개최된 집회의 실제 내용도 신고 내용과 동일성이 없다거나 신고한 목적, 일시, 장소, 방법 등의 범위를 뚜렷이 벗어난 것이라고 보기 어려워, 위 집회를 집시법에서 정한 신고절차를 위반하여 개최된 옥외집회 또는 시위에 해당한다고 단정할 수 없어 공무집행방해죄가 성립하지 않는다(대판 2011.6.9. 2009도591).

③ (×) 민주사회에서 공무원의 직무수행에 대한 시민들의 건전한 비판과 감시는 가능한 한 널리 허용되어야 한다는 점에서 볼 때, 공무원의 직무수행에 대한 비판이나 시정 등을 요구하는 집회·시위 과정에서 일시적으로 상당한 소음이 발생하였다는 사정만으로는 이를 공무집행방해죄에서의 음향으로 인한 폭행이 있었다고 할 수는 없다. 그러나 의사전달수단으로서 합리적 범위를 넘어서 상대방에게 고통을 줄 의도로 음향을 이용하였다면 이를 폭행으로 인정할 수 있을 것이다(대판 2009.10.29. 2007도3584).

④ (○) 피고인이 인신구속에 관한 직무를 집행하는 사법경찰관으로서 체포 당시 상황을 고려하여 경험칙에 비추어 현저하게 합리성을 잃지 않은 채 판단하면 체포 요건이 충족되지 아니함을 충분히 알 수 있었는데도, 자신의 재량 범위를 벗어난다는 사실을 인식하고 그와 같은 결과를 용인한 채 사람을 체포하여 권리행사를 방해하였다면, 직권남용체포죄와 직권남용권리행사방해죄가 성립한다(대판 2017.3.9. 2013도16162).

27 ②

형법각론 > 국가적 법익 > 사법기능에 관한 죄　　　　오답률 33.3%

① (○) 무고죄는 타인으로 하여금 형사처분 등을 받게 할 목적으로 신고한 사실이 객관적 진실에 반하는 허위사실인 경우에 성립되는 범죄로서, 신

고자가 그 신고내용을 허위라고 믿었다 하더라도 그것이 객관적으로 진실한 사실에 부합할 때에는 허위사실의 신고에 해당하지 않아 무고죄는 성립하지 않는 것이며, 한편 위 신고한 사실의 허위 여부는 그 범죄의 구성요건과 관련하여 신고사실의 핵심 또는 중요내용이 허위인가에 따라 판단하여 무고죄의 성립 여부를 가려야 한다(대판 1991.10.11. 91도1950).

② (×) 증인이 법정에서 선서 후 증인진술서에 기재된 구체적인 내용에 관하여 진술함이 없이 단지 그 증인진술서에 기재된 내용이 사실대로라는 취지의 진술만을 한 경우에는 그것이 증인진술서에 기재된 내용 중 특정 사항을 구체적으로 진술한 것과 같이 볼 수 있는 등의 특별한 사정이 없는 한 증인이 그 증인진술서에 기재된 구체적인 내용을 기억하여 반복 진술한 것으로는 볼 수 없으므로, 가사 거기에 기재된 내용에 허위가 있다 하더라도 그 부분에 관하여 법정에서 증언한 것으로 보아 위증죄로 처벌할 수는 없다고 할 것이다(대판 2010.5.13. 2007도1397).

③ (○) 비록 외관상으로는 타인 명의의 고소장을 대리하여 작성하고 제출하는 형식으로 고소가 이루어진 경우라 하더라도 그 명의자는 고소의 의사가 없이 이름만 빌려준 것에 불과하고 명의자를 대리한 자가 실제 고소의 의사를 가지고 고소행위를 주도한 경우라면 그 명의자를 대리한 자를 신고자로 보아 무고죄의 주체로 인정하여야 할 것이다(대판 2007.3.30. 2006도6017).

④ (○) 「형법」 제155조 제1항은 '타인의 형사사건 또는 징계사건에 관한 증거를 인멸, 은닉, 위조 또는 변조하거나 위조 또는 변조한 증거를 사용한 자'를 처벌한다고 규정하고 있는바, 증거인멸 등 죄는 위증죄와 마찬가지로 국가의 형사사법작용 내지 징계작용을 그 보호법익으로 하므로, 위 법조문에서 말하는 '징계사건'이란 국가의 징계사건에 한정되고 사인(私人) 간의 징계사건은 포함되지 않는다(대판 2007.11.30. 2007도4191).

28 ④　　　　TOP1

형법각론 > 국가적 법익 > 국가기능에 관한 죄　　　　오답률 74.5%

① (○), ② (○), ③ (○), ④ (×) [1] 「형법」 제151조가 정한 범인도피죄에서 '도피하게 하는 행위'란 은닉 이외의 방법으로 범인에 대한 수사, 재판, 형의 집행 등 형사사법의 작용을 곤란하게 하거나 불가능하게 하는 일체의 행위를 말한다. 범인도피죄는 타인을 도피하게 하는 경우에 성립할 수 있는데, 여기에서 타인에는 공범도 포함되나(①은 타당) 범인 스스로 도피하는 행위는 처벌되지 않는다(②는 타당). 또한 공범 중 1인이 그 범행에 관한 수사절차에서 참고인 또는 피의자로 조사받으면서 자기의 범행을 구성하는 사실관계에 관하여 허위로 진술하고 허위 자료를 제출하는 것은 자신의 범행에 대한 방어권 행사의 범위를 벗어난 것으로 볼 수 없고(③은 타당)이때 공범이 이러한 행위를 교사하였더라도 범죄가 될 수 없는 행위를 교사한 것에 불과하여 범인도피교사죄도 성립하지 않는다(④는 틀림)(대판 2018.8.1. 2015도20396).

29 ② 함정문제

형사소송법 > 수사 > 수사의 단서　　　　오답률 13.3%

> **출제자의 함정의도**
> 주관적 불가분과 객관적 불가분의 개념을 혼동하게 하여 오답을 유도하였다.

㉠ (○) 고소권의 포기(소극): 고소 전에 고소권을 포기할 수 없으며, 비록 고소 전에 피해자가 처벌을 원치 않았다 하더라도 그 후에 한 피해자의 고소는 유효하다(대판 1967.5.23. 67도471, 대판 1993.10.22. 93도1620).

ⓒ (O) 즉시고발사건과 고소의 객관적 불가분 원칙(적극): 법인세는 사업연도를 과세기간으로 하는 것이므로 그 포탈범죄는 각 사업연도마다 1개의 범죄가 성립하고, 일죄의 관계에 있는 범죄사실의 일부에 대한 공소제기 및 고발의 효력은 그 일죄의 전부에 대하여 미친다(대판 2005.1.14. 2002도5411).
→ 주위적 공소사실에 대하여 한 고발의 효력이 그와 일죄의 관계에 있는 예비적 공소사실에도 미친다고 한 사례.

ⓒ (X) 양벌규정과 별도의 고소 요부(불요): 판례는 「저작권법」 위반 사건 (동법 제103조)에 있어서 행위자의 범죄에 대한 고소가 있으면 족하고, 나아가 양벌규정에 의하여 처벌받는 자에 대하여 별도의 고소를 요한다고 할 수는 없다는 입장이지만(대판 1996.3.12. 94도2423), 별도의 고소가 필요하다는 비판이 있다.

ⓔ (X) 즉고발사건(전속고발사건)에 고소의 주관적 불가분원칙 적용 여부 (소극): 「조세범처벌법」 제6조는 … 고발에 있어서는 이른바 고소·고발 불가분의 원칙이 적용되지 아니하므로, 고발의 구비 여부는 양벌규정에 의하여 처벌받는 자연인인 행위자와 법인에 대하여 개별적으로 논하여야 한다(대판 2004.9.24. 2004도4066 등).

ⓜ (O) 반의사불벌죄에 고소의 주관적 불가분원칙의 준용여부(소극): 「형사소송법」이 고소와 고소취소에 관한 규정을 하면서 제232조 제1항, 제2항에서 고소취소의 시한과 재고소의 금지를 규정하고 제3항에서는 반의사불벌죄에 제1항, 제2항의 규정을 준용하는 규정을 두면서도, 제233조에서 고소와 고소취소의 불가분에 관한 규정을 함에 있어서는 반의사불벌죄에 이를 준용하는 규정을 두지 아니한 것은 처벌을 희망하지 아니하는 의사표시나 처벌을 희망하는 의사표시의 철회에 관하여 친고죄와는 달리 공범자간에 불가분의 원칙을 적용하지 아니하고자 함에 있다고 볼 것이지, 입법의 불비로 볼 것은 아니다(대판 1994.4.26. 93도1689).

30 ④

| 형사소송법 > 수사 > 대인적 강제수사 | 오답률 26.2% |

① (O) 「형사소송법」 제214조의2 제12항

② (O) 대판 2004.1.16. 2003도5693

③ (O) 「형사소송규칙」 제106조

④ (X) 체포·구속적부심에 관한 결정에 대하여는 항고할 수 없으나(「형사소송법」 제214조의2 제8항), 보증금납입조건부 석방결정에 대하여는 동법 제402조에 의하여 항고할 수 있다.

31 ④

| 형사소송법 > 수사 > 대인적 강제처분 | 오답률 66.7% |

① (O) 「형사소송규칙」 제55조

② (O) 「형사소송법」 제102조 제3항·제4항

③ (O) 만약 고등법원의 결정에 대하여 일률적으로 집행정지의 효력을 인정하면, 보석허가, 구속집행정지 등 제1심 법원이 결정하였다면 신속한 집행이 이루어질 사안에서 고등법원이 결정하였다는 이유만으로 피고인을 신속히 석방하지 못하게 되는 등 부당한 결과가 발생하게 되고, 나아가 항소심 재판절차의 조속한 안정을 보장하고자 한 「형사소송법」 제415조의 입법목적을 달성할 수 없게 된다(대결 2020.10.29. 자 2020모633).

④ (X) 보증금 몰수사건은 당해 형사본안 사건의 기록이 존재하는 법원 또는 그 기록을 보관하는 검찰청에 대응하는 법원의 토지관할에 속하고, 그 법원이 지방법원인 경우에 있어서 사물관할은 지방법원 단독판사에게 속하는 것이지 소송절차 계속 중에 보석허가결정 또는 그 취소결정

등을 본안 관할법원인 제1심 합의부 또는 항소심인 합의부에서 한 바 있었다고 하여 그러한 법원이 사물관할을 갖게 되는 것은 아니다(대결 2002.5.17. 자 2001모53).

32 ①

| 형사소송법 > 수사 > 대물적 강제처분 | 오답률 41.7% |

① (O) 「형사소송법」 제72조의 '피고인에 대하여 범죄사실의 요지, 구속의 이유와 변호인을 선임할 수 있음을 말하고 변명할 기회를 준 후가 아니면 구속할 수 없다'는 규정은 피고인을 구속함에 있어서 법관에 의한 사전 청문절차를 규정한 것으로서, 법원이 사전에 위 규정에 따른 절차를 거치지 아니한 채 피고인에 대하여 구속영장을 발부하였다면 발부결정은 위법하다(대결 2016.6.14. 자 2015모1032).

② (X) 규정은 피고인의 절차적 권리를 보장하기 위한 규정이므로 이미 변호인을 선정하여 공판절차에서 변명과 증거의 제출을 다하고 그의 변호 아래 판결을 선고받은 경우 등과 같이 위 규정에서 정한 절차적 권리가 실질적으로 보장되었다고 볼 수 있는 경우에는 이에 해당하는 절차의 전부 또는 일부를 거치지 아니한 채 구속영장을 발부하였더라도 이러한 점만으로 발부결정을 위법하다고 볼 것은 아니지만, 사전 청문절차의 흠결에도 불구하고 구속영장 발부를 적법하다고 보는 이유는 공판절차에서 증거의 제출과 조사 및 변론 등을 거치면서 판결이 선고될 수 있을 정도로 범죄사실에 대한 충분한 소명과 공방이 이루어지고 그 과정에서 피고인에게 자신의 범죄사실 및 구속사유에 관하여 변명을 할 기회가 충분히 부여되기 때문이므로, 이와 동일시할 수 있을 정도의 사유가 아닌 이상 함부로 청문절차 흠결의 위법이 치유된다고 해석하여서는 아니 된다(대결 2016.6.14. 자 2015모1032).

③ (X) 피고인을 구속한 때에는 피고인에게 즉시 공소사실의 요지와 변호인을 선임할 수 있음을 알려야 한다. 이 고지는 구속의 집행기관이 취해야 할 절차이다. 판례는 「형사소송법」 제88조의 고지절차를 사후 청문절차라고 보고 있으며, 이를 위반하였다 하여 구속영장의 효력에 어떠한 영향을 미치는 것은 아니라고 한다(대결 2000.11.10. 자 2000모134).

④ (X) 피고인에 대하여 무죄, 면소, 형의 면제, 형의 선고유예, 형의 집행유예, 공소기각 또는 벌금이나 과료를 과하는 판결이 선고된 때에는 선고와 동시에 구속영장은 당연히 그 효력을 상실한다(「형사소송법」 제331조).

33 ① 개정법령

| 형사소송법 > 수사 > 수사의 일반이론 | 오답률 19.4% |

① (X) 대통령에게 제출한 청원서를 대통령비서실로부터 이관받은 검사가 진정사건으로 내사 후 내사종결처리한 경우, 위 내사종결처리는 고소 또는 고발사건에 대한 불기소처분이라고 볼 수 없어 재정신청의 대상이 되지 아니한다(대결 1991.11.5. 자 91모68).

② (O) 「검사와 사법경찰관의 상호협력과 일반적 수사준칙에 관한 규정」 제16조

③ (O) 대결 1996.6.3. 자 96모18

④ (O) 「통신비밀보호법」 제6조 제1항

34 ③ 개정법령

| 형사소송법 > 수사 > 통신제한조치 | 오답률 66.7% |

① (O) 「통신비밀보호법」 제12조의2 제2항

② (○) 동법 제12조의2 제5항

③ (×) 확인자료요청만 할 수 있을 뿐 통신제한조치를 요청할 수 없다.

> 「통신비밀보호법」 제13조(범죄수사를 위한 통신사실 확인자료제공의 절차) ② 검사 또는 사법경찰관은 제1항에도 불구하고 수사를 위하여 통신사실확인자료 중 다음 각 호의 어느 하나에 해당하는 자료가 필요한 경우에는 다른 방법으로는 범죄의 실행을 저지하기 어렵거나 범인의 발견·확보 또는 증거의 수집·보전이 어려운 경우에만 전기통신사업자에게 해당 자료의 열람이나 제출을 요청할 수 있다. 다만, 제5조 제1항 각 호의 어느 하나에 해당하는 범죄 또는 전기통신을 수단으로 하는 범죄에 대한 통신사실확인자료가 필요한 경우에는 제1항에 따라 열람이나 제출을 요청할 수 있다.
> 　　1. 제2조 제11호 바목·사목 중 실시간 추적자료
> 　　2. 특정한 기지국에 대한 통신사실확인자료

④ (○) 동법 제12조의2 제6항

35 ③

<table><tr><td>형사소송법 > 증거 > 증거동의</td><td>오답률 29.1%</td></tr></table>

① (×) 재전문증거, 번복진술조서 등: 재전문증거도 동의의 대상이 되고(대판 2000.3.10. 2000도159), 증언한 증인에 대한 번복 '진술조서', 번복 '진술서', 번복 '피의자신문조서'는 동의의 대상이 될 수 있다(대판 2000.6.15. 99도1108 전원합의체).

② (×) 공판정 진술과 배치되는 부분 부동의(원칙적으로 조서 전부에 대한 부동의): 전문서류에 대하여 "공판정 진술과 배치되는 부분 부동의"라는 식의 의사표시는 조서내용의 특정부분에 대하여 증거로 함에 동의한다는 특별한 사정이 있는 때와는 달리 그 조서 전부를 증거로 함에 동의하지 않는다는 취지로 해석하여야 한다(대판 1984.10.10. 84도1552).

③ (○) 피고인의 불출석과 증거동의의 의제: 피고인의 출정 없이 증거조사를 할 수 있는 경우에 피고인이 출정하지 아니한 때에는 동의가 있는 것으로 간주한다. 단, 대리인 또는 변호인이 출정한 때에는 예외로 한다(「형사소송법」 제318조 제2항).

④ (×) 간이공판절차에서의 특칙(전문법칙 부적용): 간이공판절차의 결정(제286조의2)이 있는 사건의 증거에 관하여 제310조의2, 제312조 내지 제314조 및 제316조의 규정에 의한 증거에 대하여 제318조 제1항의 동의가 있는 것으로 간주한다. 단, 검사, 피고인 또는 변호인이 증거로 함에 이의가 있는 때에는 그러하지 아니하다(「형사소송법」 제318조의3).

36 ② 최신판례

<table><tr><td>형사소송법 > 증거 > 종합</td><td>오답률 26.2%</td></tr></table>

① (○) [1] 상업장부나 항해일지, 진료일지 또는 이와 유사한 금전출납부 등과 같이 범죄사실의 인정 여부와는 관계없이 자기에게 맡겨진 사무를 처리한 내역을 그때그때 계속적, 기계적으로 기재한 문서는 사무처리 내역을 증명하기 위하여 존재하는 문서로서 「형사소송법」 제315조 제2호에 의하여 당연히 증거능력이 인정된다. [2] 사무처리 내역을 계속적, 기계적으로 기재한 문서가 아니라 범죄사실의 인정 여부와 관련 있는 어떠한 의견을 제시하는 내용을 담고 있는 문서는 「형사소송법」 제315조 제3호에서 규정하는 당연히 증거능력이 있는 서류에 해당한다고 볼 수 없다. 따라서 보험사기 사건에서 건강보험심사평가원이 수사기관의 의뢰에 따라 그 보내온 자료를 토대로 입원진료의 적정성에 대한 의견을 제시하는 내용의 '건강보험심사평가원의 입원진료 적정성 여부 등 검토 의뢰에 대한 회신'은 「형사소송법」 제315조 제3호의 '기타 특히 신용할

만한 정황에 의하여 작성된 문서'에 해당하지 않는다(대판 2017.12.5. 2017도12671).

② (×) [1] 개별적, 구체적인 사건에서 성폭행 등의 피해자가 처하여 있는 특별한 사정을 충분히 고려하지 않은 채 피해자 진술의 증명력을 가볍게 배척하는 것은 정의와 형평의 이념에 입각하여 논리와 경험의 법칙에 따른 증거판단이라고 볼 수 없다. [2] 강간죄에서 공소사실을 인정할 증거로 사실상 피해자의 진술이 유일한 경우에 피고인의 진술이 경험칙상 합리성이 없고 그 자체로 모순되어 믿을 수 없다고 하여 그것이 공소사실을 인정하는 직접증거가 되는 것은 아니지만, 이러한 사정은 법관의 자유판단에 따라 피해자 진술의 신빙성을 뒷받침하거나 직접증거인 피해자 진술과 결합하여 공소사실을 뒷받침하는 간접정황이 될 수 있다(대판 2018.10.25. 2018도7709).

③ (○) 형사소송에서는 범죄사실이 있다는 증거를 검사가 제시하여야 한다. 피고인의 변소가 불합리하여 거짓말 같다고 하여도 그것 때문에 피고인을 불리하게 할 수 없다. 범죄사실의 증명은 법관으로 하여금 합리적인 의심의 여지가 없을 정도로 고도의 개연성을 인정할 수 있는 심증을 갖게 하여야 한다. 이러한 정도의 심증을 형성하는 증거가 없다면 설령 피고인에게 유죄의 의심이 간다 하더라도 피고인의 이익으로 판단하여야 한다(대판 2018.6.19. 2015도3483).

④ (○) 성폭행이나 성희롱 사건의 피해자가 피해사실을 알리고 문제를 삼는 과정에서 오히려 피해자가 부정적인 여론이나 불이익한 처우 및 신분 노출의 피해 등을 입기도 하여 온 점 등에 비추어 보면, 성폭행 피해자의 대처 양상은 피해자의 성정이나 가해자와의 관계 및 구체적인 상황에 따라 다르게 나타날 수밖에 없다. 따라서 개별적, 구체적인 사건에서 성폭행 등의 피해자가 처하여 있는 특별한 사정을 충분히 고려하지 않은 채 피해자 진술의 증명력을 가볍게 배척하는 것은 정의와 형평의 이념에 입각하여 논리와 경험의 법칙에 따른 증거판단이라고 볼 수 없다. 위와 같은 법리는, 피해자임을 주장하는 자가 성폭행 등의 피해를 입었다고 신고한 사실에 대하여 증거불충분 등을 이유로 불기소처분되거나 무죄판결이 선고된 경우 반대로 이러한 신고내용이 객관적 사실에 반하여 무고죄가 성립하는지 여부를 판단할 때에도 마찬가지로 고려되어야 한다. 따라서 성폭행 등의 피해를 입었다는 신고사실에 관하여 불기소처분 내지 무죄판결이 내려졌다고 하여, 그 자체를 무고를 하였다는 적극적인 근거로 삼아 신고내용을 허위라고 단정하여서는 아니 된다. 또한 개별적, 구체적인 사건에서 피해자임을 주장하는 자가 처하였던 특별한 사정을 충분히 고려하지 아니한 채 진정한 피해자라면 마땅히 이렇게 하였을 것이라는 기준을 내세워 성폭행 등의 피해를 입었다는 점 및 신고에 이르게 된 경위 등에 관한 변소를 쉽게 배척하여서는 아니 된다(대판 2019.7.11. 2018도2614).

37 ④

<table><tr><td>형사소송법 > 증거 > 전문법칙</td><td>오답률 41.8%</td></tr></table>

① (○) 당해 피고인과 공범관계에 있는 다른 피의자에 대하여 검사 이외의 수사기관이 작성한 피의자신문조서는, 그 피의자의 법정진술에 의하여 그 성립의 진정이 인정되는 등 「형사소송법」 제312조 제4항의 요건을 갖춘 경우라고 하더라도 당해 피고인이 공판기일에서 그 조서의 내용을 부인한 이상 이를 유죄 인정의 증거로 사용할 수 없다(대판 2012.7.26. 2012도2937).

② (○) [1] 공동피고인의 자백은 이에 대한 피고인의 반대신문권이 보장되어 있어 증인으로 신문한 경우와 다를 바 없으므로 독립한 증거능력이 있다(대판 2007.10.11. 2007도5577). [2] 공범인 공동피고인은 당해 소송절차에서는 피고인의 지위에 있으므로 허위의 진술을 하더라도 위증죄가 성립하지 않는다(대판 2008.6.26. 2008도3300).

③ (○) 피고인이 업무수행에 필요한 자금을 지출하면서 스스로 그 지출한 자금내역을 자료로 남겨두기 위하여 뇌물자금과 기타 자금을 구별하지 아니하고 그 지출 일시, 금액, 상대방 등 내역을 그때그때 계속적, 기계

적으로 기입한 수첩의 기재 내용은 자백에 대한 보강증거가 될 수 있다 (대판 1996.10.17. 94도2865 전원합의체).

④ (×) 뇌물공여의 상대방인 공무원이 뇌물을 수수한 사실을 부인하면서도 그 일시경에 뇌물공여자를 만났던 사실 및 공무에 관한 청탁을 받기도 한 사실자체는 시인하였다면 이는 뇌물공여자의 자백에 대한 보강증거 가 될 수 있다(대판 1995.6.30. 94도993).

38 ④ 개정법령

형사소송법 > 증거 > 전문법칙	오답률 60%

㉠ (×) 대판 2019.8.29. 2018도13792 전원합의체

㉡ (○) 「형사소송법」 제315조 제1호

㉢ (×) 사법경찰관 작성의 현행범인체포보고서, 공소장과 같이 수사기관이 당해 사건에 관하여 작성한 서류는 제315조 제1호 소정의 문서라고 볼 수 없다.

㉣ (○) 동법 제315조 제1호

㉤ (○) 동법 제315조 제1호

㉥ (×) 의사가 작성한 진료기록부는 업무상 통상문서(제315조 제2호)라고 볼 수 있으나, 사인인 의사가 작성한 진단서는 통상문서라고 볼 수 없다 (대판 1969.3.31. 69도179).

㉦ (○) 동법 제315조 제1호

㉧ (×) 정기간행물의 시장가격표는 기타 특히 신용할 만한 정황에 의하여 작성된 문서(제315조 제3호)에 해당한다.

㉨ (×) 동법 제315조 제2호

✓ 개념 체크 당연히 증거능력이 있는 서류(「형사소송법」 제315조)

구분	내용	
의의	신용성 특히 높고 작성자 증인으로 신문함이 부적당하거나 실익이 없는 경우(제315조) ㉣ 국정원심리전단 사용 e-mail 압수한 전자문서 당연히 증거능력 인정 × ㉣ 청와대경제수석비서관 사무처리편의 목적 업무수첩(제315조 제3호) ×	
직무상 증명할 수 있는 사항에 관하여 작성한 문서 (증명목적작성문서) 1호	긍정례	부정례
	㉣ 가족관계기록사항에 관한 증명서 ㉣ 등기부등초본 / 신원증명서 / 인감증명서 ㉣ 경찰관이 작성한 전과조회서 ㉣ 보건복지부장관 시가보고서 ㉣ 외국공무원이 직무상 작성한 문서 ㉣ 군의관작성 진단서 ㉣ 국립과학수사연구소장 감정의뢰회보서	㉣ 주주대사관영사작성 사실확인서 ㉣ 수사기관이 작성한 문서 (공소장 / 외국수사기관의 수사결과 보고서) – 육군과학수사연구소 실험분석관작성 감정서
업무상 통상문서 (자기사용목적문서) 2호	– 금전출납부, 전표, 전산자료, 진료부 등 ㉣ 성매매업소 정보입력 메모리카드	㉣ 개인병원진단서(진술서규정 적용)

기타 특히 신용할 만한 정황에 의하여 작성된 문서 3호	– 공공기록 – 보고서 – 역서 – 정기간행물 – 시장가격표 ※ 다른 피고사건의 공판조서 / 구속적부심 심문조서 / 판결문 사본 ㉣ 새세대16호 유인물에 대한 수사보고서	㉣ 주민들 진정서사본 ㉣ 당사자 동의서류 ㉣ 체포구속인 접견부

39 ④

형사소송법 > 증거 > 전문법칙	오답률 11.9%

① (×) 증인에 대한 소환장이 송달불능되자 소재탐지를 촉탁하여 소재탐지 불능보고서를 제출받은 경우. 다만, 검사가 직접 또는 경찰을 통하여 기록에 나타난 증인의 전화번호로 연락하여 법정 출석의사가 있는지 확인하는 등의 방법으로 증인의 법정 출석을 위하여 상당한 노력을 기울이지 않았다면 이는 「형사소송법」 제314조의 '그 밖에 이에 준하는 사유로 인하여 진술할 수 없는 때'에 해당하지 아니한다(대판 2013.4.11. 2013도1435).

② (×) 「형사소송법」 제314조의 문언과 개정 취지, 증언거부권 관련 규정의 내용 등에 비추어 보면 법정에 출석한 증인이 증언거부권을 행사하여 증언을 거부한 경우는 「형사소송법」 제314조의 '그 밖에 이에 준하는 사유로 인하여 진술할 수 없는 때'에 해당하지 아니한다(대판 2012.5.17. 2009도6788 전원합의체).

③ (×) 「형사소송법」 제314조의 문언과 개정 취지, 진술거부권 관련 규정의 내용 등에 비추어 보면, 피고인이 증거서류의 진정성립을 묻는 검사의 질문에 대하여 진술거부권을 행사하여 진술을 거부한 경우는 「형사소송법」 제314조의 '그 밖에 이에 준하는 사유로 인하여 진술할 수 없는 때'에 해당하지 아니한다(대판 2013.6.13. 2012도16001).

④ (○) 피해자가 공판정에서 진술을 한 경우라도 증인신문 당시 일정한 사항에 관하여 기억이 나지 않는다는 취지로 진술하여 그 진술의 일부가 재현 불가능하게 된 경우도 「형사소송법」 제314가 규정하는 '원진술자가 진술을 할 수 없는 때'에 해당한다(대판 1999.11.26. 99도3786).

40 ① 함정문제

형사소송법 > 증거 > 전문법칙	오답률 26.7%

┌ 출제자의 함정의도 ─
전문증거와 본래의 증거의 개념, 사인의 위수증과 임의제출물의 압수 등 혼동되는 개념을 동시에 출제하였다.

① (○) 「형사소송법」은 전문진술에 대하여 제316조에서 실질상 단순한 전문의 형태를 취하는 경우에 한하여 예외적으로 그 증거능력을 인정하는 규정을 두고 있을 뿐, 재전문진술이나 재전문진술을 기재한 조서에 대하여는 달리 그 증거능력을 인정하는 규정을 두고 있지 아니하고 있으므로, 피고인이 증거로 하는 데 동의하지 아니하는 한 「형사소송법」 제310조의2의 규정에 의하여 이를 증거로 할 수 없다(대판 2004.3.11. 2003도171).

② (×) 피고인 아닌 자와의 대화의 내용은 실질적으로 「형사소송법」 제311조, 제312조 규정 이외의 피고인 아닌 자의 진술을 기재한 서류와 다를 바 없어서, 피고인이 그 녹음테이프를 증거로 할 수 있음에 동의하지 않은 이상 그 녹음테이프 검증조서의 기재 중 피고인 아닌 자의 진술 내용을 증거로 사용하기 위해서는 「형사소송법」 제313조 제1항에 따라

공판준비나 공판기일에서 원진술자의 진술에 의하여 그 녹음테이프에 녹음된 진술내용이 자신이 진술한대로 녹음된 것이라는 점이 인정되어야 하는 것이다(대판 1996.10.15. 96도1669, 대판 1997.3.28. 96도2417).

③ (×) 타인의 진술을 내용으로 하는 진술이 전문증거인지는 요증사실과 관계에서 정하여지는데, 원진술의 내용인 사실이 요증사실인 경우에는 전문증거이나, 원진술의 존재 자체가 요증사실인 경우에는 본래증거이지 전문증거가 아니다. 따라서 위 사안은 범죄 그 자체이므로 전문법칙이 적용되지 않는다.

④ (×) '의사의 진단서'는 「형사소송법」 제313조 제1항의 진술서에 해당한다.

제4회

동형 기출 분석

제4회 실전동형 모의고사는 **2021년 경찰 1차 시험**의 출제유형, 문제유형, 발문을 분석하여 2022년 2차 시험의 출제예측 및 기출 동형을 구성하였습니다.

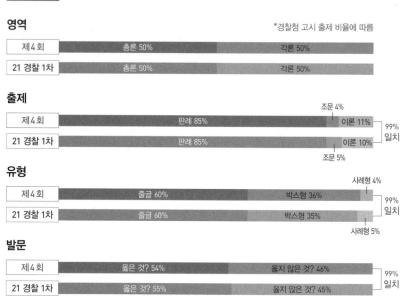

형법

영역   *경찰청 고시 출제 비율에 따름

| 제4회 | 총론 50% | 각론 50% |

| 21 경찰 1차 | 총론 50% | 각론 50% |

출제

조문 4%

| 제4회 | 판례 85% | 이론 11% | 99% 일치 |

| 21 경찰 1차 | 판례 85% | 이론 10% |

조문 5%

유형

사례형 4%

| 제4회 | 줄글 60% | 박스형 36% | 99% 일치 |

| 21 경찰 1차 | 줄글 60% | 박스형 35% |

사례형 5%

발문

| 제4회 | 옳은 것? 54% | 옳지 않은 것? 46% | 99% 일치 |

| 21 경찰 1차 | 옳은 것? 55% | 옳지 않은 것? 45% |

형사소송법

영역   *경찰청 고시 출제 비율에 따름

| 제4회 | 수사 50% | 증거 50% |

| 21 경찰 1차 | 수사 54% | 증거 46% |

출제

| 제4회 | 판례 67% | 조문 33% | 97% 일치 |

| 21 경찰 1차 | 판례 64% | 조문 36% |

유형

| 제4회 | 줄글 75% | 박스형 25% | 98% 일치 |

| 21 경찰 1차 | 줄글 77% | 박스형 23% |

발문

| 제4회 | 옳은 것? 25% | 옳지 않은 것? 75% | 98% 일치 |

| 21 경찰 1차 | 옳은 것? 23% | 옳지 않은 것? 77% |

Ⅰ 문항 세부 분석

개정법령과 최신판례 반영 문제, 오답을 유발하는 함정문제, 오답률 TOP 1~3 문항을 통해
시험 전 문제풀이 집중 훈련이 가능합니다.

적정 풀이시간 35분

	문번	정답	영역	출제	유형	발문
최신판례	01	④	형법총론 > 형법의 기본원리	판례	줄글	옳지 않은 것은?
	02	④	형법총론 > 구성요건론	판례	줄글	옳지 않은 것은?
	03	③	형법총론 > 구성요건론	이론	박스형(ㄱㄴㄷ)	옳은 것은?
	04	①	형법총론 > 정범 및 공범론	판례	줄글	옳은 것은?
최신판례	05	①	형법총론 > 정범 및 공범론	판례	줄글	옳지 않은 것은?
	06	③	형법총론 > 정범 및 공범론	판례	박스형(개수문제)	옳은 것은?
함정문제	07	③	형법총론 > 위법성론	이론	줄글	옳지 않은 것은?
	08	①	형법총론 > 위법성론	판례	사례형	옳지 않은 것은?
최신판례	09	③	형법총론 > 위법성론	판례	박스형(ㄱㄴㄷ)	옳지 않은 것은?
함정문제	10	②	형법총론 > 책임론	이론	줄글	옳은 것은?
	11	①	형법총론 > 미수론	판례	줄글	옳지 않은 것은?
	12	①	형법총론 > 미수론	판례	줄글	옳지 않은 것은?
	13	④	형법총론 > 죄수론	판례	박스형(OX표시)	옳은 것은?
	14	③	형법총론 > 형벌론	판례	박스형(OX표시)	옳은 것은?
	15	③	형법각론 > 개인적 법익	판례	줄글	옳은 것은?
	16	②	형법각론 > 개인적 법익	판례	줄글	옳지 않은 것은?
	17	④	형법각론 > 개인적 법익	판례	박스형(OX표시)	옳은 것은?
최신판례	18	①	형법각론 > 개인적 법익	판례	줄글	옳은 것은?
	19	①	형법각론 > 개인적 법익	판례	박스형(OX표시)	옳은 것은?
	20	②	형법각론 > 개인적 법익	판례	줄글	옳은 것은?
	21	④	형법각론 > 개인적 법익	판례	줄글	옳은 것은?
	22	③	형법각론 > 개인적 법익	판례	줄글	옳지 않은 것은?
	23	②	형법각론 > 개인적 법익	조문	줄글	옳은 것은?
	24	②	형법각론 > 사회적 법익	판례	박스형(ㄱㄴㄷ)	옳지 않은 것은?
	25	③	형법각론 > 사회적 법익 　오답률 TOP 1	판례	줄글	옳지 않은 것은?
	26	①	형법각론 > 국가적 법익	판례	줄글	옳지 않은 것은?
	27	④	형법각론 > 국가적 법익 　오답률 TOP 3	판례	박스형(ㄱㄴㄷ)	옳은 것은?
	28	④	형법각론 > 국가적 법익	판례	박스형(개수문제)	옳은 것은?
개정법령	29	②	형사소송법 > 수사	조문	줄글	옳지 않은 것은?
	30	④	형사소송법 > 수사	판례	줄글	옳지 않은 것은?
함정문제	31	④	형사소송법 > 수사	판례	줄글	옳지 않은 것은?
함정문제	32	③	형사소송법 > 수사	판례	줄글	옳지 않은 것은?
함정문제	33	④	형사소송법 > 수사	조문	박스형(ㄱㄴㄷ)	옳은 것은?
	34	①	형사소송법 > 수사	조문	박스형(ㄱㄴㄷ)	옳지 않은 것은?
최신판례	35	④	형사소송법 > 증거	판례	줄글	옳지 않은 것은?
	36	④	형사소송법 > 증거 　오답률 TOP 2	판례	줄글	옳지 않은 것은?
	37	①	형사소송법 > 증거	판례	박스형(ㄱㄴㄷ)	옳은 것은?
	38	④	형사소송법 > 증거	조문	줄글	옳지 않은 것은?
최신판례	39	③	형사소송법 > 증거	판례	줄글	옳지 않은 것은?
	40	②	형사소송법 > 증거	판례	줄글	옳은 것은?

2배속 키워드 해설 활용법

키워드 중심의 실전용 속독 해설로 2배속 문제 풀이 훈련이 가능하며, 아는 문제는 빠르게 SKIP 할 수 있습니다.

01 ④ 최신판례

형법총론 > 형법의 기본원리 > 죄형법정주의　오답률 25%

① (○) 대판 2021.10.28. 2020도1942

② (○) 헌재 2017.10.26. 2015헌바239,2016헌바77(병합)

③ (○) 대판 2016.10.27. 2016도5083

④ (×) 보안감사에 대비하여 자신의 아파트로 반출함으로써 적법한 절차에 의하지 않은 방법으로 군사기밀을 탐지·수집하였다고 하여 「군사기밀보호법」 위반으로 기소된 사안에서, 피고인이 업무상 필요에 따라 출력물 또는 사본을 계속 보관하거나 반출한 행위는 같은 법 제11조의 탐지·수집에 해당하지 않는다(대판 2018.6.15. 2013도5539).

02 ④

형법총론 > 구성요건론 > 인과관계　오답률 2.8%

① (○) 피고인이 자동차를 운전하다 횡단보도에서의 보행자에 대한 보호의무를 위반하여 횡단보도를 걷던 보행자 甲을 들이받아 그 충격으로 횡단보도 밖에서 甲과 동행하던 피해자 乙이 밀려 넘어져 상해를 입었다면 乙의 상해는 피고인의 행위를 직접적인 원인으로 하여 발생한 것이라고 한 사례(대판 2011.4.28. 2009도12671)

② (○) 甲으로서는 위와 같은 사고를 예견할 수 있었다고 보기 어려울 뿐 아니라 甲이 乙에게 위 열쇠를 보관시키고 화약류를 취급하도록 한 행위와 위 사고발생 간에는 인과관계가 있다고 할 수 없다(대판 1981.9.8. 81도53).

③ (○) 피고인의 수술 후 복막염에 대한 진단과 처치 지연 등의 과실로 피해자가 제때 필요한 조치를 받지 못하였다면 피해자의 사망과 피고인의 과실 사이에는 인과관계가 인정된다. 비록 피해자가 피고인의 지시를 일부 따르지 않거나 퇴원한 적이 있더라도, 그러한 사정만으로는 의사인 피고인의 과실과 피해자의 사망 사이에 인과관계가 단절된다고 볼 수 없다(대판 2018.5.11. 2018도2844).

④ (×) 甲이 결혼을 전제로 교제하던 여성 乙의 임신 사실을 알고 수회에 걸쳐 낙태를 권유하였다가 거부당하자, 乙에게 출산 여부는 알아서 하되 더 이상 결혼을 진행하지 않겠다고 통보하고, 이후에도 아이에 대한 친권을 행사할 의사가 없다고 하면서 낙태할 병원을 물색해 주기도 하였는데, 그 후 乙이 甲에게 알리지 아니한 채 자신이 알아본 병원에서 낙태시술을 받은 사안에서, 甲은 乙에게 직접 낙태를 권유할 당시뿐만 아니라 출산 여부는 알아서 하라고 통보한 이후에도 계속 낙태를 교사하였고, 乙은 이로 인하여 낙태를 결의·실행하게 되었다고 보는 것이 타당하며, 乙이 당초 아이를 낳을 것처럼 말한 사실이 있다는 사정만으로 甲의 낙태교사행위와 乙의 낙태결의 사이에 인과관계가 단절되는 것은 아니라는 이유로, 甲에게 낙태교사죄를 인정한 원심판단을 정당하다고 한 사례(대판 2013.9.12. 2012도2744).

03 ③

형법총론 > 구성요건론 > 고의　오답률 26.2%

㉠ (○) 피고인이 고의를 부정하는 경우에는 고의와 상당한 관련성이 있는 간접사실을 증명하는 방법에 의하여 입증할 수밖에 없고, 이 때 무엇이 상당한 관련성이 있는 간접사실에 해당할 것인가는 정상적인 경험칙에 바탕을 두고 치밀한 관찰력이나 분석력에 의하여 사실의 연결상태를 합리적으로 판단하는 외에 다른 방법이 없다고 할 것이다(대판 2017.1.12. 2016도15470).

㉡ (×) 행위자가 범죄사실이 발생할 가능성을 용인하고 있었는지의 여부는 행위자의 진술에 의존하지 아니하고 외부에 나타난 행위의 형태와 행위의 상황 등 구체적인 사정을 기초로 하여 '일반인'이라면 당해 범죄사실이 발생할 가능성을 어떻게 평가할 것인가를 고려하면서 '행위자'의 입장에서 그 심리상태를 추인하여야 한다(대판 2009.2.26. 2007도1214).

㉢ (○) 공동정범이 성립하기 위하여는 주관적 요건인 공동가공의 의사와 객관적 요건인 공동의사에 의한 기능적 행위지배를 통한 범죄의 실행사실이 필요하고, 공동가공의 의사는 타인의 범행을 인식하면서도 이를 제지하지 아니하고 용인하는 것만으로는 부족하고 공동의 의사로 특정한 범죄행위를 하기 위하여 일체가 되어 서로 다른 사람의 행위를 이용하여 자기의 의사를 실행에 옮기는 것을 내용으로 하는 것이어야 한다(대판 2000.4.7. 2000도576 등).

㉣ (○) 작위의무자에게 이러한 고의가 있었는지는 작위의무자의 진술에만 의존할 것이 아니라, 작위의무의 발생근거, 법익침해의 태양과 위험성, 작위의무자의 법익침해에 대한 사태지배의 정도, 요구되는 작위의무의 내용과 그 이행의 용이성, 부작위에 이르게 된 동기와 경위, 부작위의 형태와 결과발생 사이의 상관관계 등을 종합적으로 고려하여 작위의무자의 심리상태를 추인하여야 할 것이다(대판 2015.11.12. 2015도6809 전원합의체).

04 ①

형법총론 > 정범 및 공범론 > 공동정범　오답률 20%

① (○) 이러한 사정을 모르는 丙으로 하여금 乙을 상대로 양수금 청구소송을 제기하도록 한 사안에서, 적어도 위 약정이자 2,500만 원 중 법정지연손해금 상당의 돈을 제외한 나머지 돈에 관한 甲의 행위는 丙을 도구로 이용한 간접정범 형태의 소송사기죄를 구성한다고 한 사례(대판 2007.9.6. 2006도3591)

② (×) 특수강도의 범행을 모의한 이상 범행의 실행에 가담하지 아니하고, 공모자들이 강취하여 온 장물의 처분을 알선만 하였다 하더라도, 특수강도의 공동정범이 된다 할 것이므로 장물알선죄로 의율할 것이 아니다(대판 1983.2.22. 82도3103,82감도666).

③ (×) 변호사 사무실 직원인 피고인 甲이 법원공무원인 피고인 乙에게 부탁하여, 수사 중인 사건의 체포영장 발부자 53명의 명단을 누설받은 사안에서, 피고인 乙이 직무상 비밀을 누설한 행위와 피고인 甲이 이를 누설받은 행위는 대향범 관계에 있으므로 공범에 관한 「형법」총칙 규정이 적용될 수 없는데도, 피고인 甲의 행위가 공무상비밀누설교사죄에 해당한다고 본 원심판단에 법리오해의 위법이 있다고 한 사례(대판 2011.4.28. 2009도3642)

④ (×) 정범의 판매목적의 의약품 취득범행과 대향범 관계에 있는 정범에 대한 의약품 판매행위에 대하여는 「형법」총칙상 공범이나 방조범 규정의 적용이 있을 수 없어 정범의 범행에 대한 방조범으로 처벌할 수 없다(대판 2001.12.28. 2001도5158).

05 ①　

형법총론 > 정범 및 공범론 > 종합	오답률 19%

① (×) 정범으로부터 대가를 받고 판매할 마약을 공급하는 방법으로 위 범행을 용이하게 한 방조범은 정범의 위 범죄행위로 인한 수익을 정범과 공동으로 취득하였다고 평가할 수 없다면 위 몰수·추징 규정에 의하여 정범과 같이 추징할 수는 없고, 그 방조범으로부터는 방조행위로 얻은 재산 등에 한하여 몰수, 추징할 수 있다고 보아야 한다(대판 2021.4.29. 2020도16369).

② (○) 처음부터 공모가 있고 이로 인한 기능적 행위지배가 있다면 특수강도를 모의한 후 범행의 실행에 가담하지 않고 공모자들이 강취해 온 장물의 처분을 알선만 한 경우에도 특수강도죄의 공동정범이 되고, 본범의 정범은 장물죄를 범할 수 없으므로 장물알선죄는 성립하지 않는다(대판 1983.2.22. 82도3103, 82감도666).

③ (○) 강제추행죄는 자수범이라고 볼 수 없으므로, 처벌되지 아니하는 타인을 도구로 삼아 피해자를 강제로 추행하는 간접정범의 형태로도 범할 수 있다. 여기서 강제추행에 관한 간접정범의 의사를 실현하는 도구로서의 타인에는 피해자도 포함될 수 있으므로, 피해자를 도구로 삼아 피해자의 신체를 이용하여 추행행위를 한 경우에도 강제추행죄의 간접정범에 해당할 수 있다(대판 2018.2.8. 2016도17733).

④ (○) 대판 2013.9.12. 2013도6570

06 ③

형법총론 > 정범 및 공범론 > 종합	오답률 12.7%

㉠ (○) 신분관계 없는 자에게도 일단 업무상배임으로 인한 상호신용금고법위반죄가 성립한 다음 「형법」 제33조 단서에 의하여 중한 형이 아닌 「형법」 제355조 제2항(단순배임)에 정한 형으로 처벌되는 것이다(대판 1997.12.26. 97도2609). 같은 이유로 비점유자가 업무상점유자와 공모하여 횡령한 경우에 비점유자도 「형법」 제33조 본문에 의하여 공범관계가 성립되며 다만 그 처단에 있어서는 동조 단서의 적용을 받는다(대판 1965.8.24. 65도493).

㉡ (×) 강제추행에 관한 간접정범의 의사를 실현하는 도구로서의 타인에는 피해자도 포함될 수 있으므로, 피해자를 도구로 삼아 피해자의 신체를 이용하여 추행행위를 한 경우에도 강제추행죄의 간접정범에 해당할 수 있다(대판 2018.2.8. 2016도17733).

㉢ (×) 포괄적 일죄의 일부에 공동정범으로 가담한 자는 비록 그가 그때에 이미 이루어진 종전의 범행을 알았다 하여도 그 가담 이후의 범행에 대해서만 공동정범으로서 책임을 진다(대판 1997.6.27. 97도163; 대판 1982.6.8. 82도884).

㉣ (○) 대판 1994.12.23. 93도1002

07 ③　

형법총론 > 위법성론 > 위법성 일반이론	오답률 26.7%

┌ 출제자의 함정의도 ─────────────

　행위반가치와 결과반가치 그리고 주관적 정당화 요소필요설과 불요설을 혼동케 하였다.

① (○) 주관적 정당화요소 필요설은 우연방위의 경우 위법성의 조각을 인정하지 아니하며 기수범 내지 불능미수의 법적효과를 인정하고 있다.

② (○) 순수한 결과반가치론에 의하면 불법은 결과반가치만으로 구성되므로 위법성을 조각하기 위해서는 결과반가치를 상쇄시킬 수 있는 위법성

조각사유의 객관적정당화상황만 존재하면 충분하게 되고 행위반가치를 상쇄시키는 주관적 정당화요소가 필요 없게 된다.

③ (×) 위법성의 실질을 행위반가치로만 파악하는 견해에 대해서는, 고의범에 있어서 기수와 미수를 동일하게 취급하게 되어 부당하다는 비판이 제기된다. 기수와 미수간의 법정형의 차이는 행위반가치만으로는 설명할 수 없고 결과반가치를 고려할 때 가능하기 때문이다.

④ (○) 일원적 인적불법론(행위반가치일원론)은 오직 행위반가치만이 불법의 전부라고 보는 견해이므로, 위법성을 조각하기 위해서는 행위반가치를 상쇄시킬 주관적 정당화요소가 필요하게 되고, 만약 이러한 주관적 정당화요소가 있으면 불법의 전부인 행위반가치가 탈락하여 정당화될 수 있다. 한편 일원적 인적불법론(행위반가치일원론)에 의하면 주관적 정당화요소가 흠결된 경우 불법의 전부인 행위반가치는 고스란히 남게 되므로 기수의 법적 효과를 인정한다.

08 ①

형법총론 > 위법성론 > 자구행위	오답률 3.6%

① (×) 비록 채권을 확보할 목적이라고 할지라도 취거 당시에 점유 이전에 관한 점유자의 명시적·묵시적인 동의가 있었던 것으로 인정되지 않는 한 점유자의 의사에 반하여 점유를 배제하는 행위를 함으로써 절도죄는 성립하는 것이고, 그러한 경우에 특별한 사정이 없는 한 불법영득의 의사가 없었다고 할 수는 없다(대판 2006.3.24. 2005도8081).

② (○), ③ (○), ④ (○) "채무자인 피해자가 부도를 낸 후 도피하였고 다른 채권자들이 채권확보를 위하여 피해자의 물건들을 취거해 갈 수도 있다는 사정만으로는 피고인들이 법정절차에 의하여 자신들의 피해자에 대한 청구권을 보전하는 것이 불가능한 경우에 해당한다고 볼 수 없을 뿐만 아니라, 또한 피해자 소유의 가구점에 관리종업원이 있음에도 불구하고 위 가구점의 시정장치를 쇠톱으로 절단하고 들어가 가구들을 무단으로 취거한 행위가 피고인들의 피해자에 대한 청구권의 실행불능이나 현저한 실행곤란을 피하기 위한 상당한 이유가 있는 행위라고도 할 수 없다." 원심이 같은 취지에서 피고인들의 자구행위 내지 과잉자구행위 주장을 배척한 조치는 정당한 것으로 수긍이 간다(대판 2006.3.24. 2005도8081).

09 ③　

형법총론 > 위법성론 > 정당행위	오답률 16.7%

㉠ (○) 대판 2020.9.3. 2015도1927

㉡ (×) 학생회관의 관리권은 그 대학 당국에 귀속되므로 학생회의 동의가 있어 그 침입이 위법하지 않다고 믿었다 하더라도 정당한 사유가 있다고 볼 수 없으므로 주거침입죄를 구성한다(대판 1995.4.14 95도12).

㉢ (×) 피고인들이 회사의 직원들 및 그 가족들에게 수여할 목적으로 타미플루를 제약회사로부터 매수하여 취득한 행위는 구 「약사법」 제44조 제1항 위반행위에 해당한다고 전제한 다음, 피고인들의 위와 같은 행위가 사회상규에 위배되지 아니하는 정당행위로서 위법성이 조각된다는 취지의 피고인들의 주장을 배척한 조치는 정당하다(대판 2011.10.13. 2011도6287).

㉣ (○) 대판 2009.12.24. 2007도6243

✓ 개념 체크　노동쟁의

• 「노동조합법」 제37조 행위 / 업무방해죄 구성요건 해당 위법성 조각
• ㉿ ① 목적: 근로조건 ② 방법: 비폭력적인 수단 ③ 절차: 「노동쟁의법」 / 「노동조합 및 노동관계조정법」 준수

쟁의행위 정당성 인정	쟁의행위 정당성 부정

근로조건: 임금 노동시간	경영판단: 구조조정, 민영화
3시간 쟁의 찬반투표 / 1시간 여흥	구조조정 / 공장이전저지(경영권)쟁의 행위
근무시간 노동조합 임시총회	과학기술원 시설부분 민영화 저지
주된 부분이 임금투쟁	주된 부분이 구조조정
「노동쟁의법」준수(사소한 위법은 치유)	(중대한 위법)
조정절차 마치지 않았으나 조정기간 경료(냉각기간 준수)	찬반투표미실시 / 민주적 정당성은 확보
신고절차 미준수(사소한 위법)	단체협약체결권 의문 해소 없이 단체교섭만 요구
당해지부나 분회소속과반수 찬성(부분파업)	정시출근 투쟁 / 통상적 연장거부(준법파업)
비폭력적인 수단(병존점거)	폭력적인 수단(단독점거)

⊕ 정당한 쟁의행위 실시후 밀접한 쟁의상황 발생 후 별개 투표절차 없더라도 정당

10 ② [함정문제]

형법총론 > 책임론 > 책임능력　　　　오답률 30.6%

┌─ 출제자의 함정의도 ─
│ 원인에 있어서 자유로운 행위의 학설에 대한 장단점과 실행의 착수시기를 연결하여 혼동케 하였다.

① (×) 위험의 발생을 예견하고 자의로 심신장애를 야기한 자의 행위에는 「형법」제10조 제1항·제2항의 규정을 적용하지 아니한다(제10조 제3항). 따라서 자의로 심신장애을 야기하였더라도 위험의 발생을 예견하지 않았다면(어떤 범죄에 대한 고의나 과실이 없었다면) 원인에 있어 자유로운 행위에 해당하지 아니한다.

② (○) 이른바 구성요건모델(일치설)에 관한 설명으로 가벌성의 근거를 원인설정행위 자체에서 찾는 견해이다. 이 견해는 행위와 책임의 동시존재의 원칙이 유지된다는 장점이 있지만, 구성요건적 정형성을 무시한다는 비판이 제기되기도 한다.

③ (×) 「형법」제10조 제3항은 '위험의 발생을 예견하고 자의로 심신장애를 야기한 자의 행위에는 전 2항의 규정을 적용하지 아니 한다'고 규정하고 있는 바, 이 규정은 고의에 의한 원인에 있어서의 자유로운 행위만이 아니라 과실에 의한 원인에 있어서의 자유로운 행위까지도 포함하는 것으로서 위험의 발생을 예견할 수 있었는데도 자의로 심신장애를 야기한 경우도 그 적용 대상이 된다(대판 1992.7.28. 92도999).

④ (×) 원인에 있어 자유로운 행위는 「형법」상 책임능력자의 행위와 동일하게 취급된다(제10조 제3항).

✓ 개념 체크　원인에 있어서 자유로운 행위

구분	내용	비난 근거	착수시기	장점	단점
구성요건모델 (원칙모델)	책임능력 상태 있는 자신을 도구로 이용	원인설정 행위	원인설정 행위	행위책임 동시존재 원칙	구성요건 정형성 없음
책임모델 (예외모델)	원인설정행위 실행행위 불가분적 연관	원인설정 행위	심신장애하 행위	구성요건 정형성	책임원칙 예외

11 ①

형법총론 > 미수론 > 실행의 착수　　　　오답률 10.9%

① (×) 필로폰을 매수하려는 자에게서 필로폰을 구해 달라는 부탁과 함께 돈을 지급받았다고 하더라도, 당시 필로폰을 소지 또는 입수한 상태에 있었거나 그것이 가능하였다는 등 매매행위에 근접·밀착한 상태에서 대금을 지급받은 것이 아니라 단순히 필로폰을 구해 달라는 부탁과 함께 대금 명목으로 돈을 지급받은 것에 불과한 경우에는 필로폰 매매행위의 실행의 착수에 이른 것이라고 볼 수 없다(대판 2015.3.20. 2014도16920).

② (○) 피고인의 팔이 甲의 몸에 닿지 않았더라도 양팔을 높이 들어 갑자기 뒤에서 껴안으려는 행위는 甲의 의사에 반하는 유형력의 행사로서 폭행행위에 해당하며, 그때 '기습추행'에 관한 실행의 착수가 있는데, 마침 甲이 뒤돌아보면서 소리치는 바람에 몸을 껴안는 추행의 결과에 이르지 못하고 미수에 그쳤으므로, 피고인의 행위는 아동·청소년에 대한 강제추행미수죄에 해당한다[대판 2015.9.10. 2015도6980,2015모2524(병합)].

③ (○) 절도죄의 실행의 착수시기는 재물에 대한 타인의 사실상의 지배를 침해하는데 밀접한 행위가 개시된 때라 할 것이고(대판 1983.3.8. 82도2944), 야간이 아닌 주간에 절도의 목적으로 다른 사람의 주거에 침입하여 절취할 재물의 물색행위를 시작하는 등 그에 대한 '사실상의 지배를 침해하는 데에 밀접한 행위를 개시'하면 절도죄의 실행에 착수한 것으로 보아야 한다(대판 2003.6.24. 2003도1985,2003감도26). 따라서 '주간'에 주거에 침입하기 위하여 피해자의 집 부엌문에 시정된 열쇠고리의 장식을 뜯는 행위만으로는 절도죄의 실행행위에 착수한 것이라고 볼 수 없다(대판 1989.2.28. 88도1165).

④ (○) 사기도박의 경우 사기적인 방법으로 도금을 편취하려고 하는 자가 피해자들에게 도박에 참가하도록 권유한 때 또는 늦어도 그 정을 알지 못하는 피해자들이 도박에 참가한 때에는 이미 사기죄의 실행에 착수하였다고 할 것이므로, 피고인 등이 그 후에 사기도박을 숨기기 위하여 얼마간 정상적인 도박을 하였다고 하더라도 이는 사기죄의 실행행위에 포함되는 것이라고 할 것이어서 피고인에 대하여는 피해자들에 대한 사기죄만이 성립하고 도박죄는 따로 성립하지 아니한다(대판 2011.1.13. 2010도9330).

12 ①

형법총론 > 미수론 > 실행의 착수　　　　오답률 6.7%

① (×) 유치권에 의한 경매를 신청한 유치권자는 일반채권자와 마찬가지로 피담보채권액에 기초하여 배당을 받게 되는 결과 피담보채권인 공사대금 채권을 실제와 달리 허위로 크게 부풀려 유치권에 의한 경매를 신청할 경우 정당한 채권액에 의하여 경매를 신청한 경우보다 더 많은 배당금을 받을 수도 있으므로, 이는 법원을 기망하여 배당이라는 법원의 처분행위에 의하여 재산상 이익을 취득하려는 행위로서, 불능범에 해당한다고 볼 수 없고, 소송사기죄의 실행의 착수에 해당한다고 할 것이다(대판 2012.11.15. 2012도9603).

② (○) 「부정경쟁방지 및 영업비밀보호에 관한 법률」제18조 제2항에서 정하고 있는 영업비밀부정사용죄에 있어서는, 행위자가 당해 영업비밀과 관계된 영업활동에 이용 혹은 활용할 의사 아래 그 영업활동에 근접한 시기에 영업비밀을 열람하는 행위(영업비밀이 전자파일의 형태인 경우에는 저장의 단계를 넘어서 해당 전자파일을 실행하는 행위)를 하였다면 그 실행의 착수가 있다(대판 2009.10.15. 2008도9433).

③ (○) [1] 「범죄수익은닉의 규제 및 처벌 등에 관한 법률」제3조 제1항 제3호에서 정한 범죄수익 등의 은닉에 관한 죄의 미수범으로 처벌하려면 그 실행에 착수한 것으로 인정되어야 하고, 위와 같은 은닉행위의 실행에 착수하는 것은 범죄수익 등이 생겼을 때 비로소 가능하므로, 아직 범죄수익 등이 생기지 않은 상태에서는 범죄수익 등의 은닉에 관한 죄의 실행에 착수하였다고 인정하기 어렵다. [2] 은행강도 범행으로 강취할

돈을 송금받을 계좌를 개설한 것만으로는 범죄수익 등의 은닉에 관한 죄의 실행에 착수한 것으로 볼 수 없다(대판 2007.1.11. 2006도5288).

④ (O) 가압류는 강제집행의 보전방법에 불과하고 그 기초가 되는 허위의 채권에 의하여 실지로 청구의 의사표시를 한 것이라고 할 수 없으므로 소의 제기 없이 가압류신청을 한 것만으로는 사기죄의 실행에 착수한 것이라고 할 수 없다(대판 1982.10.26. 82도1529).

13 ④

형법총론 > 죄수론 > 종합　　　　　　오답률 22.2%

㉠ (×) 합의가 단일한 의사에 기하여 동일한 목적을 수행하기 위한 것으로서 단절됨이 없이 계속 실행되어 왔다면, 그 각 합의의 구체적인 내용이나 구성원 등에 일부 변경이 있었다고 할지라도, 특별한 사정이 없는 한 그와 같은 일련의 합의는 전체적으로 1개의 부당한 공동행위로 봄이 타당하다(대판 2015.9.10. 2015도3926).

㉡ (O) 대판 2012.5.10. 2011도12131

㉢ (×) 당사자와 내용을 달리하는 법률사건에 관한 법률사무 취급은 각기 별개의 행위라고 할 것이어서 포괄일죄에 해당한다 할 수 없다(대판 2015.1.15. 2011도14198).

㉣ (×) 피고인의 여관 종업원과 주인에 대한 각 강도행위가 각별로 강도죄를 구성하되 법률상 1개의 행위로 평가되어 위 2죄는 상상적 경합범관계에 있다(대판 1991.6.25. 91도643).

14 ③

형법총론 > 형벌론 > 종합　　　　　　오답률 30.9%

㉠ (O) [1] 처단형은 선고형의 최종적인 기준이 되므로 그 범위는 법률에 따라서 엄격하게 정하여야 하고, 별도의 명시적인 규정이 없는 이상 「형법」제56조에서 열거하고 있는 가중·감경할 사유에 해당하지 않는 다른 성질의 감경 사유를 인정할 수는 없다. [2] 「형법」제37조 후단 경합범(이하 '후단 경합범'이라 한다)에 대하여 「형법」제39조 제1항에 의하여 형을 감경할 때에도 법률상 감경에 관한 「형법」제55조 제1항이 적용되어 유기징역을 감경할 때에는 그 형기의 2분의 1 미만으로는 감경할 수 없다(대판 2019.4.18. 2017도14609 전원합의체).

㉡ (×) 우리 형법이 집행유예기간의 시기에 관하여 명문의 규정을 두고 있지는 않지만 「형사소송법」제459조가 "재판은 이 법률에 특별한 규정이 없으면 확정한 후에 집행한다."고 규정한 취지나 집행유예 제도의 본질 등에 비추어 보면 집행유예를 함에 있어 그 집행유예기간의 시기는 집행유예를 선고한 판결 확정일로 하여야 하고 법원이 판결 확정일 이후의 시점을 임의로 선택할 수는 없다(대판 2002.2.26. 2000도4637).

㉢ (×) [1] 「형법」과 「보호관찰 등에 관한 법률」의 관계 규정을 종합하면, 사회봉사는 형의 집행을 유예하면서 부가적으로 명하는 것이고 집행유예되는 형은 자유형에 한정되고 있는 점 등에 비추어, 법원이 형의 집행을 유예하는 경우 명할 수 있는 사회봉사는 자유형의 집행을 대체하기 위한 것으로서 500시간 내에서 시간 단위로 부과될 수 있는 일 또는 근로활동을 의미하는 것으로 해석되므로, 법원이 「형법」제62조의2의 규정에 의한 사회봉사명령으로 피고인에게 일정한 금원을 출연하거나 이와 동일시할 수 있는 행위를 명하는 것은 허용될 수 없다. [2] 재벌그룹 회장의 횡령행위 등에 대하여 집행유예를 선고하면서 사회봉사명령으로서 일정액의 금전출연을 주된 내용으로 하는 사회공헌계획의 성실한 이행을 명하는 것은 시간 단위로 부과될 수 있는 일 또는 근로활동이 아닌 것을 명하는 것이어서 허용될 수 없고, 준법경영을 주제로 하는 강연과 기고를 명하는 것은 「헌법」상 양심의 자유 등에 대한 심각하고 중대한

침해가능성, 사회봉사명령의 의미나 내용에 대한 다툼의 여지 등의 문제가 있어 허용될 수 없다(대판 2008.4.11. 2007도8373).

㉣ (×) 집행유예기간 중에 범한 죄에 대하여 형을 선고할 때에, 집행유예의 결격사유를 정하는 「형법」제62조 제1항 단서 소정의 요건에 해당하는 경우란, 이미 집행유예가 실효 또는 취소된 경우와 그 선고 시점에 미처 유예기간이 경과하지 아니하여 형 선고의 효력이 실효되지 아니한 채로 남아 있는 경우로 국한되고, 집행유예가 실효 또는 취소됨이 없이 유예기간을 경과한 때에는, 형의 선고가 이미 그 효력을 잃게 되어 '금고 이상의 형을 선고'한 경우에 해당한다고 보기 어려울 뿐 아니라, 집행의 가능성이 더 이상 존재하지 아니하여 집행종료나 집행면제의 개념도 상정하기 어려우므로 위 단서 소정의 요건에 해당하지 않는다고 할 것이므로, 집행유예기간 중에 범한 범죄라고 할지라도 집행유예가 실효 취소됨이 없이 그 유예기간이 경과한 경우에는 이에 대해 다시 집행유예의 선고가 가능하다(대판 2007.2.8. 2006도6196).

㉤ (×) 「형법」제55조 제1항 제6호의 벌금을 감경할 때의 '다액'의 2분의 1이라는 문구는 '금액'의 2분의 1이라고 해석하여 그 상한과 함께 하한도 2분의 1로 내려가는 것으로 해석하여야 한다(대판 1978.4.25. 78도246).

15 ③

형법각론 > 개인적 법익 > 재산에 관한 죄　　　　　　오답률 14.5%

① (×) 사기죄의 구성요건인 편취의 범의는 피고인이 자백하지 아니하는 이상 범행 전후의 피고인의 재력, 환경, 범행의 내용, 기망 대상 행위의 이행가능성 및 이행과정 등과 같은 객관적인 사정 등을 종합하여 판단할 수밖에 없다. 그리고 피고인이 피해자에게 불행을 고지하거나 길흉화복에 관한 어떠한 결과를 약속하고 기도비 등의 명목으로 대가를 교부받은 경우에 전통적인 관습 또는 종교행위로서 허용될 수 있는 한계를 벗어났다면 사기죄에 해당한다(대판 2017.11.9. 2016도12460).

② (×) 부동산가압류결정을 받아 부동산에 관한 가압류집행까지 마친 자가 그 가압류를 해제하면 소유자는 가압류의 부담이 없는 부동산을 소유하는 이익을 얻게 되므로, 가압류를 해제하는 것 역시 사기죄에서 말하는 재산적 처분행위에 해당하고, 그 이후 가압류의 피보전채권이 존재하지 않는 것으로 밝혀졌다고 하더라도 가압류의 해제로 인한 재산상의 이익이 없었다고 할 수 없다(대판 2007.9.20. 2007도5507).

③ (O) 법원을 기망하여 제3자로부터 재물을 편취한 경우에 피기망자인 법원은 피해자가 될 수 없고 재물을 편취당한 제3자가 피해자라고 할 것이므로 피해자인 제3자와 사기죄를 범한 자가 직계혈족의 관계에 있을 때에는 그 범인에 대하여는 「형법」제354조에 의하여 준용되는 「형법」제328조 제1항에 의하여 그 형을 면제하여야 할 것이다(대판 2014.9.26. 2014도8076; 대판 1976.4.13. 75도781).

④ (×) 사기죄는 타인을 기망하여 착오에 빠뜨리고 그로 인하여 피기망자(기망행위의 상대방)가 처분행위를 하도록 유발하여 재물 또는 재산상의 이익을 얻음으로써 성립하는 범죄이다. 따라서 사기죄가 성립하려면 행위자의 기망행위, 피기망자의 착오와 그에 따른 처분행위, 그리고 행위자 등의 재물이나 재산상 이익의 취득이 있고, 그 사이에 순차적인 인과관계가 존재하여야 한다. 그리고 사기죄의 피해자가 법인이나 단체인 경우에 기망행위로 인한 착오, 인과관계 등이 있었는지는 법인이나 단체의 대표 등 최종 의사결정권자 또는 내부적인 권한 위임 등에 따라 실질적으로 법인의 의사를 결정하고 처분을 할 권한을 가지고 있는 사람을 기준으로 판단하여야 한다(대판 2017.9.26. 2017도8449).

16 ②

형법각론 > 개인적 법익 > 재산에 관한 죄　　　　오답률 5.5%

① (○) 절도 범인으로부터 장물보관의뢰를 받은 자가 그 정을 알면서 이를 인도받아 보관하고 있거나 '업무상 과실로 장물을 보관'하고 있다가 임의처분하였다 하여도 장물보관죄 또는 업무상과실장물보관죄가 성립되는 때에는 이미 그 소유자의 소유물추구권을 침해하였으므로 그 후의 횡령행위는 불가벌적 사후행위에 불과하여 별도로 횡령죄가 성립하지 않는다(대판 1976.11.23. 76도3067; 대판 2004.4.9. 2003도8219).

② (×) 장물죄의 고의는 장물, 즉 재산범죄에 의하여 영득된 재물이라는 점에 대한 인식이 있어야 하며, 장물일지도 모른다는 의심을 가지는 정도의 미필적 인식으로도 충분하고(대판 1995.1.20. 94도1968), 본범의 구체적인 내용, 즉 본범이나 피해자가 누구이며 본범의 종류·범행일시 등까지 알 필요는 없다(대판 1969.1.21. 68도1474).

③ (○) 채무자가 양도담보된 동산을 처분하는 등 부당히 그 담보가치를 감소시키는 행위를 한 경우에 배임죄가 성립된다는 종래 판례(대판 1989.7.25. 89도350)에 의하더라도 양도담보로 제공한 물건을 다시 다른 사람에게 양도하여 배임죄가 성립할 경우, 그 물건은 배임죄인 재산범죄에 제공된 재물로서 장물에 해당하지 않는다(대판 1983.11.8. 82도2119 등). 동산에 관하여 양도담보설정계약을 체결한 채무자를 더 이상 채권자의 사무를 처리하는 자로 보지 않는 최근 전합판례(대판 2020. 2.20. 2019도9756 전원합의체)에 따르면 당연히 장물이 되지 않는다.

④ (○) 甲이 권한 없이 인터넷뱅킹으로 타인의 예금계좌에서 자신의 예금계좌로 돈을 이체(이는 컴퓨터사용사기죄에 해당)한 후 그 중 일부를 인출(이는 절도죄나 사기죄의 구성요건에 해당하지 않음)하여 그 정을 아는 乙에게 교부한 경우, 甲이 컴퓨터등사용사기죄에 의하여 취득한 예금채권은 재물이 아니라 재산상 이익이므로, 그가 자신의 예금계좌에서 돈을 인출하였더라도 장물을 금융기관에 예치하였다가 인출한 것으로 볼 수 없으므로 乙의 장물취득죄의 성립은 부정된다(대판 2008.6.12. 2008도2440; 대판 2004.4.16. 2004도353).

17 ④

형법각론 > 개인적 법익 > 재산에 관한 죄　　　　오답률 16.7%

㉠ (×) [1] 당사자 사이에 자동차의 소유권을 그 등록명의자 아닌 자가 보유하기로 약정한 경우, 그 약정 당사자 사이의 내부관계에서는 등록명의자 아닌 자가 소유권을 보유하게 된다고 하더라도 제3자에 대한 관계에서는 어디까지나 그 등록명의자가 자동차의 소유자라고 할 것이다. [2] 「형법」상 절취란 타인이 점유하고 있는 자기 이외의 자의 소유물을 점유자의 의사에 반하여 그 점유를 배제하고 자기 또는 제3자의 점유로 옮기는 것을 말한다. [3] 「형법」 제344조에 의하여 준용되는 「형법」 제328조 제1항에 정한 친족간의 범행에 관한 규정은 범인과 피해물건의 소유자 및 점유자 쌍방간에 같은 규정에 정한 친족관계가 있는 경우에만 적용되는 것이며, 단지 절도범인과 피해물건의 소유자간에만 친족관계가 있거나 절도범인과 피해물건의 점유자간에만 친족관계가 있는 경우에는 그 적용이 없다고 보아야 한다(대판 2014.9.25. 2014도8984).
→ 제3자인 A에 대한 관계에서는 자동차의 등록명의자인 乙이 그 소유자이고, A가 매수하여 점유하던 자동차를 甲이 임의로 가져간 이상 절도죄가 성립하며, 甲은 자동차의 소유자인 乙과 친족관계가 있을 뿐 그 점유자인 A와는 친족관계가 없으므로 甲의 절도죄에는 친족간의 범행에 관한 「형법」 제328조 제1항이 적용되지 아니한다.

㉡ (○) 대판 2014.9.26. 2014도8076

㉢ (×) 강도죄와 강제집행면탈죄 이외에 손괴죄, 점유강취죄, 준점유강취죄 등에 대하여도 친족상도례가 준용되지 않는다.

㉣ (×) 신분관계가 없는 공범에 대하여는 친족상도례규정이 적용되지 아니한다(「형법」 제328조 제3항).

㉤ (×) 「형법」 제354조에 의하여 준용되는 제328조 제1항에서 "직계혈족, 배우자, 동거친족, 동거가족 또는 그 배우자 간의 제323조의 죄는 그 형을 면제한다."고 규정하고 있는바, 여기서 '그 배우자'는 동거가족의 배우자만을 의미하는 것이 아니라, 직계혈족, 동거친족, 동거가족 모두의 배우자를 의미하는 것으로 볼 것이다(대판 2011.5.13. 2011도1765).

18 ① [최신판례]

형법각론 > 개인적 법익 > 재산에 관한 죄　　　　오답률 33.3%

① (○) 원인무효 등기에 따라 토지에 대한 처분권능이 새로이 발생하는 것이 아니므로 토지에 대한 보관자의 지위에 있다고 할 수 없다. 타인 소유의 토지에 대한 보관자의 지위에 있지 않은 사람이 그 앞으로 원인무효의 소유권이전등기가 되어 있음을 이용하여 토지소유자에게 지급될 보상금을 수령하였더라도 보상금에 대한 점유 취득은 진정한 토지소유자의 위임에 따른 것이 아니므로 보상금에 대하여 어떠한 보관관계가 성립하지 않는다(대판 2021.6.30. 2018도18010).

② (×) 채무자가 채권양도담보계약에 따라 부담하는 '담보 목적 채권의 담보가치를 유지·보전할 의무'를 이행하는 것은 채무자 자신의 사무에 해당할 뿐이고, 채무자가 통상의 계약에서의 이익대립관계를 넘어서 채권자와의 신임관계에 기초하여 채권자의 사무를 맡아 처리한다고 볼 수 없으므로, 이 경우 채무자는 채권자에 대한 관계에서 '타인의 사무를 처리하는 자'에 해당한다고 할 수 없다(대판 2021.7.15. 2020도3514).

③ (×) 사기죄에서 피해자에게 그 대가가 지급된 경우, 피해자를 기망하여 그가 보유하고 있는 그 대가를 다시 편취하거나 피해자로부터 그 대가를 위탁받아 보관 중 횡령하였다면, 이는 새로운 법익의 침해가 발생한 경우이므로, 기존에 성립한 사기죄와는 별도의 새로운 사기죄나 횡령죄가 성립한다(대판 2009.10.29. 2009도7052). → 엑스박스 게임기 편취 사건

④ (×) 甲이 금융기관에 피고인 명의로 예금을 하면서 자신만이 이를 인출할 수 있게 해달라고 요청하여 금융기관 직원이 예금관련 전산시스템에 '甲이 예금, 인출 예정'이라고 입력하였고 피고인도 이의를 제기하지 않았는데, 그 후 피고인이 금융기관을 상대로 예금 지급을 구하는 소를 제기하였다가 금융기관의 변제공탁으로 패소한 사안에서, 제반 사정에 비추어 금융기관과 甲 사이에 실명확인 절차를 거쳐 서면으로 이루어진 피고인 명의의 예금계약을 부정하여 예금명의자인 피고인의 예금반환청구권을 배제하고, 甲에게 이를 귀속시키겠다는 명확한 의사의 합치가 있었다고 인정할 수 없어 예금주는 여전히 피고인이라는 이유로, 이와 달리 예금주가 甲이라는 전제하에 피고인에게 사기미수죄를 인정한 원심판단에 예금계약의 당사자 확정 방법에 관한 법리오해의 위법이 있다(대판 2011.5.13. 2009도5386).

19 ④

형법각론 > 개인적 법익 > 재산에 관한 죄　　　　오답률 40%

㉠ (○) 대판 2018.4.10. 2017도17699

㉡ (×) 타인의 금전을 위탁받아 보관하는 자가 보관방법으로 금융기관에 자신의 명의로 보관을 위탁받은 위 금전이 수탁자 소유로 된다거나 위탁자가 위 금전의 반환을 구할 수 없는 것은 아니므로 수탁자가 이를 함부로 인출하여 소비하거나 또는 위탁자로부터 반환요구를 받았음에도 이를 영득할 의사로 반환을 거부하는 경우에는 횡령죄가 성립한다(대판 2000.8.18. 2000도1856).

㉢ (○) 대판 2000.3.24. 98도4347

㉣ (×) 재단법인의 이사장 직무대리인이 후원회 기부금을 정상 회계처리하지 않고 자신과 친분관계에 있는 신도에게 확실한 담보도 제공받지 아

니한 채 대여한 경우, 그 신도가 이자금을 제때에 불입하고 나중에 원금을 변제하였다 하더라도 **배임죄가 성립한다**(대판 2000.12.8. 99도3338).

ⓜ (○) 대판 1997.10.24. 97도2042

20 ②

형법각론 > 개인적 법익 > 재산에 관한 죄　　　　오답률 36.1%

① (×) 피고인이 甲 회사와 동업관계에 있더라도 지분비율에 관계없이 임의로 소비한 금액 전부에 대하여 **횡령죄의 죄책을 면할 수 없다는 이유**로, 같은 취지의 원심판단을 수긍한 사례(대판 2011.6.10. 2010도17684)

② (○) 대판 2018.7.19. 2017도17494 전원합의체

③ (×) 「특정경제범죄 가중처벌 등에 관한 법률」 위반으로 기소된 사안에서, 피고인이 甲으로부터 범죄수익 등의 은닉행위 등을 위해 교부받은 수표는 **불법의 원인으로 급여한 물건**에 해당하여 **소유권이 피고인에게 귀속되므로 횡령죄가 성립하지 않는다**(대판 2017.4.26. 2016도18035).

④ (×) 채무자가 채권양도담보계약에 따라 부담하는 '담보 목적 채권의 담보가치를 유지·보전할 의무'를 이행하는 것은 **채무자 자신의 사무**에 해당할 뿐이고, 채무자가 통상의 계약에서의 이익대립관계를 넘어서 채권자와의 신임관계에 기초하여 채권자의 사무를 맡아 처리한다고 볼 수 없으므로, 이 경우 채무자는 채권자에 대한 관계에서 **'타인의 사무를 처리하는 자'에 해당한다고 할 수 없다**(대판 2021.7.15. 2015도5184).

21 ④

형법각론 > 개인적 법익 > 재산에 관한 죄　　　　오답률 42.9%

① (×) 채무이행을 연기받는 것도 사기죄에 있어서 재산상의 이익이 되므로 채무자가 채권자에 대하여 소정기일까지 지급할 의사나 능력이 없음에도 종전 채무의 변제기를 늦출 목적에서 어음을 발행, 교부한 경우에는 **사기죄가 성립한다**(대판 2007.3.30. 2005도5972).

② (×) 피고인이 식당을 운영하면서 수입산 식재료를 사용하고 중국산 부세를 조리하여 제공하면서도 메뉴판에 원산지를 국내산이라고 기재하여 마치 국내산 식재료와 굴비인 것처럼 손님들을 기망함으로써 이에 속은 손님들로부터 음식대금을 편취하였다는 공소사실로 기소된 사안에서, 피고인은 전남 영광군 법성포에서 굴비처럼 가공한 중국산 부세를 20,000원짜리 점심 식사 등에 굴비 대용품으로 사용한 점, 위 식당에서 사용되는 중국산 부세와 같은 크기의 국내산 굴비는 1마리에 200,000원 내외의 고가인 점 등에 비추어 보면, 손님들이 메뉴판에 기재된 국내산이라는 원산지 표시에 속아 식당을 이용하였다고 보기 어렵다(대판 2017.6.8. 2015도12932).

③ (×) 비의료인이 개설한 의료기관이 마치 「의료법」에 의하여 적법하게 개설된 요양기관인 것처럼 국민건강보험공단에 요양급여비용의 지급을 청구하는 것은 국민건강보험공단으로 하여금 요양급여비용 지급에 관한 의사결정에 착오를 일으키게 하는 것으로서 **사기죄의 기망행위에 해당**하고, 이러한 기망행위에 의하여 국민건강보험공단으로부터 요양급여비용을 지급받을 경우에는 **사기죄가 성립한다**(대판 2018.9.13. 2018도10183).

④ (○) 피해자 법인이나 단체의 업무를 처리하는 실무자인 일반 직원이나 구성원 등이 기망행위임을 알고 있었더라도, 피해자 법인이나 단체의 대표자 또는 실질적으로 의사결정을 하는 **최종결재권자 등이 기망행위**임을 알지 못한 채 착오에 빠져 처분행위에 이른 경우라면, 피해자 법인에 대한 사기죄의 성립에 영향이 없다(대판 2017.9.26. 2017도8449).

22 ③

형법각론 > 개인적 법익 > 재산에 관한 죄　　　　오답률 28.6%

① (○) 준강도죄의 행위의 주체인 절도는 실행에 착수한 이상 그 기수·미수를 불문한다(대판 1990.2.27. 89도2532). 따라서 절도의 예비단계에서 폭행·협박을 한 경우에는 본죄가 성립할 수 없다(통설).

② (○) 준강도죄의 주체인 절도는 절도죄의 정범(공동정범·합동범 포함)만을 의미하며, **절도죄의 교사범과 방조범은 본죄의 주체가 될 수 없다.** 따라서 절도교사·방조범이 체포를 면탈하기 위하여 폭행·협박을 한 경우 **절도교사·방조죄와 폭행·협박죄의 실체적 경합범**이 된다.

③ (×) 준강도는 절도범인이 소정의 목적으로서 폭행 또는 협박을 하는 행위가 그 태양에 있어서 재물탈취의 수단으로서 폭행·협박을 가하는 강도죄와 같이 보여질 수 있는 실질적 위법성을 지니게 됨에 비추어 이를 엄벌하기 위한 취지의 규정임에 비추어 보면 절도범인이 처음에는 흉기를 휴대하지 아니하였으나 체포를 면탈할 목적으로 폭행·협박을 가할 때에 비로소 흉기를 휴대사용하게 된 경우에는 「형법」 제334조의 예에 의한 **준강도(특수강도의 준강도)가 되는 것으로 해석하여야 할 것이다**(대판 1973.11.13. 73도1553 전원합의체).

④ (○) 절도범이 재물을 절취하고 피해자의 집을 나온 후 뒤늦게 절도사실을 확인하고 뒤쫓아온 피해자에게 절도범행을 마친 지 10여분이 지난 뒤 집으로부터 200m 가량 떨어진 버스정류장에서 체포되어 피해자의 집으로 끌려온 후 피해자를 폭행한 경우, 그 폭행은 사회통념상 절도범행이 이미 완료된 이후에 행해진 것이므로 준강도는 성립하지 않는다(절도죄와 폭행죄의 경합범)(대판 1999.2.26. 98도3321).

23 ②

형법각론 > 개인적 법익 > 자유에 관한 죄　　　　오답률 40%

① (×) 중손괴죄는 사람의 생명 또는 신체에 대한 위험을 구성요건으로 하고, 중상해죄, 중유기죄, 중권리행사방해죄는 사람의 생명에 대한 위험을 구성요건으로 한다. → 중상해죄는 신체에 대한 위험을 구성요건으로 하지 않는다.

② (○) 특수상해죄는 개정 「형법」에 규정이 생겼다(제258조의2).

③ (×) 방화죄, 통화죄에는 자수특례규정이 있으나, 일수죄, 문서죄에는 자수특례규정이 없다.

④ (×) 약취유인죄에 대해서는 존속에 대한 범죄를 가중처벌하는 규정이 없다.

✓ 개념 체크 「형법」상 특수가 붙은 범죄

	주거침입 / 손괴	흉기휴대	합동범	단체다중의 위력	위험한 물건의 휴대
절도	야간에 문호·건조물 손괴	흉기휴대	○		
강도	야간에 사람의 주거에 침입	흉기휴대	○		
도주	수용설비·기구를 손괴	폭행·협박	○		
폭행				○	○
협박				○	○
체포·감금				○	○
주거침입				○	○
손괴				○	○

				○	○
공무집행 방해				○	○
공갈				○	○
강요죄				○	○
상해죄				○	○

- 합동범 가중처벌: 절 강 도
- 해상강도: 다중의 위력행위태양있음
- 단체다중 / 위험한 물건휴대: 손무포박폭거공강상

24 ②

형법각론 > 사회적 법익 > 사회의 도덕에 관한 죄   오답률 47.3%

㉠ (○) 도박당사자의 일방이 사기의 수단으로 승패의 수를 지배하는 경우에는 사기죄만이 성립되고 도박죄는 성립하지 아니한다(대판 1960.11.16. 4293형상743).

㉡ (○) 본죄는 추상적 위험범이므로 화투의 배부 등 도박행위에 착수하면 바로 기수가 된다. 승패의 결정유무나 현실의 재물득실여부는 불문한다.

㉢ (×) 도박죄에 있어서의 위법성의 한계는 도박의 시간과 장소, 도박자의 사회적 지위 및 재산정도, 재물의 근소성, 그밖에 도박에 이르게 된 경위 등 모든 사정을 참조하여 구체적으로 판단하여야 할 것이다(대판 1985.11.12. 85도2096).

㉣ (×) 상습도박죄에 있어서의 상습성이라 함은 반복하여 도박행위를 하는 습벽으로서 행위자의 속성을 말하는데, 이러한 습벽의 유무를 판단함에 있어서는 도박의 전과나 도박횟수 등이 중요한 판단자료가 되나 도박전과가 없다 하더라도 도박의 성질과 방법, 도금의 규모, 도박에 가담하게 된 태양 등의 제반 사정을 참작하여 도박의 습벽이 인정되는 경우에는 상습성을 인정하여도 무방하다(대판 1995.7.11. 95도955).

㉤ (×) 도박개장죄는 영리의 목적이외에 스스로 주재자가 되어 그 지배하에 도박을 개장하여야 하므로 음식점 주인이 도박할 것을 알면서 방을 빌려준 데 지나지 않는 때에는 경우에 따라 도박죄의 종범이 성립할 수 있을 뿐이다.

25 ③   TOP 1

형법각론 > 사회적 법익 > 문서에 관한 죄   오답률 66.7%

① (○) 대판 1997.7.11. 97도1082

② (○) 대판 1985.6.25. 85도758

③ (×) 허위공문서작성죄란 공문서에 진실에 반하는 기재를 하는 때에 성립하는 범죄이므로, 고의로 법령을 잘못 적용하여 공문서를 작성하였다고 하더라도 그 법령적용의 전제가 된 사실관계에 대한 내용에 거짓이 없다면 허위공문서작성죄가 성립될 수 없는바 당사자로부터 뇌물을 받고 고의로 적용하여서는 안될 조항을 적용하여 과세표준을 결정하고 그 과세표준에 기하여 세액을 산출하였다고 하더라도, 그 세액계산서에 허위내용의 기재가 없다면 허위공문서작성에는 해당하지 않는다(대판 1996.5.14. 96도554).

④ (○) 대판 1996.10.15. 96도1669

26 ①

형법각론 > 국가적 법익 > 국가기능에 관한 죄   오답률 50%

① (×) 범죄행위로 인하여 강제출국당한 전력이 있는 사람이 외국 주재 한국영사관 담당직원에게 허위의 호구부 및 외국인등록신청서 등을 제출하여 사증 및 외국인등록증을 발급받은 경우, 위계에 의한 공무집행방해죄가 성립한다(대판 2009.2.26. 2008도11862).

② (○), ③ (○) [1] 국립대학교의 전임교원 공채심사위원인 학과장 甲이 지원자 乙의 부탁을 받고 이미 논문접수가 마감된 학회지에 乙의 논문이 게재되도록 도운 행위는 다소 부적절한 행위라고 볼 수 있지만, 그 후 甲이 연구실적심사의 기준을 강화하자고 제안한 것은 해당 학과의 전임교원 임용 목적에 부합하는 것으로서 공정한 경우에 해당하므로, 설사 甲의 행위가 결과적으로는 乙에게 유리한 결과가 되었다 하더라도 「형법」 제137조에서 말하는 '위계'에 해당하지 않는다. [2] 국립대학교의 전임교원 공채 지원자인 乙이 학과장 甲의 도움으로 이미 논문접수가 마감된 학회지에 논문을 추가게재하여 심사요건 이상의 전공논문실적을 확보하였더라도, 이는 乙이 자신의 노력에 의한 연구결과물로서 심사기준을 충족한 것이고 이후 다른 전형절차들을 모두 거쳐 최종 선발된 것이라면, 「형법」 제137조에 정한 '위계'에 해당하지 않는다(대판 2009.4.23. 2007도1554).

④ (○) [1] 삼성 비자금 의혹 관련 「특별검사의 임명 등에 관한 법률」 제18조 제1항에 정한 '위계에 의한 특별검사 등의 직무방해죄'에서 '위계'란 행위자가 행위 목적을 달성하기 위하여 상대방에게 오인, 착각, 부지를 일으키게 하여 그 오인, 착각, 부지를 이용하는 것을 의미한다. [2] 그리고 피의자나 참고인 등이 적극적으로 피의자의 무고함을 입증하는 등의 목적으로 허위의 증거를 조작하여 제출한 것이 아니라 단순히 증거를 감추거나 없애 버린 것만으로는 위계로써 수사기관으로 하여금 오인, 착각, 부지를 일으키게 하였다고 할 수 없다. [3] 보험회사 임원이, 회사 전산시스템에서 관리하고 있던 보험금 출금 관련 데이터가 압수될 상황에 이르게 되자 특정 기간의 위 전산데이터를 삭제한 행위가 '위계로써 특별검사 등의 직무수행을 방해한 것'이라고 볼 수 없다고 한 사례(대판 2009.6.11. 2008도9437).

27 ④   TOP 3

형법각론 > 국가적 법익 > 공무원에 관한 죄   오답률 54.8%

㉠ (×) 초등학교를 졸업하였음에도 초등학교 중퇴 이하의 학력자라는 허위내용의 인우보증서를 첨부하여 운전면허 구술시험에 응시하였다는 사실만으로는 위계에 의한 공무집행방해죄가 성립하지 않는다(대판 2007.3.29. 2006도8189)

㉡ (×) 타인의 소변을 마치 자신의 소변인 것처럼 수사기관에 건네주어 필로폰 음성반응이 나오게 한 경우, 수사기관의 착오를 이용하여 적극적으로 피의사실에 관한 증거를 조작한 것이므로 위계에 의한 공무집행방해죄가 성립한다(대판 2007.10.11. 2007도6101)

㉢ (○) 대판 2010.4.15. 2007도8024

㉣ (○) 대판 2009.9.10. 2009도6541

㉤ (×) 공무집행방해죄에 있어서 협박이라 함은 상대방에게 공포심을 일으킬 목적으로 해악을 고지하는 행위를 의미하는 것으로서 고지하는 해악의 내용이 그 경위, 행위 당시의 주위 상황, 행위자의 성향, 행위자와 상대방과의 친숙함의 정도, 지위 등의 상호관계 등 행위당시의 여러 사정을 종합하여 객관적으로 상대방으로 하여금 공포심을 느끼게 하는 것이어야 하고, 그 협박이 경미하여 상대방이 전혀 개의치 않을 정도인 경우에는 협박에 해당하지 않는다(대판 2006.1.13. 2005도4799)

㉥ (○) 대판 2007.10.12. 2007도6088

28 ④

㉠ (○) 벌금 이상의 형이란 법정형에 벌금 이상의 형이 규정되어 있는 것을 말하며 선택형으로 벌금보다 경한 형이 규정되어 있어도 무방하다. 죄를 범한 자란 공소제기된 자, 유죄판결받은 자는 물론 범죄혐의를 받아 수사중인 자도 포함된다(대판 1983.8.23. 83도1486). ㉠ 사례의 표현은 불분명하나 甲이 乙이 범죄사실 및 수사대상자임을 알고 숨겨주었을 때 본죄가 성립한다.

㉡ (○) 수사대상에 있으면 족하다. 그리고 무혐의로 석방되었다 하여도 본죄 성립에 영향이 없다. 단, 학설 중에는 진범에 한정하는 견해도 있다.

㉢ (○) 허위사실 진술로 수사기관의 진범체포·발견에 지장을 초래했으므로 본죄가 성립한다(대판 2000.11.14. 2000도4078).

㉣ (○) 죄를 범한 자에는 공범도 포함되며 정을 모르는 제3자를 이용해서 은닉해도 무방하다.

㉤ (×) 공소외인은 피고인이 평소 가깝게 지내던 후배인 점, 피고인은 자신의 휴대폰을 사용할 경우 소재가 드러날 것을 염려하여 공소외인에게 요청하여 대포폰을 개설하여 받고, 공소외인에게 전화를 걸어 자신이 있는 곳으로 오도록 한 다음 공소외인이 운전하는 자동차를 타고 청주시 일대를 이동하여 다닌 것으로서, 피고인의 이러한 행위는 형사사법에 중대한 장애를 초래한다고 보기 어려운 통상적 도피의 한 유형으로 볼 여지가 충분하다. 그런데도 원심은 공소외인의 범인도피행위가 인정된다는 이유만으로 피고인에 대하여 범인도피교사의 점을 유죄로 판단하였으니, 이러한 원심판결에는 범인도피교사죄의 성립요건에 관한 법리를 오해하여 필요한 심리를 다하지 아니함으로써 판결에 영향을 미친 잘못이 있다(대판 2014.4.10. 2013도12079).

29 ② 개정법령

① (○) 「검사와 사법경찰관의 상호협력과 일반적 수사준칙에 관한 규정」 제69조 제1항

② (×) 검사 또는 사법경찰관은 피의자를 신문하는 경우 다음 각 호의 어느 하나에 해당하는 때에는 직권 또는 피의자·법정대리인의 신청에 따라 피의자와 신뢰관계에 있는 자를 동석하게 할 수 있다(「형사소송법」 제244조의5). 필요적 동석이 아니라 임의적 동석이다.

③ (○) 「형사소송법」 제243조의2 제2항

④ (○) 「형사소송법」 제244조의4 제1항

✔ 개념 체크　그 밖에 이에 준하는 사유

* 그 밖에 이에 준하는 사유(판) 엄격히 심사 / 검사 입증

해당(○)	해당(×)
– 증인의 출석거부(구인장집행불능사안) – 기억이 나지 않는다는 취지진술 – 노인성치매 – 미국도피/증인소환장 발송조치 없더라도	– 증언거부권행사(판례변경) – 입원한 경우(출장신문 가능) – 출산을 앞두고 있다는 사유 – 스트레스증후군(5세 당시 성추행 인한) – 현재 10세 피해자

30 ④

① (○) 대판 2014.2.27. 2013도12155

② (○) 대판 2017.9.21. 2015도12400

③ (○) 대판 2007.12.13. 2007도7257

④ (×) 피의자의 이메일 계정에 대한 접근권한에 갈음하여 발부받은 압수·수색영장에 따라 원격지의 저장매체에 적법하게 접속하여 내려받거나 현출된 전자정보를 대상으로 하여 범죄 혐의사실과 관련된 부분에 대하여 압수·수색하는 것은, 압수·수색영장의 집행을 원활하고 적정하게 행하기 위하여 필요한 최소한도의 범위 내에서 이루어지며 그 수단과 목적에 비추어 사회통념상 타당하다고 인정되는 대물적 강제처분 행위로서 허용되며, 「형사소송법」 제120조 제1항에서 정한 압수·수색영장의 집행에 필요한 처분에 해당한다. 그리고 이러한 법리는 원격지의 저장매체가 국외에 있는 경우라 하더라도 그 사정만으로 달리 볼 것은 아니다(대판 2017.11.29. 2017도9747).

31 ④ 함정문제

─ 출제자의 함정의도 ─

친고죄의 특수한 판례문제, 특히 판결의 문제에 대하여 출제하고 싶었고 「교통사고처리 특례법」상의 예외적 무죄판결가능성에 대하여 알리고 싶었다.

① (○) 대판 2011.3.10. 2008도7724

② (○) 대판 2015.11.17. 2013도7987

③ (○) 대판 2002.7.12. 2001도6777

④ (×) 「교통사고처리 특례법」 제3조 제1항, 제2항 단서, 「형법」 제268조를 적용하여 공소가 제기된 사건에서, 심리 결과 「교통사고처리 특례법」 제3조 제2항 단서에서 정한 사유가 없고 같은 법 제3조 제2항 본문이나 제4조 제1항 본문의 사유로 공소를 제기할 수 없는 경우에 해당하면 공소기각의 판결을 하는 것이 원칙이다. 그런데 사건의 실체에 관한 심리가 이미 완료되어 「교통사고처리 특례법」 제3조 제2항 단서에서 정한 사유가 없는 것으로 판명되고 달리 피고인이 같은 법 제3조 제1항의 죄를 범하였다고 인정되지 않는 경우, 같은 법 제3조 제2항 본문이나 제4조 제1항 본문의 사유가 있더라도, 사실심법원이 피고인의 이익을 위하여 「교통사고처리특례법」 위반의 공소사실에 대하여 무죄의 실체판결을 선고하였다면, 이를 위법이라고 볼 수는 없다(대판 2015.5.14. 2012도11431).

32 ③ 함정문제

─ 출제자의 함정의도 ─

최신 긴급체포 사례 중 긴급성에 대해 정확히 이해하고 있는지 판단하고자 하였다.

① (○) 피고인이 마약에 관한 죄를 범하였다고 의심할 만한 상당한 이유가 있었더라도, 경찰관이 이미 피고인의 신원과 주거지 및 전화번호 등을 모두 파악하고 있었고, 당시 마약 투약의 범죄 증거가 급속하게 소멸될 상황도 아니었던 점 등의 사정을 감안하면, 긴급체포가 미리 체포영장을 받을 시간적 여유가 없었던 경우에 해당하지 않아 위법하다(대판 2016.10.13. 2016도5814).

② (○) 피고인은 현직 군수직에 종사하고 있어 검사로서도 위 피고인의 소재를 쉽게 알 수 있었고, 1999.11.29. 피고인 3의 위 진술 이후 시간적 여유도 있었으며, 위 피고인도 도망이나 증거인멸의 의도가 없었음은 물

론, 언제든지 검사의 소환조사에 응할 태세를 갖추고 있었고, 그 사정을 위 검사의 명을 받은 검찰주사보로서도 충분히 알 수 있었다 할 것이어서, 위 긴급체포는 그 당시로 보아서도 「형사소송법」 제200조의3 제1항의 요건을 갖추지 못한 것으로 쉽게 보여져 이를 실행한 검사 등의 판단이 현저히 합리성을 잃었다고 할 것이므로, 이러한 위법한 긴급체포에 의한 유치중에 작성된 이 사건 각 피의자신문조서는 이를 유죄의 증거로 하지 못한다고 할 것이다(대판 2002.6.11. 2000도5701).

③ (×) 긴급체포 후 석방된 자 또는 그 변호인·법정대리인·배우자·직계친족·형제자매는 통지서 및 관련 서류를 열람하거나 등사할 수 있다(「형사소송법」 제200조의4 제5항).

④ (○) 「형법」 제136조가 규정하는 공무집행방해죄는 공무원의 직무집행이 적법한 경우에 한하여 성립하고, 여기서 적법한 공무집행은 그 행위가 공무원의 추상적 권한에 속할 뿐 아니라 구체적 직무집행에 관한 법률상 요건과 방식을 갖춘 경우를 가리키므로, 검사나 사법경찰관이 수사기관에 자진출석한 사람을 긴급체포의 요건을 갖추지 못하였음에도 실력으로 체포하려고 하였다면 적법한 공무집행이라고 할 수 없다(대판 2006.9.8. 2006도148).

33 ④ 함정문제

형사소송법 > 수사 > 대물적 강제처분 　　오답률 19.4%

┌ 출제자의 함정의도
│ 일반적 환부와 피해자 환부를 동시에 적시하여 오답을 유도하였다.

㉠ (○), ㉡ (○), ㉢ (○), ㉣ (○) 「형사소송법」 제333조

㉤ (×) 압수한 서류 또는 물품에 대하여 몰수의 선고가 없는 때에는 압수를 해제한 것으로 간주한다(동법 제332조).

34 ①

형사소송법 > 수사 > 종합 　　오답률 25.5%

㉠ (○) 「형사소송법」 제260조 제1항

㉡ (○) 「검사와 사법 경찰관의 상호협력과 일반적 수사준칙에 관한 규정」 제14조 제2항

㉢ (○) 「형사소송법」 제114조 제1항

㉣ (○) 「형사소송법」 제106조 제3항

35 ④ 최신판례

형사소송법 > 증거 > 종합 　　오답률 46.7%

① (○) 대판 2015.4.23. 2015도2275

② (○) 대판 2020.7.9. 2019도17322

③ (○) 대판 2010.7.22. 2009도14376

④ (×) 수사기관이 그 사무실에서 저장매체를 탐색·복제·출력하는 방법으로 압수·수색영장을 집행하기에 앞서 피고인의 국선변호인에게 그 집행의 일시와 장소를 통지하는 등으로 절차에 참여할 기회를 제공하지 않은 것은 적법절차 위반에 해당하지만, 기록에 나타난 제반 사정에 비추어 위법수집증거의 증거능력을 예외적으로 인정할 수 있는 경우에 해당한다고 볼 여지가 충분하다는 이유로, 압수·수색을 통해 수집된 증거들을 유죄의 증거로 사용할 수 없다고 단정한 원심의 판단에 위법수집

증거 배제 원칙의 예외에 관한 법리를 오해하여 필요한 심리를 다하지 아니한 위법이 있다고 보아 원심판결 중 무죄 부분을 파기한 사례(대판 2020.11.26. 2020도10729).

36 ④ TOP2

형사소송법 > 증거 > 전문법칙 　　오답률 55.6%

① (○) 대판 2014.7.10. 2012도5041

② (○) 대판 2016.2.18. 2015도16586

③ (○) 대판 2009.6.23. 2009도1322

④ (×) 검찰관이 피고인을 뇌물수수 혐의로 기소한 후, 형사사법공조절차를 거치지 아니한 채 외국에 현지출장하여 그곳에서 뇌물공여자 甲을 상대로 참고인 진술조서를 작성한 경우(특신상태를 이유로 증거능력 부정): [1] 피고인에 대한 국내 형사소송절차에서 위와 같은 사유로 인하여 위법수집증거배제법칙이 적용된다고 볼 수 없고, [2] 甲이 자유로운 분위기에서 임의수사 형태로 조사에 응하였고 조서에 직접 서명·무인하였다는 사정만으로 특신상태를 인정하기에 부족할 뿐만 아니라, 검찰관이 군사법원의 증거조사절차 외에서, 그것도 형사사법공조절차나 과테말라공화국 주재 우리나라 영사를 통한 조사 등의 방법을 택하지 않고 직접 현지에 가서 조사를 실시한 것은 수사의 정형적 형태를 벗어난 것이라고 볼 수 있는 점 등 제반 사정에 비추어 볼 때, 진술이 특별히 신빙할 수 있는 상태에서 이루어졌다는 점에 관한 증명이 있다고 보기 어려워 甲의 진술조서는 증거능력이 인정되지 아니하므로, 이를 유죄의 증거로 삼을 수 없다(대판 2011.7.14. 2011도3809).

37 ①

형사소송법 > 증거 > 종합 　　오답률 46.7%

㉠ (○) 대판 1997.3.28. 96도2417

㉡ (×) 디지털포렌식 등 객관적 방법에 의한 성립의 진정의 대체증명: 진술서의 작성자가 공판준비나 공판기일에서 그 성립의 진정을 부인하는 경우에는 과학적 분석결과에 기초한 디지털포렌식 자료, 감정 등 객관적 방법으로 성립의 진정함이 증명되는 때에는 증거로 할 수 있다. 다만, 피고인 아닌 자가 작성한 진술서는 피고인 또는 변호인이 공판준비 또는 공판기일에 그 기재 내용에 관하여 작성자를 신문할 수 있었을 것을 요한다(2016.5.29. 개정법 제313조 제1항 단서).

㉢ (×) '피고인 아닌 자가 작성한 진술서'의 디지털포렌식 등 객관적 방법에 의한 성립의 진정의 대체증명과 반대신문의 기회보장: 제1항 본문에도 불구하고 진술서의 작성자가 공판준비나 공판기일에서 그 성립의 진정을 부인하는 경우에는 디지털포렌식 자료, 감정 등 객관적 방법으로 성립의 진정함이 증명되는 때에는 증거로 할 수 있다. 다만, 피고인 아닌 자가 작성한 진술서는 피고인 또는 변호인이 공판준비 또는 공판기일에 그 기재 내용에 관하여 작성자를 신문할 수 있었을 것을 요한다(2016.5.29. 개정법 제313조 제2항 본문 및 단서).

㉣ (×) 감정서의 증거능력: 감정서에 대하여 제313조 제1항, 제2항이 준용되므로(2016.5.29. 개정법 제313조 제3항), 감정서의 작성자가 그 성립의 진정을 부인하더라도 디지털포렌식 자료, 감증 등 객관적 방법에 의한 성립의 진정함이 증명되면 증거로 할 수 있다.

㉤ (×) [1] 법원에 명령에 의한 감정인이 작성한 감정서: 법원의 명령에 의하여 감정인이 제출한 감정서(제171조)도 제311조에 의하여 무조건 증거능력이 있는 것이 아니라, 제313조 제3항의 감정서의 요건을 충족하여야 한다. 따라서 감정인의 자필이거나 그 서명 또는 날인이 있고 공판정에서의 감정인의 진술에 의하여 그 성립의 진정함이 증명된 때에는 감정서를 증거로 할 수 있다. [2] 사인인 의사가 작성한 진단서: 제313

조 제3항의 감정서라고 할 수 없다. 따라서 사인인 의사의 진단서는 일반적인 진술서와 마찬가지로 제313조 제1항 및 제2항에 의하여 증거능력이 인정된다(대판 1969.3.31. 69도179).

38 ④

형사소송법 > 증거 > 자유심증주의   오답률 13.3%

① (○), ② (○) 대판 2013.6.27. 2013도4172

③ (○) 대판 2017.6.8. 2016도21389

④ (×) 살인죄와 같이 법정형이 무거운 범죄의 경우에도 직접증거 없이 간접증거만으로도 유죄를 인정할 수 있으나, 그 경우에도 주요사실의 전제가 되는 간접사실의 인정은 합리적 의심을 허용하지 않을 정도의 증명이 있어야 하고, 그 하나하나의 간접사실이 상호 모순, 저촉이 없어야 함은 물론 논리와 경험칙, 과학법칙에 의하여 뒷받침되어야 한다(대판 2017.5.30. 2017도1549).

39 ③ 최신판례

형사소송법 > 증거 > 위법수집증거배제법칙   오답률 14.3%

① (○) 대판 2020.2.13. 2019도14341, 2019전도130(병합)

② (○) 대판 2014.4.30. 2012도725

③ (×) 제1심에서 피고인에 대하여 무죄판결이 선고되어 검사가 항소한 후, 수사기관이 항소심 공판기일에 증인으로 신청하여 신문할 수 있는 사람을 특별한 사정 없이 미리 수사기관에 소환하여 작성한 진술조서는 피고인이 증거로 할 수 있음에 동의하지 않는 한 증거능력이 없다. 검사가 공소를 제기한 후 참고인을 소환하여 피고인에게 불리한 진술을 기재한 진술조서를 작성하여 이를 공판절차에 증거로 제출할 수 있게 한다면, 피고인과 대등한 당사자의 지위에 있는 검사가 수사기관으로서의 권한을 이용하여 일방적으로 법정 밖에서 유리한 증거를 만들 수 있게 하는 것이므로 당사자주의·공판중심주의·직접심리주의에 반하고 피고인의 공정한 재판을 받을 권리를 침해하기 때문이다. 참고인이 나중에 법정에 증인으로 출석하여 진술조서의 성립의 진정을 인정하고 피고인 측에 반대신문의 기회가 부여된다 하더라도 진술조서의 증거능력을 인정할 수 없음은 마찬가지이다(대판 2019.11.28. 2013도6825).

④ (○) 대판 2008.10.23. 2008도7471

40 ②

형사소송법 > 증거 > 전문법칙   오답률 41.7%

① (×) 외국의 권한 있는 수사기관 등이 작성한 조서나 서류 → 제314조가 적용될 수 있는 제312조 또는 제313조의 조서나 서류에 포함: 범행 직후 미합중국 주검찰 수사관이 작성한 피해자 및 공범에 대한 질문서(interrogatory)와 우리나라 법원의 형사사법공조요청에 따라 미합중국 법원의 지명을 받은 수명자(미합중국 검사)가 작성한 피해자 및 공범에 대한 증언녹취서(deposition)는 이를 「형사소송법」 제315조 소정의 당연히 증거능력이 인정되는 서류로는 볼 수 없다고 하더라도, 같은 법 제312조 또는 제313조에 해당하는 조서 또는 서류로서 필요성과 특신상태 하에서는, 「형사소송법」 제314조의 규정에 의하여 그 증거능력을 인정할 수 있다고 본 사례(대판 1997.7.25. 97도1351).

② (○) 대판 2002.3.26. 2001도5666; 대판 2013.10.17. 2013도5001 등

③ (×) 증언거부권 행사와 제314조 적용 여부(소극): 현행 「형사소송법」 제314조의 문언과 개정취지, 증언거부권 관련 규정의 내용 등에 비추어 보면, 법정에 출석한 증인이 「형사소송법」 제148조, 제149조 등에서 정한 바에 따라 정당하게 증언거부권을 행사하여 증언을 거부한 경우는 「형사소송법」 제314조의 '그 밖에 이에 준하는 사유로 인하여 진술할 수 없는 때'에 해당하지 아니한다(대판 2012.5.17. 2009도6788 전원합의체).

④ (×) 진술거부권 행사와 제314조 적용 여부(소극): 현행 「형사소송법」 제314조의 문언과 개정 취지, 진술거부권 관련 규정의 내용 등에 비추어 보면, 피고인이 증거서류의 진정성립을 묻는 검사의 질문에 대하여 진술거부권을 행사하여 진술을 거부한 경우는 「형사소송법」 제314조의 '그 밖에 이에 준하는 사유로 인하여 진술할 수 없는 때'에 해당하지 아니한다(대판 2013.6.13. 2012도16001).

제5회

| 동형 기출 분석

제5회 실전동형 모의고사는 **2020년 경찰 2차 시험**의 출제유형, 문제유형, 발문을 분석하여 2022년 2차 시험의 출제예측 및 기출 동형을 구성하였습니다.

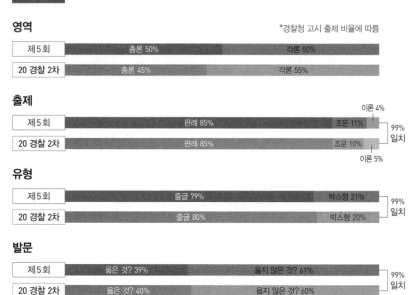

형법

영역
*경찰청 고시 출제 비율에 따름

제5회	총론 50%	각론 50%
20 경찰 2차	총론 45%	각론 55%

출제

제5회	판례 85%	조문 11% / 이론 4%
20 경찰 2차	판례 85%	조문 10% / 이론 5%

99% 일치

유형

제5회	줄글 79%	박스형 21%
20 경찰 2차	줄글 80%	박스형 20%

99% 일치

발문

제5회	옳은 것? 39%	옳지 않은 것? 61%
20 경찰 2차	옳은 것? 40%	옳지 않은 것? 60%

99% 일치

형사소송법

영역
*경찰청 고시 출제 비율에 따름

제5회	수사 50%	증거 50%
20 경찰 2차	수사 62%	증거 38%

출제

제5회	판례 58%	조문 42%
20 경찰 2차	판례 54%	조문 46%

96% 일치

유형

제5회	줄글 75%	박스형 25%
20 경찰 2차	줄글 77%	박스형 23%

98% 일치

발문

제5회	옳은 것? 42%	옳지 않은 것? 58%
20 경찰 2차	옳은 것? 38%	옳지 않은 것? 62%

96% 일치

클릭 한 번으로 내 성적 바로 확인!!

STEP 1 QR 코드 모바일로 스캔
STEP 2 모바일 OMR에 답안 입력
STEP 3 제출 시 자동채점 및 성적분석
　　　　문제풀이 시간 자동 측정
　　　　영역별 정답률로 취약점 파악

I 문항 세부 분석

개정법령과 최신판례 반영 문제, 오답을 유발하는 함정문제, 오답률 TOP 1~3 문항을 통해
시험 전 문제풀이 집중 훈련이 가능합니다.

적정 풀이시간 35분

	문번	정답	영역	출제	유형	발문
	01	③	형법총론 > 형법의 기본원리	판례	줄글	옳지 않은 것은?
	02	③	형법총론 > 형법의 기본원리	판례	줄글	옳은 것은?
함정문제	03	④	형법총론 > 구성요건론	판례	줄글	옳은 것은?
함정문제	04	③	형법총론 > 구성요건론	판례	줄글	옳지 않은 것은?
	05	③	형법총론 > 구성요건론 오답률 TOP 1	판례	줄글	옳은 것은?
함정문제	06	③	형법총론 > 정범 및 공범론	판례	줄글	옳지 않은 것은?
함정문제	07	②	형법총론 > 정범 및 공범론	판례	박스형(ㄱㄴㄷ)	옳은 것은?
최신판례	08	④	형법총론 > 정범 및 공범론	판례	줄글	옳지 않은 것은?
	09	④	형법총론 > 책임론	이론	줄글	옳지 않은 것은?
	10	④	형법총론 > 미수론	판례	줄글	옳지 않은 것은?
최신판례	11	①	형법총론 > 죄수론	판례	줄글	옳은 것은?
	12	②	형법총론 > 죄수론	판례	줄글	옳지 않은 것은?
	13	②	형법총론 > 죄수론	판례	박스형(ㄱㄴㄷ)	옳은 것은?
개정법령	14	③	형법총론 > 형벌론	조문	줄글	옳지 않은 것은?
	15	①	형법각론 > 개인적 법익	조문	박스형(ㄱㄴㄷ)	옳은 것은?
	16	②	형법각론 > 개인적 법익	판례	줄글	옳지 않은 것은?
	17	④	형법각론 > 개인적 법익	판례	줄글	옳지 않은 것은?
개정법령	18	①	형법각론 > 개인적 법익	조문	박스형(OX표시)	옳은 것은?
	19	①	형법각론 > 개인적 법익	판례	줄글	옳지 않은 것은?
최신판례	20	②	형법각론 > 개인적 법익	판례	줄글	옳지 않은 것은?
최신판례	21	④	형법각론 > 개인적 법익	판례	줄글	옳지 않은 것은?
	22	②	형법각론 > 개인적 법익	판례	박스형(ㄱㄴㄷ)	옳은 것은?
최신판례	23	②	형법각론 > 개인적 법익	판례	줄글	옳은 것은?
	24	③	형법각론 > 사회적 법익	판례	줄글	옳지 않은 것은?
	25	③	형법각론 > 사회적 법익	판례	줄글	옳지 않은 것은?
	26	①	형법각론 > 국가적 법익	판례	줄글	옳지 않은 것은?
	27	④	형법각론 > 국가적 법익	판례	박스형(OX표시)	옳은 것은?
	28	①	형법각론 > 국가적 법익 오답률 TOP 3	판례	줄글	옳지 않은 것은?
	29	②	형사소송법 > 수사	조문	줄글	옳지 않은 것은?
개정법령	30	②	형사소송법 > 수사	판례	줄글	옳지 않은 것은?
개정법령	31	③	형사소송법 > 수사	조문	박스형(ㄱㄴㄷ)	옳은 것은?
	32	④	형사소송법 > 수사	조문	줄글	옳은 것은?
	33	③	형사소송법 > 수사 오답률 TOP 2	조문	박스형(개수문제)	옳은 것은?
	34	②	형사소송법 > 수사	조문	박스형(OX표시)	옳은 것은?
	35	③	형사소송법 > 증거	판례	줄글	옳지 않은 것은?
함정문제	36	③	형사소송법 > 증거	판례	줄글	옳지 않은 것은?
	37	④	형사소송법 > 증거	판례	줄글	옳지 않은 것은?
	38	③	형사소송법 > 증거	판례	줄글	옳지 않은 것은?
	39	②	형사소송법 > 증거	판례	줄글	옳지 않은 것은?
	40	③	형사소송법 > 증거	판례	줄글	옳은 것은?

X2 2배속 키워드 해설 활용법

키워드 중심의 실전용 속독 해설로 2배속 문제 풀이 훈련이 가능하며, 아는 문제는 빠르게 SKIP 할 수 있습니다.

01 ③

형법총론 > 형법의 기본원리 > 죄형법정주의	오답률 31%

① (○) 대판 2018.5.11. 2018도2844

② (○) 대판 2017.8.24. 2017도5977 전원합의체

③ (×) 외국인인 피고인이 운전면허 없이 도로에서 자동차를 운전하였다고 하여 「도로교통법」 위반(무면허운전)으로 기소되었는데, 피고인은 법무부장관이 발급한 사증 없이 입국심사를 받지 않고 국내에 입국한 후 1년 이내에 자동차를 운전하였고, 운전을 하기 전에 외국에서 국제운전면허증을 발급받은 사안에서, 피고인이 「출입국관리법」에 따른 정상적인 입국심사절차를 거치지 아니하고 불법으로 입국한 이상 「도로교통법」 제96조 제1항이 예외적으로 허용하는 국제운전면허증에 의한 운전에 해당하지 않는다(대판 2017.10.31. 2017도9230).

④ (○) 대판 2013.9.12. 2013도6424,2013전도134

02 ③

형법총론 > 형법의 기본원리 > 죄형법정주의	오답률 13.3%

① (×) 「파견근로자 보호 등에 관한 법률」 제42조 제1항 중 '공중도덕상 유해한 업무' 부분(이하 '심판대상조항'이라 한다)이 죄형법정주의의 명확성원칙에 위배된다(헌재 2016.11.24. 2015헌가23).

② (×) 특별위원회가 소멸하였음에도 과거 특별위원회가 존속할 당시 재적위원이었던 사람이 연서로 고발할 수 있다고 해석하는 것은 소추요건인 고발의 주체와 시기에 관하여 그 범위를 행위자에게 불리하게 확대하는 것이다. 이는 가능한 문언의 의미를 벗어나므로 유추해석금지의 원칙에 반한다(대판 2018.5.17. 2017도14749 전원합의체).

③ (○) 「의료법 시행령」 제18조 제1항(이하 '시행령 조항'이라 한다)은 "법 제41조에 따라 각종 병원에 두어야 하는 당직의료인의 수는 입원환자 200명까지는 의사·치과의사 또는 한의사의 경우에는 1명, 간호사의 경우에는 2명을 두되, 입원환자 200명을 초과하는 200명마다 의사·치과의사 또는 한의사의 경우에는 1명, 간호사의 경우에는 2명을 추가한 인원 수로 한다."라고 규정한 시행령 조항은 위임입법의 한계를 벗어난 것으로서 무효이다(대판 2017.2.16. 2015도16014 전원합의체).

④ (×) 피고인이 자동차운전면허를 받지 않고 아파트 단지 안에 있는 지하주차장 약 50m 구간에서 승용차를 운전하여 「도로교통법」 위반(무면허운전)으로 기소된 사안에서, 위 주차장이 「도로교통법」 제2조 제1호에서 정한 '도로'에 해당하는지가 불분명하여 피고인의 자동차 운전행위가 「도로교통법」에서 금지하는 무면허운전에 해당하지 않는다(대판 2017.12.28. 2017도17762).

03 ④ 함정문제

형법총론 > 구성요건론 > 부작위범	오답률 11.9%

─ 출제자의 함정의도 ─

부작위범의 문제지만 보증인 의무에 대한 법률의 착오와 반전된 법률의 착오인 환각범을 오인케 하였다.

① (×) 이원설에 의하면 보증인적 의무에 관한 착오로 정당한 이유가 없으므로 책임이 조각되지 않는다.

② (×) 작위에 의한 범죄로 봄이 원칙이고, 작위에 의하여 악화된 법익 상황을 다시 되돌이키지 아니한 점에 주목하여 이를 부작위범으로 볼 것은 아니며, 나아가 악화되기 이전의 법익 상황이, 그 행위자가 과거에 행한 또 다른 작위의 결과에 의하여 유지되고 있었다 하여 이와 달리 볼 이유가 없다(대판 2004.6.24. 2002도995).

③ (×) 화재를 용이하게 소화할 수 있었다고 보기 어렵다는 이유로, 부작위에 의한 현주건조물방화치사상죄의 공소사실에 대해 무죄로 봐야한다(대판 2010.1.14. 2009도12109,2009감도38).

④ (○) 「형법」상 방조는 작위에 의하여 정범의 실행을 용이하게 하는 경우는 물론, 직무상의 의무가 있는 자가 정범의 범죄행위를 인식하면서도 그것을 방지하여야 할 제반 조치를 취하지 아니하는 부작위로 인하여 정범의 실행행위를 용이하게 하는 경우에도 성립된다 할 것이다(대판 1984.11.27. 84도1906).

04 ③ 함정문제

형법총론 > 구성요건론 > 부작위범	오답률 36.4%

─ 출제자의 함정의도 ─

각칙상의 부작위범에 대한 특수한 문제를 제시하여 부작위범의 특성을 정확하게 이해하도록 하였다. 부작위의 감청 여부가 문제되었던 '정수장학회 사건'이나 부작위에 의한 처분행위가 문제되었던 '동업자 출자의무 사건'을 이해하도록 하였다.

① (○) 피고인이 점포에 대한 권리금을 지급한 것처럼 허위의 사용내역서를 작성·교부하여 동업자들을 기망하고 출자금 지급을 면제받으려 하였으나 미수에 그친 사안에서, 동업자들이 피고인에 대한 출자의무를 명시적으로 면제하지 않더라도, 착오에 빠져 이를 면제해 주는 결과에 이를 수 있어, 이는 부작위에 의한 처분행위에 해당한다(대판 2009.3.26. 2008도6641).

② (○) 대판 1993.7.13. 93도14

③ (×) 피고인은 이 사건 대화에 원래부터 참여하지 아니한 제3자이므로, 통화연결상태에 있는 휴대폰을 이용하여 이 사건 대화를 청취·녹음하는 행위는 작위에 의한 구 「통신비밀보호법」 제3조의 위반행위로서 같은 법 제16조 제1항 제1호에 의하여 처벌된다(대판 2016.5.12. 2013도15616).

→ 부작위범 아닌 작위범 인정 / 정당행위 부정

④ (○) 대판 1994.4.26. 93도1731

05 ③

TOP 1

| 형법총론 > 구성요건론 > 고의 | 오답률 58.3% |

① (×) 「부정수표단속법」 제2조 제2항 위반의 범죄는 예금부족으로 인하여 제시일에 지급되지 아니할 것이라는 결과발생을 예견하고 수표를 발행한 때에 바로 성립하는 것이고 수표소지인의 제시일에 수표금의 지급이 거절된 때에 비로소 성립하는 것은 아니므로, 피고인이 수표발행인을 은닉한 것이 그 수표가 부도나기 전날이라고 하더라도 그 수표가 부도날 것이라는 사정과 수표발행인이 「부정수표단속법」 위반으로 수사관서의 수배를 받게 되리라는 사정을 알았다면 범인은닉에 관한 범의가 없다고 할 수는 없을 것이다(대판 1990.3.27. 89도1480).

② (×) 운전면허증 앞면에 적성검사기간이 기재되어 있고, 뒷면 하단에 경고 문구가 있다는 점만으로 피고인이 정기적성검사 미필로 면허가 취소된 사실을 미필적으로나마 인식하였다고 추단하기 어렵다고 한 사례(대판 2004.12.10. 2004도6480).

③ (○) 「공직선거법」상 허위사실공표죄에서는 공표되어진 사실이 허위라는 것이 구성요건의 내용을 이루는 것이기 때문에, 행위자의 고의의 내용으로서 그 사항이 허위라는 것의 인식이 필요하나 어떠한 소문을 듣고 진실성에 강한 의문을 품고서도 감히 공표한 경우에는 적어도 미필적 고의가 인정될 수 있고, "어떠한 소문이 있다."라고 공표한 경우 그 소문의 내용이 허위이면 소문이 있다는 사실 자체는 진실이라 하더라도 허위사실공표죄가 성립된다(대결 2002.4.10. 자 2001모193).

④ (×) 친족상도례는 인적 처벌조각사유이므로 친족관계는 객관적으로 존재하면 족하고 행위자가 이를 인식할 필요는 없다.

06 ③

함정문제

| 형법총론 > 정범 및 공범론 > 간접정범 | 오답률 40.5% |

출제자의 함정의도

판례의 결론이 아닌 준사례를 통해 위증죄의 자수범 적용사례를 판별할 수 있는지 확인하고자 하였다.

① (○) 대판 2015.7.9. 2015도3352

② (○) 대판 1997.4.17. 96도3376 전원합의체

③ (×) 선서무능력자가 선서하고 위증하였다 하더라도, 이는 유효한 선서라 할 수 없어 위증죄가 성립하지 아니한다. 이를 교사한 자를 처벌할 수 있을 것인가 문제된다. 공범의 성립은 정범에 종속하므로 정범이 성립하지 않아 교사범도 성립하지 않고, 자수범이라 간접정범도 성립하지 않아 위증죄로 처벌할 수 없다. 이러한 진술증거는 증거로 보지 않아 증거위조죄도 부정한 사안이다(대판 1988.2.10. 97도2961).

④ (○) 대판 2006.9.28. 2006도2963

07 ②

함정문제

| 형법총론 > 정범 및 공범론 > 방조범 | 오답률 8.3% |

출제자의 함정의도

방조범의 논리문제를 케이스화하여 오인을 유도하였다.

㉠ (○) 대판 2006.1.12. 2004도6557

㉡ (○) 대판 1997.4.17. 96도3377 전원합의체

㉢ (○) 대판 2000.8.18. 2000도1914

㉢ (×) 판례는 예비의 종범을 인정하지 않는다. 즉 "「형법」 제32조 제1항 소정 타인의 범죄란 정범이 범죄의실현에 착수한 경우를 말하는 것이므로 종범이 처벌되기 위하여는 정범의 실행의 착수가 있는 경우에만 가능하고 「형법」 전체의 정신에 비추어 정범이 실행의 착수에 이르지 아니한 예비의 단계에 그친 경우에는 이에 가공하는 행위가 예비의 공동정범이 되는 경우를 제외하고는 종범의 성립을 부정하고 있다고 보는 것이 타당하다"고 한다(대판 1976.5.25. 75도1549).

08 ④

최신판례

| 형법총론 > 정범 및 공범론 > 신분 | 오답률 19.4% |

① (○) 대판 2021.9.16. 2021도5000

② (○) 대판 1984.4.24. 84도195

③ (○) 대판 1996.9.24. 96도1278

④ (×) 「형법」 제31조 제1항은 협의의 공범의 일종인 교사범이 그 성립과 처벌에 있어서 정범에 종속한다는 일반적인 원칙을 선언한 것에 불과하고, 신분관계로 인하여 형의 경중이 있는 경우에 신분이 있는 자가 신분이 없는 자를 교사하여 죄를 범하게 한 때에는 「형법」 제33조 단서가 「형법」 제31조 제1항에 우선하여 적용됨으로써 신분이 있는 교사범이 신분이 없는 정범보다 중하게 처벌된다(대판 1994.12.23. 93도1002).

09 ④

| 형법총론 > 책임론 > 책임의 일반이론 | 오답률 13.3% |

① (○) 기능적 책임론은 책임 개념을 예방으로 대체하거나 예방을 함께 고려함으로써 일반예방에 대한 관계에서 책임주의가 가지고 있는 제한적 기능을 무력화시킬 수 있다는 비판을 받는다.

② (○) 규범적 책임론은 책임의 본질을 비난가능성 즉 행위자가 '달리 행위할 수 있었는가'라고 하는 '개인적인 가능성'의 문제로 파악하며, 따라서 '적법행위에 대한 기대가능성(타행위가능성)'이 없으면 책임비난도 불가능하다고 본다.

③ (○) 심리적 책임론에 대한 올바른 비판에 해당한다.

④ (×) 도의적 책임론은 책임능력을 범죄능력(또는 유책행위능력)으로 파악하고, 사회적 책임론은 책임능력을 형벌(적응)능력으로 파악한다.

10 ④

| 형법총론 > 미수론 > 실행의 착수 | 오답률 8.3% |

① (○) 대판 2003.10.24. 2003도4417

② (○) 대판 2015.10.29. 2015도10948

③ (○) 대판 2010.4.29. 2009도14427

④ (×) 피고인이 혼자 걸어가는 피해자(女, 17세)를 발견하고 마스크를 착용한 채 200m 정도 뒤따라 간 후, 인적이 없고 외진 곳에 이르러 피해자에게 약 1m 간격으로 접근하여 양팔을 높이 들어 피해자를 껴안으려고 하였으나 피해자가 뒤돌아보면서 '왜 이러세요?'라고 소리치자, 그 상태로 몇 초 동안 피해자를 쳐다보다가 다시 오던 길로 되돌아 온 경우, 양팔을 높이 들어 뒤에서 피해자를 껴안으려는 행위는 피해자의 의사에 반하는 유형력의 행사로서 폭행행위에 해당하고, 그 때에 이른바 '기습추행'에 관한 실행의 착수가 있다고 볼 수 있으므로 아동·청소년에 대

한 강제추행미수죄에 해당한다(대판 2015.9.10 2015도6980,2015모2524(병합)).

11 ① 최신판례

| 형법총론 > 죄수론 > 경합범 | 오답률 27.3% |

① (○) 대판 2021.2.4. 2020도12103

② (×) 경합범중 판결을 받지 아니한 죄가 있는 때에는 그 죄와 판결이 확정된 죄를 동시에 판결할 경우와 형평을 고려하여 그 죄에 대하여 형을 선고한다. 이 경우 그 형을 감경 또는 면제할 수 있다(「형법」 제39조 제1항).

③ (×) 경찰공무원이 지명수배 중인 범인을 발견하고도 직무상 의무에 따른 적절한 조치를 취하지 아니하고 오히려 범인을 도피하게 하는 행위를 하였다면, 그 직무위배의 위법상태는 범인도피행위 속에 포함되어 있다고 보아야 할 것이므로, 이와 같은 경우에는 작위범인 범인도피죄만이 성립하고 부작위범인 직무유기죄는 따로 성립하지 아니한다(대판 2006.10.19. 2005도3909 전원합의체).

④ (×) 건물제공행위와 성매매알선행위의 경우 성매매알선행위가 건물제공행위의 필연적 결과라거나 반대로 건물제공행위가 성매매알선행위에 수반되는 필연적 수단이라고도 볼 수 없다. 따라서 '영업으로 성매매를 알선한 행위'와 '영업으로 성매매에 제공되는 건물을 제공하는 행위'는 당해 행위 사이에서 각각 포괄일죄를 구성할 뿐, 서로 독립된 가벌적 행위로서 별개의 죄를 구성한다고 보아야 한다(대판 2011.5.26. 2010도6090).

12 ②

| 형법총론 > 죄수론 > 종합 | 오답률 20% |

① (○) 대판 2015.9.10. 2015도7081

② (×) 피고인이 금융회사 등의 임직원의 직무에 속하는 사항에 관하여 알선할 의사와 능력이 없음에도 알선을 한다고 기망하고 이에 속은 피해자로부터 알선을 한다는 명목으로 금품 등을 수수하였다면, 이러한 피고인의 행위는 「형법」 제347조 제1항의 사기죄와 「특정경제범죄 가중처벌 등에 관한 법률」 제7조 위반죄에 각 해당하고 위 두 죄는 상상적 경합의 관계에 있다(대판 2012.6.28. 2012도3927).

③ (○) 대판 2014.3.13. 2014도212

④ (○) 대판 2015.1.29. 2013도5399

13 ②

| 형법총론 > 죄수론 > 종합 | 오답률 19% |

㉠ (○) 대판 1980.12.9. 80도1177

㉡ (×) 1개의 행위에 관하여 사기죄와 업무상배임죄의 각 구성요건이 모두 구비된 때에는 양 죄를 법조경합 관계로 볼 것이 아니라 상상적 경합관계로 봄이 상당하다 할 것이고, 나아가 업무상배임죄가 아닌 단순배임죄라고 하여 양 죄의 관계를 달리 보아야 할 이유도 없다(대판 2002.7.18. 2002도669 전원합의체).

㉢ (○) 대판 1977.6.7. 77도1069

㉣ (○) 대판 1994.12.22. 94도2528

㉤ (×) 배임죄에 제공된 물건은 장물이 아니다(대판 1975.12.9. 74도2804).

14 ③ 개정법령

| 형법총론 > 형벌론 > 종합 | 오답률 8.3% |

① (○) 「형법」 제58조 제1항

② (○) 동법 제70조 제2항

③ (×) 죄를 지어 외국에서 형의 전부 또는 일부가 집행된 사람에 대해서는 그 집행된 형의 전부 또는 일부를 선고하는 형에 산입한다(동법 제7조).

④ (○) 동법 제62조 제1항

15 ①

| 형법각론 > 개인적 법익 > 재산에 관한 죄 | 오답률 7.3% |

㉠ (○) 대판 2015.10.15. 2015도8169

㉡ (○) 대판 2014.2.21. 2013도14139

㉢ (×) 임차인이 임대계약 종료 후 식당건물에서 퇴거하면서 종전부터 사용하던 냉장고의 전원을 켜 둔 채 그대로 두었다가 약 1개월 후 철거해 가는 바람에 그 기간 동안 전기가 소비된 사안에서, 임차인이 퇴거 후에도 냉장고에 관한 점유·관리를 그대로 보유하고 있었다고 보아야 하므로, 냉장고를 통하여 전기를 계속 사용하였다고 하더라도 이는 당초부터 자기의 점유·관리하에 있던 전기를 사용한 것일 뿐 타인의 점유·관리하에 있던 전기가 아니어서 절도죄가 성립하지 않는다(대판 2008.7.10. 2008도3252).

㉣ (×) 주거침입죄의 실행의 착수는 주거자, 관리자, 점유자 등의 의사에 반하여 주거나 관리하는 건조물 등에 들어가는 행위, 즉 구성요건의 일부를 실현하는 행위까지 요구하는 것은 아니고 범죄구성요건의 실현에 이르는 현실적 위험성을 포함하는 행위를 개시하는 것으로 족하므로, 출입문이 열려 있으면 안으로 들어가겠다는 의사 아래 출입문을 당겨보는 행위는 바로 주거의 사실상의 평온을 침해할 객관적인 위험성을 포함하는 행위를 한 것으로 볼 수 있어 그것으로 주거침입의 실행에 착수한 것으로 보아야 한다(대판 2006.9.14. 2006도2824).

㉤ (×) 「형법」 제331조의2 : 권리자의 동의없이 타인의 자동차, 선박, 항공기 또는 원동기장치자전차를 일시 사용한 자는 3년 이하의 징역, 500만원 이하의 벌금, 구류 또는 과료에 처한다. → 열차는 제외

16 ②

| 형법각론 > 개인적 법익 > 명예와 신용에 관한 죄 | 오답률 2.8% |

① (○) 대판 2013.11.28. 2013도5117

② (×) 피고인이 허위 학력이 기재된 이력서를 이화여자대학교에 제출하여 시간강사로 임용된 경우라도 임용심사업무 담당자로서는 피고인에게 학력 관련 서류의 제출을 요구하여 이력서와 대조 심사하였더라면 문제를 충분히 인지할 수 있었음에도 불구하고, 불충분한 심사로 인하여 허위 학력이 기재된 이력서를 믿은 것이므로 피고인의 위계행위에 의하여 업무방해의 위험성이 발생하였다고 할 수 없다(대판 2009.1.30. 2008도6950).

③ (○) 대판 2013.11.28. 2013도5814

④ (○) 대판 1994.6.14. 93도288

✓ 개념 체크 위계에 대한 업무방해죄

업무방해죄 인정	업무방해죄 부인
수협직원채용 필기조작 면접평가자 업무방해	지방공사사장 신규직원 부정채용(자기 업무)
대표이사 허위사실유포방법 직원사표 수리	
위장취업사건	
포카머니상대방자동이전(한도우미 프로그램)	허위채권 주장 / 인장인도 거부 → 예금인출 / 선박검사 불가
전용실시권 없는 자가 전용권 주장 / 내용증명발송	
신입생전형시험문제 누출 / 제출	순수한 예상문제 선정 / 유출문제 미제출
특정농기계 독점판매권한 있는 것처럼 주장	공장양도 후 미수외상대금 수령

17 ④

형법각론 > 개인적 법익 > 재산에 관한 죄 오답률 26.2%

① (○) 대판 2007.9.6. 2006도3591

② (○) 대판 2013.11.28. 2013도459

③ (○) 대판 2015.7.9. 2014도11843

④ (×) 방어적인 위치에 있는 피고라 하더라도 허위내용의 서류를 작성하여 이를 증거로 제출하거나 위증을 시키는 등의 적극적인 방법으로 법원을 기망하여 착오에 빠지게 한 결과 승소확정판결을 받음으로써 자기의 재산상의 의무이행을 면하게 된 경우에는 그 재산가액 상당에 대하여 사기죄가 성립한다(대판 2004.3.12. 2003도333).

18 ① 개정법령

형법각론 > 개인적 법익 > 생명과 신체에 관한 죄 오답률 23.8%

㉠ (×) 특수폭행치상의 경우 「형법」 제258조의2의 신설에도 불구하고 종전과 같이 「형법」 제257조 제1항의 예에 의하여 처벌하는 것으로 해석함이 타당하다(대판 2018.7.24. 2018도3443). 특수상해죄로 처벌하지 않고 상해죄로 처벌한다.

㉡ (○) 대판 2010.5.27. 2010도2680

㉢ (×) 폭행죄 및 존속 폭행죄는 반의사불벌죄이다.

㉣ (×) 살인죄에는 동시범의 특례가 적용되지 아니한다.

19 ③

형법각론 > 개인적 법익 > 재산에 관한 죄 오답률 23.8%

① (○) 주식회사의 대표이사가 적법하게 수령할 권한이 있는 보수가 압류 당할 우려가 있자 이를 피하기 위하여 비록 실제 근무하지 않는 근로자의 임금 명목으로 보수를 조성하여 타인의 명의로 이를 수령하였다 하더라도 그 수령과 동시에 그 금원에 대한 소유권을 취득하였다고 보아야 할 것이므로, 위 보수를 소비하는 것은 자신의 재물을 소비한 것에 불과하고, 이를 가지고 타인의 재물을 보관하는 자가 그 재물을 횡령한 경우에 해당한다고 볼 수 없다(대판 2003.10.10. 2003도3516).

② (○) 시장에서 거래되는 가격에 따라 제품을 판매하였다면 지정 할인율에 의한 제품가격과 실제 판매시 적용된 할인율에 의한 제품가격의 차액 상당을 거래처가 얻은 재산상의 이익이라고 볼 수는 없다(대판 2009.12.24. 2007도2484).

③ (×) 피고인들이 피해자 조합원들에 대하여 이 사건 예금계좌에 초과로 입금된 개발부담금의 반환을 거부한 것은 피해자 조합원들이 제기한 소송으로 인하여 조합이 입게 되는 손해에 대한 구상금채권의 집행 확보를 위한 것에 불과하고, 위 개발부담금을 영득하기 위한 것이라고 볼 수 없다고 판단하여 피고인들에 대하여 횡령죄가 성립하지 않는다(대판 2008.12.11. 2008도8279).

④ (○) 대판 2017.2.15. 2013도14777

20 ② 최신판례

형법각론 > 개인적 법익 > 자유에 관한 죄 오답률13.3%

① (○) 대판 2015.9.10. 2015도2229

② (×) 인터넷 신문사 소속 기자 甲이 작성한 기사가 인터넷 포털 사이트의 '핫이슈' 난에 게재되자, 피고인이 "이런걸 기레기라고 하죠?"라는 댓글을 게시함으로써 공연히 甲을 모욕하였다는 내용으로 기소된 사안에서, '기레기'는 모욕적 표현에 해당하나, 위 댓글의 내용, 작성 시기와 위치, 위 댓글 전후로 게시된 다른 댓글의 내용과 흐름 등을 종합하면, 위 댓글을 작성한 행위는 사회상규에 위배되지 않는 행위로서 「형법」 제20조에 의하여 위법성이 조각된다(대판 2021.3.25. 2017도17643).

③ (○) 대판 1998.10.9. 97도158

④ (○) 대판 2012.11.29. 2012도10392

21 ④ 최신판례

형법각론 > 개인적 법익 > 재산에 관한 죄 오답률 36.1%

① (○) 대판 2015.6.25. 2015도1944 전원합의체

② (○) 대판 2014.4.30. 2013도8799

③ (○) 대판 2013.8.14. 2013도321

④ (×) 지입회사 측이 지입차주의 실질적 재산인 지입차량에 관한 재산상 사무를 일정한 권한을 가지고 맡아 처리하는 것으로서 당사자 관계의 전형적·본질적 내용이 그들 사이의 신임관계에 기초하여 타인의 재산을 보호 또는 관리하는 데에 있으므로, 지입 회사 운영자는 지입차주와의 관계에서 '타인의 사무를 처리하는 자'의 지위에 있다(대판 2021.6.30. 2015도19696).
→ 피해자가 피고인 측으로부터 이 사건 화물차를 매수하는 내용의 매매계약과 피해자가 매수한 이 사건 화물차를 피고인 측 지입회사로 지입하는 내용의 지입계약이 결합된 약정이 체결된 사안에서, 피고인이 피해자의 승낙 없이 이 사건 화물차에 관하여 임의로 저당권을 설정해 준 경우

22 ②

형법각론 > 개인적 법익 > 자유에 관한 죄 오답률 6.7%

㉠ (○) 협박의 경우 행위자가 직접 해악을 가하겠다고 고지하는 것은 물론, 제3자로 하여금 해악을 가하도록 하겠다는 방식으로도 해악의 고지는 얼마든지 가능하지만, 이 경우 고지자가 제3자의 행위를 사실상 지배하거나 제3자에게 영향을 미칠 수 있는 지위에 있는 것으로 믿게 하는 명

시적·묵시적 언동을 하였거나 제3자의 행위가 고지자의 의사에 의하여 좌우될 수 있는 것으로 상대방이 인식한 경우에 한하여 비로소 고지자가 직접 해악을 가하겠다고 고지한 것과 마찬가지의 행위(협박)로 평가할 수 있고, 만약 고지자가 위와 같은 명시적·묵시적 언동을 하거나 상대방이 위와 같이 인식을 한 적이 없다면 비록 상대방이 현실적으로 외포심을 느꼈다고 하더라도 이러한 고지자의 행위가 협박죄를 구성한다고 볼 수는 없다(대판 2006.12.8. 2006도6155).

ⓒ (×) 영리목적 약취죄는 존속에 대한 범죄에 대하여 가중처벌규정이 없다.

ⓒ (×) 감금행위가 단순히 강도상해 범행의 수단이 되는데 그치지 아니하고 강도상해의 범행이 끝난 뒤에도 계속된 경우에는 1개의 행위가 감금죄와 강도상해죄에 해당하는 경우라고 볼 수 없고, 이 경우 감금죄와 강도상해죄는 「형법」 제37조의 경합범관계에 있다고 보아야 한다(대판 2003.1.10. 2002도4380).

ⓔ (○) 대판 2008.1.17. 2007도8485

ⓜ (×) 「형법」 제283조 제3항이 적용될 여지는 없다고 해석된다(대판 2008.7.24. 2008도4658).

23 ② 최신판례

형법각론 > 개인적 법익 > 성적 자유에 관한 죄　　오답률 2.4%

① (×) 주거침입강제추행죄 및 주거침입강간죄 등은 사람의 주거 등을 침입한 자가 피해자를 간음, 강제추행 등 성폭력을 행사한 경우에 성립하는 것으로서, 주거침입죄를 범한 후에 사람을 강간하는 등의 행위를 하여야 하는 일종의 신분범이고, 선후가 바뀌어 강간죄 등을 범한 자가 그 피해자의 주거에 침입한 경우에는 이에 해당하지 않고 강간죄 등과 주거침입죄 등의 실체적 경합범이 된다. 그 실행의 착수시기는 주거침입행위 후 강간죄 등의 실행행위에 나아간 때이다. 한편, 강간죄는 사람을 강간하기 위하여 피해자의 항거를 불능하게 하거나 현저히 곤란하게 할 정도의 폭행 또는 협박을 개시한 때에 그 실행의 착수가 있다고 보아야 할 것이지(대판 2000.6.9. 2000도1253 등 참조), 실제 간음행위가 시작되어야만 그 실행의 착수가 있다고 볼 것은 아니다(대판 2003.4.25. 2003도949, 대판 2005.5.27. 2004도7892 등 참조). 유사강간죄의 경우도 이와 같다(대판 2021.8.12. 2020도17796).

② (○) 대법원 2021.3.25. 2021도749

③ (×) 아동·청소년의 동의하에 촬영한 것이라도, 「아동·청소년의 성보호에 관한 법률」상 아동·청소년 이용음란물을 제작한 것에 해당한다(대판 2018.9.13. 2018도9340).

④ (×) 「성폭력범죄의 처벌 등에 관한 특례법」 제13조의 '통신매체이용음란죄'는 '성적 자기결정권에 반하여 성적 수치심을 일으키는 그림 등을 개인의 의사에 반하여 접하지 않을 권리'를 보장하기 위한 것으로 성적 자기결정권과 일반적 인격권의 보호, 사회의 건전한 성풍속 확립을 보호법익으로 한다(대판 2017.6.8. 2016도21389).

24 ③

형법각론 > 사회적 법익 > 공공신용에 관한 죄　　오답률 21.8%

① (○) 대판 2016.7.14. 2016도2081

② (○) 대판 2010.1.28. 2009도10139

③ (×) 대판 2009.2.12. 2008도10248

④ (○) 자신의 이름과 나이를 속이는 용도로 사용할 목적으로 주민등록증의 이름·주민등록번호란에 글자를 오려붙인 후 이를 컴퓨터 스캔 장치를 이용하여 이미지 파일로 만들어 컴퓨터 모니터로 출력하는 한편 타인에게 이메일로 전송한 사안에서, 컴퓨터 모니터 화면에 나타나는 이미

지는 「형법」상 문서에 관한 죄의 문서에 해당하지 않으므로 공문서위조 및 위조공문서행사죄를 구성하지 않는다고 한 사례(대판 2007.11.29. 2007도7480)

25 ③

형법각론 > 사회적 법익 > 공공신용에 관한 죄　　오답률 13.9%

① (○) 대판 2008.12.24. 2008도7836

② (○) 대판 2004.1.27. 2001도5414

③ (×) 토지거래 허가구역 안의 토지에 관하여 실제로는 매매계약을 체결하고서도 처음부터 토지거래허가를 잠탈하려는 목적으로 등기원인을 증여로 하여 소유권이전등기를 경료한 경우 그 토지거래계약은 확정적 무효이고, 이에 터잡은 소유권이전등기는 실체관계에 부합하지 않으므로 비록 매도인과 매수인 사이에 증여를 원인으로 한 소유권이전등기를 경료할 의사의 합치가 있더라도 공정증서원본불실기재죄에 해당한다(대판 2007.11.30. 2005도9922).

④ (○) 대판 2007.5.31. 2006도8488

26 ①

형법각론 > 국가적 법익 > 국가기능에 관한 죄　　오답률 13.9%

① (×) 「형법」이 뇌물죄에 관하여 규정하고 있는 것은 공무원의 직무집행의 공정과 그에 대한 사회의 신뢰 및 직무행위의 불가매수성을 보호하기 위한 것이다. 법령에 기한 임명권자에 의하여 임용되어 공무에 종사하여 온 사람이 나중에 그가 임용결격자이었음이 밝혀져 당초의 임용행위가 무효라고 하더라도, 그가 임용행위라는 외관을 갖추어 실제로 공무를 수행한 이상 공무 수행의 공정과 그에 대한 사회의 신뢰 및 직무행위의 불가매수성은 여전히 보호되어야 한다. 따라서 이러한 사람은 「형법」 제129조에서 규정한 공무원으로 봄이 타당하고, 그가 그 직무에 관하여 뇌물을 수수한 때에는 수뢰죄로 처벌할 수 있다(대판 2014.3.27. 2013도11357).

② (○) 대판 2019.11.28. 2019도11766

③ (○) 뇌물공여죄가 성립되기 위하여서는 뇌물을 공여하는 행위와 상대방 측에서 금전적으로 가치가 있는 그 물품 등을 받아들이는 행위(부작위 포함)가 필요할 뿐이지 반드시 상대방측에서 뇌물수수죄가 성립되어야만 한다는 것을 뜻하는 것은 아니다(대판 1987.12.22. 87도1699).

④ (○) 뇌물죄는 직무집행의 공정과 이에 대한 사회의 신뢰에 기하여 직무행위의 불가매수성을 그 직접의 보호법익으로 하고 있으므로 뇌물성은 의무위반행위나 청탁의 유무 및 금품수수 시기와 직무집행 행위의 전후를 가리지 아니한다 할 것이고, 따라서 뇌물죄에서 말하는 '직무'에는 법령에 정하여진 직무뿐만 아니라 그와 관련 있는 직무, 과거에 담당하였거나 장래에 담당할 직무 외에 사무분장에 따라 현실적으로 담당하지 않는 직무라도 법령상 일반적인 직무권한에 속하는 직무 등 공무원이 그 지위에 따라 공무로 담당할 일체의 직무를 포함한다 할 것이고, 수뢰후부정처사죄에서 말하는 '부정한 행위'라 함은 직무에 위배되는 일체의 행위를 말하는 것으로 직무행위 자체는 물론 그것과 객관적으로 관련 있는 행위까지를 포함한다(대판 2003.6.13. 2003도1060). → 수뢰후부정처사죄 성립

27 ④

형법각론 > 국가적 법익 > 국가기능에 관한 죄 　　오답률 5.5%

㉠ (○) 대판 1996.5.8. 96도221

㉡ (×) 자동차를 뇌물로 제공한 경우 자동차등록원부에 뇌물수수자가 그 소유자로 등록되지 않았다고 하더라도 자동차의 사실상 소유자로서 자동차에 대한 실질적인 사용 및 처분권한이 있다면 자동차 자체를 뇌물로 취득한 것으로 보아야 한다(대판 2006.4.27. 2006도735).

㉢ (○) 수뢰자가 뇌물을 그대로 보관하였다가 증뢰자에게 반환한 때에는 증뢰자로부터 몰수·추징할 것이므로 수뢰자로부터 추징함은 위법하다 (대판 1984.2.28. 83도2783).

㉣ (○) 대판 2006.4.27. 2006도735; 대판 1992.5.8. 92도532 등

㉤ (×) 뇌물공여죄가 성립되기 위하여서는 뇌물을 공여하는 행위와 상대방 측에서 금전적으로 가치가 있는 그 물품 등을 받아들이는 행위가 필요할 뿐이지 반드시 상대방측에서 뇌물수수죄가 성립되어야만 한다는 것을 뜻하는 것은 아니다(대판 1987.12.22. 87도1699; 대판 2006.2.24. 2005도4737).

28 ①　　TOP 3

형법각론 > 국가적 법익 > 국가기능에 관한 죄 　　오답률 41.8%

① (×) 직무유기죄는 그 직무를 수행하여야 하는 작위의무의 존재와 그에 대한 위반을 전제로 하고 있는바, 그 작위의무를 수행하지 아니함으로써 구성요건에 해당하는 사실이 있었고 그 후에도 계속하여 그 작위의무를 수행하지 아니하는 위법한 부작위상태가 계속되는 한 가벌적 위법상태는 계속 존재하고 있다고 할 것이며 「형법」 제122조 후단은 이를 전체적으로 보아 1죄로 처벌하는 취지로 해석되므로 이를 즉시범이라고 할 수 없다(대판 1997.8.29. 97도675).

② (○) 대판 2013.4.26. 2012도15257

③ (○) 대판 2020.1.30. 2018도2236 전원합의체

④ (○) 법무부 검찰국장인 피고인이, 검찰국이 마련하는 인사안 결정과 관련한 업무권한을 남용하여 검사인사담당 검사 갑으로 하여금 2015년 하반기 검사인사에서 부치지청에 근무하고 있던 경력검사 을을 다른 부치지청으로 다시 전보시키는 내용의 인사안을 작성하게 함으로써 의무 없는 일을 하게 하였다고 하여 직권남용권리행사방해로 기소된 사안에서, 피고인이 갑으로 하여금 위 인사안을 작성하게 한 것을 두고 피고인의 직무집행을 보조하는 갑으로 하여금 그가 지켜야 할 직무집행의 기준과 절차를 위반하여 법령상 의무 없는 일을 하게 한 때에 해당한다고 보기 어렵다(대판 2020.1.9. 2019도11698).

29 ②

형사소송법 > 수사 > 재정신청 　　오답률 16.7%

① (○) 「형사소송법」 제262조 제1항

② (×) 재정신청사건의 심리는 특별한 사정이 없는 한 공개하지 아니한다 (동법 제262조 제3항).

③ (○) 동법 제262조의2

④ (○) 동법 제264조 제1항

30 ②　개정법령

형사소송법 > 수사 > 수사의 주체 　　오답률 9.5%

① (○)

> 「형사소송법」 제221조의5(사법경찰관이 신청한 영장의 청구 여부에 대한 심의) ① 검사가 사법경찰관이 신청한 영장을 정당한 이유 없이 판사에게 청구하지 아니한 경우 사법경찰관은 관할 고등 검찰청에 영장 청구 여부에 대한 심의를 신청할 수 있다.

② (×)

> 「형사소송법」 제245조의5(사법경찰관의 사건송치 등)
> 1. 범죄의 혐의가 있다고 인정되는 경우에는 지체 없이 검사에게 사건을 송치하고, 관계 서류와 증거물을 검사에게 송부하여야 한다.
> 2. 그 밖의 경우에는 그 이유를 명시한 서면과 함께 관계 서류와 증거물을 지체 없이 검사에게 송부하여야 한다.

③ (○) 「형사소송법」 제197조의3 제8항

④ (○) 「고위공직자범죄수사처 설치 및 운영에 관한 법률」 제2조

31 ③　개정법령

형사소송법 > 수사 > 수사의 종결 　　오답률 16.7%

㉠ (○) 「형사소송법」 제245조의5

㉡ (×)

> 「형사소송법」 제245의6(고소인 등에 대한 송부통지) 사법경찰관은 제245조의5 제2호의 경우에는 그 송부한 날부터 7일 이내에 서면으로 고소인·고발인·피해자 또는 그 법정대리인(피해자가 사망한 경우에는 그 배우자·직계친족·형제자매를 포함한다)에게 사건을 검사에게 송치하지 아니하는 취지와 그 이유를 통지하여야 한다.

㉢ (○)

> 「검사와 사법경찰관의 상호협력과 일반적 수사준칙에 관한 규정」 제59조(보완수사요구의 대상과 범위) ① 검사는 법 제245조의5 제1호에 따라 사법경찰관으로부터 송치받은 사건에 대해 보완수사가 필요하다고 인정하는 경우에는 특별히 직접 보완수사를 할 필요가 있다고 인정되는 경우를 제외하고는 사법경찰관에게 보완수사를 요구하는 것을 원칙으로 한다.

㉣ (×)

> 「형사소송법」 제245조의7(고소인 등의 이의신청) ① 제245조의6의 통지를 받은 사람은 해당 사법경찰관의 소속 관서의 장에게 이의를 신청할 수 있다.
> ② 사법경찰관은 제1항의 신청이 있는 때에는 지체 없이 검사에게 사건을 송치하고 관계 서류와 증거물을 송부하여야 하며, 처리결과와 그 이유를 제1항의 신청인에게 통지하여야 한다.

㉤ (○) 제245조의8 제1항

✔ 개념 체크 불송치 결정에 대한 불복절차

• 재수사요구(검사→사경)

사유	내용	효력
불송치가 위법 부당	재수사요청	재수사통보의무

• 재수사요구는 90일 이내. 단 명백한 신증거 허위증거가 있는 경우 90일 이후도 가능
• 재수사통보요청사안에 재수사나 송치요구할 수 없다(대통령령 제64조).
• 관련법리위반 / 명백한 채증법칙위반 / 공소시효 소추요건판단 오류 재수사 통보받은 날 30일 이내 사건송치요구

• 고소인등 통지와 이의신청(사법경찰관 vs 고소인)

사유	내용	시기
통지 (경찰→고소인등)	불송치취지와 이유	검사에게 송부한 날부터 7일
이의신청 (통지받은 자→관서장)	검사에게 사건 송치 지체없이 관계서류 증거물송부	

32 ④

| 형사소송법 > 수사 > 대인적 강제처분 | 오답률 13.3% |

① (×) 법원은 변호인의 사정이나 그 밖의 사유로 변호인 선정결정이 취소되어 변호인이 없게 된 때에는 직권으로 변호인을 다시 선정할 수 있다(「형사소송법」 제201조의2 제9항).

② (×) 심문할 피의자에게 변호인이 없는 때에는 지방법원판사는 직권으로 변호인을 선정하여야 한다. 이 경우 변호인의 선정은 피의자에 대한 구속영장 청구가 기각되어 효력이 소멸한 경우를 제외하고는 제1심까지 효력이 있다(동법 제201조의2 제8항).

③ (×) 판사는 구속 여부의 판단을 위하여 필요하다고 인정하는 때에는 심문장소에 출석한 피해자 그 밖의 제3자를 심문할 수 있다(「형사소송규칙」 제96조의16 제5항).

④ (○) 동규칙 제96조의22

33 ③

TOP 2

| 형사소송법 > 수사 > 보석 | 오답률 52.7% |

㉠ (○) 「전자장치 부착 등에 관한 법률」 제31조의2 제1항

㉡ (×) 법원은 피고인이 정당한 사유 없이 보석조건을 위반한 경우에는 결정으로 피고인에 대하여 1천만원 이하의 과태료를 부과하거나 20일 이내의 감치에 처할 수 있다(「형사소송법」 제102조 제3항).

㉢ (×) 상소기간 중 또는 상소 중의 사건에 관하여 보석에 대한 결정은 소송기록이 원심 법원에 있을 때에는 원심법원이 이를 행하여야 한다.(「형사소송법」 제105조).

㉣ (○) 「형사소송법」 제97조 제1항·제3항 참조.

㉤ (○) 「형사소송규칙」 제55조

34 ②

| 형사소송법 > 수사 > 대물적 강제수사 | 오답률 13.3% |

㉠ (○) 대판 2000.12.22. 2000다27725

㉡ (○) 「형사소송법」 제333조 제1항(종국판결 시/의무)

㉢ (○) 동법 제134조 (종국재판 전/재량)

㉣ (○) 대결 1984.7.16. 자 84모38

㉤ (×) 압수한 서류 또는 물품에 대하여 몰수의 선고가 없는 때에는 압수를 해제한 것으로 간주한다(동법 제332조).

㉥ (×) 외국산 물품을 관세장물의 혐의가 있다고 보아 압수하였다 하더라도 그것이 언제, 누구에 의하여 관세포탈된 물건인지 알 수 없어 기소중지 처분을 한 경우에는 그 압수물은 관세장물이라고 단정할 수 없어 이를 국고에 귀속시킬 수 없을 뿐만 아니라 압수를 더 이상 계속할 필요도 없다(대결 1996.8.16. 자 94모51 전원합의체).

35 ③

| 형사소송법 > 증거 > 자백보강의 법칙 | 오답률 8.3% |

① (○) 대판 2008.5.29. 2008도2343

② (○) 대판 2010.12.23. 2010도11272

③ (×) 에스컬레이터에서 휴대전화기의 카메라를 이용하여 성명불상의 여성피해자의 치마 속을 몰래 촬영하였다라는 피고인의 자백에 대하여 이에 대한 휴대폰 압수조서의 경위의 경찰관의 진술은 보강증거가 될 수 있다(대판 2019.11.14. 2019도13290).

④ (○) 대판 1990.10.30. 90도1939

36 ③ 함정문제

| 형사소송법 > 증거 > 종합 | 오답률 9.1% |

출제자의 함정의도

최신판례를 준사례의 형식으로 출제하여 혼동을 일으키고자 하였다. 이를 통해 사례 중에서도 쟁점을 체크하는 능력을 키우고자 하였다.

① (○) 대판 2018.12.28. 2014도17182

② (○) 대법원은 채혈은 법관으로부터 영장을 발부받지 않은 상태에서 이루어졌고 사후에 영장을 발부받지도 아니하였으므로 피고인의 혈중알콜농도에 대한 국립과학수사연구소 감정서 및 이에 기초한 주취운전자적발보고서는 위법수집증거로서 증거능력이 없다고 하였다(대판 2011.4.28. 2009도2109).

③ (×) 검사가 공소제기 후 「형사소송법」 제215조에 따라 수소법원 이외의 지방법원 판사에게 청구하여 발부받은 영장에 의하여 압수·수색을 하였다면, 그와 같이 수집된 증거는 기본적 인권 보장을 위해 마련된 적법한 절차에 따르지 않은 것으로서 원칙적으로 유죄의 증거로 삼을 수 없다(대판 2011.4.28. 2009도10412).

④ (○) 대결 2011.2.1. 자 2009모407

37 ④

| 형사소송법 > 증거 > 증거능력 | 오답률 16.7% |

① (○) 대판 1997.7.25. 97도1351

② (○) 대판 2014.4.30. 2012도725

③ (○) 대판 20006.12.22. 2006도7479

④ (×) 피고인이 증인의 증언거부 상황을 초래하였다는 등의 특별한 사정이 없는 한 형사소송법 제314조의 '그 밖에 이에 준하는 사유로 인하여 진술할 수 없는 때'에 해당하지 않는다고 보아야 한다. 따라서 증인이 정당하게 증언거부권을 행사하여 증언을 거부한 경우와 마찬가지로 수사기관에서 그 증인의 진술을 기재한 서류는 증거능력이 없다(대판 2019.11.21. 2018도13945 전원합의체).

38 ③

형사소송법 > 증거 > 전문증거　　　　　오답률 23.8%

① (○) 대판 2013.7.26. 2013도2511

② (○) 대판 2017.12.5. 2017도12671

③ (×) 녹음테이프에 대한 검증의 내용이 그 진술 당시 진술자의 상태 등을 확인하기 위한 것인 경우에는, 녹음테이프에 대한 검증조서의 기재 중 진술내용을 증거로 사용하는 경우에 관한 위 법리는 적용되지 아니하고, 따라서 위 검증조서는 법원의 검증의 결과를 기재한 조서로서 「형사소송법」 제311조에 의하여 당연히 증거로 할 수 있다(대판 2008.7.10. 2007도10755).

④ (○) 대판 2000.3.10. 2000도159

39 ②

형사소송법 > 증거 > 자백보강법칙　　　　　오답률 13.3%

① (○) 체포 당시 임의제출 방식으로 압수된 피고인 소유 휴대전화기에 대한 압수조서 중 '압수경위'란에 기재된 내용은 피고인이 범행을 저지르는 현장을 직접 목격한 사람의 진술이 담긴 것으로서 「형사소송법」 제312조 제5항에서 정한 '피고인이 아닌 자가 수사과정에서 작성한 진술서'에 준하는 것으로 볼 수 있고, 이에 따라 휴대전화기에 대한 임의제출 절차가 적법하였는지에 영향을 받지 않는 별개의 독립적인 증거에 해당한다(대판 2019.11.14. 2019도13290).

② (×) 피고인의 습벽을 범죄구성요건으로 하며 포괄1죄인 상습범에 있어서도 이를 구성하는 각 행위에 관하여 개별적으로 보강증거를 요구하고 있다(대판 1983.7.26. 83도1448).

③ (○) 피고인이 범행을 자인하는 것을 들었다는 피고인 아닌 자의 진술내용은 형사소송법 제310조의 피고인의 자백에는 포함되지 아니하나 이는 피고인의 자백의 보강증거로 될 수 없다(대판 2008.2.14. 2007도10937).

④ (○) 히로뽕, 주사기, 자기앞수표 등에 대한 압수조서가 압수된 양을 넘는 부분의 히로뽕 소지 및 매매사실의 자백 보강증거가 될 수 있다고 보아, 자백 보강증거가 없음을 이유로 일부 무죄를 선고한 원심판결을 파기한 사례(대판 1997.4.11. 97도470)

40 ③

형사소송법 > 증거 > 증거동의　　　　　오답률 19.4%

① (×) 피고인의 출정 없이 증거조사를 할 수 있는 경우에 피고인이 출정하지 아니한 때에는 피고인의 대리인 또는 변호인이 출정한 때를 제외하고 피고인이 증거로 함에 동의한 것으로 간주한다(「형사소송법」 제318조 제2항).

② (×) 피고인에 대하여 무죄판결이 선고되어 검사가 항소한 후, 수사기관이 항소심 공판기일에 증인으로 신청하여 신문할 수 있는 사람을 특별한

사정 없이 미리 수사기관에 소환하여 작성한 진술조서는 피고인이 증거로 할 수 있음에 동의하지 않는 한 증거능력이 없다고 할 것이다(대판 2019.11.28. 2013도6825).

③ (○) 제286조의2의 결정이 있는 사건의 증거에 관하여는 제310조의2, 제312조 내지 제314조 및 제316조의 규정에 의한 증거에 대하여 제318조 제1항의 동의가 있는 것으로 간주한다. 단, 검사, 피고인 또는 변호인이 증거로 함에 이의가 있는 때에는 그러하지 아니하다(「형사소송법」 제318조의3).

④ (×) 약식명령에 불복하여 정식재판을 청구한 피고인이 정식재판절차에서 2회 불출정함에 따라 피고인이 불출석한 가운데 검사 제출의 유죄증거에 관하여 증거동의 간주를 하여 증거능력을 부여한다(대판 2010.7.15. 2007도5776).

┃편저자 형사법　정 통

약력
現) 에듀윌 경찰공무원 형사법 대표교수
現) 에듀윌 경찰간부 형사법 범죄학 대표교수
現) 합격의 법학원 경찰간부 형사법 교수
現) 합격의 법학원 변호사시험 형사법 교수
前) 메가cst 경찰공무원 형법 교수
前) 윌비스 경찰공무원 형사소송법 교수
前) 합격의 법학원 사법시험 형법 교수

2022 에듀윌 경찰공무원 실전동형 모의고사(2차 시험 대비) 형사법

발 행 일	2022년 5월 19일 초판
편 저 자	정통
펴 낸 이	권대호
펴 낸 곳	(주)에듀윌
등록번호	제25100-2002-000052호
주 소	08378 서울특별시 구로구 디지털로34길 55
	코오롱싸이언스밸리 2차 3층

* 이 책의 무단 인용 · 전재 · 복제를 금합니다.   ISBN 979-11-360-1763-5 (13350)

www.eduwill.net

대표전화 1600-6700

여러분의 작은 소리
에듀윌은 크게 듣겠습니다.

본 교재에 대한 여러분의 목소리를 들려주세요.
공부하시면서 어려웠던 점, 궁금한 점,
칭찬하고 싶은 점, 개선할 점, 어떤 것이라도 좋습니다.

에듀윌은 여러분께서 나누어 주신 의견을
통해 끊임없이 발전하고 있습니다.

에듀윌 도서몰 book.eduwill.net
• 부가학습자료 및 정오표: 에듀윌 도서몰 → 도서자료실
• 교재 문의: 에듀윌 도서몰 → 문의하기 → 교재(내용, 출간) / 주문 및 배송

회

문번	답 란	문번	답 란
1	① ② ③ ④	21	① ② ③ ④
2	① ② ③ ④	22	① ② ③ ④
3	① ② ③ ④	23	① ② ③ ④
4	① ② ③ ④	24	① ② ③ ④
5	① ② ③ ④	25	① ② ③ ④
6	① ② ③ ④	26	① ② ③ ④
7	① ② ③ ④	27	① ② ③ ④
8	① ② ③ ④	28	① ② ③ ④
9	① ② ③ ④	29	① ② ③ ④
10	① ② ③ ④	30	① ② ③ ④
11	① ② ③ ④	31	① ② ③ ④
12	① ② ③ ④	32	① ② ③ ④
13	① ② ③ ④	33	① ② ③ ④
14	① ② ③ ④	34	① ② ③ ④
15	① ② ③ ④	35	① ② ③ ④
16	① ② ③ ④	36	① ② ③ ④
17	① ② ③ ④	37	① ② ③ ④
18	① ② ③ ④	38	① ② ③ ④
19	① ② ③ ④	39	① ② ③ ④
20	① ② ③ ④	40	① ② ③ ④

회

문번	답 란	문번	답 란
1	① ② ③ ④	21	① ② ③ ④
2	① ② ③ ④	22	① ② ③ ④
3	① ② ③ ④	23	① ② ③ ④
4	① ② ③ ④	24	① ② ③ ④
5	① ② ③ ④	25	① ② ③ ④
6	① ② ③ ④	26	① ② ③ ④
7	① ② ③ ④	27	① ② ③ ④
8	① ② ③ ④	28	① ② ③ ④
9	① ② ③ ④	29	① ② ③ ④
10	① ② ③ ④	30	① ② ③ ④
11	① ② ③ ④	31	① ② ③ ④
12	① ② ③ ④	32	① ② ③ ④
13	① ② ③ ④	33	① ② ③ ④
14	① ② ③ ④	34	① ② ③ ④
15	① ② ③ ④	35	① ② ③ ④
16	① ② ③ ④	36	① ② ③ ④
17	① ② ③ ④	37	① ② ③ ④
18	① ② ③ ④	38	① ② ③ ④
19	① ② ③ ④	39	① ② ③ ④
20	① ② ③ ④	40	① ② ③ ④

회

문번	답 란	문번	답 란
1	① ② ③ ④	21	① ② ③ ④
2	① ② ③ ④	22	① ② ③ ④
3	① ② ③ ④	23	① ② ③ ④
4	① ② ③ ④	24	① ② ③ ④
5	① ② ③ ④	25	① ② ③ ④
6	① ② ③ ④	26	① ② ③ ④
7	① ② ③ ④	27	① ② ③ ④
8	① ② ③ ④	28	① ② ③ ④
9	① ② ③ ④	29	① ② ③ ④
10	① ② ③ ④	30	① ② ③ ④
11	① ② ③ ④	31	① ② ③ ④
12	① ② ③ ④	32	① ② ③ ④
13	① ② ③ ④	33	① ② ③ ④
14	① ② ③ ④	34	① ② ③ ④
15	① ② ③ ④	35	① ② ③ ④
16	① ② ③ ④	36	① ② ③ ④
17	① ② ③ ④	37	① ② ③ ④
18	① ② ③ ④	38	① ② ③ ④
19	① ② ③ ④	39	① ② ③ ④
20	① ② ③ ④	40	① ② ③ ④

회

문번	답 란	문번	답 란
1	① ② ③ ④	21	① ② ③ ④
2	① ② ③ ④	22	① ② ③ ④
3	① ② ③ ④	23	① ② ③ ④
4	① ② ③ ④	24	① ② ③ ④
5	① ② ③ ④	25	① ② ③ ④
6	① ② ③ ④	26	① ② ③ ④
7	① ② ③ ④	27	① ② ③ ④
8	① ② ③ ④	28	① ② ③ ④
9	① ② ③ ④	29	① ② ③ ④
10	① ② ③ ④	30	① ② ③ ④
11	① ② ③ ④	31	① ② ③ ④
12	① ② ③ ④	32	① ② ③ ④
13	① ② ③ ④	33	① ② ③ ④
14	① ② ③ ④	34	① ② ③ ④
15	① ② ③ ④	35	① ② ③ ④
16	① ② ③ ④	36	① ② ③ ④
17	① ② ③ ④	37	① ② ③ ④
18	① ② ③ ④	38	① ② ③ ④
19	① ② ③ ④	39	① ② ③ ④
20	① ② ③ ④	40	① ② ③ ④

2022 경찰공무원 실전동형 모의고사 형사법

회

문번	답 란	문번	답 란
1	① ② ③ ④	21	① ② ③ ④
2	① ② ③ ④	22	① ② ③ ④
3	① ② ③ ④	23	① ② ③ ④
4	① ② ③ ④	24	① ② ③ ④
5	① ② ③ ④	25	① ② ③ ④
6	① ② ③ ④	26	① ② ③ ④
7	① ② ③ ④	27	① ② ③ ④
8	① ② ③ ④	28	① ② ③ ④
9	① ② ③ ④	29	① ② ③ ④
10	① ② ③ ④	30	① ② ③ ④
11	① ② ③ ④	31	① ② ③ ④
12	① ② ③ ④	32	① ② ③ ④
13	① ② ③ ④	33	① ② ③ ④
14	① ② ③ ④	34	① ② ③ ④
15	① ② ③ ④	35	① ② ③ ④
16	① ② ③ ④	36	① ② ③ ④
17	① ② ③ ④	37	① ② ③ ④
18	① ② ③ ④	38	① ② ③ ④
19	① ② ③ ④	39	① ② ③ ④
20	① ② ③ ④	40	① ② ③ ④

회

문번	답 란	문번	답 란
1	① ② ③ ④	21	① ② ③ ④
2	① ② ③ ④	22	① ② ③ ④
3	① ② ③ ④	23	① ② ③ ④
4	① ② ③ ④	24	① ② ③ ④
5	① ② ③ ④	25	① ② ③ ④
6	① ② ③ ④	26	① ② ③ ④
7	① ② ③ ④	27	① ② ③ ④
8	① ② ③ ④	28	① ② ③ ④
9	① ② ③ ④	29	① ② ③ ④
10	① ② ③ ④	30	① ② ③ ④
11	① ② ③ ④	31	① ② ③ ④
12	① ② ③ ④	32	① ② ③ ④
13	① ② ③ ④	33	① ② ③ ④
14	① ② ③ ④	34	① ② ③ ④
15	① ② ③ ④	35	① ② ③ ④
16	① ② ③ ④	36	① ② ③ ④
17	① ② ③ ④	37	① ② ③ ④
18	① ② ③ ④	38	① ② ③ ④
19	① ② ③ ④	39	① ② ③ ④
20	① ② ③ ④	40	① ② ③ ④

회

문번	답 란	문번	답 란
1	① ② ③ ④	21	① ② ③ ④
2	① ② ③ ④	22	① ② ③ ④
3	① ② ③ ④	23	① ② ③ ④
4	① ② ③ ④	24	① ② ③ ④
5	① ② ③ ④	25	① ② ③ ④
6	① ② ③ ④	26	① ② ③ ④
7	① ② ③ ④	27	① ② ③ ④
8	① ② ③ ④	28	① ② ③ ④
9	① ② ③ ④	29	① ② ③ ④
10	① ② ③ ④	30	① ② ③ ④
11	① ② ③ ④	31	① ② ③ ④
12	① ② ③ ④	32	① ② ③ ④
13	① ② ③ ④	33	① ② ③ ④
14	① ② ③ ④	34	① ② ③ ④
15	① ② ③ ④	35	① ② ③ ④
16	① ② ③ ④	36	① ② ③ ④
17	① ② ③ ④	37	① ② ③ ④
18	① ② ③ ④	38	① ② ③ ④
19	① ② ③ ④	39	① ② ③ ④
20	① ② ③ ④	40	① ② ③ ④

회

문번	답 란	문번	답 란
1	① ② ③ ④	21	① ② ③ ④
2	① ② ③ ④	22	① ② ③ ④
3	① ② ③ ④	23	① ② ③ ④
4	① ② ③ ④	24	① ② ③ ④
5	① ② ③ ④	25	① ② ③ ④
6	① ② ③ ④	26	① ② ③ ④
7	① ② ③ ④	27	① ② ③ ④
8	① ② ③ ④	28	① ② ③ ④
9	① ② ③ ④	29	① ② ③ ④
10	① ② ③ ④	30	① ② ③ ④
11	① ② ③ ④	31	① ② ③ ④
12	① ② ③ ④	32	① ② ③ ④
13	① ② ③ ④	33	① ② ③ ④
14	① ② ③ ④	34	① ② ③ ④
15	① ② ③ ④	35	① ② ③ ④
16	① ② ③ ④	36	① ② ③ ④
17	① ② ③ ④	37	① ② ③ ④
18	① ② ③ ④	38	① ② ③ ④
19	① ② ③ ④	39	① ② ③ ④
20	① ② ③ ④	40	① ② ③ ④

2022 경찰공무원 실전동형 모의고사 형사법

회

문번	답란	문번	답란
1	① ② ③ ④	21	① ② ③ ④
2	① ② ③ ④	22	① ② ③ ④
3	① ② ③ ④	23	① ② ③ ④
4	① ② ③ ④	24	① ② ③ ④
5	① ② ③ ④	25	① ② ③ ④
6	① ② ③ ④	26	① ② ③ ④
7	① ② ③ ④	27	① ② ③ ④
8	① ② ③ ④	28	① ② ③ ④
9	① ② ③ ④	29	① ② ③ ④
10	① ② ③ ④	30	① ② ③ ④
11	① ② ③ ④	31	① ② ③ ④
12	① ② ③ ④	32	① ② ③ ④
13	① ② ③ ④	33	① ② ③ ④
14	① ② ③ ④	34	① ② ③ ④
15	① ② ③ ④	35	① ② ③ ④
16	① ② ③ ④	36	① ② ③ ④
17	① ② ③ ④	37	① ② ③ ④
18	① ② ③ ④	38	① ② ③ ④
19	① ② ③ ④	39	① ② ③ ④
20	① ② ③ ④	40	① ② ③ ④

(상단에 4개의 동일한 답안 표가 반복됨 / 회 × 4)

2022 경찰공무원 실전동형 모의고사 형사법

회

문번	답란	문번	답란
1	① ② ③ ④	21	① ② ③ ④
2	① ② ③ ④	22	① ② ③ ④
3	① ② ③ ④	23	① ② ③ ④
4	① ② ③ ④	24	① ② ③ ④
5	① ② ③ ④	25	① ② ③ ④
6	① ② ③ ④	26	① ② ③ ④
7	① ② ③ ④	27	① ② ③ ④
8	① ② ③ ④	28	① ② ③ ④
9	① ② ③ ④	29	① ② ③ ④
10	① ② ③ ④	30	① ② ③ ④
11	① ② ③ ④	31	① ② ③ ④
12	① ② ③ ④	32	① ② ③ ④
13	① ② ③ ④	33	① ② ③ ④
14	① ② ③ ④	34	① ② ③ ④
15	① ② ③ ④	35	① ② ③ ④
16	① ② ③ ④	36	① ② ③ ④
17	① ② ③ ④	37	① ② ③ ④
18	① ② ③ ④	38	① ② ③ ④
19	① ② ③ ④	39	① ② ③ ④
20	① ② ③ ④	40	① ② ③ ④

(하단에 4개의 동일한 답안 표가 반복됨 / 회 × 4)

에듀윌 경찰공무원

실전동형 모의고사 | 형사법 **2차 시험 대비**

고객의 꿈, 직원의 꿈, 지역사회의 꿈을 실현한다

펴낸곳 (주)에듀윌   **펴낸이** 권대호   **출판총괄** 김형석
개발책임 윤대권, 진현주   **개발** 고원, 이혜린
주소 서울시 구로구 디지털로34길 55 코오롱싸이언스밸리 2차 3층
대표번호 1600-6700   **등록번호** 제25100-2002-000052호
협의 없는 무단 복제는 법으로 금지되어 있습니다.

에듀윌 도서몰 book.eduwill.net
• 부가학습자료 및 정오표: 에듀윌 도서몰 → 도서자료실
• 교재 문의: 에듀윌 도서몰 → 문의하기 → 교재(내용, 출간) / 주문 및 배송

한국사능력검정시험 기본서/2주끝장/기출/우선순위50/초등

조리기능사 필기/실기

제과제빵기능사 필기/실기

SMAT 모듈A/B/C

ERP정보관리사 회계/인사/물류/생산(1, 2급)

전산세무회계 기초서/기본서/기출문제집

무역영어 1급 | 국제무역사 1급

KBS한국어능력시험 | ToKL

한국실용글쓰기

매경TEST 기본서/문제집/2주끝장

TESAT 기본서/문제집/기출문제집

운전면허 1종·2종

스포츠지도사 필기/실기구술 한권끝장

산업안전기사 | 산업안전산업기사

위험물산업기사 | 위험물기능사

토익 입문서 | 실전서 | 어휘서

컴퓨터활용능력 | 워드프로세서

정보처리기사

월간시사상식 | 일반상식

월간NCS | 매1N

NCS 통합 | 모듈형 | 피듈형

PSAT형 NCS 수문끝

PSAT 기출완성 | 6대 출제사 | 10개 영역 찐기출

한국철도공사 | 서울교통공사 | 부산교통공사

국민건강보험공단 | 한국전력공사

한수원 | 수자원 | 토지주택공사

행과연 | 휴노형 | 기업은행 | 인국공

대기업 인적성 통합 | GSAT

LG | SKCT | CJ | L-TAB

ROTC·학사장교 | 부사관

꿈을 현실로 만드는
에듀윌

DREAM

공무원 교육
- 선호도 1위, 인지도 1위!
  브랜드만족도 1위!
- 합격자 수 1,800% 폭등시킨
  독한 커리큘럼

자격증 교육
- 6년간 아무도 깨지 못한 기록
  합격자 수 1위
- 가장 많은 합격자를 배출한
  최고의 합격 시스템

직영학원
- 직영학원 수 1위, 수강생 규모 1위!
- 표준화된 커리큘럼과 호텔급 시설
  자랑하는 전국 50개 학원

종합출판
- 4대 온라인서점 베스트셀러 1위!
- 출제위원급 전문 교수진이
  직접 집필한 합격 교재

어학 교육
- 토익 베스트셀러 1위
- 토익 동영상 강의 무료 제공
- 업계 최초 '토익 공식' 추천 AI 앱 서비스

학점은행제
- 97.6%의 과목이수율
- 14년 연속 교육부 평가 인정 기관 선정

콘텐츠 제휴 · B2B 교육
- 고객 맞춤형 위탁 교육 서비스 제공
- 기업, 기관, 대학 등 각 단체에 최적화된
  고객 맞춤형 교육 및 제휴 서비스

공기업 · 대기업 취업 교육
- 브랜드만족도 1위!
- 공기업 NCS, 대기업 직무적성,
  자소서와 면접까지
  빈틈없는 온·오프라인 취업 지원

부동산 아카데미
- 부동산 실무 교육 1위!
- 전국구 동문회 네트워크를 기반으로 한
  고소득 창업 비법
- 부동산 실전 재테크 성공 비법

국비무료 교육
- 자격증 취득 및 취업 실무 교육
- 4차 산업, 뉴딜 맞춤형 훈련과정

에듀윌 교육서비스　**공무원 교육** 9급공무원/7급공무원/경찰공무원/소방공무원/계리직공무원/기술직공무원/군무원　**자격증 교육** 공인중개사/주택관리사/전기기사/세무사/전산세무회계/경비지도사/검정고시/소방설비기사/소방시설관리사/사회복지사1급/건축기사/토목기사/직업상담사/전기기능사/산업안전기사/위험물산업기사/위험물기능사/ERP정보관리사/재경관리사/도로교통사고감정사/유통관리사/물류관리사/행정사/한국사능력검정/한경TESAT/매경TEST/KBS한국어능력시험/실용글쓰기/IT자격증/국제무역사/무역영어　**어학 교육** 토익 교재/토익 동영상 강의/인공지능 토익 앱　**공기업·대기업 취업 교육** 공기업 NCS·전공·상식/대기업 직무적성/자소서·면접　**직영학원** 공무원학원/기술직공무원 학원/군무원학원/경찰학원/소방학원/공인중개사학원/주택관리사 학원/전기기사학원/취업아카데미　**종합출판** 공무원·자격증 수험교재 및 단행본/월간지(시사상식)　**학점은행제** 교육부 평가인정기관 원격평생교육원(사회복지사2급/경영학/CPA)/교육부 평가인정기관 원격사회교육원(사회복지사2급/심리학)　**콘텐츠 제휴·B2B 교육** 콘텐츠 제휴/기업 맞춤 자격증 교육/대학 취업역량 강화 교육　**부동산 아카데미** 부동산 창업CEO과정/실전 경매 과정/디벨로퍼 과정　**국비무료 교육(국비교육원)** 전기기능사/전기(산업)기사/소방설비(산업)기사/IT(빅데이터/자바프로그램/파이썬)/게임그래픽/3D프린터/실내건축디자인/웹퍼블리셔/그래픽디자인/영상편집(유튜브) 디자인/온라인 쇼핑몰광고 및 제작(쿠팡,스마트스토어)/전산세무회계/컴퓨터활용능력/ITQ/GTQ/직업상담사

교육
문의 1600-6700　www.eduwill.net